U0504244

工作与职业身份认同

〔英〕艾伦·布朗

〔德〕西蒙娜·基帕尔 主编

〔德〕菲利克斯·劳耐尔

曲艳娜 陈玥 译

创于1897 商务印书馆 The Commercial Press

职业教育学术译丛
出版说明

  自《国务院关于大力推进职业教育改革与发展的决定》颁布以来，我国职业教育得到了长足发展，职业教育规模进一步扩大，职业教育已经成为国家教育体系的重要组成部分。为了更好满足社会经济发展需要，建设更多具有世界一流水平职业院校，商务印书馆与深圳职业技术学院共同发起、组织、翻译、出版了这套学术译丛。

  我馆历来重视移译世界各国学术著作，笃信只有用人类创造的全部知识财富丰富自己的头脑，才能更好建设现代化的社会主义社会。为了更好服务读者，丛书主要围绕三个维度遴选书目。一是遴选各国职业教育理论著作，为职业教育研究人员及职业教育工作者提供研究参考。二是遴选各国职业教育教学模式、教学方法等方面的书目，为职业院校一线教师提供教学参考。三是遴选一些国际性和区域性职业教育组织的相关研究报告及职业教育发达国家的政策法规等，为教育决策者提供借鉴。

  深圳职业技术学院为丛书编辑出版提供专项出版资助，体现了国家示范性高等职业院校的远见卓识。希望海内外教育界、著译界、读书界给我们批评、建议，帮助我们把这套丛书出得更好。

商务印书馆编辑部

2022 年 6 月

目　录

第一部分　职业身份的理论与实证研究

序　言

　　工作在大多数人生活中占据着重要地位。它不仅为人们提供吃、住和穿等生存之道，而且对大多数人来说，所从事的工作赋予其生活目的和意义，如果有幸从事真正喜欢的工作，工作将成为他们生活中快乐和满足的主要来源。正是这些问题使大多数失业者感到被疏离，失去自尊和与工作有关的身份和地位。

　　当我们第一次见到一个人时，常常渴望知道"他们是做什么的"，这也不是巧合，因为了解一个人的职业可以给好奇的观察者提供大量关于这个人的信息，例如，他们的收入水平、教育程度、生活水平，以及他们在工作和闲暇时间与什么样的人交往。这些信息还可能表明他们对广泛的社会、政治和经济问题持有的态度和价值观。换句话说，无论是作为个人还是社会群体成员，个人的工作对其身份都有很大影响。

　　个人与工作之间是一种相互影响的关系，因为工作有助于确定个人身份，所以个人身份也会影响并帮助形塑工作以及他们与雇主、同事和工作职业群体的关系。

　　对于许多职场人士来说，由于工业时代向信息时代转变，诸如全球化、员工在国内和国际有更大的流动性等问题，个人越来越多地在快速变化的环境中工作，在那里他们需要承担新的责任，并掌控日益复杂的工作环境。个人和员工群体能够应对和适应这种重大变化的程度不仅取决于他们对工作的投入、兴趣和所受的培训，而且取决于他们对工作投入和认同的程度，即这些影响了他们的工作身份，这也是本书的主题。

　　在这个劳动者在各国之间流动日益频繁的时代，个人与特定雇主或公司的关系和承诺往往会减弱，雇主对其雇员的承诺也会减弱。全球化的影响，尤其是工作外包，也会影响这些关系和承诺。

本书探讨了员工对工作认同与工作承诺之间的相互依赖关系。因此，它关系到诸如个人对工作组织和雇主的忠诚和动机承诺等重要问题，这反过来又影响到员工队伍的稳定和绩效的提高。本书还讨论了如何形成、学习和获得工作身份。

本书的一个特点是它采用了多学科的研究方法和国际视角，借鉴了社会学和心理学学科提供的研究见解，以及与组织管理、职业教育与培训有关的文献，因而在相关领域具有重要价值。

德国波恩联合国教科文组织国际职业技术教育与培训中心主任
鲁珀特·麦克莱恩（Rupert Maclean）

加拿大多伦多大学安大略教育研究院荣誉教授
大卫·N. 威尔逊（David N. Wilson）

导言和概述

英国华威大学　艾伦·布朗（Alan Brown）

德国不来梅大学　西蒙娜·基帕尔（Simone Kirpal）

菲利克斯·劳耐尔（Felix Rauner）

这本《工作与职业身份认同》汇集了国际上的理论和实证研究，论及在工作过程和劳动力市场需求变化的背景下，工作身份形成过程的连续性和变化及其可能会为雇主和雇员带来的新型流动性和灵活性。书中不同篇章通过强调社会学、心理学、组织管理、职业教育与培训的视角，将关于人力资源开发、技能形成和职业发展的讨论与个人工作承诺和职业取向之间的讨论联系起来。在这个意义上，本书从跨学科的国际视角提出了一个新的研究领域。

　　一些基于扁平层级和团队工作的分散式组织结构的现代工作环境，也要求拥有不同技能水平的员工都能够承担更广泛的责任，掌握复杂的工作流程，独立工作，采取主动行动，组织自己的、部分自我指导的、与工作相关的学习。制造业和服务业组织的现代工作流程越来越依赖于负责任和有能力的员工，他们愿意并能够参与工作所需的任务，并学习和提升自己的技能。然而，员工成功承担新的责任和掌握复杂的工作环境的程度，不仅取决于员工的技能组成和接受的培训，还与员工对自己所做工作的认同感、对工作的承诺和完成任务的程度有关。因此，员工对不断变化的工作流程的反应不仅仅是一个技能发展的问题，它们本质上也涉及员工在参与并身处不断变化的工作过程和环境时所经历的认同感、身份建立和承诺的发展。

　　管理学和行为科学研究早已证实了员工对工作的认同感和工作承

诺之间的相互依赖关系。组织承诺尤其受到相当大的关注，因为人们认为（并已得到检验），个人对其雇用组织的承诺与员工的忠诚度和动机、员工队伍的稳定性和绩效改善的结果有关。虽然这些研究方法（主要是定量的）往往强调从组织或管理视角提高员工效率，但最近的研究强调，组织承诺本质上是一种基于信任的双重关系，这种关系也需要组织对员工的承诺。在国际竞争加剧、合理性压力和经济约束加大的情况下，组织往往会削弱对员工的承诺，导致心理契约发生变化，在某些情况下，双方在建立承诺形式和建立信任关系方面的投入减少。

更多关注员工的观点强调了个人面临的挑战，即发展和展示了不只与组织有关的工作承诺和认同形式。多重承诺的概念将重点从组织转移到承诺和认同的其他来源或层面，例如工作组、职业专门化、任务绩效或工会。这种方法划分出了组织承诺、职业承诺、职位投入、工作投入和团体承诺，或者从更广泛意义上说，区分了与直接工作环境有关的工作场所承诺，如雇用组织、专业角色、同事和工作团队，以及直接工作场所以外的承诺，如对工会、职业、专业协会或未来职业前景的承诺（关于这方面的更多信息，请参见本书中由巴鲁克和科恩撰写的第九章）。这些研究表明，工作成果可以更好地理解和解释为几种形式的承诺在共同发挥着作用，而不是仅仅探索一种承诺，这意味着职业承诺和工作参与作为分析的重点，其重要性正在得到新的提升。

工作身份的研究将职业承诺、职位投入和任务绩效水平（工作成果）与员工职业的社会化和技能发展联系起来。从这个角度来看，职业的社会化和技能化是个人认同其工作和职业角色、发展工作承诺和职业道德的基础，可以构成有效生产性能的基础。在职业培训和学徒制传统浓厚的国家，成为"实践社区"的一员与发展职业身份密切相关。此外，人们认为，培养职业承诺和对工作的高度认同有助于年轻人融入社会，尤其是那些在学校表现得相对较差的年轻人。因此，无论是在第一个门槛（从普通教育过渡到职业培训），还是在第二个门槛（从培训过渡到有酬就业），发展职业身份都被视为促进劳动力市场一体化和从学校平稳过渡到工作的重要手段。这些过程与个人整体身份的发展有着内在联系和相互依赖关系，该领域研究的这一重点，在本书中得到了充分体现。

后面的研究方法侧重强调以主观为导向（因此，至少在本书中，优先考虑定性研究方法），这种观点是在结构和个人能动性之间复杂的相互作用中发展起来的。针对工作中形成的身份与个人身份之间的相互依赖关系，研究表明，个人的工作认同感和承诺模式会因其被认可的程度和个人对其重视的程度而不同，员工是否以及如何认同自己的工作取决于各种因素和条件。作为一项新的探索，本书旨在更详细地研究其中一些因素和条件。同时，力求提供一个框架，说明影响工作身份发展的各种因素的复杂性，并鼓励和激发建立有效的联系，作为进一步研究的基础。

工作环境、就业条件和工作组织模式的变化会影响个人的职业方向，在许多情况下，他们对工作的承诺和认同模式正在经历重大变化。同时，职业仍然是支撑与工作相关身份的发展和工作的社会化的关键因素，也是构成个人更普遍的社会身份的重要因素。一些评论员担心，技能、工作和就业越来越大的灵活性可能会对员工的工作动机、学习能力和承诺产生负面影响，甚至可能对个人整体人格的发展产生破坏性影响。本书通过调查在不同工作环境中以及在工作和就业日益灵活的条件下身份形成过程的作用和意义，为解决这一具有更广泛的社会、政治和学术兴趣的话题提供了基于理论和实证研究的见解，做出了重大贡献。

工作环境和就业模式的变化可能意味着一些雇主和雇员更愿意在工作组织中拥有更多的灵活性和独立性，从另一个方面说，这些变化也会导致雇主和雇员对公司的认同感降低、缺乏工作承诺和稳定性。实际上，放松雇主—雇员合约可能会导致风险管理和个人工作发展的责任在很大程度上从公司转移到了个人身上，要求雇员有更高水平的自我主动性和个人能动性，以确保他们的技能和能力在劳动力市场上受到重视。虽然被赋权的雇员可能会从这一转变中受益，甚至可能在离开公司时带走他们的智慧和专门知识，从而维护其灵活性和独立性，以增加就业机会，但位于组织边缘、未被赋权和不合格的雇员在应对和适应自主学习和职业规划期望时，更有可能面临严峻挑战，后者被劳动力市场长期排斥的风险更高。同时，一些公司不断地调整、整合公司和个人的目标和价值观作为回报，以迎合组织认为重要的雇员，期望他们对组织做出承诺并认同组织。

培养对工作的认同形式能够帮助雇员克服就业的不确定性和工作的不稳定性。另一方面，在灵活的劳动力市场和组织结构调整的条件下，稳定的工作身份和持续存在的以往的组织承诺形式，可能会不利于提高劳动力的流动性和经济过程的灵活性。因此，在某些工作环境中，一些雇主和雇员可能会认为，稳定的工作身份和职业依恋会形成明显的公司间鸿沟，并通过限制公司的竞争力，将雇员限制在特定的工作岗位上。在这种情况下，雇主希望有更多的灵活性，使雇员具有适应性更强的依恋形式，而雇员则希望保留以前的依恋形式和价值观，两者之间可能存在紧张关系。

当然，我们可以找出相互冲突的利益和一些尚未解答的问题。虽然本书的各个篇章并没有涉及所有问题，但我们希望通过这份理论和实证研究成果的汇编，解决和澄清其中一些问题。然而，最重要的是，我们希望为研讨与工作有关的身份的本质和形成注入新的活力，做出新的贡献，并希望推动对这些问题的研讨继续下去。

本书分为四个部分。第一部分从不同的理论和实证角度介绍了与工作相关的身份的观点和概念，包括设计出职业身份概念化的不同研究方法，并调查了这些方法对特定社会或职业群体的意义。对丹麦的银行从业者、德国参加培训项目的年轻母亲、希腊的旅游业雇员和欧洲的熟练工人的实证研究，都为调查提供了理论基础。

第一部分以"欧洲劳动力市场中的职业身份、灵活性和流动性"项目联盟（FAME Consortium）的研究开篇，概述了欧洲不同国家的研究传统如何将职业身份形成的理论概念与实证研究、相关概念和话题联系起来，概述了"身份"是如何在心理学、精神分析学和社会学中概念化的，并为职业身份分析勾勒出新的概念框架。此外，以爱沙尼亚、希腊和法国为例，说明了关于职业身份的讨论是基于不同国家的实证研究传统的。

第一部分在介绍性的概述之后，介绍了三个实证研究。莫滕·斯米斯特鲁普（Morten Smistrup）采用定量和定性相结合的方法，调查了丹麦银行职员的职业身份，以及一路走来成为忠诚的银行职员过程中所扮演的角色。通过对银行业的分析，他描绘了职业和职业身份概况及其对社会和个人的影响。这里的职业被概念化为一种形成性集体组织原则，而不是自我，它呈现了一种主观的组织视角。

格温多林·保罗（Gwendolyn Paul）和尤塔·齐贝尔（Uta Zybell）基于德国的一个面向年轻母亲的试点项目，讨论了职业培训对个人职业社会化和职业身份发展的作用。对于那些打破德国雇员职业生涯常规结构（即从普通学校教育、职业培训、有酬就业到组建家庭）的少女母亲来说，能够参加职业培训项目有力地证明了一个人学习某个行业、获得技能和参与工作的价值，这是"通往世界的大门"，也是社会参与的机会。通过在培训过程中跟踪大量年轻母亲，有力地证明了融入和参与工作也影响这些母亲的整体身份，从而强调了在身份形成过程中，工作与家庭生活之间的相互依存关系。

尼基塔斯·帕蒂尼奥蒂斯（Nikitas Patiniotis）和格拉西莫斯·普罗德里米蒂斯（Gerasimos Prodromitis）以不同的重点介绍了小型的、通常是家庭企业的个体经营者的"双重"职业身份问题，这些企业的员工在某种程度上具有在边缘经济行业的工作特征。他们根据一项实证调查，讨论了希腊旅游业雇员的情况，并假定该行业的个体经营者具有复杂的职业身份，反映出对更加灵活的工作实践的需求以及对该领域相关的正式职业资格和培训的低认可度。在该行业工作的员工发现，自己面临着应对多重的、有时模糊的职业身份的挑战，这不仅是因为他们是个体经营者，也是因为旅游业的不稳定、季节性和有时不安全的就业条件，这种情况在整个欧洲非常普遍，而在南欧和东欧国家尤其如此。

通过对职业结构与灵活性的模块化职业培训系统之间谁更有效地推动劳动力市场的政策性讨论，菲利克斯·劳耐尔（Felix Rauner）探索和讨论了欧洲职业教育和培训体系的未来，以及它在促进或抑制职业身份发展方面的作用。在他的分析中，欧洲职业培训体系可以按照两种资格方案来构建：第一，为技术工作和通过技术工作而进行的教育和培训——职业教育方案；第二，积累就业所必需的技能——市场驱动的就业能力方案。他介绍了一些可能的标准，这些标准可以从国际比较的角度支持职业培训体系的评估。这种比较方法的一个主要发现是，根据第一种方案培训的技术工人易于在培训过程中形成职业身份，这对加强员工的绩效导向和质量意识有积极的作用。

第二部分汇集了以个人身份与工作和就业之间的动态关系为主题的文章，是首次运用工业社会学和工作心理学开展实证调查以来备受关注的一系列研究。这里的主要议题是，个人如何应对现代工作环境的灵活性要求，并设法用不同的工作经历充实自己，从而在个人身份和职业叙述中保持连续性。这三篇文章展示了瑞士、澳大利亚、德国和英国受访者的个人叙述，都采用了以主题为导向的研究方法，通过定性研究来帮助解决这些问题。

萨宾·雷德尔（Sabine Raeder）和古德拉·格罗特（Gudela Grote）在工作灵活性的背景下，借鉴了心理学的研究方法来探讨个人身份。通过对个人经历职业变化的实证研究，根据豪塞尔（Hausser）的身份模型，他们将传记连续性和生态一致性的维度概念化为自我概念、控制点和自尊等几个方面，得出的结论是，访谈参与者通过强调传记连续性和高度的生态一致性，普遍成功地将职业变化与身份融合。他们认为有必要进行详细的分析，捕捉各种不同的个人经历和个人身份，并且为了支持个人认可的职业身份，应当帮助个人在身份结构中建立适当的平衡。

斯蒂芬·比利特（Stephen Billett）还研究了个人在职业和就业方向调整变化的情况下如何构建其生活的连续性，并将他的研究与调查个人参与终身学习的动机联系起来。他提出，个人的自我意识是通过他们在整个职业生涯中的参与和学习塑造的，通过追求成为"自己"，创造连贯的自我形象。在这一过程中，个人的能动性和意向性很可能受到自我意识的引导，并指向自我意识，这也包括他们在工作时对身份的协商。他的结论是，在理解学习过程和重新开展工作实践的过程中，尤其是在与终身学习相关的政策执行和实践中，以及在试图动员终身学习时，这种个人自我意识需要得到认可和解释。

西蒙娜·基帕尔（Simone Kirpal）和艾伦·布朗（Alan Brown）基于三位受访者的叙述，探讨了个人如何符合要求，成为被期望的"灵活雇员"。一些人力资源部门及经理越来越青睐多技能、流动性和适应性强的雇员，他们会执行各种任务，是雇主希望招聘的"理想模式"雇员。虽然这可能会对其他雇员产生巨大的压力，但这些人认为自己可以积极尝试利用灵活性、流动性和善于学习的方式，来实现更广泛的职业目标和职业前景。这在多大程度上能够支持稳定的工作身份，或与之产生冲突，以及技能、工作和就业的日益灵活是否会对工作认同感的形成和个人整体性格产生负面影响，有待进一步探讨。

本书第三部分将职业和专业身份形成与工作和组织承诺的理论和实证研究联系起来。本部分所介绍的章节要么基于定量方法，要么基于更大规模的定性实证调查。

耶胡达·巴鲁克（Yehuda Baruch）和亚伦·科恩（Aaron Cohen）在本部分以理论章节开篇，介绍了组织承诺和职业身份概念，以之作为行为管理研究中的两个主要概念。他们将组织承诺与职业身份联系起来，探讨二者的多维特征及其构成因素，从而推导出一个完整的概念框架，以阐明组织承诺与职业身份之间的联系。通过讨论组织承诺和职业身份与个人职场生活的相关性和影响，希望为进一步研究这两种概念的综合效应提供一个新的视角。

基于对德国汽车行业的实证调查，伯恩德·哈斯勒（Bernd Haasler）探讨了年轻学员在德国学徒制度中的职业和组织承诺体验。在此期间，年轻人通常被寄予不同的期望，即培养他们对公司和接受培训的专业领域的依恋和认同感，因为人们相信，引导这一过程也会对年轻人以后在工作中的学习、能力发展和职业取向上产生极大影响。尽管德国的职业培训体系侧重培养学徒的职业身份形成，但结果表明，在培训的第一年，年轻人对其就业组织的依恋程度远远高于对其所从事的职业领域的依恋程度。

西蒙娜·基帕尔（Simone Kirpal）、艾伦·布朗（Alan Brown）和穆罕默德·迪夫（M'Hamed Dif）从更广泛的欧洲视角，讨论了个人对更具传统形式的承诺和工作认同感将如何与新的灵活性和学习要求发生冲突的情况。他们观察到员工承诺和工作身份普遍趋于"个性化"，这对个人提出了挑战，人们要在多技能和灵活性的基础上培养积极主动和"创业"的工作态度。他们认为，在许多情况下，特别是中级技能水平的雇员在符合日益增长的灵活性和持续学习要求方面可能面临着过度挑战，因为这些人可能一方面缺乏必要的资源、技能和能力，另一方面在工作环境中得不到充分的支持，无法适应不断变化的工作要求。尤其从在劳动力市场可能受到排斥的角度考虑，这是一个非常棘手的问题，会使欧洲大量雇员处于不利地位。

石川晃弘（Akihiro Ishikawa）以不同的视角和方法，通过跨文化比较研究和纵向分析，质疑了当代社会对日本工人的一些固有认识。虽然人们普遍认为日本工人的工作身份和承诺在很大程度上与他们工作的组织有关，但他的分析显示，与其他国家的工人相比，日本永久性全职员工的态度并非十分以工作为中心，对工作满意度和对公司依赖程度都不高。然而，工作和工作的含义在不同的工作阶层之间（即体力劳动者、管理人员、主管和技术人员之间）存在很大差异。作者认为，日本半失业青年人数的增加是日本以工作为导向的生活方式日益恶化的一个主要原因。

本书的第四部分讨论如何通过组织和体制机制积极塑造职业身份。两篇文章提出了两个案例研究，说明职业身份是如何在制度上被创建或构建的，从而成为新出现的工作框架或者需要新形式工作身份的工作范畴，例如，在工作任务被重新定义或需要新的技能背景或技能组成时，职业身份是如何创建的。

莫妮卡·尼兰德（Monika Nerland）和凯伦·詹森（Karen Jensen）阐述了初始教育在构建新的职业自我中发挥的作用。他们分析了课程和政策文件，以证明如何向希望成为护士或计算机工程师的挪威学生提供新的工作身份。这些最近为两个职业团体所采用的政策文件，也含蓄或明确地定义了专业自我的新愿景和期望。作者以福柯（Foucault）的理论概念为基础，探讨了课程目标、课程活动和课程评价程序的制定如何对自我学习提出新的要求，因为它们将学生视为知识的创造者、边界的跨越者、自我和伦理的创新者。

大卫·芬戈尔德（David Finegold）和罗伯特·马托塞克（Robert Matousek）呈现的第二个案例研究侧重于美国的生物科学行业。虽然从历史上看，该行业所需的各种技能体现在来自不同学科的专家身上，如生物学、化学和计算机科学，他们使用不同的技术语言，有不同的解决问题的方法，但生物技术的重大进步需要新型的专业人员。作者介绍了两种新型的生物科学专业人员，他们体现了一种新的技能组合：能够整合编程技能和生物知识的计算生物学家，以及能够整合科学和商业以帮助新产品商业化的生物科学商业专业人员。作者讨论了一些主要与创建新的职业框架和身份有关的劳动力市场、组织层面和个人层面的因素，并明确了适用于其他形式的复杂的知识性工作发展的过程。

第一部分
职业身份的理论与实证研究

第一章　职业身份的分解与重组
——理论概念综述

"欧洲劳动力市场中的职业身份、灵活性和流动性"项目联盟
（FAME Consortium）

本文撰稿人如下：艾伦·布朗（Alan Brown，英国华威大学）、穆罕默德·迪夫（M'Hamed Dif，法国斯特拉斯堡路易·巴斯德大学）、利娜·海勒马耶（Leena Helemäe，爱沙尼亚塔林大学）、西蒙娜·基帕尔（Simone Kirpal，德国不来梅大学）、索克拉蒂斯·科尼奥尔多斯（Sokratis Koniordos，希腊帕特雷大学）、加布里埃莱·拉斯克（Gabriele Laske，德国不来梅大学）、尼基塔斯·帕蒂尼奥蒂斯（Nikitas Patiniotis，希腊雅典派迪昂大学）和奥尔加·斯特里茨卡-伊利娜（Olga Strietska-Ilina，捷克共和国国家培训基金会，捷克国家职业培训和劳动力市场观察站）

第一节　历史视角下的职业身份[①]

在欧洲，职业存在着悠久的传统，起源于中世纪的手工艺组织，形

[①]　"职业技术"、"职业"、"专业"或"与工作有关"的身份是指通过个人与包括职业教育和培训在内的工作环境之间的互动而形成的各种类型的身份形成过程。当使用"与工作有关的身份"或"工作身份"时，是指最具包容性的术语，而"职业技术身份"或"职业身份"更具体地指工作环境的某些特征或特定的工作概念。例如，"职业身份"可能更适用于劳动力市场和按职业划分的工作概念。而本文撰稿者达成共识，即可以交替使用不同的术语来指工作中同类身份的形成过程。

成于对会员有一定要求的行会、工业革命，建立于大众义务教育体系（Greinert, 1997; Stenström and Lasonen, 2000）。历史上不断变化的政治和经济环境以不同的方式将个人与工作环境联系起来，每个时期对工作都有不同的认同。因此，随着时间的推移，职业身份和更多与工作有关的各种身份并不是固定不变的；相反，需要动态地理解它们。

在基于封建制度建立起来的近代农业时代，无论从社会、政治和经济方面，人人都需要一份工作来养家糊口。工作与个人的社会关系密切相关，一个人的地位和身份在很大程度上依附于预先定义的社会角色（Gellner, 1992）。在资本主义经济关系下，工作成为契约，因此个人在政治上是自由的。然而，早期工业化的经济契约关系仍然保持了工作和社会地位之间高度的相互依赖。这便出现了一种新的集体工作身份，至少在20世纪上半叶它被认为是相对稳定的。在此期间，从事工业和手工业职业的资格大多是通过在职培训获得的，通常成为终身职业专业化的基础。

随着现代福利国家的建立，工作与社会地位之间的关系变得更加复杂。在过去的几十年里，工作条件不断得到改善并且在法律上被不断规范，工作任务和职责在时间、空间和功能上得到了明确界定，与私人时间和工作闲暇有了明显的区别。福利国家还提供了超越职业等级和私人领域的和谐的生活方式。"从经济上的脆弱和屈从中解放出来"（Gellner, 1992, p.142），将工作与工作之外的社会生活分离，以及生活方式的同质化，也为个人工作身份如何与社会角色联系起来带来更大的自由度。

数百年来，欧洲各地的手工艺和贸易行业的学徒制有两个主要功能。首先，让人掌握一些能够维持家庭生活需要的基本技能。其次，使人融入实践社区，不仅能从中获得技能，而且会内化为某种行为和观点。这两个方面，即经济基础的建立、某些规范和行为的内化，都是为了使个人顺利并成功地过渡到并融入社会。与此同时，学徒制的社交功能在两个方面发挥作用：从个人作为学习者的角度来看，它使人们能够为在特定职业中取得成功做好准备；从职业群体的角度来看，它有助于"塑造"个人，使其符合这个特定群体中既定的规范和职业标准

（Heinz, 1995）。

两个主要历史发展阶段引起了实践社区和与工作相关的社会化传统形式的重组：工业劳动力的出现和正规学校教育的扩大，导致 20 世纪 70 年代之前一直主导西方社会的"工业文化"的出现。正规教育的扩大，无论是以普通学校教育的形式，还是以职业学校或技术学校的形式出现，都在一定程度上取代了从前与工作环境有关的主要社会化功能。今天，通过正规教育实现的次级社会化已经在很大程度上取代了以前的长期学徒制，对从前的年轻人来说，长期学徒制在 11 岁就开始了。

20 世纪 60 年代以来，具有悠久传统并且几十年来依赖高度的集体团结和关系互动的职业共同体已经脱嵌，例如，具有持久的无产者传统和身份的农民或工人集体。传统形式的身份日益受到挑战，并正在发生变化，与此同时，社会开放为个人创造了新的机会，使他们能够在生活的各个方面，包括工作方面做出选择（Beck, 1986；Keupp et al., 1999）。结构性调整和改变，如计算机技术融入工业劳动过程和发展第三产业经济，引发了劳动力市场对劳动力的需求具有更大的灵活性和流动性。对劳动者个人来说，意味着他们认同明确界定的职业环境或实践社区的机会更少，而早期的安排培养了这种环境或实践社区，并将其与职业身份的形成联系起来。

现代社会的一个特征是结构和制度的分解和碎片化，这些结构和制度曾在历史上为个人提供了稳定的环境和可以识别的预定要素（Berger et al., 1975；Sennett, 1998）。因此，今天的劳动者越来越受到挑战，他们需要培养一种更加个性化的劳动者身份（Kirpal, 2004）。作为"参与者"和"实施者"，他们需要对不断加剧的竞争、技术创新、技术需求的变化、新的就业模式和不确定的劳动力市场发展做出反应。必须积极地从不同的技能发展模式、职业行为和实践中寻找和选择不同的特征和特色，这些特征和特色已经大量增加，并且变得更加容易获得。今天的劳动者面临着积极塑造和重组其职业身份的挑战。

在这个过程中，现代教育体系发挥了关键作用，因为它们的目标是使学习者获得正式资格证书，而这越来越成为今后进入劳动力市场的先决条件。正规学校教育的最新作用是将参加工作的时间推迟到青春期晚期以后。就身份形成而言，这意味着与工作相关的身份形成趋向于更加开放，更多的是由个人生活轨迹来决定，而不是由童年末期或少年早期所处的社会角色来决定。接受更长时间和更广泛的教育使年轻人受到各种影响，也为他们提供了确立身份的各种机会、条件和做法。当今天的年轻人进入工作环境时，他们中的大多数人已经或者至少部分地形成了一种植根于工作环境之外的身份。发展职业身份已经具有可选择性。此外，个人被置于特定的环境内，使他们有机会能够积极地对周围的组织结构和工作过程进行改造。

选择性和复杂性是现代社会的特征，不仅个人面临着应对它们的挑战，而且它们在系统和制度层面上也得到了再现。工作概念以及职业培训、技能获取和融入工作环境之间如何关联，因职业、部门和国家的不同而不同。技术革新和全球市场竞争不仅引起工作组织的永久性变化，对灵活性和流动性提出了更高的要求，而且也对正规教育和培训体系提出了越来越大的挑战，以提供能够应对劳动力市场需求的现代资格证书和"即时"知识。纵观今天的欧洲国家，我们必须承认，从灵活的职业教育体系到高度正式的职业教育体系（参见本书中劳耐尔撰写的第五章），不同机构对这些需求做出的反应可能非常不同，无论如何，每种策略都提出了不同的解决方案和工作概念（Jaeger, 1989）。虽然盎格鲁-撒克逊采取了遵循自由和灵活的劳动力市场安排和职业准备制度的方式，在技能获得和学习方面以产出为导向（Deißinger, 1996），但其他国家则遵循了将实际工作经验与校本职业培训相结合的传统，如奥地利、德国和瑞士的学徒制度。虽然前者在培训和认证体系中建立了高度的灵活性，但后者强调学习并获得技能的过程，通过注重成为特定实践社区成员的社会化过程，形成职业身份。

整个欧洲的普通教育和职业培训体系都面临挑战，以应对劳动力市场对更大灵活性的需求。今天，他们需要考虑使年轻人能够承担各种工作任务，扮演相关的职业角色。多技能、不断变化的工作要求和就业模式，对工作业绩的竞争性要求和混合型职业的出现（例如，欧洲的"机电一体化"工作），使人们有可能同时进入不同的实践社区，并培养复杂的多种技能。

具有高度复杂内部结构的现代工作组织形式（如团队合作，跨越传统组织范围的项目团队，跨学科、跨部门工作）越来越多地与外部和国际实践社区联系在一起。然而，成为不同社区的一部分并不总是能够和睦相处的，可能既会产生冲突，又需要保持相互信赖（Cohen, 1994）。将自我融入互不相容的实践社区中当然会有问题，因为个人也可能在自我身份层面上遇到不适应和冲突。虽然这并不会对某一特定的实践社区的认同产生疑问，但对个人而言，将不同的期望、职业角色和认同水平整合到连贯的自我认识中，是巨大的挑战（Sennett, 1998）。

第二节 身份概念——来自社会学、社会心理学和精神分析学的贡献

身份是一个相对较新的社会科学概念，是通过引入两种不同的思潮并进一步发展起来的：美国社会心理学认为身份是一种社会组织原则（Goffman, 1969；Mead, 1937）；而主要以埃里克森（Erikson,1970，1973）为代表的精神分析学则认为，身份是一种心理组织原则。

戈夫曼（Goffman）将身份概念作为社会组织原则钻研得最为深入。他认为，个人通过与他人互动获得"个人"和"社会"身份。个人身份强调个人的独特性，例如，通过某人独特的、明确的传记、习惯和态度来展现其独特性。个人通过他人赋予的某些特定的、社会期望性质的特征而获得社会身份（Huber and Krainz, 1987）。人们期望个人通过相应的行动来服从他人的期望，并像其他人在相同的社会环境中所做的那样行事。这些期望也意味着履行非常特殊和明确界定的社会和职业角色，例如，成为一个"好"的母亲或医生。

期望是根据在特定社会环境中与角色行动达成一致来构建的，如专业团体。按照专业团体的期望行事的好处可能会获得团体内其他成员的认可和接受。这些社会认可的过程作为一种外部指导，可以帮助个人通

过构建身份与他人共处。

相反，在建构个人身份时，要求使自己与其他人有所区别，也就是说，要做到与众不同。这些存在差异的期望需要保持一种均衡，否则就有两个方面不协调一致的风险。一种情况是，完全客观化地融入不同的、缺乏个性化的角色环境中，另一种情况是，因行为偏离规范而被污名化（Huber and Krainz, 1987, p.475）。

作为心理组织的身份心理分析概念来源于弗洛伊德的著作。埃里克森拓展了弗洛伊德关于儿童早期发展的生命力理论。埃里克森认为，塑造自我身份或社会心理自我界定是发展的关键步骤，它要求与他人区分开来。对拥有身份的认识是与"对自己在时间上的同一性和连续性的感知，以及其他人也承认这种同一性和连续性的相关感知"联系在一起的（Erikson, 1973, p.18）。在这方面，青春期成为决定性的阶段，"在此期间，每个人通过自由的角色实验，在社会的某些行业寻找自己的位置，这个职业非常明确，似乎是特别为他打造的"（Erikson, 1973, p.139）。

受马克思主义思想的影响，心理分析社会研究认为，在通过社会化将个人转变为社会人的过程中，工作是最重要的媒介（Leithäuser and Volmerg, 1988）。在正规教育和工作环境中，社会化起着决定性作用，因为不同职业类别为个人提供了进入社会的机会，使他可以通过职业教育和培训，找到一个"明确界定的位置"，进入职业结构化的世界。这个世界提供了预先定义的角色，帮助个人在担任特定角色时创建自我概念。接受一个角色也意味着接受一种身份，并帮助个人融入实践社区，显示出将一个群体与另一个群体区分开来的特征。

在描述青年和成年人早期身份形成的经典方法中，职业作为判断个人价值的基础，总是成为关注焦点。在这方面的失败被认为是导致人生选择失误的关键因素（Silbereisen, 1997, p.184）。

在讲德语的国家中，哈贝马斯（Habermas, 1976）尤其进一步发展了美国人关于自我身份的概念。他区分了身份的三种类型和阶段：在第一阶段，他定义了第一种类型，自然身份类型，代表了人类生物以及所有植物和动物有机体的身份。第二种类型，个人身份类型，尽管个人所属的不同角色体系会有各种各样的、有时是相互冲突的要求，但这种身份会在一生中始终如一地保持下去。成为这些角色体系的一部分，反过来又会形成社会身份。在第二阶段，哈贝马斯将个人身份和社会身份的某些方面加以整合。在现代社会中，这个阶段有时会在青春期瓦解，即在第三个阶段自我身份得到发展之前产生瓦解。第三阶段的特点是成年人有能力建立新的身份，并将其与被留下来的身份融合。

关于职业身份的形成，哈贝马斯的第三阶段身份具有特别重要的意义，因为劳动力市场对劳动者的灵活性和流动性要求越来越高，这对个人建立新的身份，并将其与被留下来的身份结合起来的能力是一个挑战。这个问题与拼凑型身份概念建立了联系，这个术语最初由列维-施特劳斯（Levi-Strauss）提出，后来被卡拉瑟斯和乌齐（Carruthers and Uzzi, 2000）采用。拼凑型身份是"将现有身份分解成它们的组成成分，然后重组成一个新的身份"（Carruthers and Uzzi, 2000, p.486）。

从拼凑型身份或第三阶段的身份视角来勾勒职业身份形成的理论框架，我们必须要问这样一个问题，即行为者自己在多大程度上参与了塑造自己的职业道路。正如研究表明（Witzel et al., 1996），从学校到工作岗位的过渡过程不仅仅是一个将个人指定到他们已经确定的生活道路的某个框架内的问题，它也是由行为者通过自己的行为共同塑造的，因此也必须被视为一个外部选择与自我选择相互补充的、复杂的社会化过程。个人是否以及如何修改和塑造自己的职业生涯，而不完全按照职业选择中所给的建议行事，这是一个值得进一步研究的有趣问题。哈贝马斯将个人塑造、修改和调整自己职业道路的能力描述为高度的文化成就：成年人建立新身份并将其与其他被留下来的身份相融合的能力。

第三节　职业身份与文化：从社会人类学和民族志视角看身份的形成

社会人类学和民族志从社会和文化视角审视身份、个性和自我的概念。20 世纪的最后几十年里，在社会人类学和相关学科的学者中形成了两个流派。两大主要流派可以大致界定为民族文化学派和现代性学派，前者主要以安东尼·史密斯（Anthony Smith）为代表，后者以欧内斯特·盖尔纳（Ernest Gellner）、本尼迪克特·安德森（Benedict Anderson）、埃里克·霍布斯鲍姆（Eric Hobsbawm）等人为代表。在这两种流派中，民族文化学派认为身份是由"客观特征"赋予的；而现代性学派则认为，身份是现代社会经济发展和交际的扩展作用所产生的个体意识自我建构，这种看法强调"主观特征"。

在将这些研究方法运用到职业身份形成的各方面过程中，我们需要考虑劳动力市场的制度体系、职业培训体系和实践社区之间存在的动态性，以及个人从这些体系中选择并结合某些要素构建职业身份的能力。一方面，职业是由许多为个人在发展职业身份时提供身份框架的"客观特征"组成的，它们通常与期望行为和职业角色有关，个人在经历职业社会化过程中接受并内化这些角色。虽然劳动分工在很大程度上决定了与工作有关的角色和职能的结构和具体特征，但这种分工往往植根于长期以来的传统，即使在后现代的工作环境中，这些角色中的大多数仍然是相对稳定的（Palán, 1997），通常由学习、技能和工作实践方面的具体要求来保持稳定。

另一方面，工作要求和职业角色不是一成不变的，而是根据不断变化的工作实践、工作要求和技能要求而变化和改变的。虽然劳动者不断面临调整和提高其职业技能的挑战，有时所完成的任务需要将职业准备中与最初设定完全不同的技能进行组合，但他们会根据实际工作实践完全重新塑造工作身份。这样，个人在重新定义职业角色方面发挥了积极作用，甚至可能会建立新的工作要求。根据工作环境的严格性程度，劳动者可以确定工作职责和任务，从而能够极大地改进重塑之前既定的职业环境。从这个角度看，职业和职业角色也是由个人的"主观特征"塑造的。

由于身份形成过程将"社会"和"个人"这两个维度联系在一起，因此必须以双重方式来理解它们。身份的发展受到现有社会结构和过程的制约、限制和塑造（Jenkins,1996；Sarup,1996）。同时，身份的形成也意味着个人积极参与和自我定义。从外部角度来看，社会向个人提供社会角色和结构（家庭、性别、社会地位等），而作为内部过程的一部分，个人在将某些角色和其他社会因素内化时，会接受或拒绝这些角色和结构的各个方面（Giddens, 1984）。从社会学角度来看，这是身份形成过程中结构和个人方面的相互依赖。已经存在的结构，例如具有特定工作状况、资格要求、社会承认和传统的各种职业，仍然存在并不断发展。这些结构可能会随着时间的推移而改变，并提供机会和限制。然而，它们并不一定迫使个人进入指定的结构路径中，因为个人的能动性总是有变化空间的。

1. 集体身份

没有个人，职业类别和专业就不存在。在群体动力学背景下，身份形成过程也是一种区分和分离"他者"的形式，与"自身感受"和"他人感受"结合在一起，产生一种与某些人相同而与其他人不同的感觉（Tajfel, 1981）。这一过程还包括对可靠的社会关系和地位的渴望，以使个人感到属于一个特定的群体，而非其他群体。从实践社区成员的意义上看，或者作为集体社会身份的一种形式，职业身份将一个职业共同体的成员与另一个职业共同体的成员区分开来。它们以职业传统为基础，提供了工作环境的连续性和稳定性。这些传统长期以来维持着个人的传记元素，而单纯的工作概念做不到这一点（Jaeger, 1989）。因此，集体身份的一个核心是划分界限。这些界限通常表现出高度规范的特征，导致在工作组织和创新方面缺乏灵活性，创造出特定的、相当狭隘的和封闭的职业文化，对变革会产生高度抵触（Kern and Sabel, 1994）。

职业身份的集体性表现为劳动者进入团体中并建立职业共同体。有目的地创立职业组织和追求专业化可能是劳动者的主动行为，但更多时候是专家和参与者的兴趣所致。在这种情况下，创造一个特定职业的统一标志起着重要的作用。这些标志通常会成为职业形成过程的工具，并为了追求特定的目的而加以发展，例如，提高一个职业的声望。当提升企业身份时，这些机制也可以转移到企业层面。在这里，标志和声望可能是人为创造的，但它们是创造、修改或重新定义职业身份的强大工具。

集体回忆或怀旧（Armstrong, 1982）是通过神话或标志来维护的，它们很容易成为个人和集体层面上控制群体动态性和身份形成过程的工具。标志可能是真的，也可能是假的，但它们总是有助于提升社会群体的独特性。正如霍布斯鲍姆（Hobsbawm,1992）所说，通过创造共同的神话来"创造传统"可能是非常强大的。一旦标志被创造和维护，就很难重塑、改变或抛弃，因为"决定身份的是具有共同命运的标志层面，而不是物质层面"（Armstrong, 1982, p.9）。

2. 工作身份的积极建构：爱沙尼亚案例

在爱沙尼亚，关注早期职业生涯的研究可以追溯到35年前[①]。塔尔图大学的研究最初侧重于职业咨询和个人如何选择特定的职业方向。受共产主义教育的影响，一个主要问题是如何"把合适的人放到合适的地方"，以及如何"通过个人的职业选择来科学地进行劳动力分配"(Titma, 1972, p.22)。与官方意识形态不同，这一概念强调年轻人的积极作用，与当时美国的人力资源研究方法有一些相似之处（Ginzberg,1968；Ginzberg et al., 1951）。在这种情况下，职业取向与个人发展联系在一起，职业的选择取决于对"社会与个人之间相互联系的理解，取决于对追求具有社会意义目标能力的理解"(Titma, 1972, p.46)。

共产主义政府提倡这样一种概念，即工作是生活的中心要素，将社会和个人联系起来，这是每个人实现自我的必要条件和基本范围（Titma, 1972）。一个人的技能、能力、知识和经验应该与特定工作的具体要求相匹配，这是做出职业决定的主要因素。此外，工作价值观也会对人们重视和选择某一特定职业产生影响。作为选择标准的价值观被概念化为动态的和易变的。在劳动力分配方面来看，应该"有意识地形成"这些价值观，以帮助年轻人在意识到自身能力和技能的同时，能够

---

① 此处的35年是相对于原著出版时间2007年而言的。全书的时间间距均以2007年为基准。——译者

结合所选择的工作环境和社会可接受的目标，做出"正确"的选择。

　　受美国社会学家金兹伯格（Ginzberg）的启发，职业选择被认为是一个包括不同阶段的过程，这一过程将普通教育、职业培训和所选择的职业轨道与特定的工作或工作场所联系起来。20世纪60年代，在做出自我决定和职业选择时，"主观方面"得到强调，例如，个人对某一特定职业专业化的名望和声誉的看法和重视程度。在早期的研究中，工作的意义和个人对工作的态度与职业道德密切相关。通过测量一个人在生活中对学习、工作、非营利活动、家庭、休闲等不同生活领域的情感、认知和行为态度等价值观，来评估工作的意义（Saarniit, 1997）。

　　20世纪70年代，研究注意力转向了分析工作／职业的专业化与不平等之间的动态关系。由于苏联的制度结构将社会构建为一个无差别的整体，将个人首先视为社会实体的一部分，因此自我认识的水平和个人在工作中的自主权也被认为是由社会结构决定的。研究人员开始关注职业身份形成的"客观方面"，以及制度结构对群体行为的影响，而不是关注个人的价值取向。后来在20世纪90年代过渡时期引入的生命历程研究方法也强调结构视角，将个人的生命历程概念化为社会结构的"产物"。然而，它也承认结构与个体能动性之间相互依存，

　　　　因为制度化模式的变化不仅影响任何特定的个人生活中的后续事件，而且可以［……］生成新的社会结构和制度。因此，社会力量不仅从社会制度中"滴漏"到个人生活中，而且也能从个人行动中"向上渗透"到社会制度中，从而改变现有的社会模式和制度，甚至可能创造新的社会模式和制度（Mayer and Tuma, 1987, pp.3-4）。

这种概念创新是以行为为中心的生活事件分析方法。

　　当我们将上述研究阶段与爱沙尼亚的社会政治状况联系起来时，就能描述出意识形态压力是如何影响与工作有关的身份形成的话语。官方话语和审查制度将工作置于生活的中心。对工作的意义、工作价值观和工作绩效预期进行了规范性建构。在社会主义和共产主义社会背景下，工作不仅是生活的基础，也是社会和个人之间的调解者。工作是每个人实现自我的必要条件和基本范围。20世纪60年代，来自社会主义社会

的学者有机会与西方学者交流思想。此后，西方的理论和方法影响了职业生涯研究，并引起了对价值取向和行为新的重视。

第四节　职业培训在工作身份形成中的作用：希腊的经验

职业培训和技能获得对与工作有关的身份发展有很大影响。在实证研究的基础上，本节以希腊熟练手工工人为例，讨论职业教育和培训在身份形成中所起的作用，这些工人在某个时期成为个体经营者。实证研究在 1988—1989 年和 1998—1999 年进行。总共采访了 170 名在金属加工行业或服装行业担任机械工的个体经营者。受访者分为三类：工匠、小型雇主和大型雇主，分类取决于他们工作所需的管理任务量。受访者的企业分别雇用了 1~14 名员工。大多数人认为获得和提高技能是确保业务可持续性的最重要资本。几十年来，由于所需的技能变化缓慢，专业技能基础是企业稳定的基本来源。技能通常是通过在职培训获得的，这是一个漫长的、需要长达七年时间的过程，这也是发展职业身份的一个主要来源。今天，技术的快速变化使在职学习和学徒制失去了"使人获得技能"的作用，从而降低了其早期塑造工作身份的重要性。

在希腊，准工匠平均从 14 岁就开始工作。对于老一辈人来说，在 9 岁、10 岁或 11 岁就开始做学徒是很常见的。这意味着他们的工作取向绝不是个人选择的（Watson, 2001）。相反，他们是被迫工作的，由于是未成年人，他们通过成年监护人与雇主订立合同协议。

大多数工匠都有来自贫农、工人或城市边缘"小资产阶级"的背景。他们来自使用限制型语码①的下层家庭，大多数人在学校表现不佳或已经辍学（Bernstein, 1975；Frangoudakis, 1978；Willis, 1977）。在学校表现不佳意味着他们中许多人没有通过皮亚杰所说的"认知发展

---

① 英国社会学家伯恩斯坦（Basil Bernstein）提出了限制型语码（restricted language code）的概念，这是一种非正式的语言，存在于工人阶级及其子女的语言中，惯用俗语俚语，语法不标准，句式也较简单。——译者

的形式运算期", 这一阶段主要是在青春期早期(从 11 岁到 15 岁)的正规教育的影响下展开的, 包含开发理解抽象概念和假设概念的能力(Piaget and Inhelder, 1973)。相反, 在职学徒制主要包括"边做边学"和重复做常规工作, 这使得受训者很难理解抽象的和更高层次的工作过程。这种职业培训制度是一种排斥机制, 能有效地将出身于较低阶层的学徒引导到体力劳动岗位, 而受过较高水平普通教育和出身于中产阶级的人则倾向于成为较大的雇主(Koniordos, 2001)。

1. 特质与技能

"特质"是心理学中的概念, 它最初的意思是"性情", 或"个体以某种方式做事的持久倾向"(Krech et al., 1962, p.105)。这一概念也可以应用到最初在美国经验基础上发展起来的双重的和分割的劳动力市场。[①] 它将获得技能的方式和类型与劳动力市场的分割联系起来。在后一种情况下, 特质被定义为"在特定类型的环境中对指定的刺激做出反应的行为模式"(Piore, 1975, p.130)。特质被划分为特定特质和一般特质。

特定特质是对环境刺激做出直接反应的行为, 是在指定的环境中通过模仿和社会化获得的。因此, 在工作场所通过在职培训过程获得的特定特质, 即生产性特征, 可以被认为是一种习惯。一般特质是一组规则, 从这些规则中

可以导出行为, 使个人能够从环境和(周边的)刺激中推断出什么是正确的反应, 尽管他以前可能从未遇到过这种特别的多种叠加情况(Piore, 1975, p.130)。

这类特质要么是从一系列特定特质中归纳出来的, 要么是在不同层级的正规教育中教授出来的。然而, 如果要保留一般特质, 就必须通过在工作中持续使用来强化。否则, 它们可能退化成特定特质。

将特质概念分别应用于职业培训、在职培训和正规教育, 对于区分

_____

① 关于初级和二级劳动力市场及工业二元论, 请参见 Doeringer and Piore (1971)、Piore (1975)以及 Berger and Piore (1980).

特定特质和一般特质具有决定性意义，同时，对于区分初级劳动力市场的下层（半熟练和熟练工人）和上层（专业人员和经理）也具有决定性意义，这与流动链有相似之处：

> 社会经济流动不是随机的，而是或多或少按照有规律的渠道发生的，流动链的概念试图将这一直觉观念正式化。这些渠道使任何指定的工作都倾向于为有限且不同数量的特定点［站］吸引劳动力。因此，人们按一定的顺序来工作。我们将这种顺序称为流动链（Piore, 1975, p.128）。

特质的概念可以解释教育和在职培训对于形成特定类型的人和技能的重要性，这可以指导工匠学徒选择以后的职业道路。区分特定特质和一般特质是有用的，因为这与手工艺、行政、管理和商业相关。因此，作为依赖工资生活的劳动者、工匠会有大量特定的技术特质，这些特质是他们在工作中获得的，或者他们通过参加低级技术课程获得一些一般技术特质，或者向别人学习（例如，他们的主管）获得一些基本的特定管理特质。小雇主通常会通过学习和模仿获得一些低级的一般管理技能，在工作中和在技校中获得特定的技术特质。最后，较大的雇主将在家族企业和／或在大学管理培训中获得一般行政管理特质。

希腊的调查研究证实了特质假说，调查表明，接受正规教育的时长（作为两种获得一般特质的方法之一）与经营者的类型有关。一个人接受正规教育的时间越长，就越接近大雇主类型的企业家。相反，接受正规教育年限的减少往往与工匠工人类型有关。虽然无法考虑教育质量，但较长的教育时间也有助于学生吸收更多的理论知识和一般知识。通过调查比较两个职业专业的平均受教育年限发现，（除小雇主外）金属加工机械工人的平均受教育年限比服装制造工人长 1.5 年左右。在校就读年限的较大差异也可归因于对妇女的传统角色设定，即强调在完成初等教育后承担家务和家庭责任。因此，在服装业工作的女性受访者平均受教育 6.6 年，而男性受访者平均受教育 8.1 年（Koniordos, 2001）。

更深入的研究还表明，大多数独立工匠和小型雇主企业的技工在白天工作之余，还参加技术学校的夜校课程。这使他们获得了正规教育和基本的一般技术特质，在职培训为他们提供了特定技术特质，以及将从学校学到的一般性知识运用到工作中的机会。这些人被训练成熟练的手工艺人。相比之下，实践技术教育不是服装行业学习的一部分。在这方面，贸易本身的特点、国内环境和行业的总体状况进一步证实妇女在希腊的传统角色。最后，大多数大型雇主企业家都学习过高中、大专或大学课程。由于他们出身中产阶级，很多人接受过正规教育，因此即将从事非体力劳动，并得到培养，从而提升抽象思维能力和管理技能。

由于大多数工匠和小雇主不能或只能非常有限地依靠家庭的经济帮助，他们的技能成为其主要资产。技能成为获得更高收入的基本手段，从而他们能够积累一些资金，并最终成为个人创立企业的资本。一旦企业成立，技能再次成为保障专门知识、技术独立性和降低单位劳动力成本的关键。在创立独立企业之前，通过学徒期和工作期间获得的技能必须十分全面，以准备成功应对工作中的新挑战（Piore and Sabel, 1984）。熟练和成功能使工匠吸引顾客，并在行业中获得良好的声誉。要作为独立雇主生存下去，补救技能的缺乏或不足极其困难。然而，成为独立工匠的过程也意味着从积累特定技术特质到发展一般技术特质的转变。在研究样本中，技工表现出将长期高水平的技术教育与在职培训相结合的倾向，而实际工作经验对服装制造技能的获得具有最重要的作用，这证实了服装制造技术能力主要是在工作中获得的。

总之，我们可以得出结论，从事金属加工的技工接受学校教育的时间要比服装行业的熟练工人长得多。此外，他们的在职学徒期是从事服装加工行业者的两倍，他们作为工薪阶层，工作时间更长，在成为独立工匠前更换雇主的次数更多。这似乎意味着，获得技能，特别是缝纫技能，是成为工匠和生存下去的必要条件。但服装的制作也需要专业知识，以及有关布料、设计、模型制作、批发和零售等方面的知识，而且实际缝纫意味着掌握机器操作、精细整理和熨烫，还涉及货物的批发和零售。然而，与服装制造业的熟练技工相比，自主创业的工匠和小雇主技工拥有更广泛的技术技能。这可能是由于他们所涉及的技术迫使技工接受更长时间的教育和更实用的在职培训。这也增加了他们获得特定和一般特质技能（主要是技术性技能）的机会。相比之下，技术熟练的服装技工，由于在行业中分工更加明确，他们的工作任务受到更多限制。服装制造业小雇主的管理技能成为他们能够独立创业的一个条件。由于具有高度的一般特质，并且都是男性，所以以他们的情况不同于同行业工匠，这将他们与那些不同类型、彼此之间没有明显差异的技工区别开来。

第五节　法国的职业身份研究

在过去30年里，法国极度重视职业身份形成的研究。自20世纪70年代初法国引进继续职业培训制度以来，工作身份的形成过程发生了重要的结构性变化。这与作为经济中占主导地位范式的福特主义的结束以及基于全球化和新的灵活性范式经济的到来不谋而合（Dif, 1998）。在失业率相对较低的经济持续增长初期（1965—1975年），法国社会学家雷诺·圣索利厄（Renaud Sainsaulieu）主要对工作身份的形成进行了实证调查。他在200个定性访谈和8000份涵盖在公共和私营公司不同部门工作、拥有不同技能水平的雇员的调查问卷基础上，将工作身份的形成分成四种类型（Sainsaulieu, 1977, 1985）。

第一种类型以"基于社区"的关系为特征，适用于具有基本资格、通常能够完成日常工作的工人。它是建立在以感情、团结与合作为基础的集体成员之间的密切关系之上的。团体成员之间的集体身份可以成为分歧和冲突的避难所和护身符。当发生冲突时，以领导形式存在的等级权威可以进行指导和调解。相比之下，第二种"谈判型"职业身份是专业人士和主管所特有的，这种类型的身份可以接受分歧，运用谈判和公开的民主辩论来解决冲突。具有"谈判型"身份的人高度重视其职业，重视自主性，拒绝任何强加的等级权威。他们更喜欢具有工作专长、在群体动力背景下具有调解能力而被认可的领导者。

第三，圣索利厄确定了一种"亲和力型"身份，这种身份随着时间的推移，因社会职业的流动性而变化。在职业快速变化的自主学习者

（技术人员和行政人员）中有这种情况。这种群体内部的人际关系具有选择性和情感性。领导者只能是项目发起人，但这通常被认为是个人职业晋升的障碍。第四，"隐退型"身份是指那些把工作作为饭碗，将注意力投入到生活其他领域的人，如家庭生活或休闲生活。这些人可能由于学历低、年龄（临近退休的员工）、就业状况或种族等而被社会排斥和边缘化。在具有这些分散身份的群体中，强大的等级权威往往有助于对他们进行协调和领导。

这四种工作身份是在经济增长和福特主义生产模型的背景下被概念化的。20年后，圣索利厄和他的同事们调整并扩展了这种分类，以适应新的后福特主义经济要求。根据新的实证研究（Francfort et al., 1995)，圣索利厄的四种职业身份类型得到调整，同时考虑到两种交互性：社交性（关系交互性）；与组织的交互性模式（与工作过程的交互性和参与性，而不是由组织的既定规则和条例指导的交互性）。根据对81家公司不同部门的296个职业专业进行多维抽样研究，可以观察到以下变化（Sainsaulieu, 1996，1997）：

- 基于对同事、实践社区和正式确立的职业地位的强烈依恋而形成的"融合型"身份正在下降。这种情况涉及在传统行业的公共和私营组织中积累了长期工作经验（一般超过15年）的各类雇员。其中大多数行业（如钢铁和汽车工业、银行和运输）正在或已经经历了快速的组织和结构变化。因此，传统上依赖于高度集体团结与关系互动性的附属社区正在分裂成微型团体。

- "隐退型"身份正朝着两个方向发展：一方面，数量在扩大，那些受到技术变革威胁和劳动力市场排斥而工作不稳定的雇员被囊括进来。他们抓住那些公认的日常工作规则和条例，作为防范失业和潜在风险的救命稻草。另一方面，介于最初的"隐退型"身份和延伸的"行政身份"之间，我们发现了一种新的雇员类别，他们直接与客户合作，并在公共部门中负责咨询工作。他们将自己划分为具有自身特征的"专业公务人员"。

- "谈判型"身份的调整包括两个相关方面的发展：高水平关系互

动性和基于工作的互动性。第一个发展考虑到新技术领域专业人员的出现，他们高度重视基于出色工作以及专业成员之间的自主、信任和团结而形成的志同道合的价值观。第二个发展涉及一个新类别的出现，包括充满活力的经理、行政人员、销售商等，他们拥有在变革和集体中动员的能力，同时与组织高度融合。圣索利厄称这种新形式的职业身份为"企业身份"或"公司身份"模式。

• 最后，"亲和力型"身份在工作的高水平交互性和低社交性相结合的基础上，表现出"身份形成的流动性"。在过去的30年中，由于出现了一种以灵活性为基础的扁平化组织结构的人力资源管理模式，工人缺乏晋升机会，因此，出现了新一代充满活力和"流动性"的工作者（专业技术人员、行政人员和大学毕业生）。他们更倾向于在职业灵活性和身份流动性的基础上，个人规划自己的职业生涯。他们花费精力建立关系网，主要是为了完成个人职业规划项目，而不是完成专业团队或组织项目。

20世纪80年代由不同研究小组进行了三项实证调查，克劳德·杜巴尔（Claude Dubar）在此基础上用不同的术语确定了圣索利厄的四种职业身份的发展形式。[①] 他将个人与工作有关的身份形成解释为两种交易过程：传记型交易和关系型交易（Dubar, 1991，1994；Dubar and Engrand, 1986；Dubar and Tripier, 1998）。"传记型交易"指的是通过为自己创造一个身份，并将职业轨迹规划为对过去这一身份的持续再造或连续间断，从而形成与时间相关的"自我协商"身份。"关系型交易"是个人与特定身份认同空间的成员之间的关系互动，该身份空间是由一套规则和道德规范构成的。

这两种交易都具有多样性和相关性。由于它们有不同的维度，因此

---

① 关于"社会职业包容方案"的第一次实地调查是1982年发起的，调查对象是（法国）北加莱海峡地区没有学历的无业青年（Dubar et al.,1987）；第二次实地调查是在1984—1985年进行的，研究了法国电力公司两个热电生产单位的持续职业培训项目对员工职业发展的影响（Dubar and Engrand, 1986）；第三次调查是在1986—1989年，涉及采用劳工组织、培训和人力资源创新管理模式的公司内部的持续职业培训项目政策和实践（Bel et al., 1988）。

具有多样性：传记型交易具有"主观"和时间依赖性的维度，并发挥了个人的社会职业轨迹的连续性和不连续性以及归属感和承诺感的作用。相比之下，关系型交易作为"客观"维度的一部分，触发了对身份的识别过程。通过交互作用（谈判、调整和妥协），每一种交易的结果都依赖于他人的认可。也就是说，个人在其社会职业轨迹上的成功，部分取决于其他人的认可，这些人根据此人如何利用其传记能力来做出判断。

杜巴尔在某种程度上证实并进一步发展了圣索利厄的四种职业身份，但使用了不同的术语。根据杜巴尔的说法，建立在连续性（世代之内和世代之间）基础上的传记型交易允许员工根据一种持续发展的模式来构建自己的职业轨迹。当他们进步的要求在组织内得到承认，并且在与雇主的关系型交易中占据优势的情况下，"公司身份"就可能成为社会职业身份的主要成分（类似于圣索利厄的"谈判型身份"）。员工、技术人员和行政人员认为自己是组织的一员，可以很容易适应新的人力资源管理政策。相反，如果没有获得人们所期望的稳定提高的良好认知，他们的身份将成为个人社会职业参考"类别"，这些个人职业类别不符合人力资源管理的主导模式。在这种情况下，传记型交易和关系型交易并不完全一致，个人的职业识别受阻（相当于圣索利厄所说的降低的"融合型"身份）。

基于世代之内和世代之间不连续性的传记型交易使一些员工在构建职业轨迹时，缺少对特定职业专业化和/或组织归属感的参考。如果他们成功得到对其资格的认可和/或建立了有用的专业联系，就形成了一种"网络身份"，作为进一步寻求社会职业认可和晋升的手段（相当于圣索利厄的"亲和力型"身份）。相反，资历较低和/或缺乏专业联系的雇员经历了工作不稳定、边缘化和劳动力市场排斥的威胁，他们可能会认同一个被社会低估的非专业领域。当传记型交易越来越多地沿着不连续的结构进行，并被消极的关系型交易强化时，个人逐渐被内化成一种"被排斥身份"，杜巴尔称之为"外部"工作身份。这相当于圣索利厄的"隐退型"身份。

第六节　职业身份形成的动态研究 ①

任何关于职业身份形成过程的研究都必须具有足够的动态性，以说明职业身份是随着时间的推移而持续变化的。人们发展职业身份，学习在该职业中有效工作所必需的技能，这些过程是很复杂的。下面的框架试图确定一些基本成分，以说明这种复杂性。它将获得技能作为与工作相关的身份形成过程的基础。主要假设是，一个人只有掌握某些技能、知识，了解工作过程，才能被认为是有技能的。

职业身份形成过程的动态表征考虑到改变需要获得的技能、知识理解的主体，也承认在时间纵向维度上将变得熟练。此外，个人随着时间的推移在特定的社会环境中获得适应具体环境的能力。个人与他人一起学习，向他人学习，并帮助他人学习，其意义在于技能获得的过程需要置于社会背景下。另一种假设认为，个人是构建自己特定技能和思维的动力。也就是说，每一个人都可能追求一种非常不同的方法，去获得构成职业身份的不同要素。此外，获得职业身份的过程发生在特定的实践社区。在职业层面可能有一个广泛的实践社区，但也会有与特定工作组织和教育培训机构相关的更特定的实践社区，在这些机构中技能得到发展。事实上，可能产生影响的是一个机构或公司中的特定工作小组，该小组有非常独特的工作方式，与其他小组有所区别。

从上述假设中，我们有可能勾勒出在特定工作环境中，职业身份形成的综合框架可能需要的信息。它需要考虑到：
- 动态表征，允许随着时间变化和发展；
- 社会层面，个人在其中学习、工作和与他人互动；
- 个人在构建自己的职业身份方面是重要的行动者；
- 与特定职业和组织相关的一般和特定"实践社区"的存在，这些社区可以在多个层面上运作。

---

① 本节内容基于布朗（Brown,1997）的论述。

我们需要记住两个方面。第一，工作和实践社区中的一系列活动以及它们支持的身份都在不断变化。第二，并不是所有这些活动、做法和身份都被技能获得者被动接受；相反，他们也积极参与塑造它们。如果要认识到职业身份形成过程存在的紧张关系，就需要理解这种动态性：随着时间的推移，这些过程的发展既有连续性又有变化。该框架进一步建立在一些基本理论立场的基础上。

1. 学习是一个社会过程

个人通过与他人的互动和交流来学习。然而，学习的过程并没有产生一种单一类型的互动。相反，在学习的环境中，互动的本质可能有多个维度：可能有一系列的工作关系和其他关系对学习过程产生影响。个人从各种来源和关系中学习。这些关系的模式不仅因个人和环境的不同而不同，而且学习的内容、方式和来源方面的多样性也足以确保学习不是线性传递的。影响特定人群和人员组合的变化，以及不同的关系模式，足以确保不同的个体即使在相似的环境中，学习经历也会明显不同。因此，学习是一个社会过程，对特定的个人产生不同的影响和结果。

2. 职业身份构成个人整体身份的一部分

在考虑职业身份的形成时，对于粗心大意的人来说会有两个陷阱。第一个陷阱是认为那些完成初始培训的人能顺利过渡到合适的技术性工作岗位。在某些情况下，工作将在完全不同的领域进行：在这种情况下，一个人认为他/她"拥有"所受培训的职业身份，但其认识程度是有问题的。第二个陷阱是认为年轻人接受培训或人们工作的职业专业化对他们来说有特殊意义。尤其是年轻人可能更重视形成更广泛意义上的身份，而不是形成明确的职业承诺。这种区别可以描述为"创造生活"和"谋生"之间的区别。当以这种方式表达时，可以很容易地看出前者更有意义，而后者的（职业）取向把前者作为中心成分的程度可能因人而异，随时间而异。职业身份只是个人整体身份中的一个，这些身份有时是相互矛盾的。

在技术上拥有必要的技能、知识、背景和专业知识，才能被认为是熟练员工，这只是在工作中发展身份的一个组成部分。实证研究（Bash and Green, 1995）表明，成为技术人员的年轻人，他们之间的一个主要区别是认为自己在多大程度上积极地构建自我身份，以及如何看待自己不断发展的职业身份。一些年轻人非常被动地接受工作中的位置。他们认为，在可预见的未来，自己可能会跟随现在的雇主做大致相同的工作。他们没有任何在职业上进取的想法，也没有对工作抱有很大的期望。他们在工作中似乎是一直要做一个"普通"（而不是"特别"）的雇员：稳定地做工作，没有晋升或更换雇主的想法。另一方面，也有一些年轻人积极地构建动态身份，其中职业成功和成就事业是重要的因素（Stern and Eichorn, 1989；Weis, 1990）。

3. 拥有"熟练工人"身份取决于外部的认可

上述讨论表明，成为熟练工人是一个社会过程，许多其他因素也在其中发挥作用。虽然正式熟练工人身份可以通过完成学徒期或类似的情况而得到承认，但无论是自身还是其他人，都可能对"完全熟练工人"这个绰号持谨慎态度。事实上，只有当自己和其他人都认可本人是有经验的熟练工人时，他/她才能成为有经验的熟练工人。

获得有经验的/熟练工人身份的争议在于，一个人在什么确切的时间点达到这一身份，这一点还不清楚，因为这取决于许多人的判断，他们在形成判断时可能使用不同的标准。认可一个人的标志可能是其他人（例如，客户、同行或受训人员）向此人寻求建议，因为他们认为此人拥有宝贵的技能、知识、专长或经验。外部认可的另一种方式可能来自管理层，通过工作分级和/或分配给个人的工作或负责的类型来表现认可。除了外部认可，个人本身也必须认识到自己拥有技能的价值，有一种自我价值感，坚信自己拥有重要技能。

其他小组成员、经理、同事、客户和相关专业群体的成员如何看待个人，对个人职业身份的形成有很大影响。其他人的判断不一定一致，即使一致，人们也可能对特定的特征赋予不同的价值。例如，缜密、勤勉的工作方式可能会被学员和客户视为"认真"，但会被经理视为"太慢"而令人恼火。

4. 进入实践社区是形成职业身份的重要因素

如上所述，对重大成就和地位的认可本身是一个社会调节过程，依赖于他人的认可和自我价值感。这也意味着学习和技能的获得是嵌入社会关系过程中的。当个人发展与工作相关的身份时，这些身份需要与特定的社会环境、嵌入环境的实践和工作环境相关联。实践社区将技能与工作环境、专门知识和其他社会过程联系起来。因此，进入实践社区是职业身份形成中的一个主要主题。

进入实践社区的过程在德国最为明显，那里的初始职业教育和培训系统是由"职业"原则驱动的。然而，个别组织可以有自己独特的实践社区，围绕这些社区组织工作活动，并影响他们对培训的认识。如果在一个较大的组织内建立一个专家小组，其成员来自不同的职业背景、不同的工作活动以及具有和其他工作小组不同的相互关系模式，这种实践社区可能是最强大的。这类群体可能有意识地将自己定义为"特殊"群体。

5. 结构与能动性之间存在着相互依存的关系

可能存在这样一种危险，即实践社区的理念被提升到一种地位，个人"成为"实践者，并以一种相当被动的方式学习实践。这不仅仅是承担身份和角色的问题，这些身份和角色是预先存在和预先结构化的。个人并不只是把自己依附于某些特定的社区，他们也可能积极地成为全面参与者，甚至是成为积极重塑实践社区的变革推动者。如前几节所述，个人能动性对结构和程序采取行动的范围，不仅会影响各自的实践社区，也会影响构成其工作身份的其他要素。

个人学习如何以各自的方式参与工作活动。公司管理层可能有非常明确的想法，熟练工人应当以什么样的方式参与工作是合适的，但是个人可能会对这种期望做出非常不同的反应。他们的行为和态度的幅度可能具有从完全拒绝到完全参与的多种取向，导致产生完全不同类型的工作身份。然而，其他人的反应也可能直接或间接地影响个人和其他人对参与和发展身份的看法。当工作本身发生快速变化时，这一点可能最为明显。"旧"的和"新"的工作方式以及参与工作的方式之间的斗争司空见惯，但当工作场所发生重大的组织变革或技术变革时，这种斗争就会更为激烈，例如，过去十年中的电信行业就是如此。如果不同观点的支持者分别代表"旧卫士"和"新浪潮"，他们接受不同的培训方式，拥有不同的技能和态度，那么这场"战斗"可能会变得更加有趣。

从以上可以清楚地看出，在任何试图对职业身份形成过程的解释中，都存在着一些关键的紧张关系。第一，在职业身份形成的过程中，始终存在着具有连续性的和随时间变化的因素，它们有时是相互冲突的。职业身份的形成、维持和改变总是受到相关关系的性质的影响。第二，个人是构建自己职业身份的重要行动者，但这个过程并不完全是主观的。它在很大程度上取决于外部的承认和认可。第三，个人与他人的互动受到工作环境的结构和过程以及他们各自所处的实践社区的制约。随着时间的推移，这些互动可能导致修改和重塑这些结构和实践社区。第四，个人对职业身份的重视程度和赋予的意义各不相同。它们对个人可能有重要意义，也可能没有重要意义。另一方面，在"创造生活"的意义上，更广泛的身份形成过程对所有人来说都是必不可少的。

这些观点可以与拉夫（Lave, 1991）的观点联系起来，她认为，改变知识性技能包含在改变身份的过程中，通过成为实践社区的一员，并通过参与强调主体和世界相互依赖的社会实践来实现。她还指出，活动、意义、认知、学习和了解，是在社会和文化结构世界中以社会意义协商的内在过程为基础的。最后，新来者通过参与不断变化的实践社区，对"实践"的理解不断变化，最终成为老前辈。

第七节　结束语

身份不仅是一个复杂概念，而且是一个综合概念。正如科恩

（Cohen）所说，一个人的身份是"一揽子自我在不同的社交时刻适当地浮现出来"（Cohen, 1994, p.11）。在不同情况下，身份有不同的呈现，一个人可以在任何特定的环境中以更普通或更独特的方式呈现自己的身份。例如，一个人对职业的自我定义可能符合工作环境或实践社区中最详细的专业化水平，但在与工作无关的环境中可能非常笼统。这种偏差并不意味着其中的任何一个身份是假的或是真的。它只表明身份是具有灵活性的，并不只有一个真实的身份。任何自我定义或身份认同在任何特定的时刻都可能是完全有效的。重要的是要承认，身份不是静态的，而是流动的、有条件的和主观上可修改的。

在这个过程中，个人积极地改变自己的工作身份起着至关重要的作用。虽然我们认识到个人成为积极反映外部条件的社会能动者（Giddens, 1991），但我们也承认社会性和个性之间密切的相互依赖关系。工作环境也是如此：工作塑造了个人，但同时个人也塑造了工作过程和结构。自我不是一个自主的能动者，而是由社会和文化建构的，个人身份的某些要素总是通过集体来强化。然而，即使在受到限制的情况下，个人也具有一种有意识、有目的的行为能力，有选择角色和执行任务的能力（Cohen, 1994）。工作过程和工作结构越来越多的灵活性为个人成为工作变革推动者创造了新的机会。同时，其他因素也是影响工作身份形成的结构性变量，如个人的社会经济背景、正规教育和在职培训时间的长度和质量、社会政治背景及其使职业身份成为工具的程度。

今天，技术的转变和经济的第三产业化，导致劳动力市场需求面临挑战，这些需求面向隐性技能、横向关联、竞争和灵活的工作组织。这些不仅在宏观层面起到了塑造作用，还为个人积极参与塑造其工作技能并将它与工作有关的身份联系起来建立了新的框架。虽然新兴职业通常涉及新技能和新旧技能的结合，但它们往往在身份形成过程中发挥着多面手作用（参见由芬戈尔德与马托塞克撰写的第十四章）。这种现代工作的混合特征使工作身份的发展和重构具有挑战性。

虽然工作仍然是个人整体身份的形成要素，但它已经成为众多选择中的一种。尽管如此，能够掌握特定的职业专长在发展社会身份方面发挥着重要作用。在这里，熟练工作被视为个人实现价值、解释存在以及实现传记意图和兴趣的手段。职业不仅是一个人一生的规范视域，同时也是传达社会关系的关键环节之一。因此，能够在选定的职业中工作能使人在"社会结构"和"私人领域"行动之间占据一个特殊的位置。职业在社会生活中仍然很重要，因为它是社会和经济参与的明确通道，被视为个人价值或自我看法的主要来源，也是个人向外界展示自己的方式（Goffman, 1969）。在很大程度上，熟练工作这一概念仍然能够阐明工作满意度、社会和经济参与、社会地位、不平等和生活方式。它共同塑造了社会文化人格，是一个不可低估的"支持身份"的社会化因素。

参考文献

Armstrong, J.A. (1982). *Nations before nationalism*. Chapel Hill: University of North Carolina Press.

Bash, L. and A. Green (1995). *World Yearbook of Education 1995: Youth, education and work*. London and Philadelphia: Kogan Page.

Beck, U. (1986). *Risikogesellschaft: Auf dem Weg in eine andere Moderne*. Frankfurt/M.: Suhrkamp.

Bel, M., C. Dubar. and P. Méhaut (1988). Les innovations en matière de formation. *Actualité de la Formation Permanente* 96(9–10), 74–79.

Berger, P.L., B. Berger and H. Kellner (1975). *Das Unbehagen in der Modernität*. Frankfurt/M. and New York: Campus.

Berger, S. and M.J. Piore (1980). *Dualism and discontinuity in industrial societies*. Cambridge: Cambridge University Press.

Bernstein, B. (1975). *Class, codes and control*. London, Kegan Paul: Routledge.

Brown, A. (1997). A dynamic model of occupational identity formation. In A. Brown (Ed.), *Promoting vocational education and training: European perspectives* (pp. 59–67). Tampere: University of Tampere Press.

Carruthers, B.G. and B. Uzzi (2000). Economic sociology in the new millenium. *Contemporary Sociology*, 29(3), 486–494.

Cohen, A.P. (1994). *Self consciousness: An alternative anthropology of identity*. London: Routledge.

Deißinger, T. (1996). Modularisierung der Berufsbildung—Eine didaktisch-curriculare Alternative zum 'Berufsprinzip'? In K. Beck, W. Müller, T. Deißinger and M. Zimmermann (Eds.), *Berufserziehung im Umbruch. Didaktische Herausforderungen undAnsätze zu ihrer Bewältigung* (pp. 189–202).Weinheim: Deutscher StudienVerlag.

Dif, M.H. (1998). Flexibilité du travail et ses implications pour l'emploi: réflexions sur les modèles émergents. *Economies et Sociétés, Economie du travail, Numéro 20, Série A.B.*, 231–246.

Doeringer, P.B. and M.J. Piore (1971). *Internal labor markets and manpower analysis*. Lexington, MA: Heath Lexington Books.

Dubar, C. (1991). *La socialisation: construction des identités sociales et professionnelles*. Paris: Armand Colin.

Dubar, C. (1994). Le sens du travail: Les quatre formes d'appartenance professionnelle. *Sciences Humaines* 37(3), 22–25.

Dubar, C. and S. Engrand (1986). La formation en entreprise comme processus de socialisation professionnelle (LA): l'example de la production nucléaire à EDF. *Formation Emploi*, 12(16), 37–47.

Dubar, C. and P. Tripier (1998). *Sociologie des professions*. Paris: Armand Colin.

Dubar, C., E. Dubar, M. Feutrie, N. Gadrey, J. Hedaux and E. Verschave (1987). *L'autre jeunesse: des jeunes sans diplôme dans un dispositif de socialisation*. Lille: Presses Universitaires de Lille.

Erikson, E.H. (1970). *Jugend und Krise. Die Psychodynamik im sozialen Wandel*. Stuttgart: Klett Cotta.

Erikson, E.H. (1973). *Identität und Lebenszyklus*. Frankfurt/M.: Suhrkamp.

Francfort, I., F. Osty, R. Sainsaulieu and M. Uhalde (1995). *Les mondes sociaux de l'entreprise*. Paris: Desclée de Brouwer.

Frangoudakis, A. (1978). *Demotic School Reading Books: Ideological compulsion and pedagogical violance*. Athens: Themelio.

Gellner, E. (1992). *Reason and culture: The historic role of rationality and rationalism*. Oxford: Blackwell.

Giddens, A. (1984). *The constitution of society: outline of the theory of structuration*. Berkeley, CA: University of California Press.

Giddens, A. (1991). *Modernity and self-identity: self and society in the late modern age*. Stanford, CA: Stanford University Press.

Ginzberg, E. (1968). *Manpower strategy for the metropolis*. New York and London: Columbia University Press.

Ginzberg, E., S.W. Ginsburg, S. Axelrad and J.L. Herma (1951). *Occupational choice: An approach to a General Theory*. New York: Columbia University Press.

Goffman, E. (1969). *Wir alle spielen Theater. Die Selbstdarstellung im Alltag*. München: Piper.

Greinert, W.-D. (1997). *Das duale System der Berufsausbildung in der Bundesrepublik Deutschland*. Stuttgart: Holland Josenhans.

Habermas, J. (1976). *Zur Rekonstruktion des historischen Materialismus*. Frankfurt/M.: Suhrkamp.

Heinz, W.R. (1995). *Arbeit, Beruf und Lebenslauf: Eine Einführung in die berufliche Sozialisation*. Weinheim: Juventa.

Hobsbawm, E.J. (1992). *The invention of tradition*. Cambridge: Cambridge University Press.

Huber, J. and E.E. Krainz (1987). Identität. In S. Grubitzsch and G. Rexilius (Eds.), *Psychologische Grundbegriffe. Mensch und Gesellschaft in der Psychologie. Ein Handbuch* (pp. 474–478). Reinbek bei Hamburg: Rowohlt.

Jaeger, C. (1989). Die kulturelle Einbettung des europäischen Marktes. In M. Haller, H.-J. Hoffmann-Nowotny and W. Zapf (Eds.), *Kultur und Gesellschaft. Verhandlungen des 24. Deutschen Soziologentags, des 11. Österreichischen Soziologentags und des 8. Kongresses der Schweizerischen Gesellschaft für Soziologie in Zürich 1988* (pp. 556–574). Frankfurt/M. and New York: Campus.

Jenkins, R. (1996). *Social identity*. London: Routledge.

Kern, H. and C.F. Sabel (1994). Verblaßte Tugenden: Zur Krise des deutschen Produktionsmodells. In W.v. Treeck (Ed.), *Umbrüche gesellschaftlicher Arbeit* (pp. 605–624). Göttingen: Schwartz.

Keupp, H., T. Ahbe, W. Gmür, R. Höfer, B. Mitzscherlich, W. Kraus and F. Straus (1999). *Identitätskonstruktionen. Das Patchwork der Identitäten in der Spätmoderne*. Reinbek: Rowohlt.

Kirpal, S. (2004). Researching Work Identities in a European Context. *Career Development International*, *9*(3), 199–221.

Koniordos, S.M. (2001). *Towards a sociology of Artisans: Continuities and discontinuities in comparative perspective*. Aldershot: Ashgate.

Lave, J. (1991). Situated learning in communities of practice. In S. Behrend (Ed.), *Perspectives on socially shared cognition*. Washington DC: American Psychological Association.

Leithäuser, T. and B. Volmerg (1988). *Psychoanalyse in der Sozialforschung. Eine Einführung am Beispiel einer Sozialpsychologie der Arbeit* (Vol. 148). Opladen: Westdeutscher Verlag.

Mayer, Karl Ulrich and Tuma, Nancy Brandon (Eds.) (1987). Applications of event history analysis in life course research. Berlin: Max-Planck-Institut für Bildungsforschung (Series: Materialien aus der Bildungsforschung No. 30)

Mead, G.H. (1937). *Mind, self, and society*. Chicago: University of Chicago Press.

Palán, Z. (1997). Výkladový slovník vzdelávání dospelých: DAHA.

Piaget, J. and B. Inhelder (1973). *Die Psychologie des Kindes* (2nd ed.). Olten *et al.*: Walter.

Piore, M.J. (1975). Notes for a theory of Labour Market Stratification. In R. Edwards and M. Reich and D.M. Gordon (Eds.), *Labour market segmentation*. Lexington, MA: D.C. Health & Co.

Piore, M.J. and C.F. Sabel (1984). *The second industrial divide: Possibilities for prosperity*. New York: Basic Books, Inc.

Saarniit, J. (1997). Mitte-eesti noorte väärtusteadvuse spetsiifikast. Vene noored Eestis: sotsioloogiline mosaiik. *Avita*, 69–82.

Sainsaulieu, R. (1977). *L'identité au travail*. Paris: Presse de la Fondation Nationale des Sciences Politiques.

Sainsaulieu, R. (1985). *L'identité au travail* (2nd ed.). Paris: Presse de la Fondation Nationale des Sciences Politiques.

Sainsaulieu, R. (1996). *L'identité au travail* (3rd ed.). Paris: Presse de la Fondation Nationale des Sciences Politiques.

Sainsaulieu, R. (1997). *Sociologie de l'entreprise: organisation, culture et développement* (2nd ed.). Paris: Presses de Sciences Politique et Dalloz.

Sarup, M. (1996). *Identity, culture and the postmodern world*. Edinburgh: Edinburgh University Press.

Sennett, R. (1998). *The corrosion of character: the personal consequences of work in the new capitalism* (1st ed.). New York: Norton.

Silbereisen, R.K. (1997). Das veränderungsoffene und grenzenbewusste Ich—seine Entwicklung über die Lebensspanne. In E.U. Weizsäcker (Ed.), *Grenzen-los? Jedes System braucht Grenzen—aber wie durchlässig müssen diese sein?* (pp.180–198). Berlin, Basel, Boston: Birkhäuser.

Stenström, M.−L. and J. Lasonen (2000). *Strategies for Reforming initial vocational education and training in Europe*. Jyväskylä: Institute for Educational Research, University of Jyväskylä.

Stern, D. and D. Eichorn (1989). *Adolescence and work. Influences of social structure, labour markets, and culture.* Hillsdale, NJ: Lawrence Erlbaum.

Tajfel, H. (1981). The achievement of group differentiation. In H. Tajfel (Ed.), *Human groups and social categories* (pp. 268–287). Cambridge: Cambridge University Press.

Titma, M. (1972). *Professionaalne orientatsioon kõrgemat haridust nõudvatele kutsetele.* Tartu: TRÜ Kommunistliku kasvatuse laboratoorium.

Watson, T.J. (2001). *Sociology, work and industry.* London, New York: Routledge.

Weis, L. (1990). *Working class without work: High school students in a de-industrializing economy.* London, New York: Routledge.

Willis, P.E. (1977). *Learning to Labour: How working class kids get working class jobs.* Aldershot: Gower.

Witzel, A., V. Helling and I. Mönnich (1996). Die Statuspassage in den Beruf als Prozess der Reproduktion sozialer Ungleichheit. In A. Bolder, W.R. Heinz and K. Rodax (Eds.), *Die Wiederentdeckung der Ungleichheit. Tendenzen in Bildung für Arbeit* (pp. 170–187). Opladen: LeskeBudrich.

第二章 丹麦银行从业者职业身份处境

丹麦罗斯基勒大学

莫滕·斯米斯特鲁普（Morten Smistrup）

第一节 银行业

经济学（Baldvinsson et al., 2000）和社会学文献（Swedberg, 1987）都有一个基本的认识，即银行的作用是为了实现投资目的而推广储蓄资金。同时，银行承担着与发放信贷以及处理社会大部分支付有关的风险。但银行工作的角色和性质，以及银行从业者的职业自我认知，即职业身份，都发生了变化。在过去的几十年里，由于管制放松、新技术出现和全球化水平提高，银行从业者的职业经历了根本性变革。这些变化使他们的职业角色从出纳员转变为顾问，甚至转变为推销者（Regini et al., 1999）。

银行业的传统角色可以从三个不同的角度来描述（Swedberg, 1987）。第一，从功能来看，银行可以被视为以储蓄形式集中社会资本的机构，也可以被视为以贷款形式推广资金的机构，或者两者兼而有之（即马克思、韦伯和桑巴特的观点）。第二，从银行在社会经济中的作用来看，可以从银行业与客户关系的性质来考虑——谁为谁提供资金，目的是什么（即帕森斯和斯梅尔瑟的观点）。第三，从权力来看，可以对金融机构的影响程度以及如何实现这一影响做出判断（即批判社会学）。

这些不同的角度强调了银行作为金融机构的不同职能，尽管一些职能随着时间的推移而发展和分化，但这些职能仍然有效。从历史上看，这些不同的角度也强调了银行通常面临着很多问题，其中一些问题对银行的机构性质及其产生的集体身份至关重要。这些问题涉及：

- 银行必须表现出高度的可信度和可靠性，将所谓的"挤兑"风险降至最低，挤兑即人们恐慌地从银行提款，从而导致重大危机甚至破产。
- 表明与"放高利贷者"和不受历史及宗教尊重的放贷行为保持距离，相反，要证明银行业是受人尊敬的行业。
- 避免与任何形式的欺诈或非法交易有关（尽管银行经常被卷入此类交易），并确保"您的经济秘密受到我们的妥善保护"。
- 消除一些政客和团体对银行或金融资本可能在社会中产生太大影响的恐惧。

尽管国家立法和银行规程为减少这些问题做出了极大的努力，但它们仍然是银行文化的组成部分，需要加以考虑，以便了解银行环境和银行的实际安排以及银行从业者的个人表现。

在过去的几十年中，激烈的现代化进程致使银行业和许多其他行业发生了巨大的变化（Regini et al., 1999; Finansrådet, 2001）。这些变化与新技术的产生、对货币市场管制的放松、加剧的竞争以及日益增长的全球化程度有关。

新技术改变了整个社会的经济交换形式：所有的工资和社会福利转移都是以电子方式从一个银行账户转移到另一个银行账户。以退休基金等形式进行的私人储蓄也是如此。家庭日常支付的主要部分是使用信用卡，传统上由银行工作人员处理的许多业务越来越多地通过家庭银行系统进行。这意味着银行不必主动去鼓励人们通过将储蓄存入银行账户来委托其周转资金。四十年前，大部分家庭经济是以现金为基础的（也许还有一些少量的储蓄），而今天几乎所有的家庭交易都涉及银行。这意味着几乎每个人——从非熟练工人到经理——每天都在与银行打交道，银行工作人员必须能够与来自各种社会群体的人互动。在银行内部，技

术的发展带来了两大变化：第一，与安全处理现金有关的任务减少，与
此有关的工作重要性降低；第二，大量常规管理程序消失。

　　放松对货币市场的管制为银行间更广泛的竞争开辟了道路，并为金
融市场上新的参与者创造了空间。这导致了"金融超市"的出现，银行
通过这种超市提供了许多新的产品和服务。对银行从业者个人来说，这
意味着她①必须处理新的和不断变化的产品，他／她的角色正在朝着推
销者方转变。另一方面，客户越来越意识到了解不同银行报价的重要
性，因此，客户获得了更大的市场操控力，而银行从业者的权威却下
降了。

　　总而言之，银行部门的情况正在发生变化，银行的社会角色已从服
务特权阶层转变为服务大众；银行从业者的传统地位和权威被打破；随
着银行越来越趋向于销售产品和服务，竞争也变得更加激烈。然而，尽
管现代化进程改变了银行业的许多方面，银行作为机构，基本功能仍然
是聚集自由资本并以贷款的形式重新分配资本。但这是以一种新的方式
发生的，已经导致银行从业者工作状况和角色发生了巨大变化。

第二节　研究项目

　　树立可信任和可靠的形象是银行顺利运作的先决条件，因此银行依
赖于员工对银行价值的高度认同。这种积极的职业身份在行业内被认为
是银行从业者个人的重要资格，即使行业内的重大变化已经改变了形成
这种身份的条件。基于职业身份的重要性以及银行职业认同形成条件的
根本变化之间的二元性，我提出了本项目的研究问题，旨在考察20世
纪末丹麦银行业职业身份与资格要求之间的关系。

　　在对上述提到的内容进行更多细节讨论之前，我将概述我在本章
中提到的研究项目。该项目是一个针对银行从业者的个案研究（Yin，
1994），但目标是要概述什么是"商业服务工作"：为了实现商业目的，

---

　　①　由于60%的银行员工都是女性，在没有特殊情况下使用"她"。

与委托人（客户）建立信任甚至情感关系的工作领域。大多数实证材料
是在 2001 年春夏收集的。

在元理论层面上，该项目被定位于批判现实主义（Bhaskar, 1989）。
这一定位的一个重要假设是，即使社会世界是人类行为和互动的产物，
是由社会建构的，但它也与作为现实的个体相符合。从这个意义上说，
个体并不制造社会结构，而是通过社会实践来再造和改变社会世界。因
此，话语和意义的叙述构建在很大程度上决定了再造和改变的条件。从
元理论的角度来看，这意味着我采取了本体论的立场，而不仅仅是认识
论的立场。该项目从元理论视角研究了银行社会生活结构的各个方面，
以及银行从业者个人在主观层面上如何在与这些社会结构的互动中产生
意义。

该项目采用了几种数据收集形式，包括深入研究身份理论，特别是
与工作有关的理论，并在此基础上对 1200 名丹麦银行职员进行了调查，
他们都在与客户有关的职能部门（业务职能部门）工作。这意味着在人
事职能部门工作的专门人员被排除在调查人员之外。所有参与调查的人
都是银行工会的成员，但由于在与客户有关的职能部门的工作人员（包
括中层管理人员）中 90% 是工会成员，因此不会影响材料的准确性。
定量研究材料以传统的描述方式进行分析和使用。

此外，我还进行了 15 次 2～3 小时的主题式、叙述性采访。开场
的问题是："告诉我，生活中所有你认为今天作为银行职员很重要的事
情。"在提出这个问题之前，我向他们保证，我认为他们是自己生活和
工作中的专家，因此希望他们尽可能自由地叙述，我会等到访谈后期才
问更具体的问题（这对女性银行职员很有效，而男性职员通常在简短
介绍自己的正式职业后需要辅助性提问）。访谈首先从个人生活史的角
度进行分析（Mishler, 1986；Alheit, 1994），其次侧重研究以个人生活
史为基础的范畴演变，此方法受到扎根理论（Strauss and Corbin, 1990）
的启发。

定性和定量两类实证材料有部分结合。在很大程度上，它们是并列
呈现的，因为研究目的不是遵循"方法论三角互证"，而是用不同类型

的数据揭示不同现实，使它们可以讲述不同的故事。由此，对银行职员职业的描述是多方面且实证丰富的，并引起了广泛的兴趣和讨论。

第三节　职业感

本章的目的是将职业和职业身份作为中心概念，用以讨论使劳动力符合现代生产的要求。由于篇幅有限，我不会对未来劳动力市场的性质做太多的讨论，而只是强调，在对未来劳动力预期的讨论中，基于广泛知识基础的高水平职业技能的必要性、促进员工灵活性的能力和终身学习的能力是至关重要的。

由于本章的讨论将职业概念与社会生产以及个人身份的形成联系起来，因此有必要澄清这一概念的基础。简而言之，人们可以说，"职业"意味着一种延续、一种规范和一种界定。随着时间的推移，职业通过历史和文化过程不断发展，在此过程中，劳动分工以物质和社会结构的形式制度化。但是职业并不只是发展出来的。职业与社会分工密切相关并建立在社会分工的基础上，这是特定的、分离的工作领域，在这些领域中，特定的工作要求特定的技能来完成。最后，一种职业在劳动力中创造了界限，构成了一个内群体和一个外群体。界限是基于内部一致性，通过发展共享意义和实践，以及使人意识到这些意义和实践与其他职业的不同而构成的。这一关于职业性质的观点可以通过以下模型来说明（见图 2.1）。

该模型表明需要从三个维度来理解职业。第一，职业是历史文化过程中社会建构和制度化的结果。这意味着，必须根据它们与社会生产过程的关系，传统和历史分工导致的社会生产过程的组织方式（Laske, 2001; Sigurjonsson, 2002），以及通过结构化和制度化过程将其具体化的方式来理解职业（Giddens, 1984; Berger and Luckman, 1966/1999）。

第二，职业是在个人进行工作实践和"做"特定的事情时建立的，也就是响应社会需求所做的具体工作任务。这不是从抽象的、脱离情境的意义上理解的，而是植根于特定的社会结构、具体的物理环境、社会关系和权力结构之中的。各职业团体成员所做的具体工作对职业起着形成性作用。然而，这与作为价值体现的抽象功能不可分割，而且与之存在一种紧张关系。因此，职业承袭了由此产生的矛盾。一方面，职业赋予个人自我实现的能力，这种能力潜藏在大多数工作中（Dewey, 1963；Kerschensteiner, 1980），但另一方面，资本主义生产中固有的潜在矛盾造成了某种矛盾心理（Becker-Schmidt, 1982；Weber, 2002；Salling Olesen, 2000）。

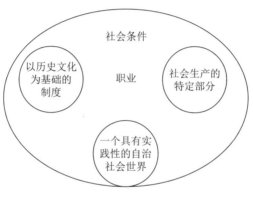

图 2.1　职业图示

第三，职业在职场的不同领域之间建立了界限和内部一致性。职业是社会归属和社会排斥的基础，因为它构成了具有排斥性的、社会自治的世界，使其成员能够将自己与其他职业群体区分开来，并对自己所从事工作的性质和意义建立共识。因此，他们能够识别谁"在圈里"和谁"在圈外"（Turner, 1999；Wenger, 1998；Bourdieu, 1994，1997）。这些构成排斥性世界的共识或共同意义，也可以在银行的历史和文化根源中找到。由于它们被认为是银行职员个人对职业自我认知的一部分，因此对工作日积月累地起到形成性作用，并通过职员构筑了银行追求保密性和可信性的基础。

这三个方面将职业描述为由社会建构的现实，但是从集体组织视角来看，职业也满足了个人，因为它将个人当作了社会现实。当个人采取该观点时，某些实践、意义类别和规范性期望就变得很明确。要使自己被认可为职业领域有能力的专家，需要将这一观点融入自己对工作的期望中。例如，这可能是为银行职员设定的要求，这些要求是由银行的社会功能以及该行业的历史发展产生的。这也与承担银行职员角色的能力有关，并且它在不同"阶段"的表现达到不同的期望值（Goffman, 1992）：与同事、客户等进行互动。这使专业人员和外部人士（尤其是客户）有可能认可一个"银行职员"，但也让同一群体对这一职员的表现及其根据这些角色期望做出的判断产生了预先设定的期望。这是新来的职员只能通过实际经验才能获得的东西，并且通过多多少少坎坷的过程，与个人的性格和传记经历相结合。这是实现胜任预期表现的重要先决条件，但个人在按照（半）制定的预期理解和学习行事的同时，也学会了一些隐含的东西：学会了接受银行职员的职业身份。

第四节　银行从业者如何描述自己

上述推理引导出个人和人们共同的想法，即你必须能够做什么，你应该"成为"什么样的人，以及你应该做什么才能被认可为银行职员。在了解这三个方面核心内容的同时，个人也在学习和提升专业银行职员的自我形象，这种形象是通过参与银行日常工作关系而建立起来的。这些学习过程与银行成员的集体自我形象密切相关。从经验上看，对银行集体规范和标准的整体适应需求与银行职员个人的经验之间存在显著的一致性，他们认为银行是个人实现自我的合适环境。因此，两种组织视角之间的"相遇"是完全没有问题的。根据我的调查，从集体组织的角度来看，以下因素似乎表明银行专业人士对银行职业有着共同认识：

- 作为一名银行职员，你必须能够赢得客户的信任，具备总结客户的问题和需求的能力，并根据银行的产品，从对双方长远有利的角度，对问题提出专业性的解决方案。

- 在与客户的交流中，银行职员与客户关系必须保持距离，把所发生的事情控制在特定范围内，并遵循相应的规则。这些做法构成了银行外部形象的标志之一。与此同时，银行职员必须能够应对现有规范和外部监督，除此之外，还需要银行职员担任顾问时培养必需的亲切感。

- 银行职员必须熟悉并符合对银行业的角色期望，包括保持低调的"专业"形象，不过多地表现出个性，不明显表达需求和情感。这意味着，在任何时候、任何情况下，银行职员都必须具有自控力，因为这与人们普遍认为的可信性和可靠性密切相关。

- 通过参与与客户有关的职能部门的基础教育，新银行职员获得掌握必要知识的能力，并熟悉产品和业务流程。人们期望银行职员能够将问题主题化并加以阐述，并成为群体内意义社会建构的一部分，这是培养专业能力的一个核心要素。

- 新的银行职员必须学习规范和价值观，这是银行日常行为规范和监管的基础，尤其是期望员工通过延长正常工作时间以表现忠诚的基础。

尽管了解集体视角通常被认为是一个非常自然的过程，但却是一个复杂的过程。在职业实践中获得的经验必须融入个人自我形象中，并与她的习惯性素质和传记经历相联系。因此，职业也有可能维持和再现个人自我。这个自我必须有能力把控银行工作中有价值及化解矛盾的方面。习惯性素质和传记经历代表着连续性和连贯性，对个人来说，这些是建立与周围世界相关的合理稳定的自我概念的基础。但也与变化有关，因为个人不断地整合新的经验，需要转变自我概念。这就将银行职业的重要性从仅仅是一个功能性的社会机构提升到了一个主观丰富的范畴。实证研究表明，银行职员工作的下列要素有助于提高个人满意度：

- 这份工作使银行职员能够满足与人交往的需要，并帮助他们解决生活中的重要问题。使他们能够体验到自己正在做一些具有社会重要价值的事情，这些事情对人们的生活有重要意义，同时他们也为银行的成功做出了贡献。

- 这份工作为银行职员创造了一种机会，使她能够体验在人生中和不同于工作的生活中所积累的个人知识和经验知识。同时，个人经历表明，工作和个人生活的需求与性格并非不能达成一致。因此，大多数银行职员在生活中经历了相当程度的一致性。

- 个人经历表明，在社会期望的个人限度内，她有可能认识到自己的偏好和性格。她适应预期的行为应当没有多少难度，并确定偏离的可能范围，为个性和自我实现创造一些空间。

- 在一种以规则为基础、由控制和报告制度主导的工作环境中，银行职员把咨询工作作为能够实施控制的领域。在这个空间里，他们能找到与客户建立信任关系的感觉，并体验到这是一种双向关系。

- 个人有可能满足自己的社会需求，并享受后台同事的认可，从而从前台占主导地位的私人咨询空间中解脱出来，这对个人来说是一种强化。

银行职员们体验到，银行作为一种重要的身份认同，实现了他们的期望，因此，他们在工作中体验到了高度的真实性，无论是在内部还是外部。这就建立了一种关系，在这种关系中，职业对个人的要求和个人对工作的满意之间存在稳定且脆弱的平衡[①]。只有通过不断地努力控制这种情况下固有的潜在冲突，才能保持这种平衡。此外，这种平衡似乎还不止局限于劳动和个人之间狭隘的交换范围。它包含个人对工作的态度，如何完成任务的规范和期望，以及对自身社会角色和地位的理解。这些都是形成职业身份的重要因素。

第五节　理解职业身份

理论上，人们普遍认为，身份描述了处理个人与社会环境之间的差异和获得一致性经历的方式（Hetherington, 1998）。因此，对职业身份的理解既不能脱离代表身份来源的特定职业，也不能脱离历经差异与一致的个体。这意味着，职业的所有方面有助于职业身份的形成。了解一个行业的各个层面不能仅归结为培训和发展技能，还会涉及个人识别这

---

① 这可能是采用的研究方法导致了材料中存在过度确定的结果，但尽管如此，我认为结论是有效的。

种差异和一致性，并在发展职业身份的同时应对这些问题。如果获得的相关知识基础和工作实践与形成匹配的身份脱离，个人将永远不会达到"真正的理解"（Gardner, 1993）或"直觉上的专业知识"（Dreyfus and Dreyfus, 1991）的水平，而这正是实践社区正式成员的特征。

当年轻学徒或学员进入银行时，她所遇到的职业是一个由既定的规范、制度和共同意义构成的前结构化的世界，她必须适应以便被接受为合法参与者（Lave and Wenger, 1991；Nielsen and Kvale, 1999；Wenger, 1998）。这是整合的规范性需求，执行起来或多或少有些僵硬。正如一位银行职员所说："我们是各种各样的人［……］但是，当然，［……］如果有人太挑衅［……］并且不接受它的要求，那么我担心她不会'活'很久"。其他人则描述了新来者在偏离规范时，他们是如何被客气但坚决地纠正的。这种僵硬整合的另一面是，职业作为自我实现的领域，年轻人可以在那里形成并实现自己的个性。几位年轻的银行职员在谈到工作经历时，描述了如何能够发展自己欣赏的一面，并找到表达个性的方法。当员工谈到他们作为个体如何使内部做法得到改变时，"你必须意识到我不是一个典型的银行职员"这句话在采访中频繁出现。这一说法涉及这样一个事实，即招聘新的学员是为了选出能够顺利适应组织的候选人。因此，我们发现这些学员在教育、价值观和社会背景上有很大的一致性，这一点得到了定量数据（Smistrup, 2002）和定性数据（Smistrup, 2003）的支持。按照这里所描述的方式，允许新来者参与并成为成员的过程是一个再造过程（在这个过程中，她将规范和期望内在化），也是一个转变过程（她是否正在寻求在这个过程中为其个性建立空间），是否成功在很大程度上取决于是否有合适的习惯性先决条件（Bourdieu, 1994）。

了解一个行业的重要方面是了解你被期望"做什么"，以便能在职业领域被认可为熟练雇员或专家。这意味着关注点从个人自我实现和个人重要性，转移到对某个人是什么样的人、能够做什么以及她的实际行动如何被他人认可的集体理解上。这种转变是承认自己是银行职员的先决条件。身份是一个概念，非常适合将个体与情境之间的结合概念化，因为它是在社会规范与个体需求之间的紧张空间中演化的学习过程的结果。职业身份是学员参与、实施和反思工作实践和工作经验时，在"集体"和"主观"之间展开的学习过程的结果。从根本上说，它将身份概念化为关系性的并且是一个学习过程，这个过程发生在一个结构化的社会世界与一个主观世界之间的互动中，社会世界先于个人而存在并将其视为现实和主观世界，这个主观世界是由个人传记经历和生活状况的总和所构成的（Alheit, 1994；Dausien, 1998）。

身份发展的特征是连续性和变化性（Dewey, 1963）。凭借学习产生的变化来源于特定情境下的社会和物质互动（从最广泛意义上讲）（Mead, 1934；Goffman, 1992；Wenger, 1998），但是学习的结果以及其在特定情境之外的意义，取决于传记经历的连续性（Salling Olesen, 2000；Alheit and Bergamini, 1995；Dausien, 1998）。当学员获得了知识基础，了解了工作程序，并将其与现有知识基础和以前的经验相结合时，对自我和社会世界的理解就会发展。当她同时学习该职业的社会实践——如何按照角色期望行事和互动——并将学习经验作为对自己和社会环境的定位的一部分时，她对自我和周围世界的理解就丰富了。通过精通和高水平地学习一个行业，她也发展了职业身份，即整合职业背景与传记经历必然包括识别差异和共同点，也包括学习如何处理这些差异和共同点的过程。这对于形成与职业和工作环境相关的身份是必不可少的。同时，学员也不断丰富自己的个人经验，并将其融入职业实践中，从而在微观层面促进银行职员集体自我认知的发展。

在擅长职业实践和形成一致的职业身份之间存在着内在的联系。这样说的要旨在于，这并非意味着可以假定"银行职员"身份是静态的、定义明确的和稳定的。大多数职业身份模型的弱点是，它们强调某些主导规范，这些规范体现了职业专业化的特点，以及在各自实践社区成员之间建立的共同自我认知的某些要素。然而，这些模型未能描述人们对其职业精通的过程与发展特殊的职业身份之间的关系，以及这种身份是如何被复制和转化的（Brown, 1999）。

对职业身份的研究启发了我，使我想到这种身份是从两个根本不同视角的相互作用中产生的：作为集体组织视角的职业（Berger and Luckman, 1966/1999；Bhaskar, 1989）和作为主观组织视角的自我（Stern, 1989）。正如本章前一节所述，作为集体组织视角，职业描述了与特定社会结构和制度化进程相关的社会劳动的特定部分。在这些情况下，一个半自治的社会世界以其自身的职业实践而出现。自我可以被理解为基于生物性格和传记经历的个人特定的心理结构。在我的研究中，我将"自我"概念化为一种主观建构视角，其基础是个人通过与周围环境互动而产生的相互交织的语言、叙事和非语言、身体嵌入式的社会和人际体验，这些同时也是个人对自己和这些社会环境定位的基础。

　　在通过工作和职业实践培养个人经验和自我认知的过程中，个人促进了结构组织的发展和转变以及各自实践社区成员的共同认识。但是，在发展和转变职业实践及其共同意义的同时，个人也在发展和转变自己，因为这也涉及个人通过这一过程获得的社会经验。只有从分析的角度，才能将个人从集体的转变和发展过程中分离出来。如果个人不了解社会环境的结构，不具备一定的角色期望，就无法与社会环境建立联系和并展开活动。但有人可能会问，这些整合过程是不是在这些背景下展开活动的结果。然而，这并不是一个有意识和理性的过程。一方面，它受到社会环境中未知或未被承认的条件和效果的影响（Giddens, 1984；Bhaskar, 1989），另一方面，自我的特点是叙事的、具体化的非语言体验（Stern, 2000）。社会心理研究也强调了这一点（Salling Olesen, 2000）。

　　尽管存在这种相互关系，社会和心理过程在本质上是不同的。而社会结构不仅仅是理性行为的结果，心理结构也远远不能准确反映真实存在的社会世界和物理世界。这两种结构相互复制，但同时又有根本不同，这使得相互转化成为可能，也就是说，开启了学习过程的可能性。由于社会结构不是理性规划和决策的结果，因此人们可能会有意想不到、令人惊讶的经历。心理结构不只是物质环境的反映，个人有可能以社会想象和愿景的形式超越现实。这种对职业身份的理解体现在以下模型中（见图 2.2）。它试图说明职业身份的动态性，试图缩小主体与社会环境之间的差距，同时仍然利用了两者之间的紧张关系。职业身份是在互动的过程中形成的，集体是个人的组成部分，反之亦然，同时每个人又是另一个人的组成部分。它是在自我和职业的复制和转变过程中形成的。因此，职业身份可以理解为两个过程的产物。

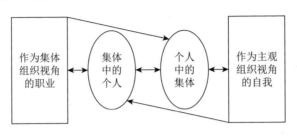

图 2.2　职业身份图示

　　第一，集体成为个人的一部分，并对个人进行复制和转变。在这个过程中，个人通过固有社会陈规在内部构建实践社区成员共同认可的身份形象，同时通过社会群体分类与其他群体产生差异（Turner, 1999）。这一过程的结果是，根据职业中所期望的和个人通过职业社会化所体现的特征、行为、价值观和实践，建立相似性和差异性。这些过程还能产生一个规范的标准——"概括化他人"（generalised other）。这种体现是基于个人传记和一般生活状况的学习过程，是通过职业培训和参与工作过程来实现的，因此是社会化过程的结果（Salling Olesen, 2000）。然而，社会化过程不会只是一个盲目适应的形式。在对经历的反思过程中，个人不仅识别出规范性要求，而且识别出偏离这些要求的可能性，并确定了代表可能的"集体他者"。

　　第二，个人成为集体的一部分，并由此来促进集体的再造和发展。在这个过程中，个人在工作环境中作为独有的个体呈现自己，充满个人生活史和各种个人经历。正是在这种对抗中，个人找到了实现其潜力和满足其社会归属感、安全感等需求的空间。但也面临矛盾、需要妥协的局面，需要对一些早期经历加以低调对待或加以隐瞒，使其能够成为社区的一部分生存下去。在职业环境中保护自己的某些个性，可以从后台和前台的行为（Goffman, 1992）以及遵守角色期望的能力和由此产生的社会身份形成过程来理解。这就要求能够容忍矛盾心理（Becker-

Schmidt, 1982），这是职业身份的核心品质。另一方面，个人通过行动和协商在一定程度上影响着社会环境。

第六节　银行和银行职员

在实证研究中，银行职员与客户的社会关系表现得非常突出。这种关系的特点是在专业层面和个人层面上复杂的信任和可靠性交换，并与银行职员的职业自我认知的两个方面密切相关。一方面，他们认为自己帮助客户解决生活中的重要问题，另一方面，他们是银行职员，作为商业人士，有责任不让银行卷入高风险交易。这种自我认知的第一要素是基于扎实的职业知识，同时结合高度的沟通技能和获得他人信任的能力。银行职员通常认为这些技能是他们个性的一部分，是在最初社交过程中从父母那里学到的东西。第二要素与银行职员的谨慎、怀疑和批判性有关，要么源于他们的职业培训，要么与个人特质和职场生活的社会化有关。

前一节中描述的集体和主观的自我认知（或组织观点）的各种要素在某种程度上是矛盾的。银行职员个人从两个方面处理这种矛盾。一方面，当她作为顾问做出商业决策时，将专业判断和规范的个人理解结合在一起时，将情况个性化和私人化。另一方面，她对顾客采取家长式的态度。当银行职员将他们与客户的关系描述为类似医生与病人的关系时，或者当他们试图"塑造"客户以显示他们经济上为客户"负责任"时，这种家长式态度则显而易见，这样银行职员就建立了个人规范和价值观，作为评价客户的标准。这种方法将银行职员定位为类似于"操心的父母"的角色，按照她认为对"孩子"最好的方式行事，这种定位使其有可能树立忠于银行和满足业务要求的自我形象。

身份形成的另一个重要来源是银行内部的同事关系。银行职员作为职业群体，为维持他们之间稳定的社会平衡付出了很大的努力。这种关系的一个主要特点是相互帮助和支持，在营业时间之外营造一种轻松舒适的氛围。但在这种关系中，每个人都保持明显的距离。虽然银行同事平时参加公司组织的体育和其他休闲活动，并在某种程度上与其他银行职员进行社会交流，但这并不是亲密文化或移情文化。这种文化的特点是，银行职员们不愿意相互批评，不愿意以可能被理解为对抗性的方式行事，也不愿意表达强烈而明确的情感（尤其是消极的情感）。这反映了个人距离和情绪控制的既定规范，也是如上所述的客户关系中的一个关键因素，但也是维护客户咨询隐私的一种手段。展示自己的控制能力，并遵守正式的着装规范，构成了对职业外貌的共同认识。但采访也显示，这与其说是基于公司规则，不如说是来自员工的习惯。因此，作为银行职员职业身份的一个要素，这些职业外貌特征似乎是稳定的。然而，也很明显，这是一种脆弱的稳定，很容易被打破。

银行内的任何活动都服从严格的前台后台规则，人们希望员工能够处理这两个场景规则。营业时间可能有顾客在场，因此应保持严格的身体和情绪控制。这同样适用于着装规范、行为方式、不让人看到的饮食等。人们普遍认为，高度控制的外表和行为表达了一种内在美德，并传达了更高水平的严肃性和精确性。同时，这种外表和社会空间的象征性信号也是与客户建立家长式定位的前提条件，有助于在亲疏远近关系之间保持理想的平衡。它在一定程度上体现在明确规则和银行职员个人性格之间的相互作用中，但它也是一种高效的社会控制形式。只有极少数情况下才需要惩戒或纠偏来维持这一点。

对银行机构的忠诚也是银行职员自我认知的一个重要方面，这一点与职业身份的发展有关。然而，对忠诚的理解和表达方式可能有所不同。对银行的忠诚度涵盖了从非常强烈的认同到不太情愿和有限的承诺。但总体情况是，员工认为，他们有义务在正常工作时间之外，展示对银行的忠诚。即使大多数普通员工在私人生活中没有把自己视为"银行的形象大使"（尽管许多人这样认为），但人们普遍认为，既然他们与银行有联系，就应该时刻意识到自己在公共场合（尤其是在较小的社区）的形象，并避免在私人社交场合对银行发表批评言论[①]。但他们在

---

　　① 这种形式的身份认同可能与公司身份发展有关，但从银行职员的角度来看，公司身份与"作为银行职员"（即与职业相关的身份）之间没有区别。所以，我将其解释为职业身份的一个要素。

对银行的态度上存在差异。例如，几名年轻员工对银行表现出强烈的认同感，这种认同感很可能是通过职业培训和成功地从学校过渡到工作生活而产生了积极的看法所形成的，这种感觉还没有受到模糊的组织经历的影响。在年龄较大、经验较丰富的雇员中，以前对雇主的强烈认同似乎已经被更不情愿的承诺所取代，而且这种承诺也达不到之前的程度。这一变化可能与裁员、被替换、组织重组等导致的负面组织经历有关，使他们与银行之间产生了更加复杂和模糊的关系。但由于"忠诚"是银行职员自我形象的重要组成部分，而且这是基于对银行的高度认同，所以这些保留意见不会以批评银行的形式出现，而是表现为一种对管理的更加批判性的态度。这使得个人银行职员在处理模糊的经历时也认为自己是忠诚的。

综上所述，银行职员似乎通过不断努力，在对工作的个人取向上，平衡了他们和客户关系中的家长式取向以及对银行的高度忠诚和认同。他们在自己建立的社会空间中再现这些态度，这种社会空间的特征是保持"愉快"，没有冲突和对抗行为。这些过程基于个人取向或性情，以及银行特有的职业社会化。然而，这是一种脆弱的平衡，因为它的特点是相互矛盾的需求。这些矛盾不断地考验着员工，在何种程度和以何种方式满足不同的期望，在这些方面上她需要做出决定和协商。高水平的认同和平衡一直存在着斗争，以维持一种能够调解这些矛盾的身份。银行职员特有的可预见性和谨慎性是斗争的产物，并在某种程度上与反映出银行职员"无聊"形象的传统主义相结合。银行职员个人意识到这种刻板印象，但承认这是为了在前台表现得专业而必须付出的代价。与此形成对比的是，"后台"的社交生活比"前台"更加多元化，而且安全、可控的社交空间中可见的矛盾最少，同时也包含同事之间以竞争为特征的关系。在这种情况下，竞争不一定表现为渴望胜利，而是不希望比其他类似岗位的员工表现得差。同样，在这种情况下，重要的是不要表现得咄咄逼人。

职业通过这些所描述的社会实践充当了集体组织视角，再现这些体会实践的重要基础是，招募具备反映现有习惯性特质并支持当前社会实践的新学员。这就解释了银行职员工作中的诸要素被重现和体验的原因，因为这些要素作为一种在工作环境中实现个人需求的可能性，同时这些要素在职业中具有再生产功能，因此得到促进和加强。在许多方面，员工在私人生活中的价值观与在银行中的价值观似乎没有太大区别。例如，银行职员的个人生活似乎相当传统，侧重于家庭及其密切的社会背景，保持传统的家庭价值观（例如，大多数银行员工生活在有 2 个或 3 个孩子的家庭中，很少离婚）。在他们的社会生活中，反映出与他人的距离和对他人的兴趣，以及在咨询工作中所珍视的传统和谨慎的准则。

第七节　职业身份的意义

本章概述了培养职业身份和精通职业领域是如何密切相关的，尤其是在银行业。我试图说明，职业身份并不是在职业培训期间建立起来的稳定实体。尽管培训对于个人发展职业身份和成为实践社区的一部分至关重要，但职业身份是在终身学习过程中转变和再现的。稳定性和发展性之间的二元性是职业身份作为职业资格的一个基本要素，在变革时期尤其如此。职业身份的恒久性在个人处理几百种具体日常情况的实践中至关重要。正是基于此，银行职员才有可能在大多数情况下，只需接受最低限度的刻意监督，就能处理事务。职业身份的共同性质使银行职员个人可以被视为实践社区的一员，使她做出的评估和判断在大多数情况下与社区其他成员一致。最后，这也使她能够被客户认可和预测，因为她满足了他们的期望，不会引起焦虑。培养银行职员的职业身份是内部可预测性的基础，因此也会使该职业的成员与周围世界之间相互认可。但职业身份只有不断适应社会情境和客户期望的变化，才能发挥这一作用。这意味着作为职业群体成员的个体必须意识到这些变化，根据变化不断评估和评价她作为银行职员的自我认知，并相应地进行调整。身份是一个持续不断的学习过程。

正如前面所强调的，银行职员工作环境的特点是利益和需求相互冲突。银行职员个人必须不断地平衡这些不同的需求，并根据对银行职的自我认知来处理这些需求。因此，职业身份在它们自身中并不是一致的，但它们可以用社会可接受的方式，让个人在以利益冲突为特征的职场生活中创造某种形式的一致性或意义。职业身份的作用是建立遏制矛盾的共同方式，从而在银行职员的职场生活中创造一致性的共识。因此，对矛盾心理的容忍必须成为职业身份的基本品质。职业身份的这一作用对于承受压力和冲突的工作环境非常重要。同时，这也是职业身份在变革时期具有"保守"内涵的原因。平衡资本主义职场生活需求的矛盾需要巨大的努力和防御性态度，因为这种平衡是脆弱的。

从更广泛的社会意义上说，个人发展与其在实践社区的职业身份有重要关系。除了在专业团队内部创建一致性之外，职业身份也是建立和保持工作质量的共同标准和规范的基础。通过职业身份，个人与其他群体建立了界限，从而对职业在社会生产和整个社会中的作用确立了共识。在生产日益复杂的时代，专业团体不能由一个中央机构来管理，它必须下放权力。这将控制和监管的重要部分转移到职业机构本身。因此，雇员的职业身份必然被视为更广泛层面上生产可持续性的核心。

最后，职业身份在终身学习中起着关键作用。职业身份包括情境因素和连续性的传记建构，可以被视为成人学习的基础。任何学习过程都建立在先前的知识基础上，这些知识在情境实践中协商和转化。但这种知识也存在于传记中，不仅包括个人是什么样的自我形象，还包括可能成为什么样的人的愿景。从这个意义上说，职业身份不仅仅是在过去的基础上对现在的重构，也是对未来的预测。由于成年人参与终身学习的动机与他们根据当前生活和未来计划考虑学习主题的意义密切相关，他们通常会回到自己的职业身份。也许这个身份必须被丰富，也许必须被转变，但它不能被忽视。

虽然这些关于职业身份重要性的一般性结论是从我对银行职员的调查中得出的，但我认为它们具有普遍的相关性。"优秀"的银行职员应该同时玩转三颗"球"：对客户有帮助，对银行忠诚，在专业上得到同事的认可。只有在强烈的职业身份基础上，才能满足这些不同的需求。但今天的银行职员必须进一步伸展双臂才能接住这些"球"。

参考文献

Alheit, P. (1994). *Taking the knocks. Youth unemployment and biography.* Arbejdstekster no. 11, Roskilde: RUC.

Alheit, P. and S. Bergamini (1995). Biographical and life-history research as a new qualitative approach in social sciences and education. An introduction. In S. Papaioannou, J.F. Lauridsen, P. Alheit and H. Salling Olesen (Eds.), *Education, culture and modernisation* (pp. 203–228). Roskilde: RUC.

Baldvinsson, C., T. Bender, K. Busck-Nielsen and F. Nytoft Rasmussen (2000). *Dansk Bankvæsen.* København: Thomsom.

Bhaskar, R. (1989). *Reclaiming reality: a critical introduction to contemporary philosophy.* London: Verso.

Becker-Schmidt, R. (1982). Modsæningsfyldt realitet og Ambivalens—kvinders arbejdserfaringer i fabrik og familie. *Udkast, 2*(10), 164–198.

Berger, P.L. and T. Luckmann (1966/99). *Den samfundsskabte virkelighed. En videnssociologisk afhandling.* Viborg: Lindhardt og Ringhof.

Bourdieu, P. (1994). *Centrale tekster inden for sociologi og kulturteori.* København: Akademisk Forlag.

Bourdieu, P. (1997). *Af praktiske grunde.* København: Hans Reitzel Forlag.

Brown, A. (1999). *A dynamic model of occupational identity formation.* Retrieved August 2005 from http://www.theknownet.com/renderXML. opendoc.fcgi.

Dausien, B. (1998). Education as biographical construction? Narration, gender and learning — a case study. In P. Alheit and E. Kammler (Eds.), *Lifelong learning and its impact on social and regional development. Collected papers.* Bremen: Donat Verlag.

Dewey, J. (1963). *Experience and education.* New York: Collier Books.

Dreyfus, H. and S. Dreyfus (1991). Intuitiv ekspertise: den bristede drøm om tænkende maskiner. Århus: Munksgaard.

Finansrådet (2001). Fremtidssyn for den finansielle sektor — et debatoplæg. København: Finansrådet.

Gardner, H. (1993). *The Unschooled mind. How children think and how Schools should teach.* London: Fontana Press.

Giddens, A. (1984). *The constitution of society.* Cambridge: Polity Press.

Goffman, E. (1992). *Vore rollespil i hverdagen.* Larvik: Østlands-Postens Boktrykkeri.

Hetherington, K. (1998). *Expressions of identity. Space, performance, politics.* London: Sage Publications.

Kerschensteiner, G. (1980). *Arbejdsskolen.* København: Nyt Nordisk Forlag.

Laske, G. (2001). Vocational Identity — a central element in the European concept of work. Retrieved August 2005 from http://www.theknownet.com/xml/forum_front/ changing_identities/meat.html.

Lave, J. and E. Wenger (1991). *Situated learning. Legitimate peripheral participation.* Cambridge: Cambridge University Press.

Mead, G.H. (1934). *Mind, self and society. From the standpoint of a social behaviorist.* Chicago: The University of Chicago Press.

Mishler, E.G. (1986). *Research interviewing: context and narrative.* Cambridge, MA: Harvard University Press.

Nielsen, K. and S. Kvale (1999). *Mesterlære. Læring som social praksis.* København: Hans Reitzels Forlag.

Regini, M., J. Kitay and M. Baethge (1999). *From tellers to sellers. Changing employment relations in banks.* Cambridge, MA: The MIT Press.

Salling Olesen, H. (2000). *Professional identity as learning processes in life histories.* Paper no. 12, Life History Project. Roskilde: RUC.

Sigurjonsson, G. (2002). *Dansk vekseluddannelse i støbeskeen: fra lavstidens mesterlære til moderne dansk vekseluddannelse.* Århus: Fællestrykkeriet for Sundhedsvidenskaberne, Århus Universitet.

Smistrup, M. (2002). *Mennesker og faglighed i danske banker. En statistisk profil af danske bankmedarbejdere*. Rapport til finansforbundet. København: Finansforbundet.

Smistrup, M. (2003). *Bankmedarbejderen — splittet mellem Varnæs og Scrooge. Om fag, faglighed og identitet blandt danske bankmedarbejdere*. Roskilde: RUC/Institut for pædagogik og uddannelsesforskning.

Stern, D.N. (1989). Developmental Prerequisites for the Sense of a Narrated Self. In A.M. Cooper, O.F. Kernberg and E.S. Person (Eds.), *Psychoanalysis: Toward the second century* (pp. 168–178). London: Yale University Press.

Stern, D.N. (2000). *Barnets interpersonelle verden*. København: Hans Reitzels Forlag.

Strauss, A. and J. Corbin (1990). *Basics of qualitative research: Grounded theory procedures and techniques*. Newbury Park: Sage Publications.

Swedberg, R. (1987). *Sociologists look at banks*. Stockholm: Department of Sociology, University of Stockholm.

Turner, J.C. (1999). Some current issues in research on social identity and self-categorization theories. In N. Ellemers, R. Spears and B. Doosje (Eds.), *Social identity. Context, commitment, content* (pp. 6–34). London: Blackwell Publishers.

Weber, K (2002). Professionsuddannelserne i vadestedet eller Senmodernitetens paradoksale kvalificering. *Social Kritik*, 81, 56–83.

Wenger, E. (1998). *Communities of practice. Learning, meaning, and identity*. Cambridge: Cambridge University Press.

Yin, R.K.（1994）.*Case study research. Design and methods*. London：Sage Publications.

第三章　培养女性职业身份的作用——德国年轻单身母亲的实例

德国达姆施塔特工业大学

格温多林·保罗（Gwendolyn Paul）

尤塔·齐贝尔（Uta Zybell）

第一节　前言：职业培训在德国的作用

由于"职业"概念反映了一种正式认可的职业结构，在德国占主导地位，因此德国熟练工人在社会中仍然具有很高的地位。这与联邦共和国为双元制熟练工人建立的特殊组织的教育结构有关，也与相关的专业职业劳动力市场的显著地位和主导地位有关。在这里，就双元制职业培训而言，职业概念被证明是基本的。此外，它也是就业市场的构建原则。职业形态和相关的职业培训计划是职业主义不可分割的两个方面，职业主义的目标是连续性和确保就业。因此，接受职业培训不仅涉及"与基于劳动分工的长期活动有关的专门知识"（译自德语，参见 Negt, 2005, p.23），而且还涉及个人生活方式，与临时工作不同，个人生活方式是建立在连续性基础上的。

在德国，从学校过渡到有酬就业分为两个阶段。需要跨过的"第一个难关"是如何从学校过渡到职业培训。这个过渡阶段是由社会组织的，构成了一个人生活经历和轨迹的实质性结构要素。职业培训作为职业社会化的一种形式，是向就业市场过渡的基础和基本要求，虽然这不一定保证就业。可以假定，个人在职业培训课程中所经历的与职业有关的学习和发展过程"不仅有助于获得完成工作任务的资格，而且也会影响人格的整体发展"（译自德语，参见 Heinz, 1995, p.12）。只有在成功完成职业培训后，才需要跨过"第二个难关"——进入就业市场。

开始职业培训标志着生活方式的巨大变化，并带来了新印象和新体验的挑战。年轻人面临的挑战是如何应对工作要求和压力、新的规范和规则（包括工作场所的规范和规则），接受并放弃以前的自由和空闲时间。与此同时，体验这一新的世界并在接受培训期间获得第一笔收入，是从父母家庭（或依赖的国家福利）中获得经济独立的第一步。这些因素提供了承担个人责任、扩大行动范围和设计个人生活计划的机会。在处理工作经历的过程中，大多数受训者发现他们对职业培训和公司分配任务的期望越来越大，希望被赋予更大的责任来独立完成任务，而对自己职业和未来的想法变得更加明确。从职业培训中获得的经验使个人能够设计生活方式和安排生活，例如在时间分配方面。与此同时，他们学会形成自己的想法来安排工作。

工作（或完成学徒期）包括获得特定类别的经验，如适应规定的时间安排、合作追求的共同目标、生产性活动、社会融合和认可，所有这些都有助于个人形成被社会认可的独立生活方式。"作为职业社会化的结果，这些类型的经验以不同的主观义务感根植于个人行为中"（译自德语，参见 Heinz, 1995, p.96）。结果是，缺乏就业或职业培训被视为丧失个人基本体验。因此，缺乏正规和受管制的有酬就业不仅对个人生活的物质保障产生负面影响，对于失业者来说，这也影响到他们的社会融合和心理健康。在时间和内容上没有对一天进行有意义的安排，以及由于经济条件限制而在休闲活动方面受到限制，这通常会导致社会地位的下降。这一点体现在对国家福利的依赖和社会孤立两方面。尽管失业中的社会化进程根据个人、社会、职业和地区情况而不同，但经常可以看到"缺陷影响社会化进程"（同上）。

1. 培养年轻母亲融入职业的试点项目

越来越多支持年轻人职业培训的补充性（国家资助）措施清楚地表明，长期以来，德国的职业培训体系已经无法满足当前的需求和要求。这一点尤其体现在对弱势群体持续增长的帮助。这些帮助措施旨在防止或减少年轻人长期失业以及与之相关的消极社会化进程，并已成为该职业培训体系的一个组成部分。这方面的一个重要因素是该体系具有整合性潜力，即考虑到机会平等的要求，整合各种社会群体的目标和能力（参见 Nader, et al., 2003）。德国黑森州的 "年轻单身母亲参加职业培训"（JAMBA）项目旨在为那些参加双重培训项目中处于不利地位的特定群体融入劳动力市场增加机会。

该项目于 1998 年由经济、交通、城市和区域发展部发起，最初为期五年，旨在解决 27 岁以下年轻单身母亲在培训市场上的不利处境。它建立了一个总体框架，将年轻单身母亲在职业取向方面的情况纳入范畴。这里的一个重要创新点是（现在仍然是）让她们有机会参加公司内部的培训项目，这种项目比通常的项目占用更少的时间。与标准的职业培训相比，这种所谓的非全日制培训时间减少了大约 25%。具体来说，对于年轻的母亲而言，这意味着她们每天只需要在公司工作 6 个小时，而不是 8 个小时。但职业学校的学费没有受到这种安排和培训时间减少的影响。

在该项目的框架内，对新的和此前尚未研究的基本职业培训组织形式进行了测试。在此之前，年轻母亲参加公司培训的经验很少。对该试点项目（由达姆施塔特工业大学提供）的科学监测基于这样一种理念，即职业培训体系的适用性应根据其接受 "弱者" 的能力来评估。这一标准意味着应该审查德国的双元职业培训体系是否为以前被排斥的年轻人提供了融入社会的机会，以便他们能够遵守国家职业资格标准。具体来说，这意味着调查双元制是否适合年轻母亲。

在四年的学术支持期间，样本由两个小组组成，每个小组大约有50 名年轻母亲和至少 80 家公司。该项目发现，参加这一培训的人数正在逐步增加，即每年约有 100 名年轻母亲在已有的和新的地点参加职业培训课程。参与黑森州培训的有大城市、小城镇和农村地区。通过依法实施非全日制培训，现在原则上可以在全德国试点项目外完成非全日制培训。

该项目的结果清楚表明，职业培训体系的结构在应对和适应个人行动模式和取向方面落后于时代。结果表明，教育政策应该推动双元制不断分化。在这方面，"年轻单身母亲参加职业培训"项目开辟了新的道路，打开了新的大门，为提高职业培训体系的灵活性起到重要的促进作用。①

根据该项目的结果，本章调查了妇女的职业社会化以及通过参加培训计划而形成职业身份的情况。作为获得就业的先决条件，完成职业培训对于形成身份和获得参与社会机会至关重要。首先，应将"性别"这一类别作为影响德国职业培训体系的一个决定性因素进行讨论，并讨论由此产生的在进入培训市场和参加不同类型培训课程方面的性别差异，然后，讨论年轻单身母亲参加职业培训的情况。尽管由于其特殊情况，这一群体确实代表职业培训体系中的特定客户，但这些母亲在职业取向方面与其他年轻妇女没有什么不同，她们认识到完成职业培训的重要性，它是在职业和私人生活中获得良好前景的基础。

第二节　不同性别通过不同的过渡路径获得职业

学校教育—继续教育 / 培训—有酬就业，这种固定的简历结构对男女同样适用。在德国，一个人"生命历程"的严格体制结构的特点是有清晰有序的过渡，从小学到三方学校体系（tripartite school system），再进入职业培训体系（包括应用科技大学和其他大学）每个阶段提供不同的毕业证书。其次是就业市场上有各种可实现的和定位自身的机会。"社会机构，如教育系统 [……]，通过使个人的劳动力市场准入、职

---

①　针对此项目披露的该群体参与德国培训体系的不平等条件，2005 年 4 月 1 日生效的新《职业培训法》（Berufsbildungsgesetz）提供了使培训计划变得更加灵活的机会。

位、职业道路和长期愿景实现高度标准化来构建其生命历程"（Krüger,
1999, p.192）。职业培训对于"生命历程的结构具有核心意义，因为它
构成了简历的结构要素，是学校和就业市场之间的一个枢纽"（Heinz,
1995, p. 138）。因此，它形成了就业市场道路上需要跨过的"第一个难
关"，是个人职业社会化和职业身份形成的关键。

1. 女性的工作取向

尽管有酬就业的结构和意义发生了变化，但我们仍然可以假定，职
业本身，对两性而言，仍然在最大程度上是具有决定性的"社会身份归
属和个人自我认同的核心"（译自德语，参见 Beck et al., 1980, p. 223），
即便这种情况对男女来说有不同的方式。近年来，德国女性劳动力
参与率已上升到 65% 以上（参见 Statistisches Bundesamt Deutschland,
2004），这表明女性（越来越多有孩子的女性）优先从事有酬工作，而
且越来越以工作为重心。应该强调的是，尽管女性劳动力参与率有了显
著提高，但与其他国家相比，女性劳动力参与率仍然相对较低。此外，
劳动力参与的水平与许多女性所表达的期望水平不相符。

"女性生活环境的个性化（例如，高离婚率迫使女性建立自己的物
质生活；单身母亲在官方的社会贫困数字中所占比例过高）表现在以工
作为导向的重要性日益增加，但也表现在劳动力参与率的提高上（即使
这仍然远远低于教育参与水平）。与此同时，就女性劳动力参与率而言，
西德在欧洲联盟中处于最末位"（译自德语，参见 Beck, 2000, p. 29）。

在进入教育／培训和就业市场的机会方面，以及在从事的职业种类
和所担任的职位方面，两性之间也存在着严重的差异。例如，教育和
培训市场中按性别划分的分配原则，当涉及职业选择以及双元制职业
培训名额（男性占主导地位）和校本职业培训课程名额（女性占主导
地位）的比例方面，它基本保持不变。尽管今天大约 90% 的年轻女性
和年轻男性一样，在职业培训体系中获得了正式资格（参见 Cornelißen
et al., 2002, p. 43），但她们在职业体系中参与的各种形式、路径和资格
与男性学员相比，仍然存在很大差异。性别比例作为一种秩序和社会条

件的象征，决定了两性在社会中的社会地位，因此也影响到他们接受（职业）教育的机会。

> 两性之间的社会比例是一个复杂过程的结果：两极分化、根据性别对人进行的差别性评估、不同待遇和不平等定位，都是相互影响的（译自德语，参见 Becker-Schmidt, 2000, p. 61）。

2. 职业培训的双重结构

德国职业培训体系分为双元学徒制路线和校本培训路线，这是保持两极分化最强大的结构之一。从历史上看，学校教育的目的是为年轻女性结婚前的一段时间保持衔接，另一方面，是为了支持开展行业无法提供的必要的社会活动，而双元制则明确地为青年男性设计，使他们能够长期融入有酬工作和社会。即使在今天，年轻女性在双元制中未被充分体现，虽然她们的毕业成绩更好，但获得职业培训资格的机会要更少。她们常常不得不放弃最初的职业愿望，转而进入青睐校本课程的职业。一方面，校本培训通常比公司培训需要更多的教育投资，因为它们通常持续时间较长，上课期间没有任何报酬；另一方面，通常意味着在就业市场薪金期望值较低，晋升机会较少。

由于有"职业培训双重结构这一历史遗产"（译自德语，Krüger, 2004, p. 27），因此存在着男性和女性职业的结构性分配，这来自对"女性工作"所持有的不平等标价和负面标签。

> 然而，一段时间以来，职业的重要性在两性的生命历程中越来越平等［……］，但关于男性和女性生命历程的固有观念仍然顽固地植根于过渡体系的结构中［……］（译自德语，同上）。

事实证明，德国人职业发展僵化的体制结构和根深蒂固的性别比例结构阻碍了正常的变革进程，其结果是，即使发生了变化，歧视仍会继续。尽管从工业型社会向服务型社会转变，校本职业体系中的学生构成正在发生变化，而且男性现在也在这些领域出现，但对这一过渡路径的结构性歧视仍然存在。克鲁格（Krüger, 2004）深刻地展示了制度对结构变革产生的抵抗力：

校本职业教育体系（SVE system，即 School-based vocational educational system——格温多林·保罗注）也表明文化历史性别化已经成为"结构化"，即它今天按照性别化的逻辑运作，但对其参与者的实际性别漠不关心。脱离校本教育体系的女性从职业和教育双元制（VED system，即 vocational and educational duel system——格温多林·保罗注）的优势中受益，进入校本教育体系的男性必须克服其劣势（Krüger, 1999, p. 224）。

尽管职业培训对女性和男性同样重要，但必须注意到对生命发展问题的关注并不平等。虽然性别比例发生了深远的变化，但男性履历中仍然是以工作为中心，同时对家庭负有责任。然而，对女性来说，以家庭为中心的生命历程已经失去了效力；取而代之的是所谓的"双重生活方式"的新指导原则（Geissler and Oechsle, 1994, p. 147）。换句话说，创立事业和建立家庭不再是非此即彼的，而是成为同等重要的生活领域，它们必须（个性化地）结合在一起。

> 对于年轻女性来说，只从传记视角关注从业者的工作安排过于有限。与青年男性不同的是，她们仍然——像以前一样——无法终生在公司从事有酬工作（译自德语，参见 Geissler and Oechsle, 1994, p. 147）。

因此，在相对的工作自主和家庭之间建立联系构成了女性生活环境的一个具体特征。私人生活与所寻求的工作之间的关系，以及如何使之成为可调和的解决方案，即无论是采用一种持续的均衡，一系列的逐步过渡，还是看重或优先某一个领域，最终还取决于个人如何掌握规范和制度规则："生活设计［……］在社会需求、自身取向和具体环境的相互冲突中发展"（译自德语，参见 Geissler and Oechsle, 1994, p. 164）。应该指出的是，今天女性生活设计的视野必然包括她们的职业，她们希望通过职业来实现自己的安全存在感、个人价值的体现以及社会地位。

尽管女性在参与教育和获得资格方面有所改善，工作目标也有所提高，但性别范畴却是不同人生历程和生活机会的持久性决定因素。获得教育和职业资格并不一定意味着消除教育和就业市场中针对性别划分的情况，也不意味着植根于组织结构中的性别比例发生变化。

在下文中，完成职业培训被认为是年轻母亲融入社会和职业的基础。在这里，我们的兴趣转向在职业培训中发展职业身份，以及摆脱因失业而产生的依赖状况——这种依赖是年轻母亲以前的生活特征。职业身份的获得显然对稳定个人身份建构具有重要作用。

第三节　职业培训是年轻母亲获得经验的新天地

尽管有转变的趋势，社会对正常生活发展模式的期望仍然存在，这个模式由个人传记序列组成，其中的连续性历程向着新的、更高的目标不断发展。任何与此过程有不同选择的人在融入时都会遇到困难：

> 教育和培训市场没有为不按照社会规定的上学、培训、结婚和生育这一路线的年轻女性提供任何机会。因此，尽管从简历中可以看到个性化过程，但简历中的要求标准仍然被视为规范（译自德语，参见 Paul-Kohlhoff, 2002, p. 146）。

虽然年轻母亲有很强的受教育动机和适当的（接受）学校教育的条件，但她们在寻找职业培训场所时也会遇到不可逾越的障碍，因为她们被认为有抚养孩子的责任，因而存在缺陷和局限性。她们属于那些被职业培训岗位拒之门外的年轻人，获得职业资格的机会微乎其微。鉴于职业培训对长期职业融入的重要性，缺乏教育意味着总体生活机会更差，社会参与程度很低。

这里介绍和讨论了在德国黑森州开展的"年轻单身母亲参加职业培训"试点项目的结果。该项目旨在实现这一群体的职业融合，由于早育，这一群体打破了社会规定的从学校教育、职业培训/教育到有酬就业，然后组建家庭的简历结构。该项目

> 所起的作用是其他办法无法达到的：鼓励和支持年轻单身母亲参加公司内部培训课程，并鼓励公司接受她们成为学员。事实上，年轻的单身母亲面临着累积下来的诸多不利因素，如果她们得不到有计划有步骤的帮助，就会被排除在职业资格之外（译自德语，参见 Zybell,

2003, p.12）。

1. "年轻单身母亲参加职业培训"项目的设计与目标

在方法论上，"年轻单身母亲参加职业培训"项目的认知兴趣和研究目标旨在调查年轻单身母亲如何在抚养子女的同时成功地参加职业培训课程，需要创造哪些条件来实现这一计划，以及女性如何依靠自己安排日常生活。此外，该项目关注的问题是，新的职业培训组织结构如何获得公司和职业培训机构以及年轻女性的接受。

基于评价与实践的伴随性研究非常重视学术知识发展中的实证研究方法。数据收集被设计为一个归纳过程，以个案和与项目相关的背景为基础，得出概括性结论。定性方法包括访谈、讨论小组和口头（专家）调查，通过侧重评估个人的观点，可以进入一个尚未研究过的现实领域。该材料得到了定量数据的补充。研究设计基于三角测量程序，该程序对调查的现象提供了多维视角。为了从不同的角度记录和分析年轻母亲参加职业培训的情况和说明，调查范围不仅扩大到参加培训的年轻母亲，还扩大到提供培训的公司和参与项目的职业学校以及经过挑选的专家。

在调查项目中的年轻女性时，定量和定性方法同样重要，以补充跨个体背景的研究，并对这些背景因素进行主观性诠释。在培训开始、培训中期和培训结束的三个阶段中，采用了标准化书面问题来调查母亲的生活情况、工作经历和职业学校经历以及就业前景。第二个定性数据收集的方法是，一方面通过教科书式访谈，另一方面通过轻松的小组讨论，以便深入了解共同取向和应对模式。分析和评价均建基于定性和比较解释学程序。

以教科书式个人访谈为基础，编制了一份通用的书面问卷，对双元职业培训的两个合作伙伴——公司和职业培训学校——进行了调查。如果公司不愿意提供培训地点，就不可能实施这样一个试点项目，也不可能为定期培训建立新的过渡模式，因此，通过访谈的方式，在选定的公司记录了一些更具差异性的个人经历。在这里，中心主题是年轻母亲客户群以及非全日制培训的新组织形式。随后进行了一次全面的电话调查，以便追溯性地评估提供培训的公司的总体看法。

以主题为中心和教科书式专家访谈充实了数据。这些专家是来自经济、交通、城市和区域发展部，社会行政当局以及工业和商会的代表。总的来说，评价是一个持续的反思和反馈过程，在结果传递的意义上，不断地将其反馈到培训过程中，从而不断地改进培训内容。

2. 熟练工作与家务和抚养孩子之对比

在培训课程开始之前，年轻母亲的生活特点是与世隔绝，很少与"外部世界"接触，但该项目的结果清楚表明，参加职业培训项目是与社会建立联系的体验。对年轻女性来说，"带着孩子"的职业培训意味着走上一条通往独立的道路。培训除了为她们开辟了另一个生活领域，让她们积极参与其中，以确保其未来，还重塑了她们的观念和她们与自己的关系。毕竟，她们过去在很大程度上认同自己作为照顾者的处境，这通常意味着她们对国家转移支付和原生家庭的依赖。由于生活方式不同，她们还会与其他同龄人有一定的隔阂。

社会对母亲角色的认同范围很窄，这体现在一方面要求她们做全职母亲，另一方面要求年轻人外出工作，自食其力，这两方面是相互矛盾的。在德国社会，家务劳动和抚养孩子只是一种次要的价值。相比之下，熟练工作和有酬工作受到高度尊重。年轻母亲们在描述这两种工作方式之间的对比时直截了当："作为家庭主妇和母亲，你没有得到多少认可。你拿到薪水使你成为劳动社会的一部分。不然的话，可以说，你'没有那么值钱'。"特别是当女性获得社会保障福利时，她们会觉得自己的地位较低，因为她们不是工人。她们这样描述对日常需要依赖的单调生活的不满，如，"我以为生活只是从我身边走过，什么也没发生过。而且我还这么年轻，这是不对的，这不应该是生活的全部"。因此，以养育孩子责任为主的"单线式"生活环境对女性来说已经不够了，无论对于社会，还是对于个人都是如此。

通过培训进入工作领域的过程可以为随后的身份发展起到规划作

用。"对年轻人来说，对工作成就的自豪感是增强自尊和建立社会纽带的重要媒介。"（译自德语，参见 Negt, 2005, p. 23）这对年轻母亲来说也是如此，她们作为实习生、学生和工人进入了新的关系，从中获得了极大的自信和肯定。对她们来说，职业工作总是与她们作为母亲和一家之主的工作形成鲜明对比，或者更确切地说是对它的补充。由于活动范围的扩大，她们与自己和他人的关系也发生了变化。

这些年轻女性强调，由于接受了训练，她们已经摆脱了旧的常规，有了新的任务，这给她们的一天增加了意义，对她们来说非常重要："这太棒了。我早上必须起床，我知道为什么。我是为了我自己，而不仅仅是为了我的孩子。"除了帮助她们克服漫无目的和"随波逐流"的阶段，参加职业培训还可以让她们回到更接近日常生活的中心。自我意识和自身责任是对年轻母亲参加职业训练的有力论据。一位年轻女性用以下方式表达了这一点："这是一种很好的感觉，因为在那一刻，你不是一个母亲，你只是你自己。"这种"做自己"在职业培训中获得了新的维度。对年轻女性来说，有酬就业不仅仅意味着为社会做出经过证实的、具有积极价值的贡献，也意味着培养与家庭和孩子无关的技能。

在评估熟练工作对比生育工作的意义时，年轻母亲在"年轻单身母亲参加职业培训"项目中所表达的与其他研究中发现的价值观相符。斯陶贝尔（Stauber, 1996）分析了农村地区单身母亲的生命发展状况，指出：

> 职业领域是这些女性的社会背景，因为有酬就业的社会地位从一开始就处于不同的评价背景下。但它也不同于其他社会环境，因为它有不同的规则——在其他地方有不同的责任，不同的沟通方式。这种不同——在家庭环境中进行的接触类型——被描述为解放（译自德语，参见 Stauber, 1996, p. 121）。

公司环境以完全不同的方式挑战人们；正是它与生育工作的对比性吸引了年轻母亲。然而，这也意味着一个特殊的要求，即在外部发生变

化的情况下保持内部的一致性。库普（Keupp, 1999）将身份定义为
"在内部世界和外部世界之间进行调整的永久性工作"（译自德语，参
见 Keupp, 2001, p. 808）。他认为，这个过程不一定是线性和连续性
的，而是以项目的形式进行。参加职业培训的年轻母亲必须将新的
任务和关系融入她们现有的自我认识——她们并不觉得这是很容易的
事情。

3. 新冲突下的职业身份发展

矛盾感，即同时具有相互矛盾的态度和感觉，是年轻职场母亲日常
生活的一部分。积极和消极的成分往往同时存在且不可调和。与项目中
所有年轻母亲相关的核心的、无法解决的矛盾是对孩子的依恋和同时能
否对孩子放手。独立处理家庭环境之外的新任务——这只有在与孩子暂
时分离的情况下才有可能——也提供了自我意识、自信和自我证明的机
会，但也提供了不确定性、深切的担忧、恐惧、良心冲突和自我怀疑的
风险。参与者在描述培训过程时表示，她们既受到动机和乐观的激励，
也受到问题和内心冲突的阻碍。

例如，大多数正在接受培训的年轻母亲每天都会感到自己能力不
足，并在生活的两个领域之间左右为难。她们永远感到没有足够的时间
和精力对要求和需求做出适当反应。她们的压力和内疚感与孩子密切相
关，因为与以前相比，她们在这里经历了最大的变化。但在工作中，年
轻的母亲们也希望表现出能力之外更大的灵活性和承诺。她们努力坚持
接受培训，不仅是在可调和性层面，而且在社会环境的反对和批评层
面，以及在她们自己的意见、信仰和愿望层面，在这些方面可能存在冲
突。她们生活在利益和损失、机会和风险、充实和烦恼的冲突中，每个
人都必须以自己的方式应对这一冲突。确定两极之间的关系，或者所有
方面之间的关系，最终对身份的形成至关重要。

对她们来说，作为"在两个世界之间穿行的有职业的母亲"，个人
身份和社会身份与职业身份同等重要，她们与所有职场母亲有共同的命
运。鉴于不同的相关群体或个人对年轻母亲的期望互相矛盾并要求她

们自主抉择，伦珀特指出，"角色冲突是促进道德发展的重要的'驱动力'"（译自德文，参见 Lempert, 1998, p. 185）。由于这些危机，年轻母亲也有机会重新定义她们的角色规范。

访谈表明，所有参加培训的年轻母亲都经历了能够激发巨大活力的转变过程，根据实际情况，这些转变可能有不同的形式。如果女性成功地将冲突和矛盾为己所用，她们就会在获得独立、自我决定和自我解放方面取得重大进展。但是，如果女性遭受失败和严重挫折，她可能退出培训计划，这可能意味着她的简历中会有更大的差距和更多的障碍。

值得注意的是，对工作的认同与职业活动有密切的联系。这一点在年轻母亲谈论自己处境时的语言表达方式中得到了体现，她们明显地将自己的处境与"工作"联系起来，而不是与"培训"联系起来。仅仅通过对这个用语的选择，就可以很明显地看出，职业发展意味着有资格成为"实践社区"的成员。学习成为获得工作的重要因素，培训与成为职场参与者、获得职业成功或具有职业能力联系在一起。以实践为导向的职业培训将工作和学习紧密联系在一起，因此年轻女性直接参与公司的工作过程，感到真正被需要。一位学员自豪地说，公司"依靠我们"。通过开展有益的活动，她们可以展示自己工作的具体成果，与客户互动，并提供服务。这样，她们既融入了公司的组织结构和时间表中，也融入了公司提供的社会结构中（参见 Zybell, 2003, p.159）。作为一名工作人员融入社会，从而能够证明和强化社交技能，对年轻母亲来说也是非常重要的。

所有这些因素都促进了职业身份的发展。年轻女性知道她们是工作过程中的齿轮——即使是很小的齿轮。这意味着，如果她们缺席，就会有缺口，如果她们在场，她们的贡献至少会被记录下来。无论如何，她们在某种程度上是负责任的，这增强了自尊："为一家公司工作，必须对你所做的工作负责。我也可以向自己证明，我能做到。而不要像个失败者一样站着。"在这方面，年轻的母亲们将培训视为完全成熟的工作。即使学员的工资仍然很低，不足以独立生活，但自己挣钱也有助于她们对自己工作的高度认同。尽管就培训而言并不完全准确，但她们将培训与被认可度联系在一起，这种认可是以对她们的贡献给予奖励的形式体现的。

> 因此女性［……］更强烈地倾向于有酬就业，而不是将培训作为走向社会的职业一部分。相反，她们认为培训是为了准备和融入工作（译自德语，参见 Zybell, 2003, p. 162）。

不应忘记，参加培训计划和生育孩子也会给女性的成功带来巨大压力。她们希望在工作和社会环境中证明自己值得投资，能够满足预期要求。她们在职业学校和公司感受到了成功的最大压力。因此，这直接关系到她们在培训中的具体表现，间接关系到整体情况。她们在许多方面都怀有对无法实现期望的恐惧，尽管对有机会获得职业资格心存感激，但也会对失败充满恐惧。

4. 走向独立的道路

所有项目参与者都意识到职业培训与其未来就业前景相关。她们知道，作为非熟练员工，她们的工资会很低，更有可能失业。"我想在生活中有所成就。我想计划未来，培训给了我这样做的基础。"职业培训为她们未来生活的前景描绘了蓝图，充满了希望。除此之外，她们还想成为自己孩子的榜样："我希望有一天我的女儿能为我感到骄傲，而不必说，我妈妈是个清洁工。"

对于年轻的母亲来说，有孩子而接受职业培训意味着走上一条独立的道路。这种独立性涉及多个方面。首先，财务独立。年轻母亲们强调，她们对依赖国家福利或原生家庭财务支援感到有压力。她们觉得自己受到了极大的限制和约束，希望自己有更多的财务自主空间。与财务独立愿望密切相关的是越来越独立于原生家庭。与父母的脱离往往还没有达到期望的那样彻底。由于需要帮助和援助，她们本身的母亲身份往往产生矛盾的效果。父母和女儿的关系掩盖了难以脱离家庭获得独立的风险。职业培训非常有助于年轻母亲在一段时期内消除父母的影响。此外，培训使年轻母亲能够更加远离负面的社会标签。作为年轻母亲、单身母亲和领取社会保障福利者的耻辱经历累积成社会环境中的负面形象。作为学员，她们获得了更多（和更积极）的认可，也提升了自我形象，使女性更加变得不受孩子约束，由最初母亲角色的自我定义扩展到职业背景及其工作表现。独立并不意味着通过完成职业培训就可以在所有领域实现完全独立，相反，年轻母亲们正在走上一条通往更加独立的道路，并为自己提供沿着这条道路行走所需的东西。最终，有酬工作将决定她们走上完全独立的道路。

培训结束时，年轻女性为获得了资格感到无比自豪。在困难的条件下，在各种不同的危机中，她们取得了"任何人都无法夺走"的成就。被认可为熟练工人不仅仅意味着拥有特定的活动履历或提高了自己谋生的能力，职业资格也意味着获得自我决定权和稳定性，以及更高的社会地位。"现在我已经通过了考试，我觉得已经超越了自己的出身。"一些女性甚至发现，从生活状况到与伴侣的关系，她们的生活得到了全面改善。职业培训不仅对职业前景有重大影响，而且也影响了她们对生活的整体态度。"我一直在与人交往，并又开始积极参与生活。我可以说，这些都是培训带给我的。"

与工作领域的关系获得了一种新的尊重感，因为职业形成了"针眼，通过针眼，个人能够超越家庭和事务的私人圈子"，参与社会实践（参见 Schelsky, 1965，引自 Beck et al., 1980, p.222）。

第四节　结论

德国是一个以职业为导向的社会，在这个社会中，"职业和职业主义对社会整合具有核心的规范和调节意义"（译自德语，参见 Baethge, 2000, p. 375）。在日常生活中，当人们在回答"你是干什么的？"问题时，他们会提到所做的工作，这种职业中心感就很容易体现出来。在德国，我们仍然能通过职业专业化来定义自己——只要我们有一个职业。职业强大的社会融入力的缺点在于，那些没有职业背景、没有参加有酬工作或非全日制计划工作的人，被排斥和边缘化。贝特格

（Baethge, 2000）描述了部分被排斥的女性的经历，以及未受过教育和非全日制工人丧失优待的情况（参见 Baethge, 2000, p. 377ff）。女孩和妇女总体上表现出高度的职业取向，这一点由女性劳动参与度的提高得以证实，它清楚地表明了劳动参与所产生的社会认可，及其在形成与从事熟练工作相关的身份方面的作用。另一方面，从国际角度来看，德国女性的劳动力参与率相对较低，不能用妇女缺乏职业取向来解释，而是表明性别特定的结构性、规范性和个人因素对工作履历的持续影响。

年轻母亲在培训和就业市场上往往处于非常不利的地位，对于她们的日常生活来说，工作具有非常重要的意义。在成功完成职业培训后，她们可以自豪地说自己"了不起"，并为给予她们特殊认可的社会做出一些贡献。此外，她们可以就有关职场、工作经历、在工作场所出现的冲突以及如何乐于执行特定工作任务等问题参与对话，从而与同事交流想法，融入社会。参与这些领域的活动意味着某种生活"常态"，"连接"着那个对于她们（作为家庭主妇和母亲）而言仍旧是封闭的世界。

大量的实证研究表明，工作和职业需求的变化决定了工作应该具有主观意义，工作内容应该是有趣的。这种对职业生涯满足个人成就感的期望主要表现在年轻雇员和女性中。

> 四分之三的雇员中，主观需求占主导地位。这些都集中在工作活动的内容或工作中的交际关系网络上［……］：人们希望从内心上投入工作，能够在工作中发挥个人作用，并从工作中获得对自己能力的肯定（译自德语，参见 Baethge, 1991, pp. 7–9）。

融入职场也意味着融入社会网络。这通常与直接的工作环境有关，而与其他任何事情无关。

从"年轻单身母亲参加职业培训"项目中我们可以看到，职业在文化和内容结构与个人生活方式的交织中塑造了个人身份和社会身份（参见 Albrecht, 2002, Sprache: Geschlecht—Identität—Beraf. Zum Einfluss der Sprache auf geschlechtsbezogene Berufsorientierungsprozesse，未发表的论文, p.7）。对年轻母亲来说，拥有一份职业比获得一套技能和专业知识更重要。她们现在是劳动社会的一员，因此有机会进入一个文化领域，在该领域中，她们不仅仅作为母亲得到认可。熟练工作给她们的生活提供了一个新的方向，一种不同的意义，最终也会有更多的选择。年轻母亲越来越多地将自己看作积极的参与者和享有平等权利的实践社区成员。自我意识的增强、新的参照框架和经验领域改变了她们的行动范围和自我定义。

对于这些女性来说，她们的职业生涯很难与其他生活分开，这一点超过了那些没有孩子的男性和女性劳动者。在特殊的生活环境中，年轻的母亲不仅跨越了工作和家庭生活的界限，而且还（不得不）架起了桥梁，将这两个领域联系在一起。因此，

　　　她们扩展了工作概念，其特点是两个界限：与同龄人的界限和与男性劳动者的界限。这些年轻女性的发言表明，她们不是将培训与空闲时间进行对比，而是与家庭工作进行对比（译自德语，参见 Zybell，2003, p. 162）。

首先，年轻女性几乎没有自己的自由时间；其次，她们把自己的私人时间也视为工作。一位女士是这样描述这种双重工作的："工作实际上给了我休息的机会，精疲力竭只有在晚上回家时才开始。"与同龄人相比，她们处境的特殊性在于，后者尚未面临抚养孩子和家庭工作的要求；而与男性劳动者相比，他们对家庭不需要任何特别的付出。

我们的实证研究结果证实了职业作为一个人"通往世界的大门"（Beck et al., 1980, p. 222）和参与社会的重要性。年轻的母亲们已成功地形成了独特的职业身份，即使她们并非在所有情况下都能进入"梦想职业"。她们把自己的职业归属感转化为社会的普通成员，大多数项目参与者再也无法想象没有工作会是什么样子。"我不得不说，我现在不想放弃工作，回到我以前的状态。工作给了我生命中的很多东西。"

尽管最初看起来似乎不适合接受职业培训，但是年轻母亲的例子显示了职业认同的持续力量。年轻母亲群体的特点在于她们"过早"成为母亲，而不是像其他年轻女性一样，非常重视职业资格。尽管有个性化

的趋势，但她们的母亲身份是在德国双元制中获得培训机会的关键障碍。尽管多年来出现了一系列危机状况，双元制仍然是大多数青年男女融入德国劳动力市场的典型途径。

参考文献

Baethge, M. (1991). Arbeit, Vergesellschaftung, Identität — Zur zunehmenden normativen Subjektivierung der Arbeit. *Soziale Welt*, 1, 6–19.

Baethge, M. (2000). Gesellschaftliche Integration—Jenseits von Beruf und Beruflichkeit? Oder: Zum Gegensatz der soziologischen und qualifikationsstrukturellen Dimension in der Berufskategorie. In F.-J. Kaiser (Ed.), *Berufliche Bildung in Deutschland für das 21. Jahrhundert. Dokumentation des 4. Forums Berufsbildungsforschung 1999 an der Universität Paderborn* (pp. 275–382). Beitrag zur Arbeitsmarkt-und Berufsforschung no 248. Nürnberg: IAB.

Beck, U. (2000). Wohin führt der Weg, der mit dem Ende der Vollbeschäftigungsgesellschaft beginnt? In U. Beck (Ed.), *Die Zukunft von Arbeit und Demokratie* (pp. 7–66). Frankfurt/M.: Edition Zweite Moderne.

Beck, U., M. Brater and H. Daheim (1980). *Soziologie der Arbeit und der Berufe. Grundlagen, Problemfelder, Forschungsergebnisse*. Reinbek bei Hamburg: Rowolt.

Becker-Schmidt, R. (2000). Frauenforschung, Geschlechterforschung, Geschlechterverhält-nisforschung. In R. Becker-Schmidt and G.-A. Knapp (Eds.), *Feministische Theorien zur Einführung* (pp. 14–62). Hamburg: Junius Verlag.

Cornelißen, W., M. Gille, H. Knothe, P. Meier, H. Queisser and M. Stürzer, (2002). *Junge Frauen—junge Männer. Daten zu Lebensführung und Chancengleichheit. Eine sekundäranalytische Auswertung*. DJI 'Gender' series, Vol. 12. Opladen: LeskeBudrich.

Geissler, B. and M. Oechsle (1994). Lebensplanung als Konstruktion: Biographische Dilemmata und Lebenslauf-Entwürfe junger Frauen. In U. Beck and E. Beck-Gernsheim (Eds.), *Riskante Freiheiten* (pp. 139–167). Frankfurt/M.: Suhrkamp.

Heinz, W.R. (1995). Arbeit, Beruf und Lebenslauf. Eine Einführung in die berufliche Sozialisation. Weinheim: Juventa.

Keupp, H. (2001). Identität. In H.–U. Otto and H. Thiersch (Eds.), *Handbuch Sozialarbeit / Sozialpädagogik* (pp. 804–810). Neuwied: Reinhardt Ernst.

Krüger, H. (1999). Gender and Skills. Distributive Ramifications of the German Skill System. In P. Culpepper and D. Finegold (Eds.), *The German skills machine: sustaining comparative advantage in a global economy* (pp. 189–227). New York/Oxford: Berghan Books.

Krüger, H. (2004). Der Institutionenansatz in der Geschlechterforschung am Beispiel der beruflichen Bildung. In A. Paul-Kohlhoff (Ed.), *Berufsbildung und Geschlechterverhältnis* (pp. 17–33). Bielefeld: Bertelsmann.

Lempert, W. (1998). *Berufliche Sozialisation oder was Berufe aus Menschen machen. Eine Einführung*. Hohengehren: Schneider Verlag.

Nader, L., G. Paul and A. Paul-Kohlhoff (2003). An der Zeit—Zur Gleichzeitigkeit von Selbstständigkeit und Begleitung aus Sicht der Betriebe, der Berufsschulen und der Bildungsträger. Münster. Lit.

Negt, O. (2005). Bindungen. *Frankfurter Rundschau*, 25 February 2005, p. 23.

Paul-Kohlhoff, A. (2002). 13 Thesen: Teilzeitausbildung als Reformperspektive für die duale Ausbildung—eine effektive Förderung der Integration von Frauen in die Berufsausbildung. In Bundesanstalt für Arbeit (Ed.), *(Teilzeit-) Ausbildung für junge Mütter und Väter. Modellprojekte aus der Praxis. Informationen für die Beratungs-und Vermittlungsdienste* (pp. 146–148). Vol. 2, Nürnberg: IAB.

Stauber, B. (1996). *Lebensgestaltung alleinerziehender Frauen. Balance zwischen Anpassung und Eigenständigkeit im ländlichen Regionen.* Weinheim/München: Juventa.

Statistisches Bundesamt Deutschland (2004), retrieved from www.destatis. de/basis/d/ erwerb/erwerbtab1.php (as at 24/2/2004).

Zybell, U. (2003). An der Zeit—Zur Gleichzeitigkeit von Berufsausbildung und Kindererziehung aus Sicht junger Mütter. Münster: Lit.

第四章　希腊旅游业劳动人口的"双重"职业身份

希腊雅典派迪昂大学

尼基塔斯·帕蒂尼奥蒂斯（Nikitas Patiniotis）

格拉西莫斯·普罗德里米蒂斯（Gerasimos Prodromitis）

第一节　前言

人类身份是以个人与他人和个人与自我之间的关系为前提的。每一种身份形式，包括职业身份，都表现为一种"迹象"（Lipovatsz, 1991, p. 273），表现为一个事件，一个被他人通过个人的特定行为形式和社会关系而经历的事件。在本章中，我们追溯了旅游业从业人员在获得职业身份的同时所表现出的特定行为形式和社会关系。

由于欧洲战后经济繁荣，希腊旅游业在过去 40 年里迅速发展。值得注意的是，在欧洲南部旅游业兴起时期，从南部向北部工业国家的逆向移民潮逐步发展。劳动力开始从意大利、西班牙、希腊和其他南部国家的部分地区到工业化程度更高的北部寻求就业。时至今日，移民汇款和旅游流动仍然受到欢迎，因为它们有助于缓解商业赤字，降低经济危机，从而减轻南方的贫困，特别是在这些国家成为欧盟正式成员之后。

旅游业和移民导致了包括希腊在内的南部国家的彻底变革（Patiniotis, 1979）。变革不仅影响了这些国家的社会结构，也影响了生活在这些国家的人的人格和身份的形成。当今天向其他国家移民已经失去其以往重要性的时候，旅游业正变得非常重要。旅游活动的增加不仅对经济，而且对社会、文化和环境产生了影响。当旅游业发生在传统组织的社会中时，它重新制定了规则，并影响到人们的社会态度和行为，包括他们的生活方式、他们在家庭和邻里之中的人际关系，也包括实践社区内的人际关系和人们如何从事他们的行业。

关于研究主题，我们提出了一系列问题：从事旅游业的人是否形成了一种特殊的职业身份？他们是否认为在这一领域寻求永久性就业是值得的？是否认为在旅游领域从事艰苦但有利可图的工作是一种快速攒钱的手段，以便投资其他经济领域或活动？换句话说，他们在这个领域的工作是否构成了人生计划的一部分？由于该行业的季节性就业模式，人们通常只工作半年，而另外半年，他们要么失业，要么在其他领域工作，要么从事其他活动，以等待下一个旅游季节的到来。因此，我们要问，从事旅游业的人是否在这一职业领域形成了一种职业身份，还是说他们从不同就业机会中形成了各种"拼凑型身份"（Carruthers and Uzzi, 2000, p. 486）。或者，这些人是否因为其多样化的活动而被剥夺了任何形式的稳定职业身份？

上述研究的问题是在欧盟第五框架计划"欧洲劳动力市场中的职业身份、灵活性和流动性"（FAME——Vocational Identity, Flexibility and Mobility in the European Labour Market）的背景下提出的（更多细节，请参见本书中由基帕尔、布朗和迪夫撰写的第十一章）。在该项目框架内，希腊小样本研究采用定性方法收集数据，在两个地理区域进行了半结构化访谈：在克里特岛和希腊本土的一个小镇上。这两个地区具有不同的社会经济特征和完全不同的旅游发展背景。旅游从业人员受访者的数据在本章附表中用详细表格简洁呈现出来（Yin, 1994, p. 136f）。我们之所以选择以这种格式呈现数据，是因为更详细地呈现个别案例超出本章的研究内容。

我们相信，通过对希腊旅游业雇员职业身份的分析，能够接触到当前不断发展的行业。现代旅游业的经济状况的特点是，该领域每年的发展过程都不确定，因此，该领域的就业前景、较长的工作时间、工作关系的灵活性，以及密集就业和失业之间的交替性也不确定。这些都是现代"风险社会"具有代表性的例子（Beck，1986）。因此，我们认为旅游业是一个典型的现代领域。

在希腊旅游业中，我们经常发现"个体经营者"，这是一种独特的雇员形式。这种形式的小企业主在每个欧洲经济体中都能见到。这类从业者既是所有者，也是雇员，与自己雇用的少量雇员一起工作。他／她经常努力工作，也许比其他雇员更努力。这种"个体经营者"在餐馆、旅行社、汽车租赁、小旅馆和类似形式的企业中都有，实际上在欧洲非常普遍。然而，虽然相当大一部分劳动力受雇于这类服务业和小型企业，但在目前的国际研究中，这一点并未得到太多考虑。

在本研究中，我们试图追踪并分析旅游业从业人员的真实情况，因此"个体经营者"具有很好的代表性。此外，我们认为这些人的职业身份是一个有趣的案例。

为了完整地展示研究成果，本章采用了以下结构：首先，我们提到决定希腊旅游业的要素以及希腊经济中这一成功行业的社会影响。接下来介绍旅游行业的功能性要素，以及雇主期望其雇员具备的技能和能力。在大多数情况下，这些技能不是从某种特定的正规职业教育中获得的。在下一节中，我们将介绍关于职业身份研究的一些语义和理论上的思考，然后介绍我们对该行业从业人员职业身份的实验研究结果。除正式雇员外，旅游业从业人员主要是小型旅游企业的个体经营者，因此我们可以观察到灵活的职业实践，这可以为旅游业雇员的多种职业身份提供信息。

第二节　希腊旅游业中的就业

在希腊，旅游业是一个重要的经济行业，自20世纪70年代以来一直在不断增长。该行业最近创造了希腊国内生产总值的20%左右，雇用了该国17%的劳动力。2005年，外国游客人数预计将增加到约1400万，是希腊人口的1.5倍。如果将在希腊旅游胜地度假的数百万希腊游客计算在内，游客数量甚至还会增加。

希腊旅游业的特点是季节性就业，主要限于夏季。旅游业通常从 4 月到 10 月营业。在剩下的时间里处于歇业状态，并让员工离职，以便明年再次雇用他们。虽然希腊冬季旅游业缓慢上升，但仍然处于低迷状态，而且只面向希腊人。在过去的 20 年中，农业旅游得到了大力支持，它旨在将农业和旅游活动结合起来（Jacovidou, 1991; Portalidou and Jacovidou, 2002），但见效甚微。

该行业包括不同类型和规模的公司，从非常小的一人企业到大型连锁酒店。此外，外国公司也在不断发展壮大，尤其是吸引大量游客的外国旅游运营商（Sheldon, 1986; Zacharatos, 1992）。他们的目标通常是满足游客的简单期望，这些期望可以在地球上每个阳光明媚的沿海地区实现。特纳和阿什（Turner and Ash, 1970, p. 11）称这些期望为 "4s"：太阳（sun）、沙滩（sand）、性（sex）和大海（sea）。大量游客在决定自己的旅游目的地时受到低价、外国旅行社的广告和去过所选目的地的朋友的意见影响 (Tsartas and Thanopoulou, 1995, p. 119）。这种类型的游客通常很少与从事旅游业的雇员有社会交往。他们通常在与周围环境隔绝的全包式度假村度假，与当地人没有联系。例如，在像希腊的地中海俱乐部这样的旅游 "聚居区"（Tsartas, 1998），游客和当地人之间不会发生社交互动。然而，在文化旅游、生态旅游和探索旅游等其他形式的旅游中他们有更密切的交往，尽管这些形式在很大程度上仍然是非主流群体的领域，不仅在希腊，在世界各地也是如此。

无论如何，"大众旅游规模越大，游客与当地人之间从'面对面'关系向明显的商业关系的转变就越明显"（Tsartas et al., 1995, p. 21），这一现实对旅游从业人员的职业身份产生了明显影响。旅游业从业人员的职业身份明显受到旅游产业的社会影响，受到旅游者的行为和与当地人见面机会的影响。我们不应该忽视这样一个事实，即这种接触发生在游客度假而雇员辛勤工作的时候。

1. 旅游业的社会效应

旅游业对该行业从业人员的职业身份的形成或转变的社会效

应，可按以下内容进行分析，没有主次顺序之分（Stott, 1978, p. 81; Andronicou, 1979; Jafari, 1974, p. 238; Tsartas et al., 1995; Tsartas and Thanopolou, 1995; Tsartas, 1998; OCED, 1980）：

- 正如我们在希腊看到的那样，旅游业使农业地区迅速转变为主要提供旅游服务的地区。由于高工资和高收入涌入旅游开发地区，人们生活变得富裕。

- 收入水平成为社会地位的主要标志，降低了家庭传统、教育背景或政治权力等因素的重要性。追求更高的收入成为一种个人策略，导致利己主义、竞争和基于个人利益与自私的肤浅社会关系的产生。大肆炫耀"成功人士"拥有的财富和消费品削弱了利他主义关系的作用。

- 当地传统习俗发生调整和商业化，以符合外国游客的品味和审美。这导致了与传统的疏远。

- 游客带来了自己的生活方式、消费、娱乐和饮食习惯，这些都被渴望成为成功人士的当地人模仿。因此，当地的习惯正在减少，甚至被拒绝接受，而外国的习惯正在流行。

- 旅游业的快速发展对环境的影响显而易见，尤其是在所谓"传统聚居地"或"罕见自然美景"的地区。这些影响可能波及自然环境，此外，建筑物、任意建造的定居点、广告等也会破坏自然景观。

- 年轻人和女性通过旅游业就业实现经济独立。

- 就业的季节性和较长的工作时间模糊了工作和休闲之间的区别，影响了雇员与家人、朋友和同事的关系。

- 旅游业在经济上的主导地位使雇员离开了收入低的传统行业和就业领域。此外，该行业的发展导致雇员长时间工作以及大量雇用外国非法劳工。

2. 旅游业的就业模式

与其他旅游业显著增长的国家一样，希腊因缺乏专业劳动力而面临严重问题。然而，与其他旅游业繁荣的欧洲国家的发展不同，希腊雇主认为雇员不需要经过良好的培训。这是希腊经济的一个普遍特征：商业活动不依赖训练有素、专业的雇员，只要他们能带来更多的效益，雇主给的薪酬也更高。正如我们在另一篇论文中概述的那样：

> 希腊私营企业的主要形式是小型家族企业。公司通常是在感情的基础上运作的，经理们通常通过本能和直觉而不是市场调查来做出外行的商业决定。另一方面，总体而言，如果没有国家资助，即使利润丰厚，企业主似乎也不愿意进行扩张活动。此外，许多希腊企业主倾向于将自己的职业视为临时性的，往往从事短期的投机收益。这种倾向似乎源于不稳定的制度和经济环境。数据表明，企业积累了大量利润，但这些利润主要来自利用有利的法律手段以及压榨雇员的工资。研究表明，与欧盟和经合组织的其他国家相比，希腊劳动力工资和薪水的增长速度明显较慢（Patiniotis and Stavroulakis, 1997, p. 192）。

为了更好地了解希腊劳动力市场和该行业在促进雇员职业身份方面的运作，我们重复以前在另一部出版物中提到的内容：

> 著名画家亚尼斯·查罗契斯（Jannis Tsarouchis）的名言"在希腊，你宣称自己什么，你就是什么"似乎适用于大多数公司的做法，但那些要求高度专业化的公司例外。这意味着一个人实际上可以从事自己想从事的任何职业，无论其教育、培训或其他资格如何，唯一的要求是他打算在该领域执业。在希腊，许多具有不同学历的人在从事同一职业的同时，也从事另一职业。"多元就业"的做法也加深了培训领域与就业领域之间沟通欠缺的鸿沟。在这种情况下，工薪阶层为两个（甚至三个）雇主工作，有时在完全不相关的职业领域工作（Martínez Cellorio, Ferran, and Patiniotis, 1997, p. 33; 也请参见 Mihail, 2003; Kufidou and Mihail, 1999）。

由于希腊旅游业的季节性特点，大量雇员认为他们在旅游行业的就业是季节性和非永久性的。大多数酒店和旅游商店或服务每年只运营6~8个月。只在夏季从事旅游工作的雇员有几种选择：在一年余下的时间里，他们可能失业，靠储蓄或国家人力资源局提供的失业救济金生活，他们有权领取最多 6 个月的救济金，或者在其他经济领域工作。从研究中，我们发现其就业机会的幅度涵盖了从第一产业（例如农民或渔民）到第三产业（例如教练、承保人）。旅游工作的季节性，以及即使没有特别培训也很容易找到工作的想法，可能是雇员不寻求进一步培训和资格证书的两个关键原因。

旅游企业的雇主认为，大多数旅游专业培训机构的毕业生不具备从事该行业所需的知识。因此，他们主要雇用非专业雇员，这些雇员的工资较低。由于工资较低，如果他们被解雇，补偿也较低。其结果是，大多数旅游雇主宁愿不雇用毕业于旅游学校的雇员。因此，"在旅游业工作的旅游教育院校的毕业生比其他欧洲国家的同行要少得多"（Igoumenakis, 1992, p. 48）。

值得注意的是，1981 年后的研究项目和出版物尽管为促进旅游业的发展做出艰苦的努力，但并未对专业知识或工作过程的知识、技能、能力或劳动力素质表现出高度关注，以支持该行业的发展。在 20 世纪 80 年代，人们似乎认为宏观经济、土地规划和广告政策足以确保旅游业发展并将其转化为一个"产业"（Zacharatos, 1980, 1986; Komilis, 1986a, 1986b）。这似乎仍然是今天的态度。希腊两大政党的政治领袖在关于旅游业的未来以及可能提高旅游业质量发展因素的报告中，只简单地提到了加强雇员的职业培训。基于这种情况，希腊理工学院的学生很少专门研究旅游。这一点可以从以下事实得到证实：在 2005 年的大学入学考试中，报考五所希腊理工学院"旅游研究"系的学生最少，因此录取分数最低。

雇主的态度甚至令旅游教育院校的毕业生难以在该行业找到工作。因此，他们往往被迫转行，而雇主，尤其是小型旅游企业的雇主，继续雇用没有特殊薪金要求和对长期就业有迫切要求的非专业雇员。

上述因素无疑对旅游从业人员的职业身份产生显著影响。这些影响可以通过研究旅游业雇员的传记（Patiniotis and Prodromitis, 2002）记载下来，下文将对其做进一步分析。

第三节　社会身份研究的理论思考

在对"社会身份"进行理论分析和实证的准确描述中，主要问题涉及身份的个体和集体组成成分。它们包括影响自我定义的心理机制，由相似性和差异性组成的决定身份构成规范框架的"外部"社会力量，对身份进行情感投入的形式和方向，以及这种投入对社会话语和社会行动者行为产生的必然结果。

值得注意的是，社会身份一方面包括个人与社会的结合，另一方面包括心理学与社会学的结合。从经验主义角度来看，这种现象常常表述为仅仅是对社会学研究和心理学研究核心要素的补充，从研究者角度来看，它是非传统心理机制的运用（在某些情况下是误用），用于分析广泛传播的现象。这些选择的结果是对科学上的两极性"方法论的整体论—方法论的个体论"的保留、反馈和掩饰，或者换句话说，是社会学和心理学反思的再现，也是超越这种研究方法的失败，后者归咎于心理学和社会学之间表面性和"互补性"的结合。（Papastamou, 2002）

在理论层面上，对这些解释原则的片面选择与虚假地区分个人和社会有关。根据现代社会学理论，这种区分表现为追溯社会行动权威与社会结构之间的关系的问题（Mouzelis, 1991, 1995; Giddens, 1990）。选择用心理还原论来解释，则以牺牲社会结构为代价，赋予社会整合子系统以最大限度的自主权；而选择用社会还原论来解释，则以牺牲社会行动权威的相对自主权为代价，导致系统结构的分离。第二种选择的结果是，一方面，我们拥有一个"高度社会化"的傀儡个体形象，另一方面，拥有一个整体的社会拟人化形象，其中包含的"社会价值原则"、"集体意识"或"集体灵魂"等意义具有价值，它们控制社会中每一个人和每一件事。

融入社会群体以及区别于他人是形成社会身份的基础，身份形成过程需要对群体内具体特征的认可和自我归因，同时采纳初始观点（Tajfel, 1979; Tajfel, 1982; Turner, 1982; Turner, Oakes et al., 1994）。因此，社会身份可以被视为与社会信息管理和分类有关的认知结构体，同时也可以被视为在个人和集体层面投入情感和判断的结构体。简言之，社会身份可以被视为一种组织原则：社会群体的定义，个体与参照群体关系的调节，以及群体内关系的调节。这种具体的研究方法为概念和正式的理论分析提供了框架，可以在关于旅游业员工社会身份的实证研究中得到评价。因此，在我们的研究中，研究了希腊旅游业从业人员社会职业身份的形成。我们采用了基本的理论原理，根据这个原理，社会群体的构成与个人对独特身份的需要直接联系在一起，从而使个人能够与他人区分开来。

第四节　调查方法

为了给职业身份研究提供一个理论上丰富、方法上严谨的途径，我们需要进一步考虑与身份构成有关的个人和集体方面的一些问题。这样，一方面可以避免过度使用方法论的个体主义范式，它单方面地将研究指向对个人认知和情感过程的研究；另一方面可以避免过度地将宏观社会因素归于第一层次，它忽视了关系形成和相互作用中的中间层次。

为了实现这一目标，我们认为杜瓦斯（Doise, 1982）对社会心理现实的四个分析水平的区分特别有用。这种"内群体"、"外群体"、"群体间"和"意识形态"分析水平之间的区别，提供了一个有用的框架，用于将个人在自我定义过程中的表达同时归于个性和专业群体成员的类别。此外，该框架有助于研究个体与群体的趋同、个体与群体其他成员之间的关系以及内群体和外群体的权力结构。最后，将这一背景转化为优势，我们有可能精确找到干预个体话语的主要意识形态原则，并分析人们在不同层面的社会关系形成和阐述过程中作为个性和社会群体成员的自我定义。

1. 数据收集

　　根据这些数据收集的理论原则（于 2002 年夏天实现），我们采用了半结构化访谈的方法。我们建立一个数据收集主题指南样本，以避免可能出现的社会学或心理学上的简化论。对个体话语进行了分类，使职业身份的定义出现了不同的层次和重点。作为补充，我们采用了一种常见的方法来分析由 "欧洲劳动力市场中的职业身份、灵活性和流动性" 项目合作研究小组确定的职业身份形成（参见 Kirpal, 2004）。对于参与研究的雇员的工作经历，这种方法确定了其社会心理过程的不同方面，包括：对工作环境的融入和满意度；工作的意义；与组织和其他员工相关的融入团体的感觉；招聘会、工作组织和等级体验以及与更广泛的环境和工作主题相关的更多内容。

　　希腊旅游业雇员的半结构化访谈样本指南概述如下。

　　（1）首先对他们的个人人口统计学特征进行了评估（从事旅游业的时间长短，对当前职位任务的描述，选择进入旅游业的动机，选择目前职位的动机，学历，在目前职位上为实现最大工作效率而接受的强制性教育，就业状况［长期或临时］以及对物质收益和象征性收益的满意度和评价）。

　　（2）样本指南的第二个重点包括个人经历和对工作环境的评价（公司的概况，等级制度，对横向和纵向关系的评估，对工作、雇主和公司的承诺程度，主动性潜力，对工作自主权的感觉以及满意和不满意的因素）。

　　（3）第三个重点是研究现存的或雇员认为的领域内或领域间的人力流动。

　　（4）第四个重点是雇员如何理解和评估其就业领域（例如酒店行业），以评估他们在合作、竞争和体制结构方面的经历。

　　（5）第五个重点调查了雇员对希腊旅游业的评价。

　　（6）第六个重点与前一个重点相关联，评估雇员对影响旅游业的宏观社会因素的界定和评价。

　　13 名在旅游业工作的雇员接受了采访，其中 8 人在克里特岛工作。克里特岛是希腊最发达的旅游胜地之一，可以很容易找到不同类型的与旅游有关的工作和职业模式。其余 5 名参与者在希腊西北部的一个海滨小镇接受了采访，这个小镇被称为当地希腊人的度假胜地，可以归类为"正在开发中"的旅游区。将此镇与克里特岛进行数据比较，不仅考虑到希腊不同的游客增长率，还考虑到受访者对职业身份的不同认识程度。不同的认识程度可以从以下事实中得到证明：五次访谈中只有三次被纳入分析，因为剩下的两次访谈没有提供与本研究目标相关的足够数据。

第五节　数据分析——希腊旅游业的"双重"职业身份

　　附表列出了 11 名受访人的职业概况，并详细说明了影响职业身份形成的数据的整理情况。数据整理考虑到以下要素：（1）现任职位（法律关系）；（2）选择从事旅游业的原因；（3）受访者的教育程度；（4）特别培训；（5）旅游职业积极方面的支持因素；（6）（旅游业就业的）壁垒和障碍；（7）个人职业流动的形式；（8）人生规划。根据上述原则，运用主题内容分析法对访谈所得的研究数据进行了评价。

　　在 6 个案例中，受访者要么是个体经营者，要么是经理。认为自己同时是经理/雇主和雇员的人的"双重职业身份"是希腊旅游业工作人员职业身份的一个有趣因素。我们认为，这应该是相关研究项目的一个关键问题，因为这不仅在希腊，而且在许多其他国家，特别是欧洲周边国家，都是一个普遍现象。只关注正式雇员会给旅游业带来片面的、曲解的和误导性的形象，忽视了个体经营者兼经理的"复杂"或"混合"身份。我们数据分析的第一个结果是，希腊旅游业中雇员和雇主之间的区别并不总是明确的。作为一个有许多小企业的行业，在个人或家庭经营的企业中就业非常普遍，个人和其他雇员共同投入劳动经营企业。

　　除了个体经营者，我们还发现在旅游业工作的其他类型雇员。根据希腊旅游行业季节性就业的性质，对他们的看法和陈述进行了分析。一些季节性雇员同时从事两份工作，其中一份可能与旅游业无关，或者"旅游淡季"他们在另一个完全不同的领域工作。其他雇员只在旅游业有一份固定的工作，在"旅游淡季"不工作。他们的旅游收入往往很高，或者这类人的需求很简单，辛苦工作六七个月就可以满足全年的生活需求。

这些雇员似乎愿意在更有利的情况下在旅游业寻找固定工作。对他们来说，这是一个理想的职业领域，因为他们认为与其他经济部门相比，相对较高的收入是一个有吸引力的因素。此外，他们重视与游客的交流和人际关系所产生的象征性收益。

数据分析显示，在发展自我认识方面，对职业身份有积极倾向的人，除了个体经营者外，是那些接受过与旅游业相关的职业教育和培训的人，认为自己是"旅游人"。因此，专业的职业培训似乎是旅游业从业人员发展独特职业身份的一个有利因素。然而，个人作为"旅游人"的自我定义不仅与具体培训和正式资格有关，还与通过职业实践获得的实际知识、技能和能力有关。除了人们从与大量不同人群丰富的人际交流机会中获得的象征性收益之外，这些因素也很重要。

从受访者的角度来看，旅游业是一个不确定的领域，容易受到无法预测和不可控因素的影响，[1] 这可能会影响每年的游客数量和游客人口的构成，因此，他们可以确定一些稳定个人职业的策略。这些策略既涉及职业流动、进入旅游业以外的领域，还涉及加强他们目前在旅游业的工作地位。最后一个策略与个人努力创造一份在工作场所获得良好声誉这——"非正式简历"有关，涉及雇员积累的象征性收益的形式，而且可以根据人际关系和与特定领域雇主的即时沟通对这些收益进行积极评价。

---

[1]　根据我们的研究，这些因素涉及游客来源国的经济危机，引入欧元导致的通货膨胀，旅游胜地的自然灾害以及旅游胜地周边国家的战争和冲突。

第六节　旅游业作为实施劳动力灵活就业和获得多重劳动者身份的实例

个体经营可以被视为希腊经济的一个普遍性特征。自 1945 年以来，希腊至少有 25% ~ 30% 的活跃就业人口登记为个体经营者。尤其是旅游业，其特点是在小型家族企业中普遍开展自营业务。因此，在希腊旅游业中区分雇主和雇员是极其困难的。就其经济功能而言，家族企业似乎是一个特别有趣的例子，它们通常在家庭成员之间进行简单的职责分配和劳动分工。这种分配由年龄层次决定，从企业中较年轻的家庭成员开始，而不考虑教育水平。在大型家族企业中，"自营企业雇主"可以是父亲或母亲，家庭成员是全职或兼职雇员（Tsivakou, 2000, p. 358）。女性雇主约占希腊企业所有雇主的 25%（Greek Observatory of Employment, 2000）。希腊统计局将家庭成员为家族企业工作的非正式雇员登记为"助理和无薪成员"。

在职业身份方面表现出积极态度的雇员认为自己是"旅游人"。除了个体经营者以外，这些人通常是受过与旅游业相关的特殊培训的专业人员。然而，"旅游人"的自我定义在较小程度上是指所接受的培训，在较大程度上是指在职业实践过程中积累的实际知识和能力，以及在旅游领域中与大量不同人群的人际交往中获得的象征性收益。这是因为职业教育的声望相对较低，而工作经验在希腊经济中得到广泛认可，有助于人们融入专业领域。

这一领域存在的个人规划和自我定义要素的多重特征，使希腊旅游业就业人员的职业身份形成了独特而具体的形式。考虑到旅游业激励措施的多样性、不同层次的教育背景和职业培训、在旅游业工作的消极和积极方面以及一些人员的生活奢侈程度和个人职业流动计划（见附表），很明显，旅游业雇员的职业身份并不是一个框架清晰的、留有明确履历的自我归因特质的从业网络，而是一个由个人激活各种元素的动态领域。

　　根据对社会身份的动态社会心理研究（Sennett, 1998; Castells, 2003; Brown, 1997; Mike, 1996; Wenger, 1998; Niethammer, 2000; Zavalloni and Louis-Guérin, 1984; Kirpal, 2004），融入社会阶层和个体积极投入参照群体形成了社会表征框架，促进了旅游业从业人员形成特殊的社会取向。同时，个人主义实践是通过个人参与、体验并对个人经验和广义的社会历史知识的了解而发展起来的。

　　关注社会身份，特别是关注其职业成分，首先需要记录个人关于"自我形象"和"职业身份"的自我呈现和自我定义模式，将其作为工作中个人与社会关系之间的动态过程。对社会心理身份与工作专业性之间的相互关系进行准确和实际的评估，对于理解旅游从业人员职业身份的产生具有重要意义。

　　利用这些概念和相互关系，可以从两个不同的角度进行数据分析。根据以个人为中心的研究方法，重点可以放在参与者的个人自我定义要素上，这些要素与旅游业内部或外部流动的个人流动策略有关。从更全面或社会学的角度来看，可以将注意力集中在结构性要求和需求之间的动态关系上，这对旅游领域的就业、工作满意度和就业组织产生了一定的影响。

　　将这两种解释方法结合起来，可以确定影响雇员职业身份与更广泛的社会心理身份之间相互关系的因素。第一，由于旅游的季节性特点，旅游基础设施缺乏，阻碍了"旅游雇员"建立结构化、有意识和发展良好的职业身份。同时，有组织的旅游企业需要大量季节性雇员，导致劳动力供过于求。此外，旅游业是一个对经济和政治因素反应敏感的行业，这些因素超出了该行业人员的控制范围。无论个人的教育水平和培训背景如何，都能轻松获得旅游工作，雇员采用多种灵活的"生存"和流动策略，这是该行业工作的主要特点。第二，社会中雇主—雇员联合协作的情况减少，工会作用的下降（Esser, 1982; Müller-Jentsch, 1988; Kassimati, 1997; Alexiou, 1994）导致希腊旅游业雇员的边缘化和派系斗争。从传统的社会学角度来看，没有组织成专业团体以表达共同利益，破坏了旅游业雇员职业身份的发展。

第七节　结　语

本研究产生的材料可以从不同的角度进行分析和解释。人们可以从微观社会学的角度来评价结果，从而揭示受访者的个人经历。另一方面，人们有可能将个人经历与宏观社会学数据进行对比，从而说明旅游业是经济中一个缺乏凝聚力、矛盾的部分。无论如何，由于无法推断出希腊旅游业中的"理想"或"模式化"雇员，因此不主张研究人员根据广泛的实证研究尝试进一步的理论总结。

本文的研究结果为多项政治性干预规划提供了有用的、可及的依据。例如，这种干预是否应该具有个性化特征，或者在个人的微观领域内，它们是否应该旨在提高雇员的工作满意度和改进人力资源开发战略。干预措施应强调：（1）研究参与者对自由式管理的明显偏好（Bourantas and Papalexandris, 1999; Stavroulakis, 1997; Tsiganou, 1991; Raftis and Stavroulakis 1991; Szell, 1988）；（2）直接的相互关系在旅游领域的关键作用。此外，这些研究数据可以成为宏观结构性干预的基础，以支持旅游领域的劳动力供应，并培养雇员对其职业身份的信心。最后，干预措施可以旨在维持旅游业家庭旅游业务，并促进与旅游业有关的教育和培训方案的合理化。

附表 1　影响雇员职业身份的因素

受访者工作状况	职业地位	选择本行业工作原因	教育背景	专业培训	支持因素	（经历过的和为的）障碍	职业流动形式	生活计划
阿尔巴尼亚籍餐厅服务员（男）	有酬工作	生存，容易找到工作	精神病学专业，大学三年级学生	无	物质性收益和象征性收益；自我承诺	最初在社交和经济上适应有困难	为提高收入在旅游业内流动；工作条件和雇主的关系；自我实现	回国；实践学习的科目；获得个人财产
个体经营（金匠）（男）	个体经营者	家庭传统	中等教育	没有销售方面的实际工作	来自"商品美感"的回报	不明确；不安全；行业具有不可预见性，是混乱无序的	无	个人有流动的想法；有自己创业的目标
旅馆接待员（女）	正常受雇员，企业雇用	家庭传统	中等教育	州立学校旅游学院	承诺、个人参与、情感投资、人际关系	旅游业未来的不确定性	过去临时流动到类似岗位；由于情感原因回到现在的岗位	可能会流动，但仅限于旅游领域；最终确定回到家族企业
餐馆经理（男）	个体经营者	家庭传统；个人稳定性和优越感	中等教育	在"旅游业组织"中强化训练	个人优越感	与客户和同事之间的人际关系问题；空闲时间有限	家族企业中的等级制背景，按照年龄分配任务	
个体餐馆业主（男）	个体经营者	20世纪80年代旅游业的好时期		无	业主和顾客之间的关系平衡	中央政府政策对旅游业漠不关心	15年前流动到旅游业；之前做过技术员和商务代表	旅游季结束后享受个人自由时间；职业能与个人产业兼容

续表

受访者工作状况	职业地位	选择本行业工作原因	教育背景	专业培训	支持因素	（经历过的和认为的）障碍	职业流动形式	生活计划
汽车租赁服务办公室职员（女）	有酬工作	夏季补充收入	音乐教师	一个月的特殊岗位非正式培训	提供季节性工作；外语；人际关系；象征性层次上的工作满意度；对工作的认可；自由管理	缺少空闲时间	季节性旅游工作	希望在旅游业找到工作；担心未来工作不安全；在公共行业固定职位的考试
餐厅服务员（女）	有酬工作	旅游职业与个性完全兼容	高等教育	高等院校旅游专业毕业生	令人满意的收入；自由管理；与雇主的人际关系；工作效率是积极的前提条件；平衡的个人［素质］......	没有消极因素	连续在旅游业就业；在旅游淡季做季节性工作，当季节工人	全年连续在旅游业就业；45岁退休
奥地利籍导游（男）	有酬工作	与个人生活相关的具体原因	高等教育	未提及	接触希腊文明和生活方式；与管理人员关系良好	适应希腊文化有困难	之前在本国航空公司工作	打算留在希腊

续表

受访者工作状况	职业地位	选择本行业工作原因	教育背景	专业培训	支持因素	（经历过的和）障碍	职业流动形式	生活计划
露营地经理（男）	个体经营者	夏季选择就业	中等教育	无	从"跨文化交流"中获得个人满足感；在希腊各省开发希腊传统	地方缺少基础设施；个人和家庭成员密集就业	之前做过汽车机械师；在旅游业、季节性就业；旅游淡季在家庭养牛场工作	
咖啡馆服务员（男）	有酬工作	厌倦了之前的水手工作；决定回到家乡生活	中等教育	无	家乡是一种生活方式；生活视角和工作完全相容	旅游领域缺其缺乏旅游组织	厌倦了之前的水手工作，转到旅游业工作	
游轮船长（男）	个体经营者	厌倦了之前的水手工作；想在家乡生活；补充收入	低教育水平	无	对象征性回报的满足感（人际关系、互相认可）；冬季孤独与安静之间的平衡	对收入不满意；难以承受受的开支	回到家乡，永久做渔民（之前的职业是水手）；旅游职业很显然是季节性的	

参考文献

Alexiou, A. (1994). *Zur Frage der Entstehung und Formierung der griechischen Arbeiterbewegung.* Frankfurt/M.: Lange.

Andronicou, A. (1979). Tourisme à Chypre. In E. de Kadt (Ed.), *Tourisme: Passeport pour le développement?* Paris: UNESCO and BIRD.

Beck, U. (1986). *Risikogesellschaft. Auf dem Weg auf eine andere Moderne.* Frankfurt/M.: Suhrkamp.

Bourantas, D. and N. Papalexandris (1999). Personality Traits. Discriminating between Employees in Public and Private Sector Organizations. *International Journal of Human Resource Management,* 10(5), 858–869.

Brown, A. (1997). A dynamic model of occupational identity formation. In A. Brown (Ed.), *Promoting vocational education and training: European perspectives* (pp. 59–67). Tampere: University of Tampere.

Carruthers, B. and B. Uzzi (2000). Economic sociology in the new millennium. *Contemporary Sociology,* 29(3), 486–494.

Castells, M. (2003). *Die Macht der Identität.* Opladen: Leske+Budrich.

Doise, W. (1982). *L'Explication en Psychologie Sociale.* Paris: Presses Universitaires de France.

Esser, J. (1982). *Gewerkschaften in der Krise.* Frankfurt/M.: Suhrkamp.

Giddens, A. (1990). *The consequences of modernity.* Stanford, CA: Stanford University Press.

Greek Observatory of Employment (2000). *Structural image and developments in the labour market.* Athens: EPA (in Greek).

Igoumenakis, N. (1992). Education and employment in the tourism industry. In: Th. Papatheodosiou (Ed.), *Greece and European labour market* (pp. 45–52). Athens: TEI Athens (in Greek).

Jacovidou, O. (1991). Employment in tourism: A way out for the agricultural population in Chalkidiki. *The Greek Review of Social Research*, 83, 32−47 (in Greek).

Jafari, J. (1974). Socio-economic costs of tourism to developing countries. *Annals of Tourism Research*, 1(3), 227–262.

Kassimati, K. (1997). *The Greek trade-union movement in the end of 20th century*. Athens: Gutenberg (in Greek).

Kirpal, S. (2004). *Work identities in Europe: Continuity and change. Final Report of the 5th EU Framework Project 'FAME'*. ITB Working Paper Series No 49. Bremen: Institute Technology and Education/University of Bremen.

Kirpal, S., A. Brown and M. Dif (2006). The individualisation of identification with work in a European perspective. In A. Brown, S. Kirpal and F. Rauner (Eds.), *Identities at work* (pp. 285–313). Dordrecht: Springer.

Komilis, P. (1986a). *Tourist activities*. Athens: KEPE (Planning Issues Series No. 10) (in Greek).

Komilis, P. (1986b). *Territorial analysis of tourism*. Athens: KEPE (Planning Issues Series No. 20) (in Greek).

Kufidou, S. and D.M. Mihail (1999). Decentralisation and Flexibility in Greek Industrial Relations. *Employee Relations*, 21(5), 485–499.

Lipovatsz, Th. (1991). Greece: a dual identity. In Th. Lipovatsz (Ed.), *Political psychology issues* (pp. 266–284). Athens: Exandas (in Greek).

Martínez Cellorio, X., M. Ferran and N. Patiniotis (1997). Placing the current roles of vocational education and training professionals in national contexts: Spain and Greece. In A. Brown (Ed.), *Promoting vocational education and training: European perspectives* (pp. 25–36). Tampere: University of Tampere.

Mihail, D.M. (2003). Atypical working in corporate Greece. *Employee Relations*, 25(5), 470–489.

Mike, M. (1996). *Constructing identities*. London: Sage.

Mouzelis, N. (1991). *Back to sociological theory — the construction of social orders*. London: MacMillan.

Mouzelis, N. (1995). *Sociological theory — What went wrong? Diagnosis and remedies*. London: Routledge.

Müller-Jentsch, W. (Ed.) (1988). *Zukunft der Gewerkschaften—Ein internationaler Vergleich*. Frankfurt/M.: Campus.

Niethammer, L. (2000). *Kollektive Identität*. Reinbek: Rowohlt.

OECD (1980). *L'impact du tourisme sur l'environnement*. Paris: OECD.

Papastamou, S. (2002). Pourquoi. *Nouvelle Revue de Psychologie Sociale/ New Review of Social Psychology*, 1, 8–29 (in French).

Patiniotis, N. (1979). *Abhängigkeit und Arbeitsemigration*. Ph.D Thesis. Frankfurt/M. (in German).

Patiniotis, N. and D. Stavroulakis (1997). The development of vocational education policy in Greece: A critical approach. *Journal of European Industrial Training*, 21(6/7), 192–202.

Patiniotis, N. and M. Prodromitis (2002). *Vocational identity in the Greek tourism sector*. Final report for the FAME Project. Patras: University of Patras.

Portalidou, M. and O. Jacovidou (2002). Quality as a condition in the development of agricultural tourism. *The Greek Review of Social Research*, 108/109, 325–345.

Raftis, A. and D. Stavroulakis (1991). Attitudes towards workers' participation in Greek industry: A Field Study. *Spoudai*, 41, 290–15.

Sennett, R. (1998). *The corrosion of character*. New York: Norton.

Sheldon, P. (1986). The tour-operator industry: An analysis. *Annals of Tourism Research*, 13(1).

Stavroulakis, D. (1997). Quality circles autonomy. Evidence from a Japanese and a western subsidiary. *International Journal of Quality and Reliability*

Management, 14(2), 261–287.

Stott, M.A. (1978). Tourism in Mykonos: Some Social and Cultural Responses. *Mediterranean Studies*, 1(2), 72–90.

Szell, G. (1988). Participation, workers' control and self-management. *Current Sociology*, 36(3).

Tajfel, H. (1979). Individuals and groups in Social Psychology. *British Journal of Social and Clinical Psychology*, 18, 183–190.

Tajfel, H. (1982). Social Psychology of intergroup relations. *Annual Review of Psychology*, 33, 1–30.

Tsartas, P. (1998). Sociability and tourism: An analysis of the characteristics in different forms of tourism. *The Greek Review of Social Research*, 96/97, 111–132 (in Greek).

Tsartas, P. et al. (1995). *The social implications of tourism in the prefectures of Corfu and Lasithi*. Athens: EKKE (in Greek).

Tsartas, P. and M. Thanopoulou (1995). A proposal for the investigation of the role of tourism in the socialization of the Greek youth: the cases of Ios and Serifos. *The Greek Review of Social Research*, 86, 114–128 (in Greek).

Tsivakou, I. (2000). *The adventures of the identity in the labour field*. Athens: Themelio (in Greek).

Tsiganou, H. (1991). *Workers' participative schemes — The experience of capitalist and plan-based societies*. New York: Greenwood Press.

Turner, L. and J. Ash (1970). *The golden hordes: International tourism and the pleasure periphery*. London: Constable.

Turner, J.C. (1982). Towards a cognitive redefinition of the social group. In H. Tajfel (Ed.), *Social identity and intergroup relations* (pp. 15–40). Cambridge: Cambridge University Press.

Turner, J.C., P.J. Oakes, S.A. Haslam and C. McGarthy (1994). Self and Collective: Cognition and Social Context. *Personality and Social Psychology Bulletin*, 20, 454–463.

Wenger, E. (1998). *Communities of practice*. Cambridge: Cambridge University Press.

Yin, R. (1994). *Case study research — Design and methods*. Thousand Oaks: Sage.

Zavalloni, M. and C. Louis-Guérin (1984). *Identité Sociale et Concience*. Montreal: Montreal University Press.

Zacharatos, G.A. (1980). *Tourist development program for the area around the Lake N. Plastira (Megdova)*. Athens: KEPE (Planning Issues Series No. 23).

Zacharatos, G.A. (1986). *Tourist consumption*. Athens: KEPE (Planning Issues Series, no 25).

Zacharatos, G.A. (1992). *The organization of the package-tour and the tour operator as a producer of holiday travel*. Athens: EOT.

第五章　职业教育与培训——欧洲视角

德国不来梅大学

菲利克斯·劳耐尔（Felix Rauner）

关于进一步发展国家职业培训传统的讨论主要集中在如何使劳动力符合中级技能的行业要求（见图 5.1）。在工业化国家，这部分人占所有雇员的 60%~70%（Tessaring, 1994; Grubb, 1999）。

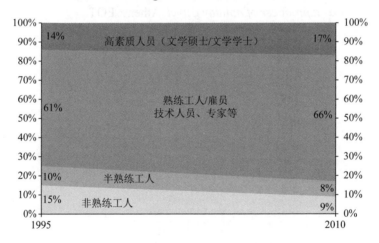

图 5.1　熟练劳动力在行业中占比的发展
（Tessaring, 1994; Schüssler et al., 1999）

这一数字解释了欧洲理事会在《里斯本宣言》（2000）中认为职业教育和培训与经济具有巨大相关性的原因，以及在落实宣言的过程中实现其战略目标——到 2010 年"使欧盟成为世界上最具竞争力和活力的知识经济体"——的理由。正是基于这些观点，欧洲教育部长们制定了长远的目标，"使［欧洲］的普通教育和职业教育体系成为全世界的参考标准"。这一目标是，根据哥本哈根进程确定的一揽子措施，要在2010 年前在欧洲建立一个职业教育和培训的共同领域，并将其提上重要的政治议程。这一进程包括：

- 在开放和灵活的欧洲职业教育和培训领域基础上，建立一个欧洲共同的职业教育和培训组织。这一领域确保了国家职业教育和培训体系在不断融合的过程中相互适应和整合。
- 建立一个公开和资格互通的体系。
- 制定一个欧洲资格框架，从中定义横向和纵向差异的技能，从而保证公开透明。在此基础上，《欧洲职业教育和培训学分转换系统》确保了正式和非正式获得的技能在整个欧洲得到认可——这得到一个将在整个欧洲实施的认证计划的支持（European Commission, 2003）。

由哥本哈根进程发起的欧洲职业教育项目设想，它将：

- 确保不同的雇佣制度和雇员资格之间的相互影响产生高度的灵活性。
- 允许"按菜单点菜式"获得资格，即个人将有机会决定自己的资格认定。
- 将职业教育从高度分散的国家职业教育和培训体系结构中分离出来，并将职业教育和培训转变为欧洲资格市场，这将通过欧洲认证体系——欧洲资格框架来实现。
- 增加雇员在欧洲劳动力市场的流动性。
- 面对就业体系提出的不断变化的资格要求，大幅缩短资格体系的反应时间。

在引入职业培训计划时，要确定最低标准。是否可以用一种简单的方式来确定这些标准，类似于为建立欧洲高等教育区而引入全欧洲学士和硕士课程时所制定的标准，这是一个待解决的问题。问题的答案取决于两种相互竞争的职业教育和培训传统中哪一种能被接受。这些传统在职业能力发展和职业身份形成的关系上存在分歧。卢梭的小说《爱弥儿》使我们意识到完全从主观角度看待教育的重要性。从那时起，在教育学领域，人们普遍认为能力的发展与职业身份的形成密不可分。

[他必须预期自己具体的职业角色并认同这一角色——否则就不可能实现能力发展][1]；这就是赫维希·布兰克尔茨（Herwig Blankertz）对卢梭教育乌托邦的解读（Blankertz, 1983, p. 140）。

在这种情况下，海因茨（Heinz,1995）注意到，职业社会化研究的实证结果表明

[一份职业的工作任务和职业前景以及相应的资格认证过程，对社会身份的发展至关重要][2]（Heinz, 1995, p. 104; 参见 Brose, 1986; Mönnich and Witzel, 1994）。

当能力发展与职业组织工作和相关职业资格认证过程脱节时，职业身份、承诺和能力发展之间的关系变得松散而脆弱。在这种情况下，模块化认证系统作为监管框架发挥作用，用于识别和积累彼此独立的、与真正工作环境脱节的技能。[3] 在此，来自自由化、不受监管的资格和雇佣制度带来的风险，推动了承诺和业绩导向。另一种可供的选择——以中欧职业教育和培训传统为代表——建立在有关工作组织和按职业类别分工的原则基础上。在这里，职业教育和培训旨在发展职业能力和身份。然而，职业身份如何转化为承诺、绩效和质量意识，是一个值得关注的问题。事实上，有关承诺的理论和研究还无法回答这个问题（参见 Kirpal, 2004；Brown, 2004）。

欧洲就业市场以及欧洲职业教育与培训共同区的历史影响对未来发展至关重要（哥本哈根进程）。本章将进一步分析这些影响及其对欧洲雇员和雇佣制度产生的影响。然而，这种研究方法需要定义和应用评估标准。本文还将讨论现代职业教育和培训研究是否能够做到这一点，以及如何通过参考国家职业教育与培训实践的优秀例子和欧洲职业教育与培训"达芬奇计划"的例子来填补可能存在的空白。

---

① 译自本章作者对德语引文的英语翻译。——译者
② 同上。
③ 在此基础上尝试建立的国家资格框架是"英国国家职业资格体系"（参见Young, 2005）。

第一节　职业教育与就业能力的对比

欧洲职业教育与培训体系的多样性可以根据两种资格方案[①]来构建（见图 5.2）：第一，教育和培训，既为目标而进行，又通过专业工作实践来实现（职业教育方案）；第二，积累就业所必需的技能（就业能力方案）。

特征	职业教育方案	就业能力方案
1. 教育系统内的地位	教育系统的一部分	培训市场
2. 资格模式	熟练工人的工作准备和执行任务的自主性	就业能力 灵活性
3. 教育内容	职业简介和课程	模块化认证体系
4. 目标群体	普通教育系统毕业生	未说明
5. 培训理念	受监管的三至四年双重学徒制方案	培训和"按菜单点菜式"资格
6. 支撑结构	职业教育与培训研究，职业教育与培训计划	认证和评估机构

图 5.2　备选的欧洲资格方案

根据柏林研究中心经济变化与就业部对就业、职业教育和创新的分析（见 Soskice and Hancké, 1996; Hall and Soskice, 2001），这些备选的资格传统一方面符合协调型市场经济特征，另一方面符合自由市场经济特征。更具体地说，在协调型市场经济中，先进的职业教育和培训系统被嵌入其中。而自由市场经济的特点包括获得资格的策略，由个人决定技能和资格的组合，并在教育市场上获得技能和资格，以提高自身的就业能力，所有这些通常由模块化的认证系统来维持。

职业教育方案与瑞士、德国、奥地利等中欧国家和丹麦的职业教育和培训体系密切相关，这些国家也具有协调型市场经济的特征。另一方面，在自由市场经济国家也可以找到就业能力方案，其中英国和美国就是突出的例子。

---

①　此后将这些方案称为"职业教育方案"和"就业能力方案"。

1. 方案 1：培养熟练劳动力的教育和培训（职业教育方案）

初始职业教育和培训被纳入教育体系的中等教育层次，如果学员已有高中学历（例如完成德国的"高中毕业考试"），则属于中等后教育层次。即使是拥有学士学位的毕业生也要接受双元学徒制计划，以改善就业机会，这种情况并不罕见。职业教育的基础是针对职业框架的三至四年培训计划。拥有职业资格允许在职业学院或大学攻读高等职业框架。企业通过其工业协会和工会积极参与职业培训规划。他们共同计划和确定职业框架，制定培训计划和课程，并指导公司实施具体培训。这种资格认证模式将公司内部培训与职业学校的理论职业教育相结合，对工作经历是一个补充。

学徒培训的目标是针对特定职业的就业能力。在完成学徒期后，学员应具备熟练工人的能力，并能够在工作场所不接受任何额外培训的情况下完成工作任务。将初始职业教育和培训纳入教育体系后，可以制定面向普通教育的目标。这方面的一个开创性例子是 1991 年德国教育部长会议通过的学习目标，其目的是使学员能够以社会和环境责任感参与塑造社会和职场（KMK, 1991）。这是一个具有开创性的例子，因为它包含了与普通教育有关的初始职业培训。然而，正确应对教育与资格之间的紧张关系是教育学和教学实践面临的特殊挑战。

培训内容一方面来源于各职业领域具有特点的任务和资格要求，另一方面参考了教育目标。教育内容表现为行动导向型知识和行动反思型知识。教育内容结构代表了行动导向型知识，是在能力发展的标准或者新手—专家范式基础上确定的。不同的职业框架构成一个整体性的背景，而培训则是其中的一个部分。

初始职业教育和培训的目标群体通常具有初中学历。然而，由于学徒制培训是一种让成年人有资格从事熟练工作的方法，因此对所有想学习特定行业的人开放。

培训期为三至四年，就实践部分而言，按照学徒制模式，培训在实际工作环境中进行。同时进行的校本教学有助于对实际工作经历进行反思并使其系统化，以转化提高职业能力所必需的工作过程导向型知识。通过适当的评估程序对能力发展进行评估。职业培训要符合各自融入的实践社区。

（进一步）开发职业框架和职业培训方案，需要职业教育和培训研究以及职业教育和培训规划的补充计划，该计划的实行者除了负责教育的公共机构外，还包括来自各专业协会和工会的专家。按职业领域划分的职业教师的高等教育背景和公司内部培训师的教学资格，对这种职业教育模式至关重要。

2. 方案 2：积累就业能力（就业能力方案）

这一方案中，雇员进入劳动力市场的资格并不能被系统地纳入教育体系内，这是因为雇员将自己决定是否以及何时有资格从事某一项工作。他们是否求助于大学或其他培训机构提供的资格认证，是否通过自学获得必要的技能——例如在工作过程中——都不受监管。因此，职业资格可以被视为培训市场的一部分。需求和供给由培训服务行业的市场机制调节。在企业内部，雇员资格是人力资源管理和开发的责任。因此，人力资源开发是组织机构发展的一个方面。初始职业培训和继续职业培训之间不存在区别。

从宏观经济角度来看，就业能力和灵活的劳动力市场正在得到强调。企业的录职条件通常看重新员工的高水平普通教育，以及他们根据公司的需要参加继续职业培训的能力和意愿。在这种情况下，雇员追求自己的目标。他们追求哪些目标取决于个人背景；目标可以面向就业、有吸引力的工作任务（自我实现）、职业发展或增加收入。因此，一批半熟练工人经常在熟练工人的岗位上工作。

在这一方案中，教育计划的内容不受职业框架的约束，也不受职业培训计划的约束。相反，它们来自公司和经济行业的资格需求。只对影响健康和安全的工作规定了专业性要求。

针对继续职业教育与培训市场的差异化监管方案充当了认证体系；这是通过可验证的模块类别来定义整体职业技能。需要认证的资格代表单一的基本技能，可以根据资格概况单独积累。

此方案为所有员工提供资格。它没有区分初始培训和继续培训的不同目标群体。然而，一个特定的目标群体是失业者，应该单独考虑他们。特别是他们的就业能力可以通过这种情况下产生的定制资格措施来提高——"按菜单点菜式"资格。

这种资格方案可以建立在不同的监管层面上：作为一个自由和解除监管（或不受监管）的市场，或作为一个监管更加严格的继续教育市场。尽管在现实中，通常是以类似于后一种可能性的方式建立的。这确保了与就业相关的新能力可以被记录在案，并因此以资格证书的名义被接受。积累一些证书可以确保在技术学院和大学获得正规的继续教育。为了促进该系统以客户为中心，它向目标群体提供了一些指导。其中包括：

- 遵循高质量测试开发模式的独立评价工具，用于评价继续职业教育与培训计划。
- 对所获得的资格进行认可的评估和认证系统。
- 使自己在继续职业教育与培训市场定位的指导方针。

对职业教师和培训师的教育不需要正式规定。继续职业教育与培训提供者（例如，社区学院）将建立自己的专业化标准，以获得竞争优势。

第二节　评价标准

欧盟在其教育计划中引入了"良好"和"最佳"实践的评价标准，舍弃了"不良实践"的标准，因为机会主义的目的是不要明显破坏国家职业教育和培训传统。这一过程对教育创新计划中的研究调查提出了疑问，要求其调整评价过程，以识别此类"良好"和"最佳"的实践范例，并相应地重新定义评价标准。目前的实践评价标准远远不能将实践划分优劣。迄今为止，判定职业教育和培训实践优劣的全面标准已经超出了科学方法论的范围。一个特别的问题是标准数量太多，因为它们最终只能在规范的基础上来证明自身是合理的。通过研究，可以使科学和规范合理的标准变得透明，从而提高关于最佳、更好和较差实践论述的合理性。

下文将概述一些评价标准，这些标准以主题为导向，与经济和社会相关，并明确或隐含地作为各种关于职业教育和培训体系国际比较研究报告和出版物的理论基础（参见 Descy and Tessaring, 2001; Deißinger, 2001）。

1. 获得教育和资格机会

受教育权是一项社会成就，就工业化国家而言，它包含了高中阶段教育。因此，每个年轻人，通常在 18 岁之前，都有权获得高中阶段教育。在建立了双重职业培训体系的国家，职业培训学校是义务教育的一部分。在实行校本职业教育与培训的国家，义务教育还扩展到初始职业教育和培训，完成教育和培训后，还可获得国家文凭。无论国家高中阶段教育结构如何，这一层次的职业培训都为所有年轻人增加了深造和获得资格的机会。然而，没有将义务教育扩展到高中的国家，限制了接受职业教育的权利。

欧盟约有 8000 万公民没有高中学历。他们被认为是低技能的。根据欧洲理事会（European Council, 2003）的目标，到 2010 年，至少 85% 的 22 岁欧洲公民应该完成高中阶段教育。

2. 职业前景

从宏观经济的角度来看，职业"生涯"最终是由各自对应的劳动力市场来决定的。需要中级技能的行业，主要由本地劳动力市场决定。从统计数据来看，受教育程度越高，个人的职业生涯越好：大学毕业生的职业前景好于有完整职业资格的熟练工人，而后者的职业前景好于非熟练工人或半熟练工人。然而，当大学毕业生的数量超过就业体制对高素质人才的吸收能力时（参见图 5.1），这些毕业生尽管持有大学文凭，也必须进入劳动力市场的中级行业。拥有大学学历的学徒学员比例正在增加，达到 50% 以上，这在很大程度上是由于接受高等教育的学生人数不断增加。相比之下，以初始和继续职业教育与高等教育之间的上下贯通为特征的体系，允许职业规划适应个人兴趣和市场提供的机会，并较少存在上述风险。

3. 就业能力与年轻人失业

组织和塑造从学校过渡到工作的不同模式可以增加或减少年轻人的就业机会。在许多国家，在从学校向工作过渡的第一个门槛上，具有初中学历的年轻人仍然有机会选择进入职业轨道或继续接受普通学校教育。如果初始职业教育以学校为基础并纳入高中阶段，那么进入职业轨道是没有问题的。

第二道门槛决定了刚获得学历的青年劳动者能否过渡到就业体系。在这一阶段，劳动力市场的机制，更具体地说，教育和就业体系之间的相互作用，开始发挥作用。因此，年轻人在完成职业培训或获得高中学历后的失业率可以被视为衡量职业教育和培训体系功能的一个重要指标。

欧盟统计局关于从职业培训向有酬就业过渡的数据分析表明，在学徒制度发达的国家，年轻人失业率相对较低（参见图 5.3）。相比之下，在校本职业教育或以市场为基础进行资格规划的国家，准入门槛相对较高。例如，在比利时和法国，年轻人在完成职业培训后直接失业率在 20%~38% 之间，在英国，这一比例也远远高于第一组国家。此外，在希腊、意大利和西班牙，接受高中教育后的年轻人失业率约为 50%，至少需要十年时间，才能通过市场机制将这一失业率降低到接近第一组国家的水平。

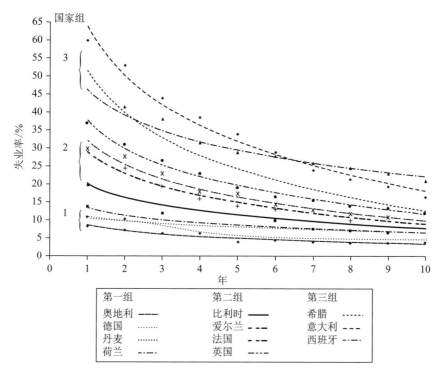

图 5.3　欧盟成员国年轻人从职业培训到就业的过渡阶段失业情况（Descy and Tessaring, 2001）

4. 收入

　　初始职业教育的类型也会影响人们在培训期间和培训之后的收入。传统上，学徒培训根据已完成的培训量给予报酬。例如，在美国的联合学徒计划中前六个月支付的津贴通常为熟练工人工资的 50% 左右，在培训的最后一年达到 92%。然而，在其他国家，培训津贴要低得多，特别是当校本教育占整个培训方案的 50% 时。在德国，培训津贴平均为熟练工人工资的 25%~30%。如果在职业学校和国有培训中心进行职业培训，学员为高中生的话，则不领取任何报酬。

　　从公司的角度来看，当学徒从事增值的工作时，基于工作培训的结果，学徒培训是盈利的。私立培训中心提供类似于双元制学徒计划的培训方案，每月收取高达 500 欧元的学费。当公司内部的培训职位短缺，而且缺乏有吸引力的校本职业培训项目时，这一培训市场就会出现。

5. 能力发展

在受监管的职业教育与培训体系中，个人在初始职业培训方案中预期获得的职业能力很大程度上已经由职业框架和培训课程确定。一方面，这保证了最低的资格标准。而另一方面，它限制了每个学员的职业能力发展，因为职业能力的范围已经根据职业轨道预先确定了。对全面能力发展来说，一个重要的标准是获得更高资格的可能性，以及获得高等教育正式资格和职业证书的可能性。在职业教育与培训体系不发达的国家，继续培训和获得更高资格的市场为个人提供了多个获得资格的机会，学习者可以根据自己的具体需要和兴趣进行调整。能否成功地利用这些机会，在很大程度上取决于个人的自觉性以及能否突破限制去获得合适的培训方案。

高中阶段的普通教育主要为个人的大学学习做准备。因此，职业技能的掌握与高等教育能力的获得是一种竞争。这种竞争是"职业教育污名化"（Lim, 2005）的原因之一。从理论角度来看，这一冲突是通过"以职业为媒介的教育"的概念来解决的，该概念提倡职业教育和普通教育的融合。只有实现了这种融合，才有可能避免高中教育阶段的职业能力会走向死胡同的这一观点进一步发展，并阻止两种技能组合之间的"学术漂移"。

6. 熟练劳动力市场

那些建立了面对特定领域的工作准备程度和职业能力的职业教育与培训体系的国家，通常也有发达的熟练劳动力市场，这些市场主要是根据职业框架而确定和组建的。作为培训市场的双元职业培训体系是熟练劳动力市场的组成部分，因为在发达的职业教育与培训体系中，获得熟练工人资格平均需要三年时间；而这一资格认证期就成为一道屏障，阻止低工资行业的出现，并在一定程度上防止社会贫困。

运行良好的熟练劳动力市场是创新就业制度的关键性前提。因此，职业教育与培训体系到了能够不断响应特定领域日益变化的能力需求的程度时，将会对这些体系的未来发展具有决定性的影响。在这种情况下，公司主要关注的问题是，让员工符合职业的工作模式是否为组织发展和创新提供了良好的基础，或者其效果实际上是不是相反的，并通过职业榜样在内部区分优劣（Kern and Sabel, 1994）。

7. 创新与竞争力

创新和竞争力似乎在一定程度上取决于员工的技能和能力。然而，尽管这种关系在直觉上是透明的，但在实证中却很难证明。公司、区域和国家层面之间的差异至少允许对相关的研究发现进行更好的分类。在公司层面，实现以业务流程为导向的工作组织既依赖于责任的分散，也依赖于直接参与增值工作流程的雇员（即熟练工人）的高水平职业能力。当开放和动态的职业核心原则得到实施时，情况尤其如此（Heidegger and Rauner, 1997）。同样重要的是绩效导向、质量意识和承诺的标准。然而，这些只是作为职业承诺或组织承诺的结果被研究。

区域创新系统和环境以行业社区网络为基础。在这里，雇员协会、雇主协会、商会与区域决策者协会之间，行业与公司之间，以及地方和区域培训提供者之间的区域对话都通过某种非正式协议联系在一起。创新研究表明，发达的学徒制度以及随之而来的熟练工人和工程师的传统，促进了创新发展和生产环境的出现（Ruth and Rauner, 1991）。这种创新的传统有助于建立创新的实践社区，其特点是相互承认、理解和信任。

国家创新体系深受行业中级雇员资格的影响。迈克尔·E. 波特（Michael E. Porter, 1990）在关于"国家竞争优势"的研究中，强调了职业教育和培训体系的形式和结构与创新理论的相关性。作为国际比较中的一个突出例子，波特提到了瑞士高度发达的学徒制度。该制度将大约70%的年轻人纳入双元职业培训，并以国际知名的工程学方向为特色。波特认为，竞争激烈的德国工业也得益于优秀的资格标准和熟练工人的数量：

虽然德国的国家禀赋薄弱，但它拥有对其他产业升级起决定作用的优势。其中之一是拥有一批高薪且受过高等教育、积极进取的工人。德国工人对自己的工作感到非常自豪，尤其是在生产优质产品方面（Porter, 1990, p. 369[①]）。波特认为"发展良好和独特的学徒制［作为一个］创造因素的机制"［……］，其重要性不可高估（Porter, 1990, p. 369）。

创新性专业知识是高新技术关键产业竞争力的基础，建立在经验、实践和科学知识之间的相互作用之上。在第一种方案中概述了初始职业教育和培训方面反映的工作经验和获得科学知识的双重性，在高等教育方面也日益需要这种双重性。从学习与发展理论的角度看，这种二元性是职业技能运用的理想类型（Chi et al.,1998; Ericsson and Smith, 1991）。

8. 社会融合

关于年轻人从学校到工作的过渡期间的社会融合和排斥问题，大量研究项目表明，社会融合标准对于评估职业教育和培训体系以及相应的职业教育和培训实践，具有特别的相关性。如果事实证明职业培训体系不能满足培训职位的需求，那么年轻人难以融入社会的后果实际上可能比未来缺乏熟练工人更严重。关于少年犯罪的统计数据表明，成功地将青年人纳入公司或双元职业培训项目是融入社会的宝贵一步。

9. 成本和收益

目前，确定或至少改进职业教育和培训的成本和收益的估算方法、程序非常有限，量化收益尤其困难。如果采用简化程序来估算培训成本和收益（参见 Beicht et al., 2004），那么就能证明，按照传统的学徒培训，在获得职业资格的第二年年末，学员的生产率就达到熟练工人生产

---

① "另一方面，缺乏管理教育造成德国许多营销密集型消费品和商业服务行业的衰弱"（Porter, 1990, p. 369）。

率的 80% 左右（见图 5.4）。[①]

如果校本学习和工作本位学习之间的时间比例为 1 : 3，就可以根据"'学员'工作"的生产率来计算学徒期间的适当报酬。鉴于国际上德国的培训津贴比较适中，根据职业教育的情况，建立一个合理的自负盈亏的职业培训体系是可行的。事实上，只有职业学校的培训计划能产生成本。

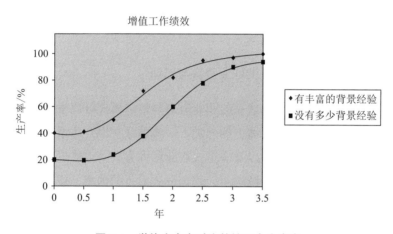

图 5.4　学徒生产率对比熟练工人生产率

第三节　欧洲视角

欧洲的职业教育与培训意识到自己陷入一个矛盾的境地。大多数欧盟成员国把对教育行业统一的禁令（《马斯特里赫特条约》第 150 条）扩大到职业教育。然而，与此同时，欧洲各机构也在努力利用熟练工人的初始培训和升级培训作为欧洲经济区的战略资源。为此所需的手段为建立职业教育和培训的共同领域奠定了必要的基础。这借助于"开放式结构设计"，但也展示了新的职业教育与培训体系的所有功能。本章第

---

　　① 根据沃尔特等人（Wolter et al., 2003）的研究，在瑞士，双元学徒培训的纯利润平均为每个学员 800 欧元。相比之下，在德国，每个学员每年的净成本为 8.5 欧元。在所有提供培训的公司中，大约只有 30% 的公司表示，学徒培训的收益超过了成本（参见 Walden and Herget, 2002; Beicht et al., 2004）。

一节中讨论的方案表明，在如何设计这种开放式职业教育与培训体系结构方面，欧洲正处于十字路口。"职业教育方案"涉及一种允许积极塑造新途径的策略，而"就业能力方案"倾向于一种非结构化途径，将职业资格的生成留给自由化的服务市场。1994 年的《服务贸易总协定》（General Agreement on Trade in Services, GATS）对此做出了规定（von Kopp, 2002; Scherrer, 2003; Hennes, 2003）。协定的第二节制定的标准使人们能够从与主题相关的、经济的和社会的角度评估这些竞争方案的优势和劣势。

1. 作为教育体系组成部分的职业教育与培训

不同欧盟成员国紧急建立的职业教育与培训模式可以根据两种资格方案进行分类，但仅是大体上的分类。一些国家有混合体系，即校本培训、公司内部和外部培训以及非正式职业培训方式并存或以某种方式结合在一起。在有学徒制传统的双元培训形式盛行的国家，或者至少以这种形式作为一个子系统存在的国家，已经建立了这种模式的不同版本。大致来说，培训过程设计可以根据者这种形式的学习量来分类，或者根据转移到公司外部或内部培训的实际培训量来分类（见图 5.5）。

公司内部 ◄──── 实践培训 ◄──── 公司外部

现代学徒制	双元学徒制模式	实践培训
苏格兰 澳大利亚 美国 加拿大	瑞士 德国 奥地利 丹麦	法国 瑞典 荷兰

图 5.5 学徒培训模式——根据实际工作中的学习程度进行分类

在盎格鲁-撒克逊国家，现代学徒计划是面向传统的工匠大师培训。职业能力发展是通过在工作中学习和成为公司实践社区一员来实现的（Rauner, 2002）。从培训开始，学徒就积极参与公司的增值工作和生产过程。在 20 世纪上半叶（最初在中欧国家），学徒培训的双重组织发展起来：培训由培训班的课程培训组成。从那时起，以系统实践课程为基础的职业培训，尤其是在第一年，被认为是一种先进的职业学习模式。这种掌握基本职业技能的系统化方法是以后在实际工作中进行专业训练的基础。最后，学徒制的第三种变化将几乎所有的实际培训转移到培训班和培训中心。这种变化的一个方面是，实际技能的转移在很大程度上不受现实中公司日常工作和业务流程中不可预见事件的支配。

在校本职业教育培训体系中，接受正规教育的机会通常有所改善。这一改进源于这样一个事实，即职业教育是教育体系的一个组成部分，因此，它向学院或大学层面纵向和横向的渗透得到提高。同时，政府和一般行政部门有机会限制这种渗透：如果认为有必要消除教育体系内有问题的学术漂移，它们可能希望这样做。当根据职业准备和职业能力迁移效率来评价这些具有竞争性的职业教育模式时，可以发现，与公司实际工作过程脱离越多，培训质量下降越大（Grubb, 1999; Hamilton and Hamilton, 1999）。然而，如果根据职业教育与普通教育之间的整合潜力和渗透性来评估，校本模式更加有用；它们在帮助学生在职业学校和大学继续深造方面尤其成功。

2. 教育和从业机会

职业教育与培训体系并不完全决定教育机会和职业前景，但确实能产生很大的影响。如果根据中学毕业有机会获得高等教育的年轻人的比例和大学生的比例来衡量职业教育和培训体系的成功，那么澳大利亚、芬兰、瑞典、波兰、匈牙利和挪威名列前茅，进入高等教育的学生比例是 60%~75%。相比之下，瑞士、德国和奥地利排名垫底，勉强才到30%（见图 5.6）。

相反，如果根据与接受培训对应的职业机会数量来衡量是否成功，那么结果就会完全不同。由于发达国家经济体的就业制度只能吸收15%~20% 的高素质雇员（即拥有大学学位），在大学生比例较高或非常高的国家，大多数毕业生进入中级就业领域，否则将由职业教育和培训制度提供就业领域。此外，毕业生的学历并不适合中级水平的工作，这意味着毕业生在获得学位后往往必须接受职业培训。因此，越来越多的毕业生面临着一种矛盾的情况，即根据欧洲职业资格认可框架，拥有学士学位的毕业生被评为"四级"，但为了提高职业技能和就业能力，他们必须接受"二级资格"的双元职业培训（KOM, 2004, p. 317）。

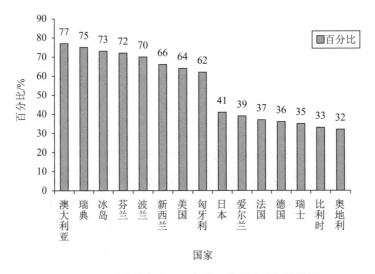

图 5.6　经济合作与发展组织关于大学生比例的数据

　　在教育机会方面也有类似的情况。例如，如果第一种情况与教育体系分离，就像德国传统的双元制职业教育和培训体系的情况一样，再者，如果个人接受高等教育的方式在很大程度上与获得职业证书的方式分离，就像德国的文理中学一样，那么在获得初中学历后，进行双元制职业培训的决定就对进入大学教育和进一步获得职业机会构成了相当大的限制。然而，另一方面，如果职业教育与获得高等教育的入学资格有关，正如瑞士日益成功的实践所证明的那样，那么职业教育和培训就变得特别有吸引力，因为初始培训不仅提供了与劳动力市场相关的职业的全面资格，而且也有助于在技术学院和大学获得提升资格的机会（与上文所述的主动限制这种机会的方式相比较）。只要看一看从学校到职业教育的过渡，这个从学校过渡到工作的第一个门槛，就会发现欧盟不同成员国的数字大相径庭。奥地利拥有多元的职业教育与培训体系，因此这一门槛相对较低；但在德国，在过去的 20 年里，由于拥有独特的双元制，这一门槛不断升高。门槛的升高最终是由培训职位的减少造成的，这延长了培训计划从初中毕业到职业培训计划开始之间的时间。学员的平均年龄从 16.6 岁（1970 年）增加到目前的近 20 岁，这被视为德国学徒制培训的一大弱点。这一弱点主要归因于德国的学徒培训已经脱离了双元制职业教育和培训的核心特征，即在获得资格和生产性工作过程中学习（Rauner, 2004）。

第四节　能力发展与职业身份

不同职业教育体系中职业能力发展的研究成果可以概括为三个部分。

使熟练工人进入中级就业市场的关键是教会他们特定领域的职业能力，而不是抽象的"核心技能"或普通教育（Gerstenmaier, 2004）。因此，特定领域的工作过程知识是发展职业能力的关键。商品质量的国际竞争导致了对直接增值工作过程中熟练工作的重新评估，从而提高了雇员的工作过程知识的地位。此外，这种竞争还产生了"层级的扁平化、监督层的消除以及雇员承担更多责任并与更多其他员工互动"（Grubb, 1999, p. 177）。然而，这种拓展更广泛的工作框架（核心职业）和缩小垂直分工的趋势并没有像人们预期的那样导致基于职业的工作去专业化，而是实际上加强了这种类型的工作（Grubb, 1999, p. 187; Rauner, 2000）。[①]

关于工作过程的职业学习优于校本学习，因为职业技能和能力的发展是通过在适当的实践社区获得成员资格的过程，即通过情境学习来实现的（Lave and Wenger, 1991）。因此，这就要求基于职业的工作面向

---

① 学术体系的出现，其高度多样化的研究和教学结构以及与大学学位相关的特权，共同提高了国际范围内对高等教育的需求。与此同时，工业化和随后在 20 世纪初建立的科学管理造成了技工工作严重贬值，从而使大多数雇员丧失了资格。其结果是，工业化前的学徒培训传统在全球范围内减少，有时甚至中断。直到 20 世纪后期，以过程为导向的商业策略出现，才出现了再次需要素质高、积极性高的员工的工作。其结果是重新制定了职业教育方案所概述的、综合性的初始职业教育和培训计划。

现代职业框架，并要求培训期间的工作任务和过程具有开发任务的特征（Havighurst, 1972）。为了说明这一点，让我们来看一下 W. 诺顿·格拉布（W. Norton Grubb）引用的一位铣削工具制造商主管的一句典型话语："我认为在技术学院不一定能学到在行业中学到的东西"(Grubb, 1999, p. 176）。同样，另一位来自机械工程公司的经理说：

> ［我们的学徒计划和教育计划］不同之处在于，教学是基于现实生活中的实际情况，而不是其背后的理论。我们带来了真实的情况，我们谈论现实生活中的情况。我认为你在学校不一定能做到这一点（Grubb, 1999, p. 176）。

一项针对德国汽车工业受训者进行的综合研究表明，他们的培训转移到车间，实际工作过程中的培训减少，这明显阻碍了其职业能力的建设。布雷默和哈斯勒在研究中提到了他们所说的"住院效应"（Bremer and Haasler, 2004, p. 180）。然而，这些影响在第三年的培训中（部分地）得到了解决，当时学员们受到"现场"考验，以弥补能力缺陷，"这些缺陷是他们通过工作经历自然产生的，但也涉及职业风险"（Bremer and Haasler, 2004, p. 176）。大多数具有职业阅历的学员在经过三年的培训后，具备了足够的职业能力，被视为达到"工作准备程度"；前提是求取资格的工作过程所发挥的潜力得到充分利用。

在为期三年的双元制职业培训课程中，能力发展的研究通常以三种发展途径为特征。A 类，求取资格的工作过程的培训量每年为 140 天，占总培训时间的三分之二；最后三分之一被分配到校本职业教育。培训人员估计，学员之前的工作经验和知识平均为所需的 25%。根据具体的职业框架，这一数字在 10%~30% 之间变化。培训教师一致认为，当 140 天的实际培训确实用于求取资格的工作过程的学习时，原则上就实现了工作准备程度和获得职业能力的目标。此外，他们还认为，学徒在完成全部培训后，拥有相当于完全熟练工人的能力。相反，如果学徒将大部分培训时间花在培训班（B 类），那么职业能力和熟练程度的发展就会被推迟。他们对特定职业工作提出的解决方案尤其说明了这种推迟；这些方案通常是不切实际的（见图 5.7）。

在一项比较研究中，要求两组学员完成一项交给他们的评估任务，一组接受 A 类培训（A 组），一组接受 B 类培训（B 组）（同样参见 Haasler, Chapter 10）。A 组 60% 学员认为分配的任务是典型的熟练工人任务，而另外 40% 的学员认为是工程师任务。在 B 组，这一判断比例正好相反：尽管接受了 12 个月的培训，但学徒中大多数人（60%）提出的解决方案表明，他们没有对要成为一名工具制造师所需的职业专业知识形成准确的认识。这些学徒在学徒期的第一年接受了金属加工方面的全面基础培训，虽然以课程为导向，但主要是在培训班和实验室进行的，对专业发展没有太大贡献，因此，他们未能开发和理解具体职业的解决方案（Haasler and Meyer, 2004, p.145）。除了这些共同趋势之外，在培训类型（A 和 B）中也明显存在多样性；这反映了由于涉及的公司不同，培训类型中的学习环境和培训方法也不同。

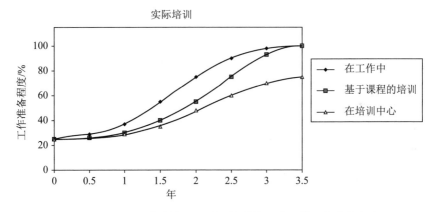

图 5.7　根据求取资格的工作过程培训量而达到的工作准备程度

如果职业培训完全脱离实际工作实践，那么实际工作经历中获得资格的效果就被放弃了（C 类）。这在很大程度上延缓了职业能力的形成。[1] 如果像传统的学徒培训那样，将实际工作经历融入培训过程，就会形成一种特别有效的学习方法，也会缩短培训周期。

---

① 所有形式的职业教育都要求学生接受为期两年的实践教育，他们才能被视为具有足够的职业能力。因此，即使大学教授的课程与职业相关，如医学、法律和教学，也必须补充额外的实践训练时间（大约两年），以使学生被视为精通专业。

哈斯勒和梅耶（Haasler and Meyer，2004）的一项研究比较了中小企业的受训者和大公司的受训者，前者主要接受了实际工作过程的培训，后者在第一年主要接受了培训班培训。研究发现，两者的职业能力和职业身份的发展存在巨大差异。来自中小企业的受训者在接受第一年培训后，形成了所选职业领域特定的职业身份要素。然而，

> ［大公司受训者的调查结果与此形成了对比。他们没有发展出与之可比的职业能力，也没有发展出任何可以称为职业身份的东西］[①]（Haasler and Meyer, 2004）。

作者将这种反差归因于不同公司的不同学习环境和培训方式（这已经被确定为一个重要因素。同上）。

如果熟练工人选择的专业化职业符合他们的兴趣和意愿，那么根据第一种情况，受训人员往往会在培训过程中形成职业身份。这种身份的发展增强了他们的业绩导向和质量意识，尤其是当他们在受过培训的职业领域工作时。相反，如果一家公司的雇员由于没有接受初始职业教育而缺乏明确的职业身份，甚至根本没有职业身份，那么该公司的人力资源管理部门就必须付出很大的努力来弥补随之而来的职业承诺缺失。通常，这种弥补是通过增加员工外在动机的机制来实现的，比如，基于绩效的独特工资制度，它伴随着裁减表现不佳者的威胁。社会层面的机制，如劳动力市场分化和大规模失业，也会影响雇员的外在动机：失业的潜在威胁加强了雇员的职业道德（参见 Jaeger, 1989, p. 569）。

能力与资格研究表明，能力的发展与职业身份的形成实际上密切相关（Raeder and Grote, 2005, p. 337）。相反，坚守一个经济模式僵化的社会制度将失去其竞争优势和创新能力（Jaeger, 1989, p. 566）。由严格履行专业职责而不进行反思构成的工作伦理与强调专业精神的企业文化是不一致的。企业文化追求一种道德规范，引导员工参与塑造自己的工作和结构。事实上，自 20 世纪后期以来，这种文化一直是所有发达国家经济体的一个关键特征。员工的合作与沟通、对工作环境的责任感和

---

① 译自本章作者对德语引文的英文翻译。——译者

全面理解，也是企业文化所追求和实现的伦理特征。事实上，这些特征在 20 世纪后期对发达经济体也很重要；由于这些经济体的高度多样性，它们对社会的动态变化至关重要。耶格（Jaeger, 1989）的两个案例研究为本文提供了支持（见图 5.8）。在这些研究中，当对员工进行提问时，绝大多数员工（69%）认为职业承诺来自职业道德，传统的工作伦理规范理想只起到很小的而且有点模糊的作用（Jaeger, 1989, p. 569）。

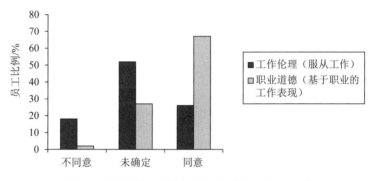

图 5.8　瑞士两家企业的工作伦理与职业道德调查

第五节　结语

运用哥本哈根进程中的经济、社会和学科相关标准来评估两种相互竞争的发展方案，为欧洲调整职业教育和培训的旧传统，即学徒制，提供了有力的论据。因此，它适合现代经济状况。

融入实际工作过程的职业培训可为年轻人融入社会做出重要贡献；它教会个人如何融入社会，以及其他一般社交能力。这些结果不仅对职场有影响，而且实际上对我们社会的凝聚力也有影响。在真实的工作环境中掌握工作任务的经历对年轻人个性的发展很有价值。实证研究广泛支持这样一种假设，即在工作中执行复杂和具有挑战性任务的人，往往会获得发展并将类似的方法应用到生活的其他领域。因此，欧盟成员国认为职业培训与社会凝聚力之间的联系，与社会和政治具有高度的相关性。他们允许雇员在欧洲劳动力市场自由流动就说明了这一点，因为这有助于削弱以前封闭的区域劳动力市场和当地环境。就文化多样性而言，职业教育具有很强大的整合潜力。因为职业教育可以利用年轻学生以前的工作经历作为发展职业身份的资源。目前，鉴于这些学生中许多人有不同的文化背景——德国城市中高达 50% 的职业学生有移民背景——他们很可能也有不同的工作经历。因此，讨论不同文化的工作经历可以同时培养职业身份，增进对其他文化的了解，从而促进社会融合的开始。

　　建立在职业能力和职业身份发展基础上的职业教育有助于形成职业道德。对于欧洲追求保持繁荣经济区地位的雄心壮志而言，这种道德不可或缺。

参考文献

Beicht, U., G. Walden and H. Herget (2004). *Kosten und Nutzen der betrieblichen Berufsbildung in Deutschland.* Reihe: Berichte zur Beruflichen Bildung, Heft 264. Bielefeld: Bertelsmann.

Blankertz, H. (1983). Einführung in die Thematik des Symposiums. In D. Benner, H. Heid and H. Thiersch (Eds.), *Beiträge zum 8. Kongress der Deutschen Gesellschaft für Erziehungswissenschaften vom 22–24, März 1982 in der Universität Regensburg* (pp. 139–142). Zeitschrift für Pädagogik, 18. Beiheft. Weinheim/Basel: Beltz.

Bremer, R. and B. Haasler (2004). Analyse der Entwicklung fachlicher Kompetenz und beruflicher Identität in der beruflichen Erstausbildung. *Bildung im Medium beruflicher Arbeit. Sonderdruck, Zeitschrift für Pädagogik*, 50(2), 162–181.

Brose, H.-G.(Ed.) (1986). *Berufsbiographien im Wandel.* Opladen: Westdeutscher Verlag.

Brown, A. (2004). Engineering identities. *Career Development International*, 9(3), 245–273.

Chi, M.T.H., R. Glaser and M.J. Farr (1988). *The nature of expertise.*

Hillsdale, NJ: Erlbaum.

Deißinger, Th. (Ed.) (2001). *Berufliche Bildung zwischen nationaler Tradition und globaler Entwicklung. Beiträge zur vergleichenden Berufsbildungsforschung.* Baden-Baden: Nomos.

Descy, P. and M. Tessaring (2001). *Kompetent für die Zukunft—Ausbildung und Lernen in Europa. Zweiter Bericht zur Berufsbildungsforschung in Europa: Zusammenfassung.* Cedefop Reference Series. Luxemburg: Amt für amtliche Veröffentlichungen der Europäischen Gemeinschaften.

Ericsson, K.A. and J. Smith (Ed.) (1991). *Toward a general theory of expertise.* Cambridge, MA: Cambridge University Press.

European Commission (2003). *Enhanced cooperation in vocational education and training.* Stocktaking Report of the Copenhagen coordination group. October 2003. Brussels.

Gerstenmaier, J. (2004). Domänenspezifisches Wissen als Dimension beruflicher Entwicklung. In F. Rauner (Ed.), *Qualifikationsforschung und Curriculum. Analysieren und Gestaltung beruflicher Arbeit und Bildung* (pp. 151–163). Bielefeld: Bertelsmann.

Grubb, W.N. (1999). The subbaccalaureate labor market in the United States: Challenges for the school-to-work transition. In W.R. Heinz (Ed.), *From education to work: cross-national perspectives* (pp. 171–193). Cambridge, UK: Cambridge University Press.

Haasler, B. (2006). Apprentices' experiences of occupational and organisational commitment: An empirical investigation in the German automobile industry. In A. Brown, S. Kirpal and F. Rauner (Eds.), *Identities at Work* (pp. 261–283). Dordrecht: Springer.

Haasler, B. and K. Meyer (2004). Kompetenzentwicklung von gewerblich-technischen Berufsanfängern in Großindustrie und in kleinen und mittleren Unternehmen im Vergleich. In K. Jenewein, P. Knauth, P. Röben and G. Zülch (Eds.), *Kompetenzentwicklung in Arbeitsprozessen—Beiträge zur*

Konferenz der Arbeitsgemeinschaft gewerblich-technische Wissenschaften und ihre Didaktiken in der Gesellschaft für Arbeitswissenschaft am 23./24. September 2002 in Karlsruhe. (pp. 137–146). Baden-Baden: Nomos.

Hall, P.A. and D. Soskice (Ed.) (2001). *Varieties of capitalism: The institutional foundations of comparative advantage.* Oxford: Oxford University Press.

Hamilton, S.F. and M.-A. Hamilton (1999). Creating new pathway to adulthood by adapting German apprenticeship in the United States. In W.R. Heinz (Ed.), *From school to work. Cross-national perspectives* (pp. 199–213). Cambridge/New York/Melbourne: Cambridge University Press.

Havighurst, R.J. (1972). *Developmental tasks and education.* New York: Longman & Green.

Heidegger, G. and F. Rauner (1997). Reformbedarf in der Beruflichen Bildung. Gutachten für das Ministerium für Arbeit, Gesundheit und Soziales des Landes NRW, Bremen/Düsseldorf.

Heinz, W.R.(1995). *Arbeit, Beruf und Lebenslauf: eine Einführung in die berufliche Sozialisation.* Weinheim/München: Juventa.

Hennes, S. (2003). Bildungsdienstleistungen im Welthandelsrecht. *RdJB,* 51(4), 449–465.

Jaeger, C. (1989). Die kulturelle Einbettung des Europäischen Marktes. In M. Haller, H. J. Hoffmann-Novottny and W. Zapf (Eds.), *Kultur und Gesellschaft.* Verhandlungen des 24. Deutschen Soziologentags, des 11. Österreichischen Soziologentags und des 8. Kongresses der Schweizerischen Gesellschaft für Soziologie in Zürich 1988 (pp. 556–574). Frankfurt/M.: Campus.

Kern, H. and Ch. Sabel (1994). Verblaßte Tugenden. Zur Krise des Deutschen Produktionsmodells. In N. Beckenbach and W.v. Treeck (Eds.), *Umbrüche gesellschaftlicher Arbeit* (pp. 605–625). Göttingen: Schwartz.

Kirpal, S. (2004). Work identities of nurses: Between caring and efficiency demands. *Career Development International*, 9(3), 274–304.

KMK—Kultusministerkonferenz (1991). Vereinbarung über die Weiterentwicklung der Berufsschule. Bonn.

KOM (2004). Richtlinie über die Anerkennung von Berufsqualifikationen.

Kopp, B. von (2002). Globalisierung, Liberalisierung, Deregulierung, GATS: Gefahr für das öffentliche Schulwesen? *TIBI (Trends in Bildung international)*, 2, 1–6.

Lave, J. and E. Wenger (1991). *Situated learning. Legitimate peripheral participation*. New York: Cambridge University Press.

Lim, D. (2005). Removing the stigma: Vocational education and training in Hongkong. Presentation: Shanghai Education Forum 2005 (June 22–23, 2005). Conference Proceedings pp. 185–189.

Mönnich, I. and A. Witzel (1994). Arbeitsmarkt und Berufsverläufe junger Erwachsener. *Zeitschrift für Sozialisationsforschung und Erziehungssoziologie*, 14, 262–277. Porter, M.E. (1990). *The competitive advantage of nations*. New York: The Free Press.

Raeder, S. and G. Grote (2005). Berufliche Identität. In F. Rauner (Ed.), *Handbuch Berufsbildungsforschung* (pp. 337–342). Bielefeld: Bertelsmann.

Rauner, F. (2000). Zukunft der Facharbeit. In J.-P. Pahl, F. Rauner and G. Spöttl (Eds.), *Berufliches Arbeitsprozesswissen* (pp. 49–60). Baden-Baden: Nomos.

Rauner, F. (2002). Berufliche Kompetenzentwicklung—vom Novizen zum Experten. In P. Dehnbostel, U. Elsholz, J. Meister and J. Meyer-Henk (Eds.), *Vernetzte Kompetenzentwicklung. Alternative Positionen zur Weiterbildung* (pp. 111–132). Berlin: edition sigma.

Rauner, F. (2004). Reform der Berufsausbildung. Expertise imAuftrag des Ministeriums für Wirtschaft und Arbeit des Landes Nordrhein-Westfalen. Download:http://www.itb.unibremen.de/downloads/Publikationen/

expertise_nrw.pdf

Ruth, K. and F. Rauner (1991). Perspektiven der Forschung zur Industriekultur. In E. Hildebrandt (Ed.), *Betriebliche Sozialverfassung unter Veränderungsdruck* (pp. 172–203). Berlin: edition sigma.

Scherrer, C. (2003). Bildung als Handelsware. *RdJB*, 86–100.

Schüssler, R., K. Spiess, D. Wendland and M. Kukuk, (1999). *Quantitative Projektion des Qualifikationsbedarfs bis 2010*. Beiträge zur Arbeitsmarkt- und Berufsforschung Nr. 221. Nürnberg: IAB.

Soskice, D.W. and B. Hancké (1996). *Von der Konstruktion von Industrienormen zur Organisation der Berufsausbildung. Eine vergleichende Analyse am Beispiel von Großbritannien, Deutschland, Japan und Frankreich*. WZB Discussion Paper FS I 96–310. Berlin: Wissenschaftszentrum Berlin für Sozialforschung.

Tessaring, M. (1994). Langfristige Tendenzen des Arbeitskraftebedarfs nach tatigkeiten unnd Qualifikationen in den alten Bundesländern bis zum Jahre 2010. Eine erste Aktualisierung der IAB/Prognos-Prognose 1989/91. *Mitteilungen aus der Arbeitsmarkt-und Berufsforschung*, 27(1), 5–19.

Walden, G., U. Beicht and H. Herget (2002). Warum Betriebe (nicht) ausbilden. *Berufsbildung in Wissenschaft und Praxis (BWP)*, 31(2), 35–39.

Walden, G. and H. Herget (2002). Nutzen betrieblicher Ausbildung für die Betriebe — erste Ergebnisse einer empirischen Erhebung. *Berufsbildung in Wissenschaft und Praxis (BWP)*, 31(6), 32–36.

Wolter, S.C., S. Mühlemann and J. Schweri (2003). *Why some firms train apprentices and many others do not*. IZA Discussion Paper No. 916, Oct. 2003.

Young, M. (2005). *National qualifications frameworks: Their feasibility for effective implementation in developing countries*. Discussion Paper, Skills and Employability Department. In ILO Skills. Working Paper No. 22, Geneva.

第二部分
工作与个人身份

第六章　职业变迁与身份连续性
——一对矛盾?

瑞士苏黎世联邦理工学院

萨宾·雷德尔 (Sabine Raeder)

古德拉·格罗特 (Gudela Grote)

第一节　前言

当前,对工作的灵活性要求日益提高,而关于它对个人身份影响的假设是相互矛盾的。一些研究人员质疑,如果工作环境不稳定,个人无法控制变化,那么人们是否能够发展具有个人价值的身份。森尼特 (Sennett, 1998) 甚至认为高工作灵活性可能会导致身份的混乱。其他研究人员则强调了个人获得的新机会。库普 (Keupp, 1997) 指出,有必要质疑将稳定作为健康身份发展先决条件的假设,并通过更加关注持续身份建构过程来调整当前的身份研究方法。

分析工作和身份之间相互关系的三种经验性类型学支持个人能够应对工作灵活性的假设。"欧洲劳动力市场中的职业身份、灵活性和流动性"项目联盟 (Kirpal, 2004b)、特别合作中心 186 (Heinz, 2002; Witzel and Kühn, 2000) 以及我们自己 (Raeder and Grote, 2004) 开展的类型学研究包含了不同程度工作灵活性特征的类型 (见表 6.1)。所有类型都表现出不同的模式,以适应职业所需的灵活性和形成个人想要的工作灵活性,然而没有一种模式会导致身份混乱。这些类型学将个案提炼概括。但至于工作灵活性对个人意味着什么、个人如何解释工作灵活性并将其融入个人身份，并没有提供详细信息，也不考虑在传记叙事和个人身份建构中呈现个性的潜在愿望。为了显示一个人生命过程中做出决定和身份形成过程的复杂性，有必要在这些类型学提供的信息之外揭示其个性。

在本文中，我们首先介绍这三种类型，并介绍作为研究基础的个人身份概念。为了详细描述工作灵活性背景下的职业身份，我们对职业变动者，即在两个或两个以上职业领域工作的人的身份进行了定性分析（Sheldon，1995）。因此，职业身份被理解为特定职业生涯领域的整体个人身份的一部分（Hausser，1995）。本研究的开展以心理学概念和理论为基础。

表 6.1   本章讨论的关于工作和身份的实证研究

研究团队	学科	方法	主要发现
"欧洲劳动力市场中的职业身份、灵活性和流动性"项目联盟（Kirpal，2004a，2004b）	职业教育研究 / 社会学	工作灵活性背景下的工作身份类型学	从"传统"到"灵活"的工作身份形式的连续统一体
海因茨（Heinz，2002），威策尔和屈恩（Witzel and Kühn，2000）	社会学	传记能动性模式类型学（纵向研究）	三大类六种传记能动性模式：（1）以"公司认同"和"工薪阶层惯习"模式谋划职位；（2）以"职业导向"和"优化机会"模式提升抱负；（3）以"个人成长"和"个体经营惯习"模式获得自主性
雷德尔和格罗特（Raeder and Grote，2004）	工作心理学	工作灵活性背景下的身份类型	职业身份的四种类型：（1）连续型，（2）以工作为中心型，（3）批判—灵活型，（4）自我决定型
霍夫等人（Hoff et al.，1991）；霍夫（1990）	工作心理学	熟练工人的控制点（纵向研究）	由于个人选择、情境限制和冲突经历，参与者发展出融合型控制点

第二节 工作与身份的类型学

"欧洲劳动力市场中的职业身份、灵活性和流动性"项目团队（Kirpal, 2004a, 2004b）从职业教育和培训、历史发展和经济特征角度分析了职业身份。这项研究发现了工作身份的一系列连续形式，从传统的工作身份到灵活、个性化的工作身份。传统形式的特点是对公司和工作任务高度认同，缺乏资历、动力或自尊等资源的员工通常认为与工作有关的变化是一种威胁，而身份更加灵活的人更能利用灵活性和能力发展来实现目标。对工作或职业的承诺服从于这些目标。然而，在工作身份的这一系列连续形式的两端，大多数研究对象都适应了工作灵活性需求。

在一项纵向研究中，海因茨（Heinz, 2002）、威策尔和屈恩（Witzel and Kühn, 2000）提出了一个分属三个类别六种传记能动性模式的类型学。"谋划职位"类别包括强调职业连续性的人，他们要么对雇主高度忠诚，要么寻求工作保障和合理工资，这一类别包括"公司认同"和"工薪阶层惯习"模式。"提升抱负"类别指的是那些有意攀登职业阶梯或在没有下一个职业目标的情况下对已有职业目标高度负责的人，两种模式分别是"职业导向"和"优化机会"。"获得自主性"类别描述的是那些专注于发展的人，他们注重发展自己的个性或者创办自己的企业，这一类别包括"个人成长"和"个体经营惯习"两种模式。这六种职业模式在他们的传记过程中经历了不连续性和灵活性。"个人成长"和"优化机会"模式的人决定暂时停止工作，去旅行或学习语言。"职业导向"和"优化机会"模式的人将时间投入到进一步培训或高等教育中。"个人成长"模式的人利用失业期间重新进行职业定位。"公司认同"和"工薪阶层惯习"模式的女性为了家庭而中断就业。

我们自己研究的类型学得出了四种身份类型："连续型"、"以工作为中心型"、"批判—灵活型"和"自我决定型"（Raeder and Grote, 2004）。与其他类型相比，连续型的特点是将最突出的业绩载入工作传记。以工作为中心型的人群中，各方面生活的协调性最低，这通常是由工作占主导地位造成的。自我决定型表现出较高的内控点，将控制归因于个人因素，而互动型控制点将控制归因于情景和个人因素，后者在其他类型中占主导地位。批判—灵活型没有显示出与身份有关的具体特征。身份类型因其在职业生涯中的地位而不同。包括管理者在内的许多有连续职业生涯的人，出现在连续型和以工作为中心的类型中。在批判—灵活型和自我决定型中，没有管理职能的员工，更多的是在高度灵活的公司工作的员工和跳槽的人。与所有其他类型相反，批判—灵活型对雇主的灵活性需求进行了负面评估。结果表明，人们普遍认为的高度个人灵活性并不能促进职业生涯的成功。

这些类型学指的是职业灵活性的两个不同方面。一方面，员工在职业生涯中寻求灵活性，以实现其个人目标，包括灵活安排工作时间和地点，以及兼职工作和职业变化（参见 Sheldon, 1995）。另一方面，雇员必须适应雇主或劳动力市场对雇员的灵活性要求（参见 Reilly,1998）。个人传记和工作身份与这些职业灵活性过程相互作用。教育和职业结构的国家背景划定或开放了职业灵活性的范围。职业灵活性可能受到一种制度的限制，这种制度要求对某一职业实现专业化，并为从事某一职业而接受特定的职业培训（参见 Kirpal, 2004b）。在这种情况下，个人希望的工作变动只有在获得必要的能力后才有可能实现。

为了超越这些类型学来呈现个体特征，有必要探讨研究所采用的对身份的定义。现有各种身份研究方法可以将身份的定义区分为外部感知或自我感知（参见 Frey and Hausser, 1987）。第一种视角使用身份一词来描述某人在社会环境中的地位，指的是社会角色、随着社会群体形成的身份认同以及某人的职业或工作任务（例如 Ellemers et al., 2002）。"欧洲劳动力市场中的职业身份、灵活性和流动性"项目团队（Kirpal, 2004b）采用了这种方法。特别合作中心 186（Heinz, 2002; Witzel and Kühn, 2000）的类型学也可以纳入这种方法中，因为它应用了类似的信息，尽管没有使用"身份"这个词。后一种视角将身份理解为个体的自我反思过程。我们在研究中应用了这种方法，正如霍夫（Hoff,1990;

Hoff et al.,1991)的研究所示,它允许更详细的分析,更接近于个人的主观感知和个人自我感知。

在一项纵向研究中,霍夫等人(Hoff et al., 1991)以熟练工人作为样本分析了控制点的发展(见表6.1)——个人身份的一种维度(Hoff, 1990)。作者决定扩展包含内部控制和外部控制的双极控制点概念(参见Rotter, 1966)。它们分为确定性控制点,即内控点(事件由人决定)、外控点(事件由情境决定)或宿命控制点(事件由命运的偶然性决定)和互动控制点(事件由人与情境的互动决定)。在第一波研究中,内部、叠加-确定性控制点(事件由人或情境决定)和互动控制点在样本中平均分布。只有少数参与者表达了宿命控制点。在六年后的第二波研究中,宿命控制点消失了,一些人采用了叠加-确定性控制点或互动控制点。作者得出的结论是,个体选择和情境约束的多样性以及冲突的体验促进了互动控制点的发展。

当这三种类型学转向研究灵活性时,霍夫等人(Hoff et al., 1991)关注工作和身份之间的相互关系,这与森尼特(Sennett, 1998)的假设一致,即工作应该在人的一生中保持稳定,并允许个人发展。尽管他们的研究局限于控制点的维度,但他们表明,这种将身份视为自我感知的视角可以对身份进行详细描述。霍夫(Hoff,1990)引用的豪塞尔(Hausser,1983)的身份模型并不提倡如此狭隘的视角,因为此模型将身份概念化为三个组成部分和几个子维度。使用这种身份模型可以分析个人身份结构的复杂性,同时保持其个性。

还有三个理由支持豪塞尔模型的应用(Hausser, 1983,1995)。豪塞尔参考了埃里克森(Erikson, 1959)和玛西娅(Marcia, 1980)等身份研究者的传统,并将个人自我定义的方方面面与概念化的身份结构和发展融为一体。为了介绍身份话题,我们首先说明豪塞尔模型如何与身份理论的传统,特别是与埃里克森和玛西娅的研究联系起来的。表6.2总结了他们的主要假设。

表 6.2　本章讨论的心理身份概念

研究者	方法	关键假设
埃里克森 （Erikson, 1959）	身份理论	在青春期获得的身份在成年期间保持不变。对时间的连续性和跨环境一致性的感知对个人身份至关重要。
玛西娅 （Marcia, 1980）	身份发展模型	身份在人的一生中发展，经历四种发展状态： • 身份获得； • 角色早定； • 身份扩散； • 暂停。
豪塞尔 （Hausser, 1983，1995）	身份发展模型	具有三个维度的结构模型： • 自尊； • 控制点； • 自我概念（包括：传记连续性，生态一致性，态度与行为关系的后果性，情感与行为关系的真实性，个性和平等性）。

第三节　个人身份概念

豪塞尔追随玛西娅，将个人身份理解为"自我建构"（Marcia, 1980, p.159）。身份是自我感知的一部分，不能像人格或社会角色那样可以从外部视角完全捕捉到。身份并不包括自我感知的所有方面，而只包括那些主观上有意义并影响个人的方面。因此，个人身份被定义为一个人的自我反思过程，该过程构建并关联其各种个人经历（Frey and Hausser, 1987）。

豪塞尔借鉴了埃里克森的假设，即身份包括对时间的连续性和跨环境一致性的感知（Erikson, 1968，转引自 Kroger, 2000）。然而，连续性并不意味着将身份发展过程局限于青少年和青年，并假定个人身份一旦获得，便在一生中保持不变（Frey and Hausser, 1987）。像玛西娅一样，豪塞尔将身份概念化为终生发展的过程，并不支持连续性是健康身份发展的先决条件这一规范性假设。

虽然豪塞尔同意玛西娅将身份定义为一个发展过程的观点，但他并不赞同实现"理想的"身份地位的目标这一概念。玛西娅采纳了埃里克森的理想身份，并将其进一步区分为四种身份状态，一个人一生中可能会经历一次或多次。玛西娅（Marcia, 1980）对这四个阶段描述如下：

> 身份获得是指个人经过人生规划并追求自我选择的职业和意识形态目标。角色早定是指个人致力于职业和意识形态身份，但这些身份是父母选择的，而不是自己选择的。它们很少或根本没有表现出"危机"的迹象。身份扩散是指年轻人没有既定职业方向或思想方向，无论他们是否经历了人生规划。暂停是指个人目前正在与职业和/或意识形态问题作斗争；他们处于身份危机中（p. 161）。

弗雷（Frey）和豪塞尔批评了为普通的、具有个人价值的身份设定规范标准的观点，并主张不要规范地评估个人身份。因此，豪塞尔的发展模式并不局限于即将实现的阶段。豪塞尔基于惠特伯恩和温斯托克（Whitbourne and Weinstock, 1979）的身份过程循环模型，假设了一个终生的发展过程，通过这个过程，当前的经验不断地融入个人的一般自我概念中。

弗雷和豪塞尔（Frey and Hausser, 1987）指出了身份动态性的四个核心主题：内部视角与外部视角的关系（现实问题）；身份各要素之间的关系（一致性问题）；各要素的稳定性和变化（连续性问题）；独特身份的创造和呈现（个体性问题）。豪塞尔（Hausser, 1983，1995）的身份模型旨在论述这四个核心主题。在他的结构模型中，成功地整合了三个通常分离的关于自我的研究领域：自我概念、自尊和控制点。通过这些自我感知、自我评价和个人控制的维度，他涵盖了身份的认知、情感和动机维度。他进一步将自我概念分为六个方面：传记连续性、生态一致性、态度与行为关系的后果性、情感与行为关系的真实性、个性和平等性。豪塞尔效仿霍夫等人（Hoff et al.,1991），将控制点定义为由内控点、外控点、宿命控制点和互动控制点组成，他认为内控点和外控点的双极控制点概念（参见 Rotter, 1966）是不切实际的简单化。因此，豪塞尔将身份定义为自我感知，并讨论了它与现实的关系，从而解决了现实的问题。自我概念的传记连续性、生态一致性和个性等方面涵盖了连续性、一致性和个体性问题。个体性问题假定，一个人试图呈现一种个人身份建构，这是本章的重点。

像玛西娅（Marcia, 1980）一样，豪塞尔认为身份可能因生活的不同领域而有所不同。职业身份是指一个人的职业生涯，是对应于某一特定生活领域的身份。

第四节 研究问题

本章的主要目的是分析职业变迁者的个人身份。为了探讨个体身份结构的复杂性，我们建立了一个描述这种身份结构的范畴系统。此外，我们还分析了职业变迁者在其个人身份建构中是否使用了特定的策略。

借鉴豪塞尔（Hausser, 1995）的身份定义，我们将定性分析局限于身份的四个维度，即传记连续性、生态一致性、控制点和自尊。之所以选择这些维度，是因为它们在职业变化的背景下尤其重要。前两者反映了埃里克森（Erikson, 1959）对身份的关注，由玛西娅（Marcia, 1980）、弗雷和豪塞尔（Frey and Hausser, 1987）以及库普（Keupp, 1997）对此作进一步阐述和讨论。我们假定连续性不再通过职业的"金线"（golden thread）得到持续，如果人们必须在获得资格上投入大量时间，那么生活各领域之间的一致性就会受到质疑。控制点维度是指传记变化背景下的决策和控制过程。自尊被用来评估其他身份维度（参见Hausser,1995）。

第五节 方法

1. 样本

样本包括18名男性和12名女性，他们从事过两种或两种以上职业，即至少改变过一次职业（参见 Sheldon, 1995）。在接受采访时，他们居住在瑞士，年龄在40~50岁之间。在样本中，我们尽可能多地考虑不同的职业和职业组合。职业是根据德国的分类系统分类的（Statistisches

Bundesant, 1996）。就同一领域获得进一步资格而言，职业方向内的职业生涯（例如，完成技术职业学徒期后就读技术学校）不包括在样本中。在瑞士教育体系和具有明确职业取向的劳动力市场背景下，从事不同职业的工作意味着获得相应的正式技能和资格。样本中考虑了完成三个层次教育的个人：二级中学，获得"学徒结业"（相当于完成学徒期）或"高级中学"（相当于A级）证书；高等教育一级，获得"专科学校"或"职业学校"学位（相当于高等技术学院或职业学院）；高等教育二级，获得大学学位。与整个瑞士人口相比，受过高等教育的参与者在样本中的比例略高。

该样本用于发展身份类型样本（Raeder and Grote, 2004）。身份类型样本基于对员工调查的定量数据、30名职业变迁者的定性数据，以及另外29名在同一个职业中拥有连续职业生涯的定性数据。本章的详尽分析旨在揭示关于个人身份建构的更多信息。

2. 过程

我们进行了半标准化访谈。访谈指南包括职业传记、与工作有关的决策原因、能力、资源以及职业生涯相对于其他生活领域的重要性等问题。访谈已整理成文字。

数据分析分三个步骤进行。在第一步中，采用定性内容分析的方法对数据进行分析（Mayring, 2000）。选择这种方法是为了将所有案例数据包含在一个程序中，并找出相似之处及共同模式。在系统分析过程中，访谈数据被划分为不同的内容分析单元。内容分析单元是由一个或几个句子组成的陈述，然后这些内容分析单元将被分配给由身份模型确定的关于身份的类别。

在第二步中，以沟通的方式确认了与个人身份有关的定性内容分析的结果（Lechler, 1982），以确认参与者接受将他们的个人调查结果作为对其身份的描述。在沟通确认过程中，参与者将他们的陈述分配到每个类别中的一个连续体中，这些陈述按类别进行编码并打印在卡片上（见图6.1）。他们可以添加新的信息，把卡片放在一边，并决定想在连续体的哪个点定位自己的陈述。因此，他们可以为每个身份类别选择适当的分类。他们的分类并不总是与我们的编码一致，但作为他们对个人生活故事的解读而受到尊重。

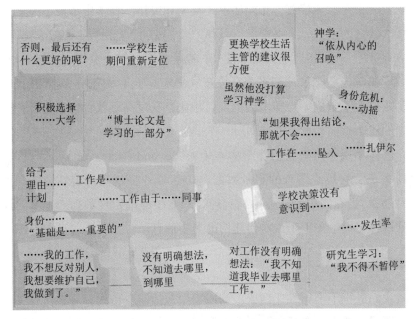

图 6.1　沟通确认样例（控制点类别）

当自尊被用来评估其他身份维度时，参与者需要在自尊从低到高的连续体上找到代表这些维度的卡片（见图 6.2）。

在第三步中，将各类别的连续体分为三个部分，分别对应高、中、低三个层次。参与者分配的卡片被分成三组。根据梅林（Mayring, 2000）的建议，通过归纳发展子类别来进一步区分这些数据。我们从分配给每个类别的数据中导出了子类别，并在分析过程中对其进行了修订。每个子类别代表类别内的高、中、低值。为了尽可能准确地再现参与者的陈述，我们采用了不同高度的类别系统。由于所有的内容分析单元都编码成子类别，因此子类别系统代表了全部数据。我们的编码和参与者在沟通确认过程中的编码并不总是一致的。例如：一名参与者对自己的陈述编码为高度连续的，称自己拥有艺术家的灵魂，但他认为自己的陈述是中度连续的，因为他从小就对警察的工作感兴趣。这两种说法代表了他的职业兴趣和目标中的一条金线，但他将它们归入了一个类别中的不同层次。

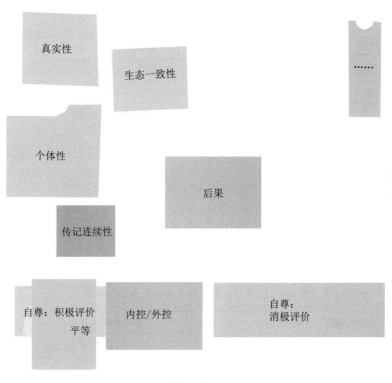

图 6.2　自尊类别的沟通确认样例

3. 类别

在本文中，我们展示了关于身份类别的"传记连续性"、"生态一致性"、"控制点"和"自尊"的结果。下面，我们提供关于这些主要类别的定义和编码样例，以及其子类别和子类别的编码样例（见表6.3—表6.9）。

表 6.3　高传记连续性的子类别及其编码样例

高传记连续性（子类别）	编码样例
任务中的金线	"我一直和年轻的职场人士共事。"
生活中非工作领域的金线	"我的人际关系一直与我的工作情况相似。"
职业生涯中的重复模式	"总是这样：我得到某种信息。有些东西让我着迷。这就是我想要的，我真的想去那里。"
永久性职业培训	"我快要完成（职业培训），并已经报名参加下一门课程。"
永久的职业兴趣和目标	"我一直对历史感兴趣。"
职业能力中的金线	"逻辑是，我总是可以在以后用到我在早期阶段学到的东西。"
工作和私人生活的持久重要性	"我想在生活的时候工作，在工作的时候生活。这是我很早就说过的话。"
个性的连续性	"一直伴随着我的最大绊脚石是：'你没有能力'。"
抽象连续性模式	"确切地说，因为我一次又一次地体验到，当我让自己接触某种新的事物时，当我觉得这是我的下一步时，某件事情成为可能，一步又一步，我现在看不到。因为我对下一步认可，这才成为可能。"

表 6.4　低传记连续性的子类别及其编码样例

低传记连续性（子类别）	编码样例
职业生涯中的变化	"在很长一段时间里，我没有积极地设定目标。当我接受这份工作时，这是第一次。"
生活中非工作领域的变化	"当你说家庭已经结束时，听起来总是很残忍。但这种责任已经不复存在。"
职业生涯的明确阶段	"在某个地方停留更长时间，有十年半。与我之前三年多无所事事的时期形成一种对比。"
生活中非工作领域的明确阶段	"我真的有一种感觉，好像我有了不同的生活。我对第一次的记忆很差。"
职业生涯的中断	"同时，付出了退学的代价。你必须从头开始。你表现得好像你的工作真的很出色。你需要很长时间才能做好工作。
打破非工作领域的生活	"我很晚才生孩子，这彻底中断了一个人的生活。突然间，整个组织工作开始了。灵活性被极大地削弱了。"
职业生涯中的发展过程	"在那里，我获得了第一次工作经验。在一个团队和一个大的组织中，这是一次重要的经历。[……]首先你认为你做不到，然后你必须去做。然后你长大了，没关系。"

续表

低传记连续性（子类别）	编码样例
生活中非工作领域的发展过程	"我每迈出一步都会为之增加一些东西，我今天是什么，我今天做什么。"
职业生涯中的例外	"这种教育不像［我接受的其他教育］那样专注于这种方式。这种教育不会带来新的职业专业化。"
生活中非工作领域的例外	"在南威尔士，这是我一生中唯一一次不想收拾行李。"
不断寻找职业生涯中的新挑战	"我总是需要一个新的挑战。"
职业或工作的多样性	"这就是为什么我经常换工作，因为一旦我对工作了如指掌，就觉得很无聊。我总是需要一些不同方面的东西，这样我就面临着挑战。"
职业能力的变化	"手工制作。通过制作一些你必须仔细观察的东西。那是对眼睛的训练。［……］我记得我在这方面有发展。在学徒生涯开始时，我还看不见东西。"
职业兴趣和目标的改变	"在家里，我们女性做了什么，接受了什么样的教育并不重要。［……］我们在学校取得的成绩没有得到赞赏。因此，我没有努力，我没有学到任何东西。［……］我想证明我有能力学习，我想有基本常识。"
个性发展	"我经历了比今天更多的起起落落。我的脾气没有那么平和了。"
改变的工作和私人生活的重要性	"这项工作不像过去那样占主导地位了。"
抽象变化模式	"曲折的道路。"

表 6.5　高生态一致性的子类别及其编码样例

高生态一致性（子类别）	编码样例
生活各领域相互影响	"显然，我有另一个领域的经历［……］那是家庭领域。［……］［家庭生活和职业生涯］之间总是相互影响的。"
生活中非工作领域影响工作	"我不会有孩子，不会有家庭，我会工作到 65 岁。所以，我真的很想做一些让我绝对满意的事情。"
工作影响生活的其他领域	"一份好的职业是你一生中发展各种事情的基础。"
生活领域之间的平衡	"在我的生活中，私人生活和职业生涯完全交织在一起。"
职业生涯中的发展	"嗯，我在这样一个文化领域工作得很好。以前，我缺乏这一切，因为这太乏味了。我就像一朵花一样死去。［……］在这里，即使有压力，我感觉可以有发展。精神上好多了。"

高生态一致性（子类别）	编码样例
职业生涯中的个性发展	"在设计阶段，就有了稳定性。［……］通过设计来设计自己，这当然是紧密相连的。设计某样东西，设计我自己，找到我是什么样子，我是谁。"
生活中非工作领域的人格发展	"越来越清楚，越来越清楚地意识到真正重要的是什么。在心理治疗中，我学到了最好的东西。［……］是对发生的事情进行反思，以及我如何理解和接受它。这真的是一个非常重要的额外思路，让我看得越来越清楚。"
生活中非工作领域对职业生涯的支持	"到现在大约 18 年了，我和同一个伴侣住在一起，这真的是永久的。我需要像一个安全的锚一样的东西，再说，总是有人赚钱。"
职业能力适用于生活的各个领域	"对我来说，总是这样，我在某个地方学到的东西会进入所有其他领域，并在那里实现。"
在生活中不同领域的相似行为	"由于我的年龄和经验，我有其他的要求。我本以为一个基础神学教授在个人层面上也能令人满意。"

表 6.6　低生态一致性的子类别及其编码样例

低生态一致性	编码样例
生活领域的分离	"作为警察局长，很好地将私人生活和工作区分开来［……］。"
生活领域之间的差异	"如果我不需要再工作了，就不能再工作了，对我来说，这是一个智力上的挑战。这在家里没用。［……］在家里你没有很多挑战。"
职业生涯没有发展	"我很失望，我作为一个人并不重要。"
没有来自生活中非工作领域对职业生涯的支持	"朋友们对我的［支持］并不多。他们没有意识到［……］有人说，你画得好，如果你这样做就好了。［……］我从来没有想过要在这方面做点什么。我不知道在哪里能找到学徒工作。［……］我父母对此不太了解。"
职业能力不适用于生活的其他领域	"在我的工作中，总是能［运用我的能力］。［……］在私人生活中，用得较少。"
职业生涯的重要性	"我喜欢工作，它丰富了我的生活。"
职业生涯的支配地位	"我的工作对我来说非常重要。我的工作中发生了很多事情。"
私生活的重要性	"几个爱情故事比工作内容更吸引我。"
私生活或其他生活领域的支配地位	"学校是家庭的替代品。"
生活中不同领域的不同行为	"我在政治上很投入，但在工作中我不奋斗。"

表 6.7 内控点的子类别及其编码样例

内控点（子类别）	编码样例
个人的选择或决定	"很长一段时间我就知道，当我受够了，我就要离开，然后我就去旅行。"
自我负责	"你对自己的生活负责。"
积极地追求利益或目标	"当我打算做什么的时候，我真的做到了。"
个人活动	"是的，我参加了很多课程，以真正了解什么［哪个职业］属于我。"
强大的个人影响力	"在像警察部门这样的组织里，很少有什么是可能的，为了获得更多，你必须奋斗。"
理所当然的事	"在神学研究中，这条路对我来说是显而易见的。"
主动塑造局面	"我成立了一个部门，叫作城市规划部。［……］然后我和我的城市规划和旅游部门一起，开始把我们镇上的公共空间掌握在自己的手中。"

表 6.8 互动控制点的子类别及其编码样例

互动控制点（子类别）	编码样例
个人因素与情境因素的相互作用	"当时，我接受了领导的角色，因为那里没有人可选，也因为我认为可以积累一些经验。"
视情境因素做出的个人决定	"事实上，我想结束制图员［学徒期］后，就去上技术学校。但家庭让我进退两难"。
与他人协调做出的个人决定	"我自己做决定，但我喜欢与他人协调。"
适应他人做出的个人决定	"在那段时间里，我本想建立一个家庭，生儿育女，但我的伴侣从来没有想过。"
适应情境因素做出的个人决定	"现在你当然有家庭义务，你长大了。你必须把自己局限在一些因素上，比如'你必须用这些因素做点什么，你现在是什么样子，你能做什么'。我现在处于这种状态，我在看接下来会发生什么。"
其他人的影响	"我完成了'高级中学'学习［即 A 级］。起初，我真的不想开始。她［女朋友］鼓励了我。"
谈判	"我有一个很好的上司，我很尊敬她。她比我大 15 岁，但没有受过教学培训。她想如果我接受了教学方面的职业培训，她就必须离开。我也可以通过激励她参加这次培训来防止这种情况发生。她业余时间接受培训。然后我们做了工作分工。"
条件允许实现个人关怀	"我可以和这位同事，也可以和其他人一起实现很多事情，发起项目，真正具体的、机会平等的项目。"
抓住机会	"我也是个战略家。［……］这是个好机会，我抓住了。"

续表

互动控制点（子类别）	编码样例
适应情境	"这不是一种交流的压力，就像我正在和老师交流一样。你总是要与人互相交谈，不要害羞。一开始这对我来说是个问题。[……] 但你总能学会，这只是其中的一部分。这是规则。你可以谈论平凡的话题、话语、语言、交际、接近他人。在这个世界上，在教育领域，这是最基本的东西。这是我学习时非常痛苦的事情。"

表 6.9　外控点和宿命控制点的子类别及其编码样例

外控点和宿命控制点（子类别）	编码样例
由情境因素决定	"也就是说，基本上，我在初期就已经专注于现在达到的目标。[……] 在我今天看来，学校里的一个困难局面抑制了这种情绪，这可能与家庭状况有关。"
由其他人决定	"当［泥瓦匠学徒］不是我的本意。"
其他人的强大影响力	"在职业选择方面，无法谈论有意识的决定。事后看来，比方说，你只是处在一个环境中，在那里有某些选择，在那里发生了类似的事情，在那里你不能说你是命运的主人。"
无法取代的控制权	"这家公司非常保守。我刚入职，总经理就换了。如果在原总经理的领导下，我可能永远进入不了公司。[……] 在这个时候，没有人意识到我是一个非常随和、坦率和不遵循传统的人，公司永远不会变成这样。半年后，由于领导问题，这种局面被打破了。[……] 我从 4 月份开始担任这个职位，并询问了我的同事，以了解他们是如何工作的，他们个人的目标是什么，他们想去哪里。后来，人事经理告诉我，这个程序基本上是错误的，因为评估面试是每年的 11 月进行的，并且只限于员工的业绩和工资问题。然后，我不得不说'对不起，我不同意'。"
非个人控制	"神学是出于我必须这么做的内心感觉。你会说这是一种召唤。即'靠近内心'。"
犹豫不定	"[……] 因为我不知道我想要什么。"
无助感	"那时候，我当老师的时候，周末不喜欢待在村里。我和一半的学生住在同一个社区。[……] 当我出去的时候，孩子们会叫我'老师'。对我来说太可怕了。我在 20 岁的时候就觉得这很糟糕。这就像是在受到批评。"
无明确意图	"我没有感到压力，因为我不知道自己真正想要什么。"
运气	"幸运的是，我可以换工作。"
命运	"我总是入围，命运总是选中我。我从来没有想过。"
机遇	"一个偶然的机会，我在居住的城市找到了一份工作。"

传记连续性

定义：“一个人对时间上的自我同一性和连续性的直接感知；同时感知到他人能够认识到其自我同一性和连续性”（Erikson, 1959, p. 23，转引自 Hausser, 1995）。编码样例：“逻辑是，我总是可以在以后用到早期阶段学到的东西”（高传记连续性）；“我想从 35 岁开始，有一段理想主义阶段。它正在转变为一个经济阶段。赚大钱和有一份好工作变得更加重要”（低传记连续性）。

生态一致性

定义：“对自己在不同生活领域中行为一致性的感知”（Hausser, 1995, p. 29）。编码样例：“在那个时候，我可以认识到很多事情，它们对我的生活非常重要。去生活并塑造自己的人生”（高一致性）；“我在政治上很投入，但在工作中不努力”（低一致性）。

控制点

定义：“自身相关事件的广义的、主观的可解释性、可预测性和可影响性”（Hausser, 1995, p. 42）。理论上预先定义的子类别是“内控点”、“外控点”、“宿命控制点”（机遇或命运）和“互动控制点”（外部、内部和宿命因素的相互作用）。这些子类别是在数据分析过程中提炼出来的。我们为参与者沟通确认所准备的连续体从内部控制通向外部控制，因为只可能考虑这两个维度。互动控制点位于中间，宿命控制点与外控点相融合（参见 Rotter, 1966）。

编码样例：“我现在正处于工作的巅峰，有很多工作要做，我赚了很多钱。如果我再改变职业，我就得重新开始，然后，我意识到我现在不想这样。我试图继续下去，但我想必须为自己做点什么，这给了我悬念和一些挑战。两年前，我在英国开始了哲学硕士课程，并在英国兼职学习”（内控点）；“我不得不了解到，社区在市议会中很重要。这是一个合议委员会，你必须支持你个人不同意的决定。[……] 我学会了如何指导团队的过程”（互动控制点）；他说：“这越来越令人不快，我几乎两周去一次纽约，已经持续了将近三年，这种情况还在升级扩大。我不是部门里唯一承受 250% 的超负荷的人"（外控点）；"一个偶然的机会，我在居住的城市找到了一份工作"（宿命控制点）。

自尊

定义："自尊通常被认为是自我的更广泛的表征，即自我概念的评价性成分"（Blascovich and Tomaka, 1991, p. 115）。由于参与者将代表自尊连续性的传记连续性、生态一致性和控制点的卡片分配给自尊连续性，因此没有形成子类别（见图 6.2）。

第六节　结果

子类别显示了参与者所给出的各种陈述和解释。找到跨子类别的模式或策略在此并不可能。因此，我们根据各自的子类别，按照"传记连续性"、"生态一致性"、"控制点"和"自尊"来分类，呈现整个样本的数据。研究结果用七个人的例子加以说明，重点关注最常被分配的子类别。

在沟通确认过程中，参与者在具体化自身身份时，似乎在寻找自身身份的平衡形象。他们强调的是陈述的模式，而不是每张卡片的确切位置。参与者进行了大量解释，重新解释了传记中的一些插曲，并确定了应该如何分配一段经历的重要方面。因此，他们对陈述的分配与我们不同。例如，一位受访者说，他在获得博士学位后偶然找到了第一份工作。在沟通确认过程中，他把这张卡片归入内部控制类别，而不是外部或宿命控制类别。

1. 传记连续性

参与者更强调高传记连续性而不是低传记连续性，但没有人评价自己是完全连续或不连续的。所有参与者选择了一些表示低连续性的子类别、表示高连续性的子类别和介于两者之间的子类别。参与者在以下方面表现出高传记连续性：

- 他们的职业、岗位或工作任务中的金线；
- 他们永久追求的职业兴趣和目标；
- 职业生涯中反复出现的模式；
- 他们私生活或其他生活领域的金线。

    他们在描述以下几方面时表现出低传记连续性：
- 他们职业生涯或其他生活领域的明确阶段；
- 在职业生涯中经历的中断；
- 职业生涯的变化。

为了说明这些子类别，我们介绍两位受访者。第一位给出了所有表明高传记连续性子类别的例子，第二位给出了所有表明低传记连续性子类别的例子。我们给出的例子要么是高传记连续性，要么是低传记连续性的，尽管总体而言，两位受访者都表现出了这两种元素。我们分配的内容分析单元的子类别列在括号中。

受访者 1：完成学业后，他接受了工商管理的学徒训练。后来他更喜欢做一名社会工作者，在工作了几年之后，上了一所社会工作学校，并学习心理学。凭借心理学学位，他开始担任业务流程顾问。现在是一家自营网络咨询公司的合伙人，同时在一所大学教书，并准备去一所外国大学攻读硕士学位。

他这样解释自己的高传记连续性：他试图将过去的经济和社会经历融入目前的咨询工作，并成功地做到了这一点（职业生涯中的金线）。他一直有改变社会的动机，但目标改变了。在学习期间，他决定"反击性地"停止工作，开始预防性地进行咨询（永久的职业兴趣和目标）。作为一名社会工作者，他经历了审美疲劳，因为他感觉自己的工作日都是相似的，每天都要做同样的工作（重复模式）。他定期离开几个月周游世界（生活中非工作领域的金线）。

受访者 2：她以园艺学徒的身份开始了工作生涯，但由于工作任务单调，她放弃了这个职业。然后，她做了一名医生助理的学徒，并在这一职业工作了几年。在各种工作转换之间，她总是要旅行几个月。由于对工作不满意，她决定去学校学习职业治疗。在为多家机构工作后，她决定成为个体经营者，经营自己的诊所。

她描述了低传记连续性的以下几个因素：她将作为医生助理的工作时期描述为现在已经结束的阶段。当时，她对做决定没有更多的想法。今天，她更具批判性，自己去做决定（明确的阶段）。当她为顺势疗法医生工作完成之后，她决定不再继续医生助理的职业生涯（中断）。她解释说，在作为员工的这些年里，她变得更加现实。她意识到机构的结构不能轻易改变，需要付出很大努力来改变它们（变化）。在完成了职业治疗学业后，她需要一段休息时间，利用这个时间去旅行。在某一时刻，她意识到，在她生活的城市找工作的时候到了（私人生活的明确阶段）。

2. 生态一致性

参与者认为他们基本上是一致的，很少提到低生态一致性方面或其例子。没有受访者评估自己完全一致或不一致。在参与者的描述中，高生态一致性指的是：

- 生活中非工作领域对职业生涯的影响；
- 他们的职业生涯对生活中非工作领域的影响；
- 他们从生活中非工作领域获得的对职业生涯的支持；
- 生活各领域之间的平衡。

他们描述的低生态一致性的特征是：

- 生活中非工作领域对职业生涯的影响；
- 生活各领域之间的分离；
- 职业生涯的主导地位。

受访者 3：他以木匠和绘图员学徒的身份开始了职业生涯。他当时是一名木匠，结了婚，开始建立了家庭。由于健康问题，他无法继续从事这一职业，决定去一所技术学院学习建筑。然后，他做了一名个体建筑师，为残疾人建造房屋。与此同时，他参加了为普通信徒开设的神学课程，几年后开始在大学学习神学。他现在在天主教堂做牧师。

他描述了一致性的以下几个要素：他解释说，总的来说，职业变化与一生中的个人发展密切相关，并列举了几个例子。他的私生活对职业生涯中的决定有影响。他最开始通过家庭接触木匠职业，然后决定走这条路。由于健康问题，他决定学习建筑，但无法继续做木匠。他的神学爱好培养了学习神学的决定。他认为目前的工作是有一致性的，因为他希望与人保持联系（生活中非工作领域对职业生涯的影响）。此外，他承认私人生活通过职业生涯中的学习过程发生了变化（职业生涯对生活中非工作领域的影响）。他的家人支持他在做建筑师的同时学习神学（私人生活对职业生涯的支持）。他认为工作和非工作是平衡的，因为他在手工艺和沉思中找到了对工作的补偿。他只有 80% 的时间用于工作，因此有更多的时间用于家庭生活。在工作中，他的个人生活和职业生涯融合在一起（生活各领域之间的平衡）。

受访者 4：他违背父母的意愿，决定开始做一名学徒，做实验室助理。因为组建了家庭，他决定上一年警察学校。然后做了一名警察，在职业生涯中取得了进步。在业余时间，他开始绘画，他在房子里布置了一个工作室。在达到职业阶梯的顶端后，他决定辞去警察工作，当一名艺术家。

他提到了导致低生态一致性的几个因素：他讲述了两个例子，其中私人生活对职业生涯产生了影响。他对警察的职业很感兴趣，因为他的父亲是一名辅警。建立家庭使他的职业发生变化，他决定上警察学校。在沟通确认过程中，他认为这两种影响的一致性都很低（生活中非工作领域对职业生涯的影响）。他解释说，在警察局担任要职时，他设法将工作和家庭生活完全分开（生活领域之间的分离）。在警察生涯中，他显然专注于职业生活，而无法控制自己的生活和时间管理（职业生涯的主导地位）。

3. 控制点

总的来说，受访者提到了许多关于内控点的例子，以及关于外控点或互动控制点的例子。任何受访者都无法被分配到一个特定的控制点类别，即内控点、互动控制点或外控点。参与者通过以下方式描述了内控点：

- 个人选择或决定；
- 积极追求兴趣或目标；
- 自我负责。

他们描述了互动控制点的特征：

- 视情境因素做出的个人决定；
- 适应情境因素；
- 人与情境因素的相互作用。

他们将外控点或宿命控制点解释为：

- 由情境因素决定；
- 由其他人决定。

为了说明这些子类别，我们介绍三位受访者。第一位为内控点的所有维度提供了例子，第二位为互动控制点提供了例子，第三位为外控点提供了例子。他们三位也都呈现出其他类别要素。

受访者5： 离开学校后，她开始学徒当秘书。她一边做秘书，一边不断寻找自己真正的职业兴趣，因为她不满足于现有的各种工作。在学习摄影课程中，她确信摄影可以成为未来的职业。她申请到一所艺术设计学院学习。现在在这所学校兼职，做个体摄影师。

她提到了内控点的以下要素：学徒期结束后，她决定搬到这座城市，因为她想和朋友住在那里（个人选择或决定）。为了找到适合她的职业，她选修了几门课程。在学习其中一门课程中，她意识到自己想成为一名摄影师（积极追求兴趣或目标）。在沟通确认过程中，她增加了两个方面。她形容自己的工作是独立的，因为她是个体职业者，只依赖客户。她可以根据目标对自己负责地规划自己的未来（自我负责）。

受访者6： 她以制图员的学徒身份开始了工作生涯。在工作了几年后，她决定去一所技术学院学习建筑。由于一份诱人的工作，她离开了大学。在政治上活跃了几年后，她决定在一个工会从事促进机会平等方面的工作。她上了一所成人文法学校，以便被录取攻读硕士课程。

她描述了互动控制点的以下要素：学徒期结束后，她的父母不允许她独自搬到瑞士南部意大利语区。因此，她决定去洛桑，这是一座西部法语区城市，她姐姐的一个朋友住在那里。为了学习建筑，她更喜欢伯尔尼而不是苏黎世，因为她可以继续住在洛桑。她把在工作中受到的歧视描述为一次非常有启发性的经历。她已经意识到敌对行为的模式，必须找到对抗这些模式的方法（视情境因素做出的个人决定）。她认为男性主导的行业和工会是一个要求很高的工作环境，因为她必须重新开始每个项目。辞去工会职位后，工会内部结构根据她的建议进行了改动。由于有了孩子，她自己的灵活性受到限制，因为必须安排工作日照顾孩子（适应环境）。她受雇的工会提供了直接影响各公司机会平等政策的良机（人与环境因素相互作用）。

受访者 7：她的父母决定她必须上文法学校，她离开文法学校时拿到小学教师文凭。在工作几年和周游世界后，她开始当一名金匠学徒。现在她在自己的工作室工作，并开设职业培训课程。

她提到了几个外控点的例子：在文法学校上学时，她经常感到孤独。她总是不得不作弊，假装完成了作业（由情境因素决定）。她的父母决定她必须上文法学校，尽管她不情愿（由其他人决定）。

4. 自尊

在沟通确认中，参与者将大部分卡片分配给高自尊或中自尊。他们只将几张卡片分配给低自尊。参与者对自尊的平均评价为中等或高等。因此，他们似乎对自己的身份建构感到满意。对传记或身份的不满只涉及某些方面。例如，一位受访者对自己的职业表示不满，因为她没有找到一份与其资历相符的兼职工作。然而，从整体人生历程来看，她是非常满意的。

第七节　讨论

研究结果表明，参与者普遍成功地将所经历的职业变迁融入自己的身份结构；总体而言，高自尊表明他们对自己的身份建构感到满意。

在职业、工作或工作任务以及职业兴趣和目标中，参与者都表现出传记连续性。参与者还通过抽象的模式和私人生活领域来解释连续性，在工作或私人生活中经历的明确阶段，以及在职业生涯中经历的中断或变化中，表现出低传记连续性。连续性并不是在整个生命过程中演变的，而是由一些时期和一系列年份组成的。很少有一根金线能贯穿他们的一生，但几根较小的金线涵盖了一些年份、主题或事件。它们通常捆绑在一起，让连续性得以出现。不连续性依然存在，但并没有威胁到个人身份建构。

参与者表现出高水平整体生态一致性。他们通过职业生涯和生活中非工作领域之间的影响、从工作中得到的支持以及生活中不同领域之间的平衡来解释高生态一致性。低生态一致性表现在私人生活对职业生涯的影响、生活各领域之间的分离和职业生涯的主导性。参与者将私人生活对职业生涯的影响解释为高一致性和低一致性指标。尽管样本的一致性很高，但大多数参与者在工作或教育和培训上投入了大量时间，他们试图在职业生涯中实现个人兴趣、梦想和目标。其中许多人没有更好地实现工作与生活的平衡，因为工作在生活中占有主导地位。

参与者的陈述平均分布在"内部控制"、"外部控制"和"互动控制"类别中。参与者仔细描述了影响他们做出决定的各种因素。他们通过个人选择或决定、积极追求自己的利益和目标以及自我负责的行动等来描述个人控制。他们通过适应甚至依赖于情境的个人决定、人和情境因素的相互作用来描述互动控制点的特点。在外部控制方面，他们受制于情境或其他人。

结果表明，将控制局限于内部和外部维度（参见 Rotter, 1966）不足以充分描述职业身份（Hausser, 1995; Hoff et al., 1991）。在沟通确认过程中，参与者重新解释了之前描述的事件，并权衡了控制的各个方面。因此，研究中应考虑互动控制点，并将其整合到控制点概念中。我们的结论是，在解释过程中需要进行差异化，在这一过程中，参与者会评估一个因素是内部的还是外部的，以及其重要性和由此产生的控制点。

虽然一些关于身份的话题比其他话题更频繁地被提及，但参与者并不依赖一致性策略。因此，个体差异仅限于使用特定的解释，个人无法通过他们使用的子类别模式来被明确区分。参与者似乎能有效地应对职业变化。我们的结果与比利特（Billett）的发现（参见本书中由比利特撰写的第七章）是有共同性的，比利特说明了研究中的五位参与者是如何很好地适应职业生涯的变化。他们通过职业生涯的变化以及工作和私人生活的相互作用，成功地发展了自我意识。

在我们的研究中，必须考虑到参与者是有学历的，可以依赖所接受的教育和职业培训。此外，他们能受益于瑞士劳动力市场的有利条件，因为他们有机会在新的职业中找到合适的工作，虽然几乎没有与新工作直接相关的经验。只有少数人的工作低于其资格水平，例如，一名心理学家在她以前的职业生涯中担任护士。关于自尊和失业的研究（参见Wacker and Kolobkova, 2000），我们不得不假设，有人在不太有利的就业情况下，对个人身份的评价更消极。身份建构发展的假设意味着，这种个人评估也可能随着时间的推移而改变。例如，在个人经历困难的时期，参与者可能会以较低的自尊更加批判性地评价自己的身份。为了分析这一发展过程及其个人评价，有必要跟踪个人多年来的身份发展。我们的目的是找出生活事件如何影响身份建构，以及人们是否能在面对已经发生的事情时重新获得平衡。

参与者寻找一些解释和过去发生的事件，以便能够对当前的身份建构给予支持。在我们的回顾性分析中，不可能重现过去的经历和事件对过去的个人身份的重要性。例如，一位受访者解释说，她总是有一种想合作的愿望，这一解释符合她目前对自己传记的看法。如果20年前被问及此事，她可能会给出另一种解释。

基于传记叙事的个人身份分析包含个体的多种经历，这些经历涵盖了身份维度中的多个方面。因此，必须假定，这样的身份建构不如参考目前观点所进行的身份建构那样受到关注。尽管可以追述回顾，但青春期或成年早期经历的事件与近年来发生的事件已然迥乎不同。例如，对维度控制点的分析表明，相当多的外控点的例子发生在青少年和青年时期。这一事实可以用这一时期父母对孩子的限制来解释。

我们的编码与参与者在沟通确认中传达的个人视角之间的差异表明，在类别的极值之间存在着广泛的解释范围。这需要解释，存在一条微小的金线还是一条突出的金线，对一个家庭来说，多久才算是很长的一段时间，以及一个人在多大程度上可以控制自己。参与者在两极之间选择适合自己的平衡。他们找到了构建和重建自己身份的解决方案，并设法以一种方式重新定义事件，这意味着他们可以接受这些事件作为自己传记的重要组成部分。他们将解释过程中出现的不一致整合起来，即机运被重新定义为融入他们生命叙事的内部控制。因此，他们在持续的解释和建构过程中形成了自己的身份，通过这个过程，整合了当前事件和经历（参见 Hausser, 1995; Keupp et al., 1999）。

在积极的身份建构过程中，参与者不断地定义和重新定义生活中的金线，尽管他们职业生涯的连续性并不一定很明显。职业和工作在生活中起着重要作用，但经历的许多变化并没有导致身份中断，他们在工作中找到了连续性。即使就业要求的情况并非个人所盼，职业变迁也不会对个人身份建构造成威胁（参见本书中由比利特撰写的第七章；Keupp, 1997; Sennett, 1998）。参与者给出了多种解释和建构，似乎对他们而言都是切实可行的。鉴于这种解释和子类别的组合，没有必要规范地假定一个理想的身份状态（参见 Marcia, 1980）。

特别合作中心 186（Heinz, 2002; Witzel and Kühn, 2000）和"欧洲劳动力市场中的职业身份、灵活性和流动性"项目（Kirpal, 2004b）所归纳的类型学支持工作灵活性和身份之间存在交互关系的假设。第一种类型强调个人选择和目标与工作环境之间的相互作用。后者得出的结论是，灵活性提高了重新解释个人身份建构的必要性（参见 Kirpal, 2004b）。我们的研究结果与这些发现十分相似，因为研究的参与者根据已经发生的事情调整了身份建构，并做出了适合他们身份建构的选择。此外，参与者的工作传记符合"欧洲劳动力市场中的职业身份、灵活性和流动性"项目类型学得出的灵活性工作身份。虽然灵活性工作身份代表了一种社会身份的概念（参见 Ellemers et al., 2002），侧重于人们处理工作灵活性要求和适应工作灵活性的方式，但此分析强调了工作灵活性是如何被体验并融入自我感知的。

在遵循作为个体呈现身份的个人愿望时，我们的分析揭示了用以描述身份的宽广光谱。结果显示了个人身份建构中的复杂性、细节性和差异性。因此，在已提出的分析体系基础上继续分析身份建构并进一步发展此体系是有益的。

我们的结果没有提供反对工作灵活性的论据。鉴于"欧洲劳动力市场中的职业身份、灵活性和流动性"项目类型学中的经典类型（Kirpal, 2004b）和我们研究的类型学中的批判—灵活型（Raeder and Grote, 2004），灵活工作似乎比在标准的就业模式下工作要求更高。考虑周全的灵活性对雇主和个人都很重要。虽然参与者成功地找到了适当的平衡，但结果表明，明智的做法是支持人们在连续性和不连续性要素之间、在生活领域之间的关系中以及在控制和接受控制之间找到这样的平衡。

在目前的就业形势下，雇主和个人应积极评价职业中断和个人传记的变化，并在中断的情况下提供就业机会。为工作特征和事件建立起从现在到过去的联系，雇主应该促进这一过程的发展，并引入和实现职业兴趣和目标的过程。应该提供变化和发展的可能性，以及在这些过程中找到自己的位置。个人应该能够在工作和生活的非工作领域之间找到适当的平衡。

无论在雇佣关系之中还是之外，在职业咨询的背景下，这都意味着需要提供一个环境来讨论个人兴趣和目标、个人选择、决定和责任。应该考虑这些因素与环境限制和机会的相互作用，同时也应该考虑各种可能的解释。为了提高自尊，应该提供支持，帮助个人在发展自己的传记时找到充分的理解和积极的评价。

致谢

我们感谢瑞士国家科学基金会（SNF-Grant 4043-58298）的财政资助，以及卡特琳·古德（Katrin Good），娜塔莉·波特曼（Nathalie Portmann）和里卡达·塞德尔（Ricarda Seidel）对本研究的协助。我们也感谢研究组的同事们对本文早期版本提出的非常有帮助的意见。

参考文献

Billett, S. (2006). Exercising self through working life: Learning, Work and identity. In A. Brown, S. Kirpal and F. Rauner (Eds.), *Identities at Work* (pp.183–210). Dordrecht: Springer.

Blascovich, J. and J. Tomaka (1991). Measures of self-esteem. In J.P. Robinson, P.R. Shaver and L.S. Wrightsman (Eds.), *Measures of personality and social psychological attitudes*, Vol. 1 (pp. 115–161). San Diego: Academic Press.

Ellemers, N., R. Spears and B. Doosje (2002). Self and social identity. *Annual Review of Psychology*, 53, 161–186.

Erikson, E.H. (1959). *Identity and the life cycle*. New York: International Universities Press.

Frey, H.-P. and K. Hausser (1987). Entwicklungslinien sozialwissenschaftlicher Identitätsforschung. In H.-P. Frey and K. Hausser (Eds.), *Identität. Der Mensch als soziales und personales Wesen* (pp. 3–26). Stuttgart: Enke.

Hausser, K. (1983). *Identitätsentwicklung*. New York: Harper & Row.

Hausser, K. (1995). *Identitätspsychologie*. Berlin: Springer.

Heinz, W.R. (2002). Transition discontinuities and the biographical shaping of early work careers. *Journal of Vocational Behavior*, 60, 220–240.

Hoff, E.-H. (1990). Identität und Arbeit. Zum Verständnis der Bezüge in Wissenschaft und Alltag. *Psychosozial*, 13(3), 7–23.

Hoff, E.-H., W. Lempert and L. Lappe (1991). *Persönlichkeitsentwicklung in Facharbeiterbiographien*. Bern: Huber.

Keupp, H. (1997). Diskursarena Identität: Lernprozesse in der Identitätsforschung. In H. Keupp and R. Höfer (Eds.), *Identitätsarbeit heute. Klassische und aktuelle Perspektiven der Identitätsforschung* (pp. 11–39). Frankfurt: Suhrkamp.

Keupp, H., T. Ahbe, W. Gmür, R. Höfer, B. Mitzscherlich, W. Kraus and F. Straus, (1999). *Identitätskonstruktionen. Das Patchwork der Identitäten in der Spätmoderne.* Reinbek bei Hamburg: Rowohlt.

Kirpal, S. (2004a). Researching work identities in a European context. *Career Development International*, 9(3), 199–221.

Kirpal, S. (2004b). *Work identities in Europe: Continuity and change. Final Report of the 5th Framework Project FAME.* ITB Working Paper Series No. 49. Bremen: Institute Technology and Education/University of Bremen.

Kroger, J. (2000). *Identity development. Adolescence through adulthood.* Thousand Oaks: Sage.

Lechler, P. (1982). Kommunikative Validierung. In G.L. Huber and H. Mandl (Eds.), *Verbale Daten. Eine Einführung in die Grundlagen und Methoden der Erhebung und Auswertung* (pp. 243–258). Weinheim: Beltz.

Marcia, J.E. (1980). Identity in adolescence. In J. Adelson (Ed.), *Handbook of adolescent psychology* (pp. 158–187). New York: Wiley.

Mayring, P. (2000). Qualitative content analysis [28 paragraphs]. Forum: qualitative social research [on-line journal], 1(2), retrieved August 30, 2004, from http://www. qualitative-research.net/fqs-texte/2002–2000/2002–2000mayring-e.htm.

Raeder, S. and G. Grote (2004). Flexible und kontinuitätsbetonte Identitätstypen in flexibilisierten Arbeitsverhältnissen. In H.J. Pongratz and G.G. Voss (Eds.), *Typisch Arbeitskraftunternehmer? Befunde der empirischen Arbeitsforschung* (pp. 57–72). Berlin: Edition Sigma.

Reilly, P.A. (1998). Balancing flexibility — meeting the interests of employer and employee. *European Journal of Work and Organizational Psychology*, 7(1), 7–22.

Rotter, J.B. (1966). Generalized expectancies for internal versus external control of reinforcement. *Psychological Monographs*, 80(1), 1–28.

Sennett, R. (1998). *The corrosion of character* (7th ed.). New York: W.W. Norton.

Sheldon, G. (1995). *Berufliche Flexibilität im Spiegel der Zeit* (Vol. 19). Bern: Bundesamt für Statistik.

Statistisches Bundesamt. (1996). Klassifizierung der Berufe, Ausgabe 1992, Berufsbereiche, Berufsabschnitte, Berufsgruppen, Berufsordnungen. In Statistisches Bundesamt (Ed.), *Bevölkerung und Erwerbstätigkeit, Fachserie 1, Reihe 4.1.2, Beruf, Ausbildung und Arbeitsbedingungen der Erwerbstätigen 1995 (Ergebnisse des Mikrozensus)* (pp. 317–323). Stuttgart: Metzler-Poeschel.

Wacker, A. and A. Kolobkova (2000). Arbeitslosigkeit und Selbstkonzept—ein Beitrag zu einer kontroversen Diskussion. *Zeitschrift für Arbeits- und Organisationspsychologie*, 44, 69–82.

Whitbourne, S.K. and C.S. Weinstock (1979). *Adult development. The differentiation of experience*. New York: Holt.

Witzel, A. and T. Kühn (2000). Orientierungs- und Handlungsmuster beim Übergang in das Erwerbsleben. *Zeitschrift für Soziologie der Erziehung und Sozialisation*, 20(3. Beiheft 2000), 9–29.

第七章　通过职业生涯锻炼自我：学习、工作与身份

澳大利亚格里菲斯大学

斯蒂芬·比利特（Stephen Billett）

第一节　第一部分：学习、自我与工作

1. 通过职业生涯锻炼自我

本章旨在了解个人是如何参与工作和整个职业生涯并在其中学习的，他们学习的目的是什么，以及如何被激励努力学习的。如果没有这样的理解，就很难确定政府和雇主能否以他们想要的方式实现对个人自立自强的期望。因此，更深入地了解个人如何参与职业生涯并从中学习，如何在参与和学习中发挥能动性，他们的目的是什么，以及这与他们的价值观和信仰是如何联系在一起的，这些方面非常重要。简言之，是什么引导个人在职业生涯中学习？政府、行业团体和企业的目标是如何通过作为行动者和学习者的劳动者所采取的行动来实现的。

这里提出的是，一个人的自我意识以及通过自己的实践和有意行为对其进行的锻炼，对指导和塑造这种学习以及对工作中实践的持续改造，起到了很大的作用。建议更多地承认和思考雇员个人能动性与所在社会机构之间的相互依存关系，而不仅仅是雇主和政府的行为。这一点在当前关于职业生涯学习的概念中得到了证明，尤其是在个人追求"做

自己"的角色中。这一追求包括在个人参与和改造其工作实践时重塑自我意识（Billett et al., 2005; Billett and Somerville, 2004）。这很可能导致政府意图、雇主意图和个人意图之间产生矛盾和复杂性。社会机构与个人能动性的贡献是相互依赖的，社会机构通过社会文化实践和规范提供的建议形式以及构成工作场所情境体验的复杂社会因素来实现其贡献，个人则通过意图、凝视和参与来实现其贡献。在重新塑造和改造有偿工作的文化习俗以及发展个人能力或学习方面，这些贡献在维持各自的持续性和发展方面是相互依赖或相互依存的。这两种形式的连续性和相互依赖性的核心是自我作为身份要素在形成和激发相互依赖性中的能动和变革作用，但这一点却很少被理解和承认。为了进一步探索、阐明和理解这种相互依赖性，我们对五位员工的工作和工作以外的生活进行了研究。

这项研究试图确定个人参与职业生涯的基础，以及他们的能动性、意图和自我意识在工作和学习中所起的作用（Billett and Pavlova, 2005）。在调查期间，五位员工中的每个人都面临着工作的重大变化。研究发现，与预期相反，其中的每个人在不断变化的工作环境和工作任务中协商自己的位置时，他们的能动性和意向性都指向"做自己"。对于其中四个人来说，这些行动和协商会改善、帮助或有利于他们在职场中的地位。在第五个例子中，不是缺乏工作场所的支持，而是其过度行使职权导致了不太令人满意的结果。在不同程度上，对于每个人来说，有证据表明他们的需求和工作场所的供给之间是相互依赖的，但协商是由他们的能动性和目标指导的。虽然政府期望个人对自己的终身学习负责并能够自立自强（Edwards and Boreham, 2003），但学习可能不会按照政府及雇主设想的方式进行。尽管自立自强是通过职业生涯经历协商和重塑的，但个人、雇主和政府希望从中得到预想的收获存在不一致，因为这是针对个人目标而言的。这表明，有关确保特定类型职业生涯成果的相关政策和实践需要考虑到或者要符合个人自我意识的能动性，这包括在改变和重塑自我意识过程中个人和工作场所之间的协商。这些概念的前提及其在个人职业生涯数据中的体现证明，虽然政府、教育机构和工作场所热衷于动员工作者作为学习者在其职业生涯中要为经济和市政服务（Field, 2000），但这种动员不可避免地通过个人的自我意识和意图，即他们的能动性，来进行调节。这些需要在政策和实际操作中加以考虑。

　　为了阐述这些观点，本章首先概述并讨论了社会机构和个人能动性之间的相互依赖关系，把它作为了解通过工作学习和为工作而学习的一种手段，以及个人能动性和主体性在这种相互依赖关系中所起的作用。随后，描述了调查五名员工职业生涯研究的程序、参与者和结果。在讨论这些员工工作变化与兴趣和意图之间一致性的章节中详细阐述了研究成果，并阐述了个人目标、偏好和意图是如何与其工作和职业生涯交织在一起的，个人能动性在塑造工作方式方面的核心作用，以及工作性质的变化与他们的"自我意识"之间的相互依赖性。

2. 在职业生涯的转变期中学习

　　目前，许多人似乎都对通过工作学习和为工作而学习很感兴趣。政府、行业和企业对国家、行业部门和企业劳动力的可用性和技能水平的关切，以及对工作场所能力需求和要求不断变化的时期保持或发展这些劳动力的关切，在很大程度上激发了这种兴趣。然而，虽然共同关注工作技能的水平和质量这一问题，但政府、行业、企业和个人的目标以及为实现这些目标而优先采取的方法可能会有很大的不同，甚至存在分歧。政府有兴趣提供这样的劳动力，他们能够适应日益全球化和不稳定的经济环境中不断变化的需求，并能够抵御失业（Green, 2001）；行业代表和领导人可能主要关注该行业部门技能的保持和发展，例如，与其他部门竞争公共基金以用于保障教育；企业更有可能关注其产品和服务的连续性并发展所需的具体技能；个人最关心的可能是其就业的连续性或职业道路的发展。

　　这些不同的目的会产生不同的能动性行动。对政府来说，其目标似乎是动员个人积极地、充满智慧地参与面向其他国家同行的全球竞争（Field, 2000）。动员的重点是个人为自己的学习负起责任——自立自强——政府只是让人们参与进来而不是提供帮助（Edwards and Boreham, 2003）。行业团体确立技能标准，制作并确认课程，生成行业特定技能并为其做出认证；实施吸引或留住该行业工人的计划，还会发现技能短板并将这些关注的问题传达给政府。企业根据需要采取行动，鼓励或调控培训机会，促进企业专项认证，选择是否参与国家计划；还可以选择分配和使用员工发展所需的资源，而且通常不受政府授权的影响（Brunello and Medio, 2001）；可能会拒绝承认更多可让人们傍身的技能，也不太可能强调工作具有复杂性且需要学习（在宣传他们的产品时除外），以免削弱企业控制劳动力成本的能力。除了缺乏一致性，这些不同的行动也存在矛盾。政府的战略目标并不总是与行业部门的战略目标一致。同样，员工工作并从工作中学习的企业也可能与政府和行业部门优先考虑的事情不同。在此之中，个人在实现这些目标时所起的作用对他们的成功至关重要，但其贡献似乎仍然被误解和 / 或被低估。

　　这里有一个关键问题。这些不同的和相互矛盾的目标和过程很可能会误解和低估受到目标和过程影响的个人的作用；似乎低估了个人可能会拥有自己的兴趣和意图，这些兴趣和意图可能与其他人的目标和关注点一致，也可能不一致（Billett et al., 2004）。因此，个人目标与政府、行业团体和雇主的目标之间很可能存在矛盾，当他们自立自强时，可能会实现这些目标。这样会形成个人与其工作场所（Billett, 2001）、行业或政府（Billett, 2000）意图之间相互作用的基础，这些基础是经过协商的，而且可能存在争议。个人兴趣和参与绝非可有可无，由于其在学习和重塑工作实践中的作用，个人自我意识、能动性和意图对政府、行业和企业实现目标而言至关重要。

　　除了通过参与工作学习，对于政府、行业团体和企业寻求确保的劳动力参与类别、职业实践和熟练操作能力，个人还积极介入对它们的重塑。个人如何通过能动性被动员起来，确保政府实现目标，介入行业指定的工作属性以及企业的优先考虑事项，这些在某种程度上取决于个人。在某种程度上，这是个人对这些目标的理解、参与和构建以及在职业生涯中相关实践的结果（Billett, 2006b）。然而，是什么激发和指导个人在职业生涯中学习，个人能动性和意图发挥怎样的作用，它们对工作场所产生什么影响，以及行业和政府的战略目标是什么，还远未得到充分理解。阐述这种理解的关键是个人的自我意识。

3. 工作、学习和身份

工作是成年人生活的一个关键因素，对许多人来说，它是塑造和运用身份的手段（Noon and Blyton, 1997; Pusey, 2003）。因此，对于个人而言，工作不仅仅是用时间和劳动来换取报酬，参与工作活动和互动还可能会产生重要的结果。工作对个人身份的突出作用也不仅仅是在具有不同社会优先权的工作形式中确定个人的地位。如果是这样的话，大概只有那些从事最有声望、最高薪酬工作的人才能在工作中享受到成就感，其他人则会因为在这种外部调解标准上的相对地位而感到幻想破灭和被剥夺权力。然而，从事许多人认为的低地位、低薪酬工作的工人，在工作中表现出极大的能动性和自豪感，并通过在局部范围内得到认可和个人满意的方式表现出来（Billett, 2003a），这表明个人有强烈动机参与那些在更大范围内不被看好的工作。理解自我和工作之间的重要性和联系的一种方法是，要使参与活动的过程对于持续不断的个人学习起到至关重要的作用（Rogoff, 1990）。从事任何类型的工作都会对个人的发展带来特殊的、可能是重要的影响，这种影响体现在个人的自我意识和工作之间的密切联系上。因此，工作和学习密不可分，个人与他们的工作活动不可避免地以某种方式联系起来。

概念、程序和价值观往往是通过参与工作活动来学习、强化和转化的。工作场所提供了在工作中能学到东西的环境，在这个过程中，重塑了形成有偿工作的文化习俗（Hodkinson and Hodkinson, 2003; Somerville and Bernoth, 2001）。为学习环境给予优先权不应当根据它们是否声称该环境的主要目的是促进学习。相反，应当根据它们在多大程度上提供了支持实质性学习活动和互动的心理体验。正是通过这些，知识才得以体验、获取、参与和构建。在经验丰富的合作伙伴的帮助下，才可能最有效地实现知识和理解的发展，因为合作伙伴了解这些知识，能够提供以其他方式无法获得的东西，并支持和监督学习和发展（Billett，2006a）。这种可供性（affordance）或邀请性是构成学习环境的核心。

　　然而，个人在建构知识过程中的能动性程度对学习过程和学习环境来说很重要（Billett，2005b）。这种认识论作用可能包括个人对其经历（例如，什么构成了这些经历受欢迎或不受欢迎的可供性）的理解，他参与这些可供性（例如，活动和互动）的程度和意图，以及对意义、程序和价值观的建构。这一过程是由个体能动性塑造的并以此为前提，即通过集中和付出有意识的思想和行动以及它们的意图——这种能动性的具体焦点和方向。这些过程是由个人的自我意识及其主观性塑造的：他们如何看待世界。个人凝视的概念可以看作一种自我意识和主观性的象征。正是这种凝视塑造了个人如何识解和构建在工作中遇到的即时体验。因此，个人学习是对已知知识的提炼或强化，也是通过日常有意识的思考，通过个人认识论的构成而产生的（Bauer et al.，2004; Smith，2004），尽管认识论本身是通过与社会世界互动，以反复和联结关系的方式形成的。

　　转化学习也可以通过参与新的活动和互动而产生。在就业的剧烈变动时期，或者当其他经历使个人面临需要新见解（Rogoff，1990）、新过程或不同的价值观（Somerville，2002）的困扰时，这些情况尤其多见。这些学习过程对构成有偿工作的文化实践产生相似的影响。也就是说，即使个人参与到最常规的学习形式中，他们也处在参与重塑文化实践的积极过程。当个人参与实践，在个人历史的特定节点和时间节点学习和构建实践时，以及在参与一系列社会建议和规范时，文化和社会就被重塑和改变（Billett and Somerville，2004）。因此，个人学习和重塑文化的核心是他们的能动性在多大程度上能够指导、参与和构建所经历的事情：他们的认识论能动性既塑造了自我意识，又被自我意识塑造（Billett and Pavlova，2005）。因此，工作和学习中的连续性和转化都与个人如何识解、参与和构建活动和互动有关，这些活动和互动包括历史、文化和情境的贡献，它们共同构成社会馈赠的礼物（Archer，2000）：在社会世界中可以获得并被其投射的社会规范、价值观和实践。

4. 社会建议与个人能动性的相互依赖性

在个人学习和重塑文化的双重变化过程中，个人能动性和社会机构之间存在着相互依赖的关系。鉴于社会（例如，主观性的起源、文化需求和情境要求）和个人（例如，意向性和主动行为）之间相互依赖的关系对思考和行动的贡献（例如可参阅 Valsiner and van der Veer, 2000），因此，学习、个人能动性和意向性在这两种变化中都起着重要作用。

这种相互依赖关系的关键前提是，无论是社会建议还是个人能动性，都不足以实现预期的学习和重塑工作中的文化实践（Billett, 2006b）。社会建议或社会压力包括社会规范、实践和价值观及其制定，尽管它们以特定方式受到局部因素的影响。然而，这种压力或建议在工作场所中不太可能足够完整或全面，以确保完全社会化：知识从社会世界毫无疑问地转移到个人身上。正如纽曼等人（Newman et al., 1989）提出的那样，如果社会世界能够明确地扩展信息，就没有必要进行交流。这是因为理解是隐含的，不需要进一步的沟通来解释和领悟。然而，伯格和卢克曼（Berger and Luckman, 1967）提出，社会建议不能以导致完全社会化的方式被放大，因为个人参与建议时或多或少会被接受。没有别的理由，就因为社会建议的局限性，个人需要在意义建构中发挥能动性和主动性。产生于社会世界的意义和实践需要解释和理解，然而，个人不仅仅是简单地关注、参与和理解社会所建议的内容，重要的是，他也会在参与社会形态和实践时，带来独特的观念、程序和价值观基础。这些考虑因素为自己在学习和重塑包括工作在内的文化实践中的核心作用提供了前提。

因此，第一个前提是，在投射或推动建议的社会机构与个人理解建议的能动性之间，存在着不可避免的、重要的相互依赖关系。这对于了解有偿工作中的文化实践尤为突出。许多职业知识都源于文化实践和历史先例（Scribner, 1985）。这一起源很重要，因为它产生于一种文化需要，并随着时间的推移通过实践活动而不断完善。因此，通过历史和文化遗产获取这些知识，就需要与社会世界接触，因为这些知识并不是由个人内部产生的。相反，当个人接触这些知识并对其重建时，除了个人的发展之外，他们也会通过与社会建议的特定关系，在特定的时间点重塑这些文化实践。

从上述观点来看，重塑文化实践和个人学习并不是某种忠实的再造过程，相反，它是通过个人参与和建构这些实践进行重塑的过程，是通过实施社会和文化的规范和实践来实现的，这些规范和实践的需求必须在个人历史中的特定时间点得到满足。此外，随着新的文化需求出现，例如，时代或技术变化带来的需求，个人能动性的运用对于文化实践的改变必不可少。沃茨（Wertsch, 1998）区分了掌握性（即服从性）学习和挪用之间的区别。服从性学习是肤浅的，很可能是瓦西纳（Valsiner, 1998）所指出的那种强迫性或强制性社会建议的产物。挪用是一种社会派生的学习，个人自愿参与其中，使得个人经历与价值观和信仰之间达成一致。这样，服从性学习可能是肤浅的或被挪用的，这取决于它们与个人信仰和价值观的一致性程度。鉴于更丰富或更深入的学习需要在兴趣和意向性的支持下努力投入（Malle et al., 2001），当这种学习涉及个人兴趣和主动行为时，可能会更频繁地出现。

个人能动性在学习和文化重塑中的第二个前提是，在这些过程中可能存在某种程度的个人依赖。个人对所遇之事的识解是由社会塑造的，是通过个人与社会建议的独特协商，以一种反映他们自然成长或生活史的方式塑造的，这些协商在人生的各种社会实践中不断出现，社会实践对他们的个体发展时时刻刻做出微小贡献。从早期开始，皮亚杰（Piaget, 1968）称之为确保平衡的过程，而后来冯·格拉塞斯菲尔德（von Glasersfeld, 1987）称之为维持生存能力的过程，它构成了持久的个体认识论冒险行动。除了面对新奇的体验，个人识解也建立在对社会世界反应的可变性和不一致性的预期之上，以及确定性和一致性等方面的预期之上。例如，鲍德温（Baldwin, 1894）指出，儿童在很小的时候就学会期待与社会世界打交道时的不一致性。他指出，得到一块饼干的请求可能在某一天会得到满足，但在第二天会被同一个人拒绝。这样，个人的个体发展通过个人的主体认识论过程而产生，通过与社会世界的持续互动而形成，个人由此开始期待并监测不一致性。反过来，这一过程会影响他们参与新的体验。这些体验可能在某些方面是个人独有的，在维果茨基学派所描述的心理间（inter-psychological）的方式中具有高度的形成性，并与心理内（intra-psychological）属性相联系。因此，在知识建构和文化实践重塑的过程中，不可避免地会出现有个体差异的概念，也会与他人享有共同领域或共同理解（Billett,2003b）。

第三个前提是，由于个体发展和个人认识论，需要考虑个人的前期间接经验，即那些出现得更早、进而形成后续识解的经验。这些识解塑造了他们的概念和主观性——你可以称之为凝视——并因此影响了他们如何建构后续的体验。正是这些概念和主观性塑造了个人在学习、在文化实践的重塑和转化过程中的意向性和能动性。因为这些前期间接经验本身是由独特的个人认识论塑造的，但又有助于形成独特的个人认识论，因此，即便是最明显统一的社会经验，它对各方面的贡献都是同等的，也将成为一个局部个体化过程的主题，个体在这一过程中进行解释、识解和建构。这形成了特定的、独特的个人认识论基础，尽管它们是由社会塑造的。因此，由个人先前的社会经验构成的生活史是他们通过直接经验（即工作场所的活动和互动）做出社会贡献的重要前提。

最后一个前提是，个人能动性与社会机构之间的关系不是相互的，而是相关的。正如社会建议可能较弱或较强一样，个人对特定社会建议的参与也可能较强或较弱（例如，情境实践、文化规范或文化实践）。个人和社会以平等的方式共同协作并取得成果的前景非常渺茫。他们所产生的相互作用的过程在某些方面是个体独有的，个体在理解特定的社会建议时可能会有选择性，或者只是没有意识到这种选择性（Billett,2006b）。社会机构和个人能动性之间相互依赖的核心问题是，当个人遇到以多种不同形式投射的社会经验，并依据个体形成的不同基础构建意义时，这种相互依赖就变成相关的了。

这种相互依赖关系在社会和个人意图之间不断进行协商，它们之间的关系也在发生变化。在这些协商中，积极运用个人自我意识或身份起到关键作用。罗斯（Rose, 1990）提出的"进取的自我"的概念为这种能动性提供了实例。在这个案例中，受访者作为一名企业家，其个人的重点和方向是自我调节和个性化，以确保雇主实现其经济目标，从而确保他们作为雇员与雇主的关系。然而，一套固有的、个人构建的意图也可能表现为对工作场所监管做法的抵制或巧妙处理（Grey,1994），或者是无条件遵守这些规则，或者是在自我中对它们进行权宜的套用。也就是说，能动性的运用并不总是旨在确保进一步的社会征服或忠实地再现现有的主观性。相反，它可能会将重点放在实现更多的个人目标上。

5. 评估工作中处于相互依赖关系的个人

在强调个人能动性并承认其不同于社会体验的过程中，出现了一个问题，即应该在什么基础上评估个人能动性。通过给个人能动性和意向性赋予优先权，出现了另一种相对主义的风险，即"任何事情都可以发生"的风险。除了承认自我描述性和个人依赖性的现象学建构之外，还需要确定讨论和评价工作中个人能动性和意向性作用的基础。社会形态促进了对工作的客观评价，虽然存在缺陷，但反映了特权阶层和精英主义的特殊观点（Wright Mills, 1973），并为批评和评价个人能动性提供了基础，这在高度个人主义或个人自立的形式中是不容易做到的。例如，客观描述什么是有价值的工作时，可能是以个人在薪酬或晋升到更高地位和有薪职位方面的利益为前提的。当然，我们可以指出，无论工作中的自我对个人意味着什么，都应该足够了。然而，一些评论者很快就会提出，个人正被蒙蔽，从而进入虚假意识（Ratner, 2000），或者不完整或不令人满意的自我意识。奥多尔蒂和威尔莫特（O'Doherty and Willmott, 2001）认为，个人与社会世界纠缠在一起，他们在工作中努力识别"自我意识"。鉴于个人与工作场所之间的协商关系，以及个人参与他人构建的实践的需要，他们提出，从个人在经过测试和协商形成的关系中获得"自我意识"的角度来看待个人能动性会更加有用。即使在能够行使高度自由的情况下，也为个人提供了一种获得与工作目标相关的幸福感和满足感的手段，而不是所谓"做自己"的这一更有问题的个人能动性人文理念（O'Doherty and Willmott, 2001, p.117）。

因此，评价个人能动性的出发点可能是个人根据所遇到的情况进行协商和构建"自我意识"的能力，而不是"做自己"，在这样一个社会饱和的时代，这被认为是不现实的（Gergen, 2000）。这并不意味着高度个性化的认识论有某种无序特权。相反，它反映了构成自我的不断变化和不确定的基础，但也意味着确保自我意识的主体性。这表明，个人和工作场所之间的相互作用是协商的、竞争的，最重要的是高度关系化的。因此，个人可能会试图在社会衍生的对其工作的约束中构建自我意识。

因此，随着工作要求和参与工作方式的改变，个人的主观性和身份以及对自我的重新协商都会受到直接的影响，而且人们可能会对自我进行重新协商。通过考虑个人的主动行为，可以丰富对这些影响的理解。这样，整个职业生涯中的学习可以被视为一个变化之旅，因为个人有选择地与工作投入、不断变化的工作要求、工作实践和转变着的工作参与基础进行协商。在整个过程中，个人身份、主观性和行动可能会经历有选择性的但有争议的、相互依赖的工作投入。

第二节　第二部分：工作、身份与学习的关系
——五个叙述

1. 研究自我、学习与工作

这里描述和讨论的调查旨在发现五名员工从事职业生涯的基础，以及指导他们实践和决策的依据。数据收集包括在一系列半结构化访谈中与参与者进行的按顺序排列的磁带录音对话。最初的访谈通过分析这五名参与者的工作活动和互动，以及包括他们职业生涯在内的个人历史，从而来确定这五名员工的工作内容。初次访谈之后，在接下来的 12 个月里，每两个月进行一次访谈，以获取关于工作、职业、工作外生活和职业生涯转变的数据，目的是了解 12 个月内他们的职业生涯、主观性和决策的变化。我们采用具体访谈问题获取调查数据，并对初始分析进

行改进和扩展。分析包括确定参与者职业生涯和工作外生活的轨迹。为了评价、验证和确认初始分析，在后续访谈中，都与参与者讨论每次访谈的数据及初始分析和推论。调查的一个主要关注点是，在一年的时间里，通过对数据的完善和扩展，不断进行访谈。

2. 五名员工

选择五名参与者的前提是考虑他们是拥有不同类型工作（例如，技术协调类工作）、不同工作模式以及不同工作经历（例如，移民、兼职工人）的个人，但没有选择那些能够充分发挥个人能动性和自主能动性的参与者。参与者如下：卡尔（Carl）是一家大型国家保险公司的经纪人，负责保险报价并向客户销售保险，只收取佣金，他基本上是一家大型企业中的独立经营者；肯（Ken）是一个企业化的州政府部门的信息和通信技术部经理，他的部门对整个政府部门的电子安全负有特殊责任；列夫（Lev）是一家大型跨国公司的电子工程师，该公司设计和制造铁路运输系统；林恩（Lyn）在都市区的水果和蔬菜市场做兼职批发业务，是一个小型工人团队的成员，她每周工作两三天，从凌晨 2 点开始，一直持续到当天的订单完成并发出；迈克（Mike）在一家大型汽车经销商担任主管和客户服务协调员，与车间、销售部和客户一起工作，他有培训和大量实践经验，是一名汽车维修工。总的来说，这五个人从事不同形式的工作，包括不同类型的工作要求和工作方式。

这五个人的职业生涯都有着不同的曲折经历。保险经纪人卡尔曾是一名职业运动员，退休后在保险经纪人行业发展职业生涯。因此，他最初的职业和现在的职业之间存在着明显的不连续性。肯是一家信息技术部门的经理，他在一个基督教社区长大，现在仍然是这个社区的成员。他第一次工作经历是与教会有关的活动。此后，从事了一系列服务类职业（例如，零售、餐馆管理、消灭害虫），后来学习了电子安全系统方面的专业知识。正是凭借这一专长，他最终成为一个近期刚刚企业化的政府部门的信息技术部经理。电子工程师列夫在俄罗斯军队服役期间，通过有组织的项目学习了电子技术。后来，他在俄罗斯铁路系统担任电子工程师。然而，移民到澳大利亚后，由于英语水平较低，他不得不找一份他称之为地位低下和有失体面的工作（例如，医院夜间值班员），只有当英语能力提高时，他才能在电子行业找到工作。林恩在水果和蔬菜市场工作，从事的工作形式被归类为低技能和低薪工作（例如，零售工作、在销售市场清洗汽车、在工厂工作），同时她还是养育三个孩子的单亲母亲。迈克在其工作的经销商中担任监管职务的时间相对较短。在整个职业生涯中，他一直是一名汽车维修工，但大部分时间都是一名道路救援维修工，帮助车辆发生故障的驾驶者，这与在汽车车间的工作完全不同。

因此，在五名参与者中，只有迈克作为一名汽车修理工有持续的职业重心，尽管他对客户服务的兴趣使他从事道路紧急救援工作。其他人在不同程度上经历了职业生涯和职业身份的不连续性或转变。对于在水果市场兼职的林恩来说，与其他人不同，她的工作身份仍然不清楚、不确定和不成熟。然而，她非常有意将自己的身份从照顾孩子的人转变为工人。这些多样化和曲折的职业生涯轨迹表明，终身学习和整个工作生涯的学习所关注的不仅仅是技能的发展，还包括通过构成个人职业生涯史的不确定途径，形成和重塑职业身份和主观性。如下文所述，每一条途径都有证据说明他们的意图，以及为实现这些目标而发挥的能动性。在这些途径中值得注意的是，他们与埃里克森（Erikson, 1968）提出的线性发展历程的对比。这五位员工的人生轨迹强调，他们需要通过颠覆性的和不确定的职业生涯来确保自己的身份认同或自我意识，而不是在社会认可的人生阶段协商身份认同感和价值观时，协商那些主要源于个人内部的心理社会危机。理解这些协商发生的背景，有必要详细阐述工作和工作实践的变化及其对这些人的影响。

3. 变换工作

在最近一段时间，包括在长达一年的数据收集期间，每个人的工作和工作要求都发生了转变和改变。然而，这五个人并没有像一些报道所预测的那样被彻底改变、放弃或边缘化（例如可参阅 Bauman, 1998;

Beck, 1992; Rifkin, 1995），而是在很大程度上很好地适应了职业生涯的转变。此外，在某些情况下，这些变化非但不是一种障碍，反而对他们的职业发展和工作中的自我意识起到了很大的促进作用。

卡尔的保险经纪人工作经历了相当大的变化，因为澳大利亚政府最近出台了规定和法律，要求在向客户提供保险报价建议时提供更多证据和透明度。现在每个报价都需要更全面、更细致地记录，因此需要更长的时间。这样，由于需要额外的工作和相对来说微薄的回报，小的保险报价和保单对卡尔的吸引力降低了。小的报价业务转给了公司职员。卡尔喜欢从事高价值保单的工作，并通过培养与客户的互动和保持关系，为大型保单持有人提供服务，随后他将更多注意力放在此类项目上。他说这种风险经营活动很成功。这种工作很适合他的工作喜好，而且有利可图。立法上的变化也在下半年以一种完全不同和出乎意料的方式直接为他提供了支持。他卷入了一场诉讼，在这场诉讼中，一名潜在客户声称他渎职，未能为后来被大火烧毁的财产事先投保。然而，新立法要求保存的更详细记录提供了明确的证据，表明他们没有签署任何协议。因此，从他喜欢的业务重点和有能力为其工作增加更高廉洁性的角度来看，这些变化最终很好地满足了卡尔的利益。

最近，全球加剧对安全问题的担忧，这大大提高了肯在信息技术部门工作的地位和持久性。这项工作的内容是在他工作的政府部门内外建立和维护以信息技术为基础的安全系统。特别是，由于早年的职业生涯非常不稳定，目前他的主要工作目标是获得稳定的工作，并能一直工作到退休。因此，他所在的部门和其他地方要求加强安全级别的变化有助于他实现这一目标。全球环境和工作场所氛围的重大变化支撑和保障了他的工作，并确实提升了其工作地位。

近年来，俄罗斯电子工程师列夫在一家澳大利亚大型企业担任技术职务，该企业在被一家跨国公司接管后，将维护工作集中在其他地方，因此他被解雇了。然而，这次裁员让他在一家跨国运输公司找到了一份更有声望、薪酬更高的工作。2001年纽约和华盛顿遭受袭击后，全球航空业的衰退和危机对这家公司产生了不利影响。然而，由于他曾在有关铁路运输的部门工作，不像一些没有续签合同的职员一样，列夫再次免于被裁员。此外，公司将业务重点从航空转移到铁路运输部门，从而保证了他的工作。

林恩是水果蔬菜市场的一名相对较新的员工，她的目标是为自己争取找到一份称心的工作。然而，就像水果和蔬菜市场上的其他批发企业一样，她的工作场所往往有很高的员工流动率。工作场所的变化包括工作人员休假或度假，以及通过空运向巴布亚新几内亚零售商出口水果和蔬菜的新任务。林恩的工作兴趣和能力似乎受到了新任务和执行其他人休假期间的任务的鼓舞，这是通过她对管理出口订单的兴趣来实现的，其中一个因素是她成为唯一精通海关流程的人。由于林恩正在水果和蔬菜批发商的工作中寻找并形成职业身份，工作场所的新要求（即出口订单）可以巩固她在工作团队中的地位，并使她的职位更加安全，这对她来说是非常好的机会。

迈克在一家大型汽车经销店担任主管，负责协调客户和车间之间的关系。这一职位的存在很大程度上是为了应对汽车制造商向购买新车的客户提供的延长保修期。保修往往会将客户与经销商联系在一起，现在，购买新车是客户和经销商之间关系的开始，而不是结束。然而，这一变化对车间工作人员有着特殊的影响。与客户的互动以及维持关系已经成为经销商关注的一个重点，因为客户可能会在保修期结束时购买另一辆新车。情况似乎是，迈克既拥有汽车方面的技能，又拥有与人交往的能力和价值观，这是满足客户需求、协调工作活动以保持经销商和客户之间积极关系的持续性所需要的。此外，他喜欢这种工作，因为它汇集了一系列与汽车工程、客户服务相关的专业兴趣，以及与人打交道和工作严谨性方面的个人偏好。因此，这些工作的改变直接满足了他的需求。

虽然工作的变化给寻求满足这些要求的人带来了挑战，但就这五名员工而言，这些变化也支持了他们工作目标的连续性和发展。在为期12个月的研究中，只有一名参与者感到非常失望。当电气工程师列夫从培训班回来后，变得非常积极主动，并与三个部门的负责人通信，说明其新发展的技能如何能够改变部门的盈利时，这种情况就出现了。他的请求没有得到回复，甚至没有得到认可。这表明他的能动性触及并可能违反了工作场所的监管惯例，并使自己置身于惯例之外。他还愤怒地讲述了国家人力资源经理在访问其工作的办公室时没有理会他。这些事情威胁到了他的自我意识，他做出了相应的反应。他憎恨别人所在的位置使他自己的想法得不到认可，比如他的经理。这很可能是他主动向高级管理层推销其服务的动机。然而，旺盛的工作热情并没有让他获得想要的晋升，而是使他被重新分配到其他工作岗位。

总之，与研究人员在文献中做出的预期和预测相反，影响这五个人工作的变化和转变，在很大程度上支撑了他们的就业和地位。也就是说，工作的变化有助于而不是抑制这些人实现工作目标。至少在三个例子中，工作目标与工作场所不断变化的要求之间存在明显的一致性。此外，如下文所述，这些变化允许个人价值观投射到工作中。当然，在电气工程师列夫工作的运输公司，也出现了大量的失业、职业生涯中断和混乱的情况。然而，这五名随机选择的参与者经历表明，关于工作变化会导致权力丧失、边缘化和产生焦虑的说法是不受支持的。相反，可能需要对工作变化与个人连续性和身份之间的关系进行更加细致、更加摆脱条条框框的说明。这一说明应该包括个人能动性和社会机构在其工作中的参与。为了更详细地考虑这种关系，有必要确认这些人的身份、动机和目标在他们参与改变工作场所中所扮演的角色，以及这一角色如何影响他们的自我意识。

4. 身份、动机和目标

每个参与者都认为，工作之外的兴趣比工作和职业生涯更重要。保险经纪人卡尔强调了家庭生活、他与妻子的良好关系、对孩子及其成长的兴趣以及参与指导青少年运动队的重要性。他指出，需要在工作和家庭生活之间取得平衡。卡尔提到，一些同事离婚是因为他们把太多时间和精力放在工作上，而忽视了家庭生活。肯是信息技术部门经理，他坚持认为，家庭和教会是他努力工作的主要目标。这一承诺体现在他每周给教会的捐款以及在教会治理中所起的资深作用。他说，退休后他再也不会考虑有偿工作了。对于列夫来说，家庭生活、审美追求和安装安全设备的小生意是他在运输公司担任工程师之外的重要目标。他把精力集中在小生意上，并指望这笔钱和工资能获得维持生活方式和教育儿子所需的投入。他说，如果能获得更大的经济利益，他愿意换工作。作为一名单亲母亲，林恩在农产品市场工作的目标是通过工作为家庭提供更多。她现在租住的房子太吵了，为了自己和孩子，她需要搬到一个更安静的地方。她还希望有足够的钱带孩子们去海滩度假。迈克说，与其在汽车经销店工作，他更愿意花时间摆弄电脑。他的家庭生活在一定程度上被电脑工作所占据，他还提到购买了两只奇异的蜘蛛，他需要照料它们，并建立了视频技术链接来监控和记录它们的生活。他在家庭生活有其他的生活方式，他认真对待这些活动。这些和他的家庭才是工作的目标。

这样，五名参与者都表示，工作以外的生活是生活的主要焦点。也就是说，工作并不是确保个人身份认同感和自我意识的唯一来源。参与者提到了具体的文化活动、兴趣和社区在他们是谁、如何看待自己的问题上发挥了重要作用，并为他们在工作之外的生活中采取主动行为提供了证据。这类似于他们想要"做自己"。杜威（Dewey, 1916）认为，职业是个人生活的方向，无论社会地位高低，职业都不局限于有偿工作。从杜威的角度来看，职业的对立面不是休闲活动，而是漫无目的、反复无常和依赖他人的活动（Quickie, 1999）。在工作之外的生活中，参与者展示了他们作为父母、当地体育教练、教会领袖、技术爱好者、企业家等角色。然而，杜威（Dewey, 1916）认为，每个人都不仅仅局限于一种职业。这里似乎就是这样，他们参与工作的前提是不同的目标，因此他们与工作的关系是相关的。

然而，在强调工作之外生活的同时，每位参与者也承认他们的职业生涯对其身份和成就感的重要性：自我意识。每个人都提到，为了能保住工作饭碗，他们必须胜任其工作。每个人还提到了被同事和其他人尊重的重要性，他们认为自己的工作有成效、有价值，能够成为他人愿意向其寻求建议并因其建议而被重视的人。与身份和自我意识相关的问题强调了对尊重的关注。个人在工作场所内和工作场所外的自我意识也交织在一起，这就说明了运用自我意识的重要性。工作角色为他们运用自我意识提供了不同的基础。

卡尔在作为一名职业运动员的生涯中取得成功，现在他认为自己是一名成功的保险经纪人。他喜欢与工作中出现的人交流，自由地发展客户和人脉，管理自己的时间和能力，看着自己的业务增长。因此，他的职业生涯的各个方面与自我意识高度一致，通过与客户的互动，他经常能够接近"做自己"。由于在工作中享有自由，而且得到这份工作也受惠于经纪公司，因此卡尔并不急于实现拥有自己经纪公司的最终目标。肯觉得他在信息技术部门的工作很有意义，因为这是一个有发展、就业安全和稳定的领域，这些因素确实构成了他早期职业生涯的一部分。他目前的工作将为他提供富有吸引力和高薪的工作，直到退休。他声称，任何稳定、高薪的工作都符合他的需求，因为他不把自己的身份与工作联系在一起。然而，他还是为自己能够高效管理政府部门一个单位而感到自豪，这增强了他的自我意识。因此，他的工作身份是由一个更普遍的就业目标塑造的，即就业安全，而不是由特定的工作类型塑造的。他在公共部门的工作使他能够支持社区教会和家庭并将精力投入其中。他努力工作，以确保实现这一目标。

列夫公开表示，电气工程工作为他提供了体面的中产阶级地位，高薪为他和家人提供了财务自由。也就是说，工作的专业地位使他在社区中获得了特殊地位，这是由他的职业身份决定的。自从来到澳大利亚后，列夫一直致力于熟练掌握英语，并将其电子知识充分地应用到高薪、高职位和高成效的工作中。然而，由于受到蹩脚英语的限制，他只有在从事一段时间的卑微工作后，才能实现这个目标。他目前的工作为他提供了一种自我意识，这种自我感与"做自己"更接近，因为这代表着他朝着自己努力实现的理想迈出了一步：在工作中获得更高水平的薪酬、更大的自主权和自由裁量权。尽管如此，他仍然对在工作中不能"做自己"感到沮丧，他在工作场所的行为、着装和工作习惯受到质疑。

他也觉得自己在目前的职位上没有被充分利用，并相信自己有能力做出更多的贡献，应该得到更高的薪酬和更好的条件。此外，他感到遗憾的是，工作没有为他和同事带来亲密的友谊。对列夫来说，与他人建立积极的关系是他的身份和存在感的重要组成部分。而在别的地方，他通过在当地俄罗斯移民社区的社交活动实现了这一点。这表明了他具有强烈的工作认同感和能动性，但缺乏潜在的成就感、认可和尊重，因而感到沮丧。由于做不到"做自己"，列夫感到自己的"理性感"受到了威胁。

对林恩来说，水果市场的工作提供了一个机会，可以证明自己有能力在家庭之外扮演角色，而不是照顾孩子。她一直在说，她有强烈的行业和组织意识，并渴望为自己和孩子建立更坚实的经济基础。这些意图是她在工作中精力充沛和积极主动的基础。"做自己"，成为一名有酬工人，并独自负责一个工作领域，似乎满足了她在家庭之外重新确认身份的迫切需要。在长达一年的采访调查中，她的这种意图和能动性显而易见。在第一次采访中，她表示有兴趣熟练掌握新鲜草药的采购和运输，这源于之前工作中的一个机会。在第二次采访中，她的意图和能动性转向另一个机会，负责出口订单，这需要理解和应对检疫和海关要求，而只有她熟悉这些要求。一年过去了，人们公认并有目共睹她在工作场所已经很好地确立了自己的地位，不仅进一步担任了专业角色，而且成为一名敏锐、积极和可靠的员工。她的目标是在工作场所中变得不可或缺，并坚持不懈地追求这一点，已取得了一些成功。雇主对她的积极评价和态度以及提供的其他工作让她受到鼓舞。采访快结束时，她得到了一份工作，在一个迷人的沿海城市管理植物苗圃，在她生活和工作的地方以北约 100 公里。令人惊讶的是，由于已有既定目标，她拒绝了这一提议。这份工作还提供了一个与她一直不满意的生活环境截然不同的居住环境。然而，工作和家庭生活之间的纠缠可能影响了这个决定。她说，这样的变动会扰乱孩子们的生活。此外，她在水果市场遇到了一个开叉车的人，他们订婚了。因此，在工作场所建立自己能动性的同时，工作场所和她工作之外的生活之间也存在着纠缠，在这种情况下，她试图拒绝一份似乎符合她的其他既定目标的工作机会。

采访开始时，迈克正与汽车经销店的另一名主管就谁在车间内拥有直线职权发生争执。这场冲突威胁到他对工作场所的承诺。随后，据说此事已得到对他有利的解决。后来，尽管他声称自己的家庭利益是首要的，但他开始在工作场所花费的时间越来越多。他早出晚归，有时开着一辆一直有故障或难以判断故障的车上下班。在早些时候的采访中，他声称除了目前的主管职位之外，没有任何职业抱负，他还有更重要的事情要做。然而，在后来的采访中，他改变了想法，打算在未来申请更高级的职位。迈克在经销店工作的主要目的是为他人提供服务，在服务中获得了满足感和个人成就感。他回忆起自己早期的职业生涯，当时他是一名汽车服务运营商，帮助那些汽车发生故障而滞留的驾驶者，他们通常是度假者。他说，他对能够帮助这些人并最大限度地减少对他们假期的干扰感到满足。这样，他在提供高水平服务方面的新角色符合其关键的个人意图和主观性："做自己"。

通过这些方式，每个人的自我建构过程涉及并代表着工作与工作之外生活之间的纠缠；这反映在寻求自我保护和"做自己"上。在这些个体中，"做自己"的相对或特殊重要性程度各不相同，并可能会随着时间的推移而变化，因为他们生活中出现了特殊事件或优先事项。例如，肯在公共部门的信息技术工作，他对保护自我并不感兴趣，尽管他想运用"自我意识"。然而，他并不孤单，所有参与者都有在工作场所运用自我意识的强烈愿望；在可能的情况下，他们要"做自己"，包括工作内外的生活，这越来越接近奥多尔蒂和威尔莫特（O'Doherty and Willmott, 2001）所强烈否认的人文观念。男性和女性参与者对工作所扮演的角色的理解存在差异。

然而，在这五名员工中，每个人的工作都与身份有关：他们被认定为工程师、负责监督的机修工、高效率工人、勤奋且值得信赖的保险经纪人和经理。此外，五名参与者都能在一定程度上发挥个人能动性。如果通过个人完成的活动来发挥能动性是衡量个人身份与其工作之间联系的一个尺度，那么可以得出结论，这五个人可能都在运用"自我意识"，并自愿参与到工作中，与工作相互依赖。也就是说，他们的一部分身份、自我建构以及行使的主动行为，都是通过与工作的相互依赖而得到引导和重塑的。这种观点反映了普西（Pusey, 2003）得出的结论，即工作对澳大利亚中产阶级的作用："对每个人来说，工作是一种社会蛋白质，是身份的支撑，而不是可交易的商品"（p.2）。每一位参与者都提到了在其工作中发挥能动性的重要性；也许列夫发挥过度了。无论是工作权限、尝试做新事情的可能性、能够自我管理、能够行使反映个人目标的工作标准和自由裁量权，还是行使个人自由权，每一位参与者都详细阐述了发挥能动性的重要性。因此，尽管他们声称工作不如工作外的生活重要，但有证据表明，这五名员工的自我意识是在工作场所中协商、塑造和维持的。

所有这些都表明，主动行为在帮助和指导个人通过工作来运用"自我意识"方面非常重要，尽管其目标是通过工作或工作之外的生活实现的，但目标不仅仅是能够"做自己"。此外，这种自我意识随着时间的推移和与工作的协商而改变。萨默维尔（Somerville）指出，老年护理人员经常出于个人方便而不是特殊兴趣从事老年护理工作（Billett and Somerville, 2004）。然而，一旦从事这项工作，他们就形成了老年护理人员的身份，甚至以老年护理人员标志性的背部受伤为骄傲（Somerville and Bernoth, 2001）。这样，自我转变就通过与工作的接触和协商而产生，就像林恩的情况一样。

5. 工作中的自我、能动性和学习

总之，通过工作和工作之外生活的纠缠，这些人在努力"做自己"的过程中、在如何参与工作、在整个职业生涯的学习中运用自我意识。对于其中一些参与者来说，这比其他人更容易实现。例如，对肯来说，他注重家庭和社区教会，对具体的工作重点相对缺乏兴趣，这意味着工作场所的冲突对他来说没有像对列夫那么重要。因此，尽管这两个人都在实施监管措施的大型机构工作（Bernstein, 1996），他们与工作的关系是相关的，但似乎身为对公务员的肯受到的影响不及不满现状的电气工程师列夫受到的影响。例如，肯能够围绕新老板的日程工作；列夫的自我意识似乎受到更严重的侵犯，因为他的建议和存在不被理睬。在这两个案例中，大型机构为员工制定了一套规则，规范员工的行为、与他人的关系以及他们的监管措施。诚然，这些措施并不像其他人记录的那样被规定的（例如可参阅 Grey, 1994）。然而，本研究强调的是，这些个体的自我意识如何影响他们参与工作的方式和目的，以及他们如何相应地协商自我意识，列夫和肯的不同反应就是例证。

与一些对员工产生不利影响变化的预测和期望相反，研究发现，这五名员工的变化支撑或促进了他们在工作场所的地位和职业目标。虽然五名参与者都声称职业生涯只是达到目的的一种手段，但有证据表明，他们在工作中运用身份、主动行为和主观性是为了确保"自我意识"。这表明，工作与工作外的生活在不同程度上存在着相互依赖、相互交织的关系。特别是，这些员工在工作中运用其能动性的能力似乎与其对工作的重视程度密切相关，他们认为工作允许其运用"自我意识"，这反映了他们在职业生涯中如何努力参与和学习。

这表明，要成功实现终身学习，可能需要工作质量与个人身份和兴趣之间保持一致。否则，个人自我意识和工作目标之间就会存在有争议的持续协商过程。这里的证据表明，由于这些协商，"做自己"这一人性化的、也许不太可能实现的目标并不总是能够在个人的工作中驱动其意图和主动行为。然而，对于个人来说，要在工作中运用"自我意识"，需要继续以看到自己兴趣和意图实现的方式来参与工作。研究中确定的个人和工作场所目标之间的一致性，很可能导致不反思、不批判和有限的学习结果。从某种意义上说，列夫拥有最丰富的学习经历，虽然在沃茨（Wertsch, 1998）关于挪用和掌握的描述中没有得到充分说明，但列夫与公司的争论可能为他带来了丰富的学习体验，尽管不是他想要的那种学习。在访谈开始时，他赞扬了在澳大利亚的生活和工作，因为他能够以在俄罗斯不可能的方式充分发挥自己的能动性和意图。在最后一次采访中，他的自我意识以及对接收国过于理想化的看法，都受到了考验。这表明，正如认知主义者长期以来所声称的那样，工作生涯中的学习产生于不一致性，而不是学习者和社会实践之间存在的共同价值观的挪用。

从这项小规模的研究来看，似乎有必要从个人在工作和工作之外的生活中寻求"自我意识"和"做自己"来思考终身学习。因此，追求政府、行业和企业雄心勃勃的终身学习目标，不仅应由政府和雇主，也应由个人及其身份和目标来引导。自我动员可能会以与自我相称的方式来实现，并指向个人"做自己"。

致谢

笔者感谢雷（Ray）、迪米特里（Dimitri）和玛格丽塔（Margarita）在初始研究中提供的帮助。此外，感谢艾伦·布朗（Alan Brown）和西蒙娜·基帕尔（Simone Kirpal）协助修订本章。这项研究由澳大利亚研究理事会的小额赠款计划资助。

参考文献

Archer, M.S. (2000). *Being human: The problem of agency*. Cambridge: Cambridge University Press.

Baldwin, J.M. (1894). Personality-suggestion. *Psychological Review*, 1, 274–279.

Bauer, J., D. Festner, H. Gruber, C. Harteis and H. Heid (2004). The effects of epistemological beliefs on workplace learning. *Journal of Workplace Learning*, 16(5), 284–292.

Bauman, Z. (1998). *Work, consumerism and the new poor*. Buckingham: Open University Press.

Beck, U. (1992). *Risk society: Towards a new modernity* (M. Ritter, Trans.). London: Sage.

Berger, P.L. and T. Luckman (1967). *The social construction of reality*. Harmondsworth, Middlesex: Penguin Books.

Bernstein, B. (1996). *Pedagogy, symbolic control and identity: Research critique*. London: Taylor & Francis.

Billett, S. (2000). Defining the demand side of VET: Industry, enterprises, individuals and regions. *Journal of Vocational Education and Training*, 50(1), 5–30.

Billett, S. (2001). *Learning in the workplace: Strategies for effective practice*. Sydney: Allen and Unwin.

Billett, S. (2003a, 1–3 December 2003). Individualising the social—socialising the individual: Interdependence between social and individual agency in vocational learning. Paper presented at the 11th Annual International conference on post-compulsory education and training: Enriching learning cultures, Gold Coast, Queensland.

Billett, S. (2003b). Sociogeneses, Activity and Ontogeny. *Culture and Psychology*, 9(2), 133–169.

Billett, S. (2006a). Constituting the workplace curriculum. *Journal of Curriculum Studies*, 37(1), 31–48.

Billett, S. (2006b). Relational interdependence between social and individual agency in work and working life. *Mind, Culture and Activity*, 13(1), 53–69.

Billett, S. and M. Pavolva (2005). Learning through working life: Self and individuals' agentic action. *International Journal of Lifelong Education*, 24(3), 195–211.

Billett, S. and M. Somerville (2004). Transformations at work: Identity and learning. *Studies in Continuing Education*, 26(2), 309–326.

Billett, S., M. Barker and B. Hernon-Tinning (2004). Participatory practices at work. *Pedagogy, Culture and Society*, 12(2), 233–257.

Billett, S., R. Smith and M. Barker (2005). Understanding work, learning and the remaking of cultural practices. *Studies in Continuing Education*, 27(3), 219–237.

Brunello, G. and A. Medio (2001). An explanation of international differences in education and workplace training. *European Economic Review*, 45(2), 307–322.

Dewey, J. (1916). *Democracy and education*. New York: The Free Press.

Edwards, R. and N. Boreham (2003). 'The centre cannot hold': Complexity and difference in European Union policy towards a learning society. *Journal of Educational Policy*, 18(4), 407–421.

Erikson, E.H. (1968). *Identity, youth and crisis*. New York: Norton.

Field, J. (2000). Governing the ungovernable: Why lifelong learning promises so much yet delivers so little. *Educational Management and Administration*, 28(3), 249–261.

Gergen, K.J. (2000). *The saturated self: Dilemmas of identity in contemporary life*. New York: Basic Books.

Green, F. (2001). Its been a hard day's night: The concentration and intensification of work in the late Twentieth Century Britain. *British Journal of Industrial Relations*, 39(1), 53–80.

Grey, C. (1994). Career as a project of the self and labour process discipline. *Sociology*, 28(2), 479–497.

Hodkinson, P. and H. Hodkinson (2003). Individuals, communities of practice and the policy context. *Studies in Continuing Education*, 25(1), 3–21.

Malle, B.F., L.J. Moses and D.A. Baldwin (2001). Introduction: The significance of intentionality. In B.F. Malle, L.J. Moses and D.A. Baldwin (Eds.), *Intentions and intentionality: Foundations of social cognition* (pp. 1–26). Cambridge, MA: The MIT Press.

Newman, D., P. Griffin and M. Cole (1989). *The construction zone: Working for cognitive change in schools*. Cambridge: Cambridge University Press.

Noon, M. and P. Blyton (1997). *The realities of work*. Basingstoke, Hants: Macmillan.

O'Doherty, D. and H. Willmot (2001). The question of subjectivity and the labor process. *International Studies of Management and Organisation*, 30(4), 112–133.

Piaget, J. (1968). *Structuralism* (C. Maschler, trans. and ed.). London: Routledge and Kegan Paul.

Pusey, M. (2003). *The experience of middle Australia*. Cambridge, UK: Cambridge University Press.

Quickie, J. (1999). *A curriculum for life: Schools for a democratic learning society*. Buckingham: Open University Press.

Ratner, C. (2000). Agency and culture. *Journal for the Theory of Social Behaviour*, 30, 413–434.

Rifkin, J. (1995). *The end of work: The decline of the global labor force and the dawn of the post-market era*. New York, NY: Ajeremy P. Tarcher/Putnam Book, G.P. Putnam's Sons.

Rogoff, B. (1990). *Apprenticeship in thinking—cognitive development in social context*. New York: Oxford University Press.

Rose, N. (1990). *Governing the soul: The shaping of the private self*. London: Routledge.

Scribner, S. (1985). Vygostky's use of history. In J.V. Wertsch (Ed.), *Culture, communication and cognition: Vygotskian perspectives* (pp. 119–145). Cambridge, UK: Cambridge University Press.

Smith, R.J. (2004). *Necessity in action: The epistemological agency of the new employee*. Unpublished Master of Education, Griffith University, Brisbane.

Somerville, M. (2002). *Changing masculine work cultures*. Paper presented at the Conference on Envisioning practice—Implementing change, Gold Coast, Queensland.

Somerville, M. and M. Bernoth (2001). *Safe bodies: Solving a dilemma in workplace*. Paper presented at the Knowledge Demands for the New Economy. 9th Annual International Conference on Post-compulsory

Education and Training, Gold Coast, Queensland.

Valsiner, J. (1998). *The guided mind: A sociogenetic approach to personality*. Cambridge, MA: Harvard University Press.

Valsiner, J. and R. van der Veer (2000). *The social mind: The construction of an idea*. Cambridge, UK: Cambridge University Press.

von Glasersfeld, E. (1987). Learning as a constructive activity. In C. Janvier (Ed.), *Problems of representation in the teaching and learning of mathematics* (pp. 3–17). Hillsdale, NJ: Lawrence Erlbaum.

Wertsch, J.V. (1998). *Mind as action*. New York: Oxford University Press.

Wright Mills, C. (1973). The meaning of work throughout history. In F. Best (Ed.), *The future of work* (pp. 6–13). Englewood Cliffs, NJ: Prentice Hall.

第八章　倍受追捧的"灵活雇员"
——这需要什么?

德国不来梅大学　西蒙娜·基帕尔(Simone Kirpal)
英国华威大学　艾伦·布朗(Alan Brown)

第一节　前言

工作身份在其被保持的强度和个人赋予其重要性上都各不相同,在不同的时期,对个人的意义有多有少,既取决于其他利益因素,因为身份在个人生命过程中的意义会出现变化,也取决于个人的职业轨迹(Heinz, 2003)。这一观点一方面强调了工作身份是高度动态的(Brown, 1997),并依赖于各种因素和条件;另一方面,由于工作身份与个人身份认同的各个方面和要素密切相关(Kirpal, 2004b),我们可以假设,任何一种成功的工作表现都固有一定程度的工作认同。研究表明,即使在最严格和约束性最强的工作条件下,对工作某种程度的认同仍然是可以识别的,尽管这种体验可能会带来不确定性(Hoff et al.,1985)。正是对工作环境、公司、公司目标或个人执行的工作任务的认同,才使个人和集体的生产力成为可能并发挥作用,不仅对公司如此,对个人也是如此。这些形式的工作认同通常会产生某种与工作相关的身份。

在德国等有职业劳动力市场的国家,通过学徒培训实现的职业社会化通常使雇员在很长一段时间内(如果不是一生的话)从事特定的职业专业,并在很大程度上决定他们未来的技能发展、职业进步和对公司的依恋(Greinert, 1997)。虽然双元制被定义的形象是保证永久性的技能就业和提供进一步基于企业职业发展的可能性,可这种形象越来越难以维持(Kutscha, 2002),但"职业"的概念仍然是德国职业教育和培训体系以及全国劳动力市场的主导组织原则(Reuling, 1996)。在那些将技能获得与制度化培训结构及劳动力市场紧密联系起来的体系中,正式的职业培训和获得职业专长的社会化构成了发展职业身份的基本要素(Heinz,1995)。在以公司为基础的社会化的补充和进一步支持下,这两个要素通过个人认同的职业定义类别,与基于工作的特定社区直接联系在一起。

现代工作部署和灵活的就业模式越来越多地意味着,与工作有关的身份形成的传统形式正在发生重大变化(Brown, 2004; Dif, 2004; Kirpal, 2004a)。在某些情况下,传统的职业社会化正在失去意义。由于一些早期的承诺和认同模式正在受到质疑(Baruch, 1998),组织承诺正在采取新的形式。这对员工个人的工作方向和承诺意味着什么,仍然是一个悬而未决的问题。一些作者假定,"创业型"员工将成为新的类型,逐渐取代福特式员工,后者过去依赖于一套标准的、以技术技能为主的职业技能以及工作环境的稳定性(Voß and Pongratz, 1998; Pongratz and Voß, 2003)。新的"创业型"员工的特点是具有个性化技能、内化的控制机制,其通用技能优先于技术技能,同时强调个人有责任产出和推销这些技能,以便在更换雇主时提高自己的就业能力。

本书中的研究提醒人们注意,"创业型"员工模式如何不再局限于高素质的专业人士或在某些行业(如信息与通信技术或多媒体)工作的员工。事实上,在引入现代工作实践的地方,这给"普通"熟练工人带来越来越大的压力,要求他们适应制造业和服务业的新"规范"(Holman et al., 2005)。与这一趋势特别相关的是,人力资源开发专家和管理者们越来越青睐这种创业型员工,将其作为他们希望招聘的"理想模式"员工(FAME Consortium, 2003)。尽管管理和行为科学研究证实了雇员对工作的认同与其工作承诺之间的相互依赖性(Steers, 1977; Cohen 1993; Whetten and Godfrey, 1998),但另一方面,强烈的工作认同可能被视为提高经济过程灵活性的障碍，因为公司面临着应对日益激烈的国际竞争和灵活的劳动力市场的压力，需要进行复杂的组织结构调整（Herrigel and Sabel 1999; Finegold and Wagner, 1999）。这些发展意味着许多雇主总体上需要一支流动性强、适应性强、灵活的劳动力队伍，因此越来越多的雇主非常需要"灵活雇员"。

本章将进一步探讨高流动性和灵活性会以何种方式与强大的工作身份的发展发生冲突或支持工作身份的发展。森尼特（Sennett, 1998）假定，日益灵活的技能、工作和就业会对工作认同形式的发展产生负面影响，最终会对个人的整体人格产生破坏性影响。然而，当员工试图理解不断变化的工作议题，并将不同的工作经历整合到一个更协调的自我形象时，他们会采取不同的策略。尽管可能会有很多员工没有做好充分准备和获得支持来应对新的挑战，但对一些人来说，流动性和灵活性可以成为追求更广泛职业目标的重要工具。本章重点研究那些将自己视为行动者的个人，他们通过使用灵活性和流动性作为促进职业发展和拓宽职业前景的手段，积极努力塑造自己的工作身份。本文试图阐明倍受追捧的"灵活雇员"工作态度的一些基本特征。

第二节　工作变动时期的身份形象

本文提出的观点建基于欧盟第五框架计划"欧洲劳动力市场中的职业身份、灵活性和流动性"的经验和发现。灵活性问题对雇员来说是一个紧迫的话题，因为可以预测到，未来的经济和技术发展将影响欧洲许多部门和工作环境中劳动力市场和就业模式的重组。在一些国家，有些地方出现了向更加灵活、临时和短期的雇佣合同和新型个体经营形式的转变（Gottlieb et al., 1998）。这种转变在转型经济体中最为明显（Loogma, 2003），但在德国（Heinz, 2002a; Pongratz and Voß, 2003）、意大利（Tomassini and Brown, 2005）和西班牙（Marhuenda et al., 2004）也表现得尤为明显。然而，有趣的是，在劳动力市场不太受约束的英国，永久性就业仍然非常常见（Moynagh and Worsley, 2005）。是否出现了向更大灵活性的重大转变是一个实证性问题，需要根据实际情况提出，而不是固化为一种超越组织选择和人类能动性范围的普遍趋势。该项目试图深入了解这些发展如何影响七个国家的特定部门雇员的工作态度、工作身份和职业方向。如果假设更大的灵活性和流动性会使员工对工作场所、职业、公司或实践社区的承诺变得更自由，那么确定哪些是与他们相关的工作环境的基本因素，以及哪些因素可能会产生动机和有效的工作业绩，就成为一个热门话题。

在通过明确定义的职业培训体系划定了进入劳动力市场良好途径的国家（Reuling, 1996），例如德国（Heinz, 2002b），以及那些以前由中央计划的转型经济体中，工作结构的调整以及个人在接受过培训的领域中获得工作的机会具有不确定性，使职业发展转型、不连续性和环境变化变得更加重要。在希腊、西班牙和英国等经济体，出于与劳动力市场运作有关的各种原因，在个人接受过培训的领域中获得工作机会具有不确定性，这一现象性已经存在。海因茨（Heinz, 2002b）研究了职业发展中不断增加的转型、不连续性和变化的过程如何影响早期职业生涯传记的形成，而我们的研究则考察了这一过程对有经验的员工的影响，他们期望有更为确定的工作身份。对工作身份的调查多于对公司依恋的调查，还包括调查与工作认同有关的其他来源。这些来源可能有所不同，不仅包括组织或职业专业化，还可能与特定的工作小组（Baruch and Winkelmann-Gleed, 2002）、特定的工作环境、一系列工作活动、与同事或客户的互动等有关，所有这些都可能随着时间的推移而变化，正如个人赋予它们的重要性也可能随着时间的推移而变化一样（Brown, 1997; Ibarra, 2003）。

该项目与吉登斯（Giddens, 1984）的结构化理论相联系，强调了特定工作环境中社会结构和个人能动性之间的双向关系。项目合作伙伴预测，在个人层面新出现的需求及其对不断变化的技能需求的影响，可能会与员工传统的工作取向和相关的价值观、规范、工作道德和工作身份模式产生冲突。因此，该项目的一个重点是确定个人采用何种策略处理冲突。在与工作有关的身份变得越来越不稳定和混乱的情况下

（Carruthers and Uzzi, 2000），个人会采取什么样的机制和策略来弥补工作和就业结构的不稳定性、碎片化和不确定性？结构变化和个人策略在工作中以何种方式相互作用？这种相互作用在职业身份形成过程中起到什么作用？是否有些人比其他人更有能力处理不稳定和不确定的工作条件？

　　根据社会化和身份形成的理论（参见 Heinz, 1988; Wahler and Witzel, 1985; Heinz and Witzel, 1995; Heinz, 2002a），与工作有关的身份形成形式的过程是动态的，一方面受到结构条件的影响，另一方面受到个人取向和资源的影响。这意味着工作身份是在个人资源、态度和价值观以及工作环境的结构变量之间相互作用的复杂协商过程中形成的。当工作身份在个人性格和工作环境结构条件之间的相互作用中表现出来时，会影响个人的工作概念以及与他 / 她的工作、工作环境和雇用组织的关系。如果我们看一下个人变量，那么这些变量包括社会经济背景、性别和年龄等属性，但也包括资历、技能以及学习和应对不断变化的工作要求的能力等成就。个人的就业轨迹是个人"战略传记"（Brown, 2004）的一部分，通过进一步结合个人兴趣、承诺和职业规划，以非常具体的方式整合和组织这些变量。考虑到个人对工作环境的反应、适应和解释，该研究项目的一个主要目标是确定个人应对工作中的变化和新需求的策略，以及这些变化和新需求如何影响工作身份。

　　这样，研究重点转向了协商过程，从而强调了一种互动的观点，也承认了个人能动性范围。随着个人越来越独立于社会界定的分层，如社会阶层，他们也越来越依赖教育和培训系统、就业结构或社会福利机构等机构。至少，这是贝克的个体化假说（Beck, 1986）做出的假设。通过这一过程，个人成为自己工作传记的书写者：成为积极塑造个人工作价值观、承诺模式和职业方向的行动者；几十年前，这些价值观、承诺模式和职业方向更多的是在集体的基础上形成的（另请参见 Carruthers and Uzzi, 2000）。与此同时，个人受到其行动的制度嵌入和更高层次结构的制约，因为制度与所涉及的更广泛的社会经济和政治体系相互联系。工作身份和职业方向也需要这样来解释。

归根结底，任何身份形成过程都是个人的成就。获得职业身份的过程发生在特定的实践社区中，其中社会化、互动和学习是关键要素。然而，在这些过程中，现代社会化理论将个人视为"行动者"或"能动者"，个人是积极反思外部情况的社会能动者（Giddens, 1991）。这意味着工作塑造了个人，但同时个人也塑造了工作过程和结构。谈到工作身份的形成时，不是简单地呈现预先存在和预先结构化的身份和职业角色，个人也不只是依附于某个专业团队。相反，他们也能积极地成为参与者，甚至是变革的推动者，积极地重组实践社区（Brown, 1997）。因此，个人能动性可以根据结构和程序采取行动。在某些环境中，工作结构曾提供了连续性和个人可确认的预先定义元素，当这种工作结构在分解并变得碎片化时，这种积极作用得到了加强（Sennett, 1998; Beck, 1994; Beck and Felixberger, 1999）。员工们越来越多地被要求积极寻求和选择技能发展、职业行为和实践模式，这些模式已经成倍增加，变得更加容易获得。鉴于劳动力市场的波动性，这些要求可能会给劳动力市场带来相当大的压力。

当人们拥有选择和做出选择时，需要以动态的方式去理解工作身份。随着时间的推移，身份并不是不变的，而个人赋予它们的意义也会发生变化，这种意义很可能在个人的生命过程中发生变化。一种职业身份的形成、维持和改变总是受到这一过程所围绕的各种关系的性质的影响。随着时间的推移，这些相互作用可能导致这些结构、实践社区和个人工作身份的改变和重塑。在职业身份形成的过程中，连续性和随时间变化的要素之间总是存在着根本的冲突。此外，工作身份有多个层次，对个人的意义也各不相同，因此，例如，一个年轻人可能更重视发展广义上的身份，而不是发展特定的职业或组织承诺。这种区别可以描述为"创造生活"和"谋生"之间的区别。可以很容易地看出，前者意义更大，后者（职业）取向在多大程度上是前者的核心组成部分，可能因个人而异，随时间而异。职业身份只是构成个人整体身份中的其中一个身份，各种身份之间有时会相互竞争（Brown, 1997）。

第三节 研究方法

以下分析基于叙述，涵盖了三个人的战略传记，构成了"欧洲劳动力市场中的职业身份、灵活性和流动性"研究项目的一部分数据[①]。该项目采用了定性研究方法，使用了半结构化、以问题为中心的访谈（Witzel, 1996）和案例研究方法，这些方法基于项目合作伙伴商定的共同访谈提纲，并根据各国国情的特殊性略有调整。为了评估不同工作环境中工作身份的表现和形成，这项研究涵盖了六个不同行业和七个不同国家经济体的多种职业。研究涉及制造业和服务业，包括金属加工/工程、木材和家具生产、保健/护理、电信、信息技术和旅游[②]。该项目合作伙伴来自捷克、爱沙尼亚、法国、德国、希腊、西班牙和英国，这些国家代表了欧洲不同的工作理念和职业中的文化、社会经济和政治嵌入。主要合作伙伴爱沙尼亚、法国、德国、西班牙和英国承担了大样本访谈，而捷克和希腊承担了主要观察者的角色，进行小规模实证调查。

项目合作伙伴共采访了 132 名人力资源部门的经理和代表，以及 500 多名中级技能水平的员工。访谈在 2001 年和 2002 年分两个研究阶段进行。第一阶段与经理和人力资源专家的访谈旨在探索结构性变量，如工作组织和组织变化、工作框架、技能要求、就业机会和招聘策略；第二大部分的实证调查旨在评估员工们的看法，包括对工作的认同形式、工作态度、承诺模式、工作表现以及他们如何应对不断变化的工作和技能需求。这一研究阶段的目标是调查职业身份形成的社会—心理维度，通过将结构性嵌入，特别是工作环境和管理者的期望，与雇员的个人倾向、条件和资源联系起来，以补充和对比这些方面的研究发现（另请参见本书中由基帕尔等人撰写的章节）。

---

① 有关该项目的更多详细信息，请参见本书中由基帕尔、布朗和迪夫（Kirpal, Brown and Dif）撰写的第十一章，以及"欧洲劳动力市场中的职业身份、灵活性和流动性"项目联盟（FAME Consortium, 2003）和基帕尔的论述（Kirpal, 2004b）。

② 根据行业分析得出的研究结论发表在《国际职业发展》（*Career Development International*）第 9 卷第 3 期。

这里展示的叙述是经过深入的个人访谈产生的，每次访谈约60分钟，并进行录音和逐字记录。它们以案例研究的形式呈现，以便探讨工作身份的个人传记，一方面考虑到个人的职业生涯和职业发展，另一方面考虑到个人对工作环境和工作态度的感受。开展案例研究是为了评估工作发展和特征，个人认为这对本人和职业发展很重要。这些特征包括工作的意义、归属感、个人的工作态度和承诺、学习、职业角色和工作任务的执行，以及个人在工作环境中与他人的关系。通过对叙述的分析，从主观角度对这些因素进行了评估；也就是说，随着时间的推移，个人是如何看待它们的。

第四节　具有"灵活"工作取向的雇员实例

一种认定职业身份的方式是，将我们已经适应并在一段时间内相对稳定的身份视为心理上的"家"。"家"在这个语境下"是一个熟悉的环境，一个我们熟悉的地方，最重要的是，我们感到安全的地方"（Abhaya, 1997, p. 2）。杜威（Dewey, 1916）认为职业是生活活动的指导，是连续性的具体表现：一个有着明确的心理、社会和意识形态"锚"的"家"。但是，是什么驱使着那些人寻求改变和挑战，而不是寻求"家"的安全？这些人出于对改变的渴望而"不断前进"，这种渴望似乎比森尼特（Sennett, 1998）所认为的在面对工作生涯中断时产生的失落感和混乱感的潜在风险更能影响他们的工作取向。宗教、文学和电影充满了人们"摆脱束缚"和"放松对各种'家'的依恋"的故事，包括心理、社会和意识形态层面"（Abhaya, 1997, p. 2）。从这个意义上说，经过一段稳定期后，对某一特定职业或雇主的依恋可能会被视为个人渴望摆脱的禁锢。也就是说，随着时间的推移，最初体验到的有趣且稳定的东西，可能会导致对现有生活方式的"舒适性限制的强烈不满"（Abhaya, 1997, p. 8）。

这种寻找新挑战的感觉是访谈员工时的一个主要主题，这些员工积极地根据灵活性不断调整自己的工作身份，包括更换工作、雇主或职业专长。事实上，他们中的一些人表示，灵活性本身构成了工作身份的重要组成部分，而不是形成中期或长期的依恋关系，从而在职业生涯中产生更大的连续性。那么挑战就是一个人如何以一种动态而非稳定的方式来表达个人对工作的看法。因此，我们需要展现一种职业身份的表现形式，既可以从理论上解释变化，也可以解释连续性，并允许个人把工作身份的各个方面视为"锚"或"链"，并在两端之间移动。

通常，当个人因为想要（或看到自己被迫）改变方向而寻求改变职业和/或雇主时，他们会面临着对个人重新定义。下面给出的例子，让我们深入了解重新定义的过程是如何进行的。来自德国的玛蒂娜（Martina）为了寻求工作安全感，最初做了一名银行职员，但由于当时在银行工作的女性职业和发展机会有限，她离开了这个岗位。在过去的20年里，她经历了几次职业轨迹的重新定位，这通常意味着她与以前的工作任务和工作技能的彻底决裂。当我们在2002年进行采访时，她是一名信息技术项目经理，但可能会在不久的将来再次改变职业。来自英国的莎莉（Sally）不仅代表了真正的个人重新定义，也涉及从组织角度对角色的重新定义。这是一个经历重大职业变化的例子：一个女人在30岁后对自己的职业发展非常有目的的例子，也是一个具有极高的沟通技能和组织技能的女性挑战公司生产经理一贯刻板形象的例子。由于性别和缺乏技术背景，她在一家工程公司重新定义了生产经理的角色。最后，我们列举理查德（Richard）的例子，他是一名工程学毕业生，在不同的行业和职能部门工作过，最终从技术行业转移到了综合管理。尽管他的传记确实展示了一种工作依恋不断变化的战略性职业生涯，但也强调，随着时间的推移，个人对工作表现出灵活的态度并不是最近才出现的现象，因为这是寻求升入大型组织高级管理职位的人的普遍做法。这三个人似乎都能在非常不同的工作类型之间切换，在寻找新的挑战之前，用一种意志去完成工作。

1. 来自德国的玛蒂娜在信息技术行业工作：从银行职员到纺织技术员再到信息技术项目经理

　　玛蒂娜是一位四十多岁的女人，在获得高中毕业证书（离开中学进入大学学习的证书）后，她不知道自己想从事什么职业，更不知道自己的职业应该走向何方。她对学习数学有一种模糊的兴趣，这在当时（1977 年）的女孩中并不常见。由于她父亲在银行工作，她决定当银行职员学徒。完成学徒期后，她继续在银行工作了几年，获得了一些初步的工作经验。在那段时间里，她得到了一次小小的提升，但她很清楚，女性在银行工作的可能性不大。一开始，她喜欢银行工作，但当工作任务变得模式化时，她感到工作无聊，最终在没有其他工作机会的情况下辞职了。她的朋友和同事们无法理解这一举动，因为在银行工作提供了一份高薪、相对稳定的工作，在当时，人们认为这可以保证终身就业。

　　在接下来的 18 个月里，玛蒂娜在一个以传统方式生产纺织品的农场工作和生活。起初，她只打算在那里工作几个月，休息一下，考虑一下自己的职业兴趣，但随着时间的推移，她对纺织品和面料产生了更浓厚的兴趣，并决定留下来。她特别喜欢这里的工作氛围，它打破了工作和私人生活之间的常见界限。与银行的工作相比，这是一种全新的体验，也是一种截然不同的工作方式。随着对纺织品和面料产生的兴趣，玛蒂娜在大学学习了五年的纺织和服装技术课程，专门研究纱线和织物的开发。这门课程技术性很强，因此，只有很少一部分女学生喜欢学习（当时大多数女性更喜欢学习纺织品设计）。在 1988 年完成课程后，玛蒂娜花了一段时间才最终在一家纺织公司找到了工作。她说，很难找到与她的资格相符的工作，作为一名希望在纺织业从事技术工作的女性，她感觉受到了歧视。

　　这家纺织公司雇用她来使用新的、在当时是创新的计算机辅助设计系统，该系统开始彻底改变整个纺织行业。使用新的计算机系统并将其引入不同部门是真正的挑战，玛蒂娜觉得这项工作很有趣，也很喜欢这个工作，但很快就遇到一些问题，员工们的态度相当保守和僵化，不愿意接受新技术。她在与许多阻力作斗争，觉得事情进展不够快，因此对工作不满意。此外，几年后，当她熟悉了计算机辅助设计后，大多数工作流程已常规化，计算机辅助设计系统逐渐建立起来，她开始变得焦躁不安。因此，玛蒂娜决定辞去工作，另谋出路。

出于个人原因，她搬到了一个新的城镇，并开始在纺织业寻找新工作。由于该地区这一行业的工作岗位很少，玛蒂娜开始拓展方向，一年后，在一家为旅游业提供软件解决方案的小软件公司找到了工作。他们在寻找具有计算机专业知识和管理技能的人，尽管玛蒂娜没有旅游业背景，但她被招募来帮助开发和管理项目。她开始从事项目策划、项目周期的开发以及项目协调和管理。如今，她正担任团队领导职务，负责管理大约 20 名员工和几个项目。负责组织工作、人事管理和招聘，但也参与一些项目工作。

虽然学习和技能培养由于几次职业变化而没有系统地发展和连接起来，但玛蒂娜认为，她的第一个和第二个职业中有许多知识可以应用到现在的工作。在银行工作期间的会计和财务知识有助于她在目前的职位上处理预算和引入新的产品成本会计系统；通过对纺织技术的研究，她可以将战略和分析思维以及解决问题的方法应用于项目的系统化工作。她从以前的工作中带来了使用计算机系统所需的技术知识。她认为人际交往和管理能力是直觉决断力和自身优势的结合。作为项目经理，她在客户和为客户开发软件系统的计算机专家之间扮演着"翻译"的角色。在这一职责中，她必须理解客户想要什么，并为程序员将其翻译成技术语言。同时，她必须能够翻译软件开发的技术内容，在销售产品时让客户能够理解。

随着时间的推移，玛蒂娜发现自己真正喜欢和擅长的是组织和建立工作结构和过程。她需要在一个能发挥创造力和创新性的环境中工作。因此，工作环境（工作氛围、与同事和上司的互动）以及组织工作方式是最重要的，在很大程度上决定了她的动机和表现。对她来说，这两个要素都从属于工作内容或实际工作任务。例如，她现在在旅游业工作，虽然对旅游业没有特别的兴趣，但必须掌握许多旅游业的相关知识。但她喜欢这个行业，因为它充满活力，为引入新想法提供了空间。她认为，只要工作环境能为创造力和实现职业自我提供空间，就能轻松灵活地适应不同类型的工作结构、过程或部门。

在这里，能够进行变革是关键因素。在她看来，只需要 1~2 年的工作经验就能或多或少地掌握一份新工作。在达到掌握一份工作所需的水平后，玛蒂娜通常很快就会想到优化流程并引入自己的想法。她体会到，如果工作结构过于僵化而无法创新，或者员工不够开放和灵活，无法真正取得进展，她很快就会感到沮丧和不满。她可能还会继续工作一段时间，但如果觉得事情没有进展，宁愿离开这份工作，如果必要的话，离开这个职业，去寻找其他的工作。

职业价值自我实现的目标是她职业身份的关键因素，高于她对一个公司、一个职业、一个职业群体或谋求事业发展的承诺，也高于她的个人生活、社会关系、家庭或地理位置的限制。因此，她觉得自己是一个很灵活的人，可以很容易地适应不同的工作环境和任务，但也需要变化和灵活性的挑战，才能在工作中得到满足。"如果我喜欢正在做的事情，工作 8 个小时、10 个小时还是 14 个小时并不重要。"

她认为自己不会留在现在的公司或行业，会很快离开。她可以想象自己在一个全新的领域重新开始，从她的角度来看，并不觉得累，也不缺乏开始新事物的精力。她只是觉得，随着年龄的增长，机会变得越来越少，因为雇主越来越挑剔，不愿意招聘 40 岁以上的员工。她想重新开始在一家规模较小的公司工作，也许有 20~30 名员工，并努力发展。她也更喜欢在一个有活力的行业工作，比如信息技术或旅游业，因为在这些行业不断有新的变化，工作结构仍然开放，更容易改变。在这些行业工作的人更年轻，有更多的创新和发展新想法的空间。

她最初选择在银行当学徒获得工作安全感的愿望，已经被离职时为了找到更合适的工作而接受的高风险所取代。她现在相信自己的技能和能力，觉得自己总能找到一份新工作，只是随着年龄的增长，寻找新工作的时间可能会变长。玛蒂娜意识到，她对工作和就业的态度与建立家庭不可兼容，而且从来也没有兼容过。因为玛蒂娜没有家庭责任，只对自己负责，因此高度的个人灵活性和冒险才成为可能。

2. 来自英国的莎莉从事工程工作：从体育老师到生产经理

莎莉从中学一毕业就上了大学，获得了体育科学学位。毕业后，她从事户外活动，一年后返回学校，参加为期一年的全日制体育教师培训课程，生物学是第二学科。她选择这门课是因为她找不到体面的工作，不知道还能做什么："这样可以把找工作的事情推迟一年。"

完成教师培训后，她走上了教师岗位，但很短暂。"我发现我不喜欢孩子。"她没有完成试用期，而是在当地政府提供的休闲服务行业找到了一份工作。在接下来的五到六年里，她做过各种工作，从公共浴场的救生员开始，随着职位的空缺，很快就晋升到浴场和公园设施的初级管理人员。在此期间，她获得了浴场和娱乐管理协会的会员资格。

她带着出国生活的计划离开了最后一个岗位，但这个计划没有成功。她现在30岁，需要工作，所以做了几年临时工（包括临时办公室工作）。其中一份工作是在一家小型汽车公司工作，该公司是一家一流汽车部件制造商，专门从事特定零部件的设计、生产、安装和测试。她最初是一名临时文员。她要求获得一个永久岗位，因此被安排在一项"客户计划"中任职。这项工作包括计算客户需求和成本，以及跟踪生产和配送的产品。她想长期从事这份工作，因为她需要这份工作，而且这似乎是一家不错的公司。她的起薪很低。

莎莉在承担这项工作任务时没有遇到困难。她晋升了，并渴望离开第一份工作，因为她觉得这份工作没有充分发挥所有技能，也没有赋予她想要承担的职责。三年后，她被提升为"后勤主管"——"这并不像听起来那么好"。在这个职位上，她负责管理文员的工作，他们做着她以前做的工作。她管理六个人。她当时接受的唯一一次公司培训是在自己的鼓动下进行的；她要求到国外的总公司工作两个星期，以熟悉公司的工作。他们给了她这次机会，但由她自己来安排时间。她花时间在工厂里四处走动，与人们交谈，亲自了解谁在做什么，为什么要做。她这段时间获得很多信息，很有帮助。

在该公司工作四年后，公司进行了重组，她得到了另一次晋升——成为"后勤专家"，"这是一个闲职；我没有角色"。她现在这份"闲职"的薪水是她最初薪水的两倍。第二年，她被进一步提升为为主要客户群体服务的"生产经理"。工作包括完全负责为这家汽车制造商的生产和订单交付提供设备。在这份工作中，她管理着100名三班制的长期员工，大部分是全职员工，外加7名办公室辅助人员。她的工作包括订购和支配所有材料，负责生产过程、健康和安全问题、员工管理和客户联络。

当这个职位空缺时，她当时的老板鼓励她去申请，萨莉很高兴得到了这个晋升职位。"这是一份不错的工作，薪水很可观，也是一个挑战。[……] 我遇到什么困难了吗？巨大的困难。我对工程生产一无所知，我对生产计划或工程优先顺序一无所知，完全一无所知。"她在管理按小时计酬的编外员工方面也遇到了问题，这些员工的工作基础与长期员工截然不同，她在整合这两个群体的工作中也遇到了困难。萨莉没有接受过与新工作特别相关的大学培训；没有什么可依靠的："我当时的技能学习主要是在职培训；我属于摸着石头过河。"随着时间的推移，公司确实提供了培训机会，以帮助她应对新的职责。这些课程包括面试技巧、健康和安全、纪律程序、时间管理、信息技术、工作学习时间和提出动议的过程和步骤。

她发现所有培训都与工作非常相关，质量也很好，帮助她培养了应对工作的技能。当她开始"了解"自己的工作时，决定攻读硕士学位，以便更好地理解所在部门技术工作的基础。她主动学习了两门夜校课程—— 一门是关于日本人对汽车工业的看法，这门课程非常令人失望；但另一门关于领导力和自我管理的课程非常有趣和有用。工程商业管理硕士学位课程提供了莎莉正在寻求的技术基础。该课程为期三年，分为12个单元，前两年包括为期一周的住校学习以及每个单元的相关作业，第三年则是完成一篇毕业论文。她选择攻读工程学研究生，因为当时在工程领域担任管理职务，但对该工作领域的理论知之甚少。"我想了解在车间里看到的东西背后隐藏着什么，我在工作中控制的是什么。"

她选择这门课是因为她的老板们对此课程有研究；他们修过这门课，现在正在向她推荐并资助她学习。她在这方面没有独立的选择，但对目前的情况很满意。莎莉觉得她顺利地通过了这门课，没有太多麻烦。她特别重视"领导力"和"工业工程质量管理"模块。她一直在学习的技能是工作领域的应有技能，她在这门课程的三个层面都学到了很多——商业、技术和运营。作为生产经理，她的工资是十年前开始工作时工资的四倍多。

莎莉在回顾自己的职业发展时说，她的"职业生涯杂乱无章，这与预期有所不同。我认为，在我现在的公司做一名临时雇员是很幸运的——在正确的时间出现在正确的地点"。莎莉认为她在过去的十年里取得了很大的进步。她现在对自己的薪水很满意，也很享受这份工作，但也有挫折感，这些挫折感与作为一名女性在仍然是男人的世界里工作有关。"与其说这是玻璃天花板，不如说是一个巨大的钢铁天花板。"她经常觉得自己本可以做得更多，走得更远，但发现没有得到机会，她将这归因于性别偏见，"尽管我相信他们会否认这一点"。她觉得现行环境迫使她以自己不喜欢的方式行事，她认为其他人也不理解。"我想本可以针对这种情况做得更多，但很困难，我发现自己通过采取一些男性态度来应对这种情况，这让我感到羞愧。我想我的行为咄咄逼人，人们并不理解为什么会发生这种情况。"

莎莉从未想过会进入工程领域。"我最不想工作的地方是工厂。[……] 我想是因为我认为工厂是一个单调的地方，做着重复性工作；我会想到画家劳里［的火柴人］和'工厂工人'之类的词汇。"她觉得在那段时间后，她的想法发生了很大变化。"我想我变了，我逐渐意识到，工作场所是什么、工作地点在哪里、生产什么并不重要，大部分获得资源、生产和交付的过程都是一样的。"

她认为，在课程中所学到的知识对工作的各个层面都有很大的帮助，尤其是在理解生产过程规划工作的技术和操作方面。多年来，公司提供的培训一直是高标准的，并为她提供了目前工作初期所需的技能。早些时候，她在该公司的职业生涯中，这种培训绝对是最少的，而她得到的培训来自自己的努力争取，主要是"在职"学习。同样，决定攻读硕士学位也是她自己的主意，她不得不通过协商才能攻读硕士课程。然而，一旦她表示希望继续深造，她的老板们就没有任何反对意见。到目前为止，她还没有任何专业工程协会的成员资格。

她能发现的两性的主要技能差距是在处理性别问题的魄力方面。"我可能需要做一些有影响力的技能培训。"她还想继续学习在个人表现模块课程中已经学完的内容，学习关于领导力和应对挫折感方面的问题。"如果面对性别歧视问题，我需要学会如何应对被大声斥责。[……]但两性技能差距的出现可以追溯到过去，真的。我上的是女子学校；工程从未被提及；我们将成为教师、护士或图书管理员；那些做不到的人将不得不结婚生子。但绝不是工程学，这不是女孩们的话题。[……]我会改变什么？从 16 岁开始，我应该有不同的计划；在那个年龄，我应该给自己一些职业建议。那么，我就不必在 30 岁时重新计划和重新开始了。"但即便如此，她也不确定自己是否愿意错过一些曾经拥有的美好时光。莎莉喜欢体育科学课程，很喜欢那时的大学生活，也很喜欢她在休闲行业的一些工作。她觉得自己从各种经历中学到了很多，虽然事情的发展与预期的可能不同，但她对自己现在的处境相当满意。

莎莉成功地从事了不同类型的工作，但她觉得在掌握了工作后，需要接受与工作有关的新挑战，这也反映在她愿意接受进一步的教育和培训。事实证明，在目前的组织环境下，她可以从纵向和横向改变职业，来迎接新的挑战。她能够在没有经过最初的技术培训的情况下做到这一点，这表明了她的灵活性、组织和沟通技能的程度，以及这些技能在协调工作中的价值；而协调是现代管理制造过程的核心。

3. 来自英国的理查德转换部门、角色和职能，最终进入综合管理部门

理查德 40 多岁，是一名工程学毕业生，最初在工程领域工作，在 20 世纪 80 年代进入不断发展的信息技术行业，在电子合同领域工作，因为拥有信息技术知识，他转到供应链开发行业。后来决定离开信息技

术行业，进入商业领域。他的职业生涯还更换了几次雇主。这里采用了他的案例，因为它说明某些传统就业途径总是重视灵活性，并以一种期望为基础，即一些人期望通过组织和职业来积极追求个人发展和"战略性职业"。

理查德获得了工程学学位，在大学期间得到了一家大型工程公司的资助，之后他为该公司工作了七年。最初，他在该公司的一个部门承担了一系列项目工作。在公司工作期间，他还在一所技术研究大学为工程师们开展了制造管理转换项目。理查德随后回到公司的另一个部门，担任物流和供应链管理方面的管理职务。然而，20世纪80年代初，他对电子越来越感兴趣，并从战略上决定，想在不断扩大的电子行业工作。他在该国的另一个地方申请了一份处理电子合同的工作。理查德在那里工作了几年，处理不同的合同，边工作边学习。其中一份合同涉及与一家全球信息技术公司合作，最终他随着合同到了该公司，因为该公司开始在内部开展这项工作。他在这家公司工作了两年，然后转到一家大型饮料供应公司担任供应链经理。

集团计划部供应链经理的工作，虽然名义上与他进入电子行业之前的工作相似，但由于技术的发展、工作流程的重组和供应链关系性质的改变，现在已经发生了变化。这份工作完全由信息技术支撑，正是在这方面的经验让他得到了这份工作。尽管随着公司参与了一些引人注目的合并，公司已经扩大了很多，但理查德现在已经为公司工作了十三年。在20世纪80年代末，他的信息技术专业知识加上将其与业务开发相结合并领导项目团队的能力非常罕见。然而，从那以后，由于公司合理化合并后，标准也有所提高："你和一些非常有能力、非常有积极性的人一起工作，你必须努力工作才能保持领先或跟上他们。所以这是一个竞争环境……"

理查德对工作非常投入，并认为公司是一个"非常好的雇主，一个值得为之工作的好公司，我喜欢在这里工作，他们会给你很好的回报"。他被调到伦敦，成为那里特别组建的、具有国际影响的项目团队的成员，参与管理改革计划、支持全球客户发展和品牌建设。他在增加商业领域的经验，而不是技术领域的经验，他承认自己在商业领域国际市场的经验比其他人少得多。不过，这份工作代表了新的挑战，令人兴奋——他觉得自己在以前的工作中"有点循规蹈矩"。在技术操作方面，他尽可能按照自己的意愿去做。这在一定程度上是因为他与前任老板的关系非常好，后者曾赞助他的职业发展，但公司合并后，另一家公司的同行取代了他的工作，他离开了原公司。在人事关系上，理查德当时被"标记为前任老板的人"，因此他觉得自己必须离开。这是一个战略职业生涯的"经典"案例，例如，理查德决定进入和退出信息技术行业，更换雇主和跳槽，所有这些都是他长期职业发展的战略考量。理查德意识到，如果想继续向上发展，就需要灵活机动地变换工作岗位，并肯于学习新技能，接受新体验。

第五节　工作身份的稳定性和灵活性

纵观总体研究结果（Kirpal, 2004a），绝大多数接受访谈的员工主要将灵活性问题与应对和适应工作变化的能力联系起来，比如新的工作任务、工作环境和工作组织，通常需要扩大甚至重新改变职业技能和职业规划。然而，灵活性是被个人视为创造机会，还是与此相反，被视为给员工带来新的要求和压力，二者存在很大差异。因此，员工在形成与工作相关的身份和承诺模式时所采取的"战略行动"形式也有很大差异。

与"传统"类型职业身份有关的员工，通常通过其职业专长、工作的公司、公司的"产品"或日常工作任务来确定身份。这些类型的员工常见于传统的金属加工／工程、卫生保健和电信行业（参见本书中由基帕尔等人撰写的章节）。对这些员工来说，工作中的变化是一种冲突，通常是因为，作为个人，他们缺少办法或个人资源来适应新的要求，例如，缺乏动力、资历或自信。工作中的变化通常是他们无法控制和不可预测的。该项目将这种形式的"战略行动"确定为"撤退战略"，通过这种战略，员工在很大程度上抵制变革和进一步学习的压力，但有"传统"工作认同感的员工也可以更积极主动地适应职业或雇主的变化方式。如果员工能够适应变化和新要求，或者处于变化和新要求的前沿，他们会形成本项目所确定的"传统的、进步的"职业身份。例如，他们会按照传统的职业发展方式，很可能通过追求更高级别的资格（例如，大师班资格），晋升到管理层或更专业的职位。他们仍然强烈认同自己职业中的传统要素，但同时能够利用工作环境变化过程中的机会发展自己的职业生涯。进入更多的专业或管理职位也被当作惯常途径，他们仍会保持对最初职业专业的忠诚。然而，承担额外的责任和任务，他们也面临着遵守新的职业角色，调整甚至重新定义其工作身份的挑战。

这里三个案例的叙述说明了员工如何将变化和新的工作要求视为创造职业机会，以及人们在调整工作方向和职业战略时可能涉及的内容。他们为员工做出示范，在他们的就业轨迹中，已经形成了高度"灵活"的工作认同感，比任何职业和组织承诺都更具个人主义基础。这些"灵活"员工的一个典型特征是，他们愿意并有能力利用灵活性、流动性和学习作为工具来实现更广泛的职业（和个人）目标，在此过程中，我们的受访者准备在必要时改变组织和／或职业。

有趣的是，从整个项目样本中可以发现，在资历较高的员工中，可以找到灵活和个性化的工作身份，例如，将技术技能和社会技能很好地结合在一起的信息技术专家；在就业情况不稳定的低技能工人中，也能找到他们的身影，例如旅游业。通常，"灵活"的员工能够预见并内化工作场所不断调整和变化的要求，从而为资历较低的人带来短暂的工作依恋和身份，为资历较高的人带来基于专业技能和能力的高度个性化的工作身份。这里的关键特征是，个人积极追求自己的目标、专业发展和自我实现。他们的工作身份是高度个性化的，主要基于个人技能、持续学习的能力和以项目为导向的工作态度。这种灵活的工作认同类型的一种变体是"战略野心家"，他们将当前的职业地位和／或组织依恋视为职业生涯的一个阶段，他们的工作性质在这一阶段有相对频繁的变化。他们致力于"继续前进"，并将职业生涯视为自己积极构建的内容。他们对当前角色的依恋在一定程度上受到了自己只是"过客"这一认识的影响。

我们介绍的三个案例叙述都具有这种"灵活"工作身份的相关特征，尽管三个案例中只有理查德可以被视为"战略野心家"。对于"战略野心家"来说，灵活性成为追求特定职业计划的工具，而其他员工，玛蒂娜和莎莉，在很长一段时间里，没有战略性地行事，而是对自己的工作兴趣和职业机会如何发展持开放态度。从这个意义上说，灵活性既可以被视为一种战略工具，也可以被视为个人自身的一种特征，这种特征与个人对自我实现的追求密切相关。无论在哪种情况下，在支持灵活性作为战略工具或自我实现方面，学习都发挥着关键作用。学习可以成为个人发展的战略工具，从三名员工的简历中可以很容易看到这一点——每个人为了自己，都在培训和技能提高上投入了大量的精力。因此，与灵活性相关的学习成为专业发展和自我实现的一个主要方面。在玛蒂娜案例中，我们发现，在工作环境中，创造力、创新力和"推动事物"发展的能力比扮演特定角色更有价值。她甚至表示，对她来说，工作上的心理压力与工作量或工作负荷（工作截止日期）无关，但阻碍进展的同事和组织结构才是导致压力的原因。

本章旨在对"灵活"员工作为工作认同的一种可能形式进行更深入的说明和分析。从研究项目的样本来看，这里介绍的三个案例是在采访 500 多名员工时遇到的例外情况。除了很多员工坚持"传统"形式的工作身份之外，最大的一组受访者形成了不同形式的适应过程，产生了从"传统"到"灵活"的连续转变中各种复杂的反应形式。他们对工作依恋的变化或多或少是强烈的和过渡性的。例如，对工作的适应和调整可能是长期的，也可能是短期的；个人被动（接受）或积极寻求解决问题或冲突的方法。这些结果在其他地方有更详细的介绍（参见 Kirpal，2004a）。

然而，从这里提出的问题来看，有趣的是，在不同形式的"调整"中，大量员工认同自己的工作，但同时更积极地重新定义而不是被动地接受工作角色。实际上，在所有群体中，从"传统"到"灵活"的工作身份，我们都能看到积极重新定义和挑战传统职业角色和工作认同概念

的员工。我们有这样的例子，有些员工面对既有规范和期望，进行重新
定义，从而突破了雇主、同事和其他人的期望值。在某些方面，他们可
以被视为变革的推动者，尤其是在某些方面进行协商、挑战和领导同
行。从我们展示的案例中可以看到，虽然对萨莉来说，这种情况下产生
的冲突持续存在，但同时也是学习和提升技能的强大动力，玛蒂娜决定
"继续前进"，寻找一个让她不会感到受歧视并能被接纳的就业环境。

　　随着时间的推移，一个人形成什么样的工作身份取决于各种因素，
这些因素会导致复杂的过程，一方面，是个人资源、性格和束缚之间的
协商，另一方面是结构条件。重要且可以说明的是，随着个人一生就业
轨迹的调整，工作身份可能会发生变化。这些变化也意味着个人可以在
不断发展的依恋形式和高度灵活的工作认同形式之间来回转换。在这种
情况下，起决定性作用的似乎是个人的反应或采取的"策略"：他／她
是扮演被动角色还是主动角色；风险适应度、开放度以及将灵活性、流
动性和学习作为工具追求自身利益的能力；以及对工作的普遍依恋。其
中一些变量显然是由个人的个性决定的，如风险适应度，或者在与工作
和就业有关的协商过程中扮演被动角色还是主动角色。然而，其他变量
必须根据与工作相关的社会化和学习来解释。个人如何发展对工作的依
恋，在很大程度上受到与工作相关的社会化和工作经历以及个人兴趣的
影响。另一方面，员工在多大程度上愿意并能够使用灵活性和机动性，
并形成积极的学习态度，这与学习过程密切相关。在这一点上，该项目
可以明确区分已经被社会化并接受培训、更加灵活和积极地发展其专业
方向和身份的员工，以及没有以这种方式进行社会化的员工。

　　许多雇主越来越期望员工除了具有多技能和灵活性，还能养成积极
主动和"创业"的工作态度（FAME Consortium, 2003）。这意味着个人
需要开发复杂、灵活和多维的工作依恋，可以不断调整以适应变化的要
求。这也意味着，以前工作安排的稳定性和连续性越来越多地需要由员
工自己积极构建，他们有时还被期望承担起管理不稳定就业和不断更新
其职业技能的责任。我们展示的三个个案说明，满足这些要求需要个人
努力和各方面个人资源。从进行的研究中可以明显看出，这不能被认为

是理所当然的，也不能只由个人单独承担调整的责任。

　　在我们的样本中，对工作高度灵活的认同在欧洲雇员中非常罕见。在雇主支持不足或几乎没有给予支持的地方，员工会面临过度的挑战，无法应对工作中的变化，不能使自己的职业发展和就业取得进展，甚至难以稳定下来。特别是中级技能水平的员工，他们倾向于在复杂的调整中发展工作身份，和／或保持对工作的更"传统"的认同形式，对一些员工来说，这意味着在很大程度上抵制灵活性和流动性的要求。在以快速变化的技术和工作组织为特征的经济领域，这可能会对尚未做好准备的工人造成压力，使他们对工作表现缺乏控制和缺乏工作承诺。这种情况对组织来说也可能是有风险且代价高昂的，例如，它可能会导致大量员工流动。在这种情况下，必须承认，欧洲大多数员工经历了与工作相关的社会化过程，但还没有预见到增加灵活性、流动性和终身学习的必要性。这加强了社会化在工作环境中的作用，是初始和继续职业培训的主要功能之一。此外，让员工做好迎接未来工作挑战的准备，也需要组织的大力支持。只有当员工具备正确的技能和足够的自信时，他们才会愿意并能够应对工作中新的灵活性和学习要求。

参考文献

Abhaya, D. (1997). *Leaving home: E.M. Forster and the pursuit of higher values*. Western Buddhist Review Volume two. Birmingham: Windhorse Publications.

Baruch, Y. (1998). The rise and fall or organizational commitment. *Human Systems Management*, 17(2), 135–143.

Baruch, Y. and A. Winkelmann-Gleed (2002). Multiple commitments: A conceptual framework and empirical investigation in a community health service trust. *British Journal of Management*, 13(4), 337–357.

Beck, U. (1986). *Risikogesellschaft. Auf dem Weg in eine andere Moderne*. Frankfurt/M.: Suhrkamp.

Beck, U. (1994). The debate on the 'Individualization Theory'. *Today's Sociology in Germany*, 3 (Soziologie special edition), 191–200.

Beck, U. and P. Felixberger (1999). *Schöne neue Arbeitswelt. Vision: Weltbürgergesellschaft*. Frankfurt/M.: Campus.

Brown, A. (1997). A dynamic model of occupational identity formation. In A. Brown (Ed.), *Promoting vocational education and training: European perspectives* (pp. 59–67). Tampere: Universtity of Tampere.

Brown, A. (2004). Engineering identities. *Career Development International*, 9(3), 245–273.

Carruthers, B. and B. Uzzi (2000). Economic sociology in the new millenium. *Contemporary Sociology*, 29(3), 486–494.

Cohen, A. (1993). Organizational Commitment and turnover: A meta-analysis. *Academy of Management Journal*, 36(5), 1140–1157.

Dewey, J. (1916). *Democracy and education. An introduction to the philosophy of education* (1966 ed.). New York: Free Press.

Dif, M. (2004). Vocational identities in change in the telecommunications sector. *Career Development International*, 9(3), 305–322.

FAME Consortium (2003). *Work-related Identities in Europe: How Personnel Management and HR Policies Shape Workers' Identities*. ITB Working Paper Series no. 46. Bremen: Institute Technology and Education/ University of Bremen.

Finegold, D. and K. Wagner (1999). The German Skill-Creation System and Team-Based Production: Competitive Asset or Liability. In P. Culpepper and D. Finegold (Eds.), *The German skills machine: Sustaining comparative advantage in a global economy* (pp. 115–155). Oxford: Berghahn Books.

Giddens, A. (1984). *The constitution of society*. Berkeley: University of California Press.

Giddens, A. (1991). *Modernity and self-identity: Self and society in the late modern age*. Stanford: Stanford University Press.

Gottlieb, B.H., E.K. Kelloway and E. Barham (1998). *Flexible Work Arrangements*. Chichester: Wiley.

Greinert, W.-D. (1997). *Das duale System der Berufsausbildung in der Bundesrepublik Deutschland*. Struktur und Funktion. Stuttgart: Holland & Josenhans.

Heinz, W.R. (1988). Selbstsozialisation und Arbeitsmarkt: Jugendliche zwischen Modernisierungsversprechen und Beschäftigungsrisiken. *Das Argument*, 168, 198–207.

Heinz, W.R. (1995). *Arbeit, Beruf und Lebenslauf. Eine Einführung in die berufliche Sozialisation*. München: Juventa.

Heinz, W.R. (2002a). Self-socialisation and post-traditional society. In R.A. Settersten and T.J. Owens (Eds.), *Advances in life course research: New frontiers in socialisation* (pp. 41–64). New York: Elsevier.

Heinz, W.R. (2002b). Transition discontinuities and the biographical shaping of early work careers. *Journal of Vocational Behavior*, 60(2), 220–240.

Heinz, W.R. (2003). From work trajectories to negotiated careers. The contingent work life course. In T.M. Jeylan and M.J. Shanahan (Eds.), *Handbook of the life course* (pp. 185–204). New York: Springer.

Heinz W.R. and A. Witzel, (1995). Das Verantwortungsdilemma in der berufliche Sozialisation. In E.H. Hoff and L. Lappe (Eds.), *Verantwortung im Arbeitsleben* (pp. 99–113). Heidelberg: Asanger.

Herrigel, G. and C. Sabel (1999). Craft Production in Crisis. Industrial Restructuring in Germany during the 1990s. In P. Culpepper and D. Finegold (Eds.), *The German skills machine: Sustaining comparative advantage in a global economy* (pp. 77–114). Oxford: Berghahn Books.

Hoff, E.-H., L. Lappe and W. Lempert (1985) (Eds.). *Arbeitsbiographie und Persönlichkeitsentwicklung*. Schriften zur Arbeitspsychologie, Nr. 40, Stuttgart: Huber.

Holman, D., T. Wall, C. Clegg, P. Sparrow and A. Howard (Eds.) (2005). *The essentials of the new workplace: A guide to the human impact of modern working practices*. Wiley: Chichester.

Ibarra, H. (2003). *Working identity: Unconventional strategies for reinventing your career*. Boston: Harvard Business School Press.

Kirpal, S. (2004a). *Work identities in Europe: Continuity and change. Final Report of the 5th EU Framework Project 'FAME'*. ITB Working Paper Series no. 49. Bremen: Institute Technology and Education/University of Bremen.

Kirpal, S. (2004b). Introduction: Researching work identities in a European context. *Career Development International*, 9(3), 199–221.

Kirpal, S., A. Brown and M. Dif, (2006). The Individualisation of Identification with Work in a European Perspective. In A. Brown, S. Kirpal and F. Rauner (Eds.), *Identities at Work* (pp. 285–313). Dordrecht: Springer.

Kutscha, G. (2002). Regulation and deregulation: The development and modernisation of the German dual system. In P. Kamarainen, G. Attwell and A. Brown (Eds.), *Transformation of learning in education and training: key qualifications revisited* (pp. 53–69). Thessaloniki: European Centre for the Development of Vocational Training (CEDEFOP).

Loogma, K. (2003). *Workplace learning and competences: different contexts and different meanings in the case of a transition economy*. Paper presented at the 4th conference on human resource development research and practice across Europe: Lifelong learning for a knowledge based society. Toulouse 23–24 May 2003.

Marhuenda, F., I. Martínez Morales and A. Navas (2004). Conflicting vocational Identities and careers in the sector of tourism. *Career Development International*, 9(3), 222–244.

Moynagh, M. and R. Worsley (2005). *Working in the Twenty-first Century*.

Leeds: ESRC Future of Work Programme and King's Lynn: The Tomorrow Project.

Pongratz, H.J. and G.G. Voß (2003). *Arbeitskraftunternehmer. Erwerbsorientierungen in entgrenzten Arbeitsformen*. Berlin: Edition sigma.

Reuling, J. (1996). The German Berufsprinzip as a model for regulating training Content and qualification standards. In W.J. Nijhof and J.N. Streumer (Eds.), *Key qualifications in work and education*. Dordrecht: Springer.

Sennett, R. (1998). *The corrosion of character: The personal consequences of work in the new capitalism*. New York: Norton.

Steers, R.M. (1977). Antecedents and outcomes of Organizational Commitment. *Administrative Science Quaterly*, 22(1), 46–56.

Tomassini, M. and A. Brown (2005). Technical workers learning while working in Rome. In A. Brown (Ed.) (2005), *Learning while working in small companies: comparative analysis of experiences drawn from England, Germany, Greece, Italy, Portugal and Spain*, SKOPE Monograph No. 7. ESRC funded Centre on Skills, Knowledge and Organisational Performance, Oxford and Warwick Universities.

Voß, G.G. and H.J. Pongratz (1998). Der Arbeitskraftunternehmer. Eine neue Grundform der Ware Arbeitskraft? *Kölner Zeitschrift für Soziologie und Sozialpsychologie*, 50(1), 131–158.

Whetten, D.A. and P.C. Godfrey (1998). *Identity in organizations. Building theory through conversations*. Thousand Oaks: Sage Publications.

Wahler, P. and A. Witzel (1985). Arbeit und Persönlichkeit—jenseits von Determinantion und Wchselwirkung. Anmerkungen zur Rekonstruktion der Handlungslogik einer werdenden Arbeitskraft. In E.-H. Hoff, L. Lappe and W. Lempert (Eds.), *Arbeitsbiographie und Persönlichkeitsentwicklung* (pp. 224–236). Schriften zur Arbeitspsychologie, Nr. 40, Stuttgart: Huber.

Witzel, A. (1996). Auswertung problemzentrierter Interviews: Grundlagen und Erfahrungen. In R. Strobl, Rainer and A. Böttger (Eds.), *Wahre Geschichten? Zu Theorie und Praxis qualitativer Interviews. Beiträge zum Workshop Paraphrasieren, Kodieren, Interpretieren...im Kriminologischen Forschungsinstitut Niedersachsen am 29 und 30, Juni 1995 in Hannover.* Interdisziplinäre Beiträge zur kriminologischen Forschung Band 2. Baden-Baden: Nomos.

第三部分
工作与承诺

第九章　组织机构承诺与职场中职业身份形成之间的动态关系

英国东安格利亚大学管理学院
耶胡达·巴鲁克（Yehuda Baruch）
以色列海法大学政治学系
亚伦·科恩（Aaron Cohen）

在无边界组织（Ashkenas et al., 1995）和无边界职业（DeFillippi and Arthur, 1994; Hall, 1996; Sullivan, 1999）盛行的这个新时代，"组织"作为身份缔造者和重要的承诺接受方，其角色似乎不如从前那样举足轻重了。在后企业时代的职业领域（Peiperl and Baruch, 1997）中，职业身份可能会替代组织身份。事实上，正如拉法利（Rafaeli, 1997）所描述的那样，对于组织的传统看法往往将其成员简单地一分为二，对于那些具有非传统工作关系的个人，一般不会承认其作为成员的身份。

由于个人生活的重心往往围绕着组织和工作展开，所以想要理解人类行为心理，就十分有必要在职场中进行关于承诺形式的调查。考虑到职场中的变化，有必要对于不止一种承诺形式适时地进行研究（Cohen, 2003; Cooper-Hakim and Viswesvaran, 2005）。个人工作生涯不再局限于某个单一组织。事实上，个人可能在其职业生涯中数次调动工作。快速的商业全球化也意味着个人有多种多样的承诺形式和承诺基础（Cooper-Hakim and Viswesvaran, 2005）。

在研究组织行为和管理的过程中，有两个重要的概念，即"组织承诺"（Organisational Commitment, OC）和"职业身份"（Prefessional

Identity, PI）。本章中，我们提出并讨论了其概念框架。这两者都与人们的工作生涯密切相关。这两者之间息息相关，密不可分，对个人的工作成果和生活的方方面面都有着重大影响。深入研究"组织承诺"和"职业身份"这两个概念，有助于我们更好地理解它们。

第一节　组织承诺

组织承诺的概念在工业 / 组织心理学及组织行为相关文献中的使用频率越来越高（Mathieu and Zajac, 1990）。在所有的承诺形式中，组织形式仍然是受到最多关注的（Griffin and Bateman, 1986, p. 166）。之所以产生这样的关注，明显是因为之前大量的研究检验了组织承诺及其前因后果之间的关系（例如 Mathieu and Zajac, 1990; Mowday et al., 1982）。据称，这种高度的关注源于如下事实，即组织承诺是"以理论为基础的，其关注范围广泛，具有相当大的一体化潜能，且比其他形式更易于管理"（Griffin and Bateman, 1986, p. 166）。对其高度关注的另一个原因是人们认为与其他的工作态度相比，尤其是与工作满意度相比，组织承诺能够更好地预测劳动力流动（Williams and Hazer, 1986; Clugston, 2000）。此外，还有人认为，内部成员承诺水平更高的组织，其执行力和生产力更高，旷工和迟到的情况更少（Bateman and Strasser, 1984; Morris and Sherman, 1981）。

组织承诺是根据态度及一系列的目的来定义的。态度承诺存在于"个人身份与组织产生联系"之时（Sheldon, 1971, p. 143），这一定义再次强调了组织承诺与身份之间的关联。另一定义内容则有所不同，认为态度承诺存在于"组织目标与个人目标结合得更加紧密或完全一致时"（Hall et al., 1970, p. 177）。在组织内部所有的个人特征和态度中，学术研究关注的焦点是组织承诺。这主要是因为组织承诺是其他态度和行为的前提。大量研究都提及了组织承诺及其对雇佣关系的影响。研究者对组织承诺的关注度日益增长，从而使其概念定义更加丰富多样。在衡量这一概念时，相应出现了各种各样的方法（Griffin and Bateman,

1986; Morrow, 1983; Mowday et al., 1982; Reichers, 1985）。各种方法间差异巨大，正如这一概念的两种理论研究方法：附加赌注法或计算法，以及道德或态度法（Cohen and Lowenberg, 1990; Cohen and Gattiker, 1992; Ferris and Aranya, 1983; Griffin and Bateman, 1986; McGee and Ford, 1987），这二者之间也存在着迥然的差异。

计算法的依据是霍华德·贝克尔（Howard Becker, 1960）提出的"附加赌注"理论，霍华德·贝克尔使用这一术语来指代由个人评估的投资积累，如果他/她离开组织，那么这些投资将会损失或被判定为毫无价值。贝克尔认为，在一段时间内，特定的成本会增加，这使得个人难以从一系列连续的活动（如某一组织的成员这种身份）中脱离出来。失去这些投资的危险，再加上明显缺乏替代或弥补这些投资的其他选择，使得个人只能投身于组织。按照这一观点，外部因素，如收入和等级地位，内部因素，如"了解内情"和人际关系，这些因素都会使个人受制于组织（Cohen, 1993; Cohen and Gattiker, 1992; Cohen and Lowenberg, 1990; Meyer and Allen, 1984; Wallace, 1997）。雇主更换时，失去朋友和年资权利也可能是一个因素。贝克尔本人是这样表述他的观点的：

> 对是否接受新工作有疑虑的人可能会因一系列复杂的附加赌注而踟蹰不前：如果他跳槽，他的退休金可能会有损失，这是经济成本；如果他留在原公司，他的年资和"人脉"都可能会更进一步，但如果他跳槽，这些也是损失；他已经很好地适应了现在这份工作的特定工作环境，如果跳槽，他就失去了这份从容；由于必须搬家，也会让家庭生活失去闲适……（Becker, 1960, pp. 38–39）

以此为理论基础的衡量标准试图体现出这一方法的基本论点。这些论点最初由里策尔和特莱丝（Ritzer and Trice, 1969）提出，之后，赫比尼亚克和阿卢托（Hrebiniak and Alutto, 1972）以及阿卢托等人（Alutto et al., 1973）在方法论上补充了一些修改之处。这些衡量标准提出的问题针对的是受访者在考虑了薪酬、地位、责任、工作自由和晋升机会等不同程度的诱因后，是否会离开该组织。修正后的衡量标准经常得到运用，特别是在对"附加赌注"理论的研究中应用得更为频繁（如

Fukami and Larson, 1984; Hunt et al., 1985; Parasuraman and Nachman, 1987; Wittig-Berman and Lang, 1990）。

第二种方法认为承诺与情感或态度有关，这种方法被称为"组织行为"（Staw, 1977）或"心理特点"（Near, 1989）方法。它将个人与组织联系起来，因此，为了追求个人目标就要承诺保留个人的组织成员资格。这种对承诺的处理方法可能主要来源于波特及其同事的著作（Porter et al., 1974; Mowday et al., 1982），这种方法也被称为情感承诺（Meyer and Allen, 1984）和价值承诺（Angle and Perry, 1981）。这种方法拓展了最为常用的组织承诺衡量标准，即由波特（Porter）和史密斯（Smith）于1970年提出的态度型"组织承诺问卷"（Organizational Commitment Questionnaire, OCQ）。

被称为"波特测量法"的这个量表，是"最常见的情感承诺衡量标准，且被大众广泛接受和使用"（Griffin and Bateman, 1986, p. 170）。该量表有十五项内容（精简版的九项内容的措辞都是正面的），反映了波特等人（Porter et al., 1974）提出的承诺定义的三个维度，分别是：在组织中保持成员身份的愿望，信任并接受组织的价值观和目标，愿意代表组织付出努力。尽管莫迪等人（Mowday et al., 1979,1982）在著作中提到这一衡量标准的心理测量特性得到了充分验证，但他们也提到了这一衡量标准与工作满意度及工作参与度这样的态度变量之间的关联度过高，鉴别准确性无法达到令人满意的水平。此后，对组织承诺问卷特征的诸多验证中，莫罗（Morrow, 1983）、布劳（Blau, 1985, 1987）、卡米尔拉斯和福尼尔（Commeiras and Fournier, 2001）都得出如下结论，即该衡量标准包含了良好的心理测量特性。

对于组织承诺，尽管存在如附加赌注法（Becker, 1960）等其他的定义方式和衡量标准，20世纪70年代初到80年代中期的文献中，组织承诺问卷仍旧占据着统治地位。大部分与组织承诺相关的研究结果、结论和对于未来研究进程的建议都是基于这一方法的。此外，许多对于组织承诺的研究以及组织承诺与前因变量和工作成果之间关系的研究也受到了各种综合分析法的影响（Mathieu and Zajac, 1990; Cohen, 1991,

1993; Cohen and Gattiker, 1992; Randall, 1990; Gaertner, 1999），这些分析方法定量地总结了这一概念的相关研究。对于波特等人（Porter et al., 1974）提出的组织承诺问卷衡量标准，近年来出现了一些批评。根本困难在于组织承诺问卷中提到的承诺的两个维度，即保持组织成员身份的强烈愿望和代表组织尽最大努力的意愿，与目标导向行为（如社会退缩与绩效表现）的意图重叠（Reichers, 1985; O'Reilly and Chatman, 1986; Bozeman and Perrewe, 2001）。对这一批评有两个应对方法。第一，研究人员使用的组织承诺问卷版本往往有九项内容，而十五项内容的组织承诺问卷版本的使用频率反而没有这么高，这是为了避免使用措辞带有否定性、有待讨论的其中六项衡量标准，这部分内容涉及了社会退缩与绩效表现（Beck and Wilson, 2001; Iverson, 1999）。第二点也同样重要，对于组织承诺的定义和衡量标准已经形成新的趋势（Baruch, 1998）。

有人认为，将组织承诺看成多维度概念，有助于更好地理解它，以此为基础，梅耶和艾伦（Meyer and Allen, 1984）提出了组织承诺的二维衡量标准。从概念上看，这两个维度间的差别与贝克尔（Becker, 1960）提出的附加赌注计算法和波特及其同事们（Porter et al., 1974）提出的态度法有相似之处。第一个维度被称为情感承诺，其定义是"对工作组织的认同感、隶属和投入都有积极的感受"（Meyer and Allen, 1984, p. 375）。第二个维度被称为持续承诺，其定义是"员工所认为的与离职相关的成本（如各种投入或者缺乏有吸引力的替代选择）影响着员工对于组织的忠诚度"（Meyer and Allen, 1984, p. 375）。

麦克吉和福特（McGee and Ford, 1987）在进行因子分析时发现了持续承诺量表本身就是一个二维结构。其中一个子维度代表了员工留在组织内所做出的牺牲，称为高牺牲，另一个子维度代表了可供选择的其他就业机会，称为低选择。梅耶等人（Meyer et al., 1990）复现了这一发现。在后来发表的论文中，艾伦和梅耶（Allen and Meyer, 1990）增加了第三个维度，即规范承诺，其定义是员工认为有责任留在组织中。

艾伦和梅耶（Allen and Meyer, 1990）所做的因子分析支持了之前提出的三维量表。哈科特等人（Hackett et al., 1994）对于这些量表的评估基本赞同三个维度的存在。但是，以"实证因子分析"模型为基础，按照麦克吉和福特（McGee and Ford, 1987）提出的研究路线，他们将持续承诺划分成两个维度，可以发现四组分模型的数据吻合度更高。但是，某些研究（Jaros, 1997; Ko et al., 1997）也指出按照梅耶和艾伦（Meyer and Allen, 1997）的分析量表进行的承诺维度的划分存在一些问题。此后的研究中，高等人（Ko et al., 1997）发现情感承诺和规范性量表的信度是可以获得认可的，而持续承诺量表的信度却很低。三个量表都具有得到认可的聚合效度，但情感性量表和规范性量表缺乏区分效度。情感承诺的构想效度得到了支持，而持续承诺和规范承诺量表的构想效度则存在问题。这些学者的结论是，应该为持续承诺和规范承诺设计一种新的衡量标准（表 9.1）。

表 9.1　衡量组织承诺的方法概述

概念性方法		
要点	计算型	情感型	多维型
术语	附加赌注理论方法	组织承诺问卷	情感性、规范性、持续性
定义	指代由个人评估的累计投资，如果他/她离开组织，那么这些投资将会损失或被判定为毫无价值	（1）保持组织成员身份的愿望；（2）信任并接受组织的价值观和目标；（3）愿意代表组织付出努力	情感承诺：对工作组织的认同感、依恋和投入都有积极的感受；持续承诺：员工认为的与离职相关的成本（如各种投入或者缺乏有吸引力的替代选择）影响着员工对于组织的忠诚度；规范承诺：员工觉得有责任留在组织中
衡量标准	这些衡量标准提出的问题针对的是受访者在考虑了薪酬、地位、责任、工作自由和晋升机会等不同程度的诱因后，是否会离开该组织（Ritzer & Trice, 1969;Hrebiniak & Alutto, 1972: Alutto et al., 1973）	该量表有十五项内容（精简版的九项内容，其措辞都是正面的），反映了波特等人（Porter et al., 1974）提出的承诺定义的三个维度	三个量表都涵盖八项内容，分别针对情感承诺、规范承诺和持续承诺这三个承诺维度。梅耶和艾伦（Meyer and Allen, 1997）后来提出的一个版本针对的是持续承诺，涵盖了九项内容，还给规范承诺提出了一个六项内容的简化版

第二节　身份和认同感

一个人的自我概念是由个人身份构成的，其形成在一定程度上源于他们所属的社会群体的结合（当然，还源于他们的个性、智力及其他个人特征）。人都有一个特定的身份，这是"拥有独特身份特征的状态，他人（或其他事物）不具备这些独特的身份特征；可以通过这些个人特征识别一个人（或事物）"（Oxford Dictionary, 2000）。某些基本的身份建构就包括个人身份和社会身份。个人身份代表的是个体方面，即我们如何看待自己与同一社会群体中的其他人的关系，而社会身份则包含了我们的自我概念，即我们认为自己与同一社会群体中的其他人有共同之处（Arnold, 2005, p. 333）。社会身份理论是由特纳（Turner, 1975）和塔基菲尔（Tajfel, 1981）引入行为科学领域的。而且由于身份在很大程度上影响着我们的工作方法和工作中的行为，还影响着承诺，因此社会身份理论与管理和行为研究一直都有关联（详见 Jenkins, 1996）。

每个人都有许多社会身份，其中很多都与他们的职业生涯有关。福尔曼和惠滕（Foreman and Whetten, 2002）探讨了员工是如何对具有多重身份的组织产生认同感的。他们认为，组织身份的可操作化可以用多重身份和竞争身份来表达。范迪克等人（van Dick et al., 2004b）提出了不同的身份认同焦点（如自己的职业生涯、团队、组织、工作）。的确，与组织承诺一样，身份也是多维度的：人们有自我身份、群体/子群体身份、组织身份、国家身份以及职业身份。

如前所述，除了承诺，认同感是另一个重要建构，它与员工对组织的隶属相关。人们越是认同某个团体或组织，他们就越愿意为这个团体或组织付出努力并融入其中。当然，还有其他的工作态度也塑造了人们对待职业和职业生涯的方式，如工作角色中心性（Mannheim et al., 1997）。还存在其他类型的隶属，如隶属于工会（Cohen, 2003; Kelly and Kelly, 1994）。这些都可以说明员工对组织的承诺和认同感为何会减弱，也能够说明员工对组织的隶属程度为何会降低。此外，有关工作的态度和实践逐渐呈现以自我为中心以及个性化的趋势，因此，与组织职业规划和管理相比，个人职业规划和管理受到了越来越多的关注（Baruch, 2004）。

第三节　组织认同感与职业认同感

劳动者所属的两个最主要的社会团体是其组织及其专业团体或实践团体。因此，组织身份和职业身份是重要的社会身份，在工作和职业领域中都举足轻重。詹金斯（Jenkins,1996, p. 142）强调组织身份和职业身份都是"后天获得"的身份，即通过生命发展获得的或假定的身份（与"先天获得"的身份不同，"先天获得"的身份是出生时完成的社会建构——见后文详细说明）。

组织认同感包含成员对组织的共同信念，关乎核心的、持久的和独特的组织特征（Golden-Biddle and Hayagreeva, 1997）。它是员工对组织隶属的重要形式之一（Brown, 1969; Rotondi, 1975）。梅尔和阿什福思（Mael and Ashforth, 1995）认为，组织认同感是一种特定的社会认同感形式，个人通过自身在特定组织中的成员身份来进行自我定义。研究表明，组织认同感是一种感知认知结构，在概念和经验上都不同于组织承诺以及其他相关的工作态度和职业态度（Mael and Tetrick, 1992）。梅尔和阿什福思（Mael and Ashforth, 1995）将组织认同感与组织承诺做出如下区分：

> 认同感必定是针对特定组织的，但承诺可能不针对特定组织。焦点组织的目标和价值可能与其他组织共享，因此一个在承诺方面得分很高的人，可能并不一定认为他与特定组织有共同的命运。在适当的激励下，个人可以很容易地将他/她的承诺转移到不同组织，甚至是竞争对手那里，只要该组织具有相似的目标和价值观即可。然而，如果一个人认同其所在的组织，那么他/她在离开组织时必然会经历一些精神上的损失（Mael and Ashforth, 1995, p. 312）。

正如组织承诺的情况一样，组织认同感可能存在不同维度，如认知维度、情感维度、评价维度和行为维度（van Dick et al., 2004b）。

研究人员将组织认同感应用于各种环境中，而不仅仅局限在员工的工作组织中（如 Wan-Huggins et al., 1998），也应用于以心理学特征区分的不同类型的群体成员身上，如士兵（Mael and Ashforth, 1995）、大学校友（Mael and Ashforth, 1992）以及会计师事务所同僚（Iyer et al., 1997）。这些研究发现，组织认同感反映了个人对特定组织的心理归属，组织认同感与个人和组织所期待的目标导向有关，包括工作参与度和留在组织的意愿。

第四节　职业身份和职业认同感

根据社会身份理论，个人将自己划归为不同的社会群体，既有先天获得的群体身份（如性别、种族），也有后天获得的身份（如组织成员身份和专业成员身份）（Tajfel and Turner, 1985; Dutton et al., 1994）。有趣的是，宗教信仰这种身份本是先天获得的，但在后来的生活中可以发生改变，从而变成后天获得的身份。专业人士很可能对其职业和所在的公司产生认同感（正如古尔德纳［Gouldner, 1957, 1958］所指出的那样，他们类似于对职业和组织具有高度承诺的"世界主义者"）。当然，有时也难免会有些变数，例如，一个工程师高度自律，但对其所在的组织却不认同，因此他 / 她可能频繁地换老板，而另一个工程师认同就职的公司，就会接各种项目，并且可能担任管理职位，那么他 / 她的职业隶属关系就会处在较弱的位置上。

一个人在与某一特定雇主产生联系之前，通常就已经决定了从事某一职业（如医生、会计或心理学家）。因此，在形成组织认同感之前，通常会期望先形成职业认同感。这与阿兰亚等人（Aranya et al., 1981）的观点一致，他们认为，职业隶属关系独立于特定组织，且在与该特定组织形成隶属关系之前，就已经形成了职业隶属关系。此外，即使一个专业人士脱离她 / 他的组织去另寻一位雇主，他们仍旧会保持他们的职业隶属关系和职业资格。

　　组织面临的一项挑战是要让员工把他们的职业身份和组织身份关联起来、结合起来或联系起来。像英特尔（Intel）和数字设备（Digital）这样的公司会把自己塑造成技术领域的领头羊，这会让他们的员工觉得，成为英特尔的一员，也意味着成为电子研发团体中的一员。我们自然可以得出如下假定——组织如果有能力提升个人职业期望并强化职业身份，这种能力也能够增强个人的组织认同感（Aranya et al., 1981; Norris and Niebuhr, 1984; Meixner and Bline, 1989）。卡尔贝斯和福格蒂（Kalbers and Fogarty, 1995）支持"世界主义"的观点，他们发现专业水平越高的内部审计员对其组织越忠诚。按照同样的思路，拉索（Russo,1998）对一批新闻记者的组织认同感和职业认同感进行了研究，他发现职业认同感增强了组织认同感。这可能是因为组织提供了必要的手段，保证了员工可以作为专业人士开展工作，并且他们还拥有了职业身份。

　　伊巴拉（Ibarra, 2003, p. 18）提出了三种管理方法，可以应对职业身份背景下的身份转变。采用何种方法依据的是工作身份的三种不同情况：

- 工作身份被定义为"我们所做的事情"时，指的是我们从事的职业活动；
- 当工作身份被定义为"我们与谁一起工作"时，指的是工作关系及专业团体（如协会一类）的成员资格；
- 当工作身份被定义为"我们生活中的形成性事件（formative events）"时，指的是这些事件改变了我们，并将我们置于不同的道路之上。

　　为了应对这三种情况，就要有应对工作身份涤故更新的策略，伊巴拉提出了以下几点建议：

- 当工作身份被定义为"我们所做的事情"时，建议采取的路线是"精心设计实验"，小规模尝试新活动、新角色，而后根据实践取得的成功和实践感受，着手对发生的变化进行更高规格的承诺。
- 当工作身份被定义为"我们与谁一起工作"时，建议采取的路线是"调整联系"，即应用不同的人际网络、新的角色榜样、新的同伴，从而可以衡量出我们的进步。

- 当工作身份被定义为"我们生活中的形成性事件"时，建议采取的路线要"有意义"——创造或识别变化的催化剂和触发器，将其用来重现我们的"故事"。

第五节　形成职业身份——社会学习视角

社会学习（Mitchell et al., 1979）与环境的反馈有关，尤其与职业咨询和自我效能有密切的关系（Bandura, 1977, 1997），这是强化循环的结果。外部干预可以促进高水平自我效能，这需要通过学习来实现，而这种学习可以影响人们的态度和行为。自我效能是绩效的先决条件，这一点在各种组织环境中已经得到反复印证（Bandura, 1977, 1997）。无论是来自更广泛的环境的反馈（即不仅仅来自父母），还是对成功绩效的强调，都有助于人们选择最适合他们的职业和职业生涯（Baruch, 2004）。霍格和特里（Hogg and Terry, 2000）认为，成员对组织的印象（如原型信念、态度、感觉和行为）是由短暂的或持久的社会环境特征构建、维持和调整的。

要做出"正确"的选择，也就是要优化自己的职业前景，人们首先需要了解自己的职业倾向类型，其次需要了解与他们的职业选择相关的职业环境（Baruch, 2004）。这种对类型的鉴别取决于一个人的动机、知识、个性和素质。职业不单纯是活动和功能的集合，而是文化、声誉、地位和相关生活方式之间相辅相成的结果。库珀（Cooper, 2004）认为，从组织的角度来看，缺乏一个强大的职业身份意味着会让员工只考虑他们自己的职业角色，而受雇于一个组织的责任与作为该行业一员的相关责任，这二者之间是有区别的，但员工们却不能清晰地理解此间的差异。

伊巴拉（Ibarra, 1999, 2003）对新手投资银行家和咨询师的研究帮助我们理解了个人最初如何通过寻找角色榜样、亲身试验和征求反馈来定义他们的成员身份或"临时身份"。巴特尔（Bartel and Dutton, 2001）描述了社交互动策略的关键作用，新手和资深成员都可能会在组织环境中表现出这些社交互动策略。他们的想法是有用的，也可能在职业成员身份背景下得到回应或复制。巴特尔（Bartel, 2001）研究了在特定跨界环境（团体外延）中的经历是如何影响成员的组织身份和组织认同感的。根据成员对其组织的决定性属性的不同理解方式，他们与客户的团体间比较（强调差异性）和与其他组织成员的团体内比较（强调相似性）都随之产生改变。团体间比较也加强了成员因其组织成员身份而获得的尊重，这反过来又增强了他们的组织归属感。

　　成为一个组织的成员不仅要获取特定的技术信息，而且要接受其文化，这意味着他们有共同的意识形态、专业语言、习俗和仪式，以及适当的成员礼仪和行为（Van Maanen and Schein, 1979）。我们认为这同样适用于职业会员身份。会员身份要求通过多种方式来实现，而不只是空谈。个人可以用物质资源和符号资源充实自己，这些资源有助于合法地提出主张，他们可以据理力争，可以有所作为，且拥有主张的归属权。通过武装自身，他们可以身体力行也可以坐而论道，两者都能传达组织自我的有效性（Kunda, 1992）。例如，个人可以通过着装表明其组织成员身份。组织成员的得体着装可能是一项涉及身体、情感和认知工作且需要一定努力的活动（Rafaeli and Pratt, 1993）。同样，某些群体也会用着装来强调职业身份，比如医生（或者护士）、面包师或军官。

　　无边界组织（Ashkenas et al., 1995）造就了无边界职业（DeFillippi and Arthur, 1994; Hall, 1996; Sullivan, 1999）。因此，如果与已知情况进行对比，组织作为身份缔造者的角色，其影响力已经衰退。在后企业时代的职业领域中（Peiperl and Baruch, 1997），职业身份可能是组织身份的一种替代品。

　　对组织成员身份的认知取决于环境（Bartel and Dutton, 2001）。认同感是一种归属感（例如对组织或职业的归属感），当情境提示突显出个人和组织之间的利益一致性或休戚相关时，这种归属感就会被触发（Ashforth and Mael, 1989）。现有文献表明，组织承诺和认同感之间似乎存在一些重叠之处，这一点引起了阿什福思和梅尔（Ashforth and Meal，1989）的关注。但是，一个人可以出于许多原因而承诺留在一个组织（Meyer and Allen, 1997），却不必一定要认同该组织所代表的意义。最后，组织身份是影响离职意愿和随后的实际流动率的主要因素。与组织之间建立的纽带是否牢固影响着这种意愿（van Dick et al., 2004a）。

第六节　组合模型

图 9.1 展示了一个通用模型，我们认为它描述了一个整合的框架，囊括了身份和承诺及其前因后果。

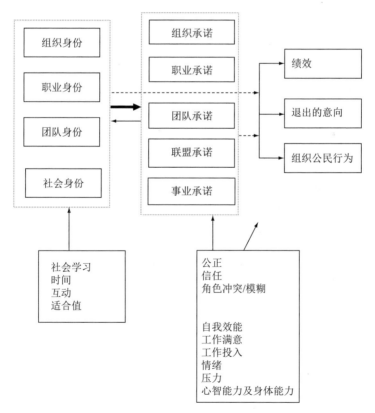

图 9.1　多重承诺、多重身份及其前因后果之间关系的通用模型

关于身份和承诺这两个主要建构，我们认为，虽然两者之间存在着关联，但在很大程度上，身份影响了承诺，甚至造就了承诺。一旦一个人开始认同一个组织，他/她就开始投身于这个组织。当然，承诺会以一种周而复始的方式强化身份。在职业生涯中，组织身份和职业身份都对组织承诺和职业承诺有巨大影响。人有多重身份，因此也有多重承诺。每个人的生活都有若干领域，这些领域包含多重分区。人们对每个分区的承诺程度是不同的，这取决于各种各样的先决条件。卡森和贝代安（Carson and Bedeian, 1994）都承认了多重承诺的存在，进一步的研究表明，这些承诺既有联系又有区别（Baruch and Winkelmann-Gleed, 2002; Cohen, 1999, 2003; Gregersen, 1993）。福尔曼和惠滕（Foreman and Whetten, 2002）证实组织身份一致性对成员承诺有显著影响，而形式层面的身份一致性对认知合法性（cognitive legitimacy）和实用合法性（pragmatic legitimacy）都有显著影响，这也支持了将身份用于多层建构。

越来越多的研究寻求建立组织身份管理的理论参数（Ashforth and Mael, 1989; Elsbach and Kramer, 1996）。无论是组织、职业还是个人所属的任何其他群体，自我认同感与对群体的认同感密切相关。个体通过归属于一个群体内部来寻求积极的社会身份，这进而又提高了个人价值和自信（Tajfel and Turner, 1985; Ashforth and Mael, 1989）。一个组织内的成员往往运用该群体或组织的社会学分类来定义或改造他们的个体自我。因此，成员身份与更深层次的心理过程产生了联系（Tajfel and Turner, 1985）。

该模型涉及几组潜在因素，它们影响着身份支持要素（组织要素、职业要素、团队要素和社会要素）。社会学习等社会互动可以改变模糊的成员关系，为组织认同感和职业认同感提供动力。个人身份既是内化的（个人如何看待自我），也是外化的（职业性和组织性），认同感也取决于其他人是否确认或承认这种组织成员身份和职业成员身份的社会诉求，其成员身份是通过不同形式得以确认的。其他影响身份形成和可持续性的因素是在互动上投入的时间，以及互动的类型和深度，当然，个人的价值体系与他们所属的组织、职业、团队和社会阶层之间的匹配或契合也有影响（Rokeach, 1973）。事实上，奥斯特罗夫（Ostroff,1993）发现了人与环境的一致性和组织有效性之间的正相关关系（也请参见 Osipow, 1987）。阿苏莱恩和梅尔（Assouline and Meir, 1987）所做的元分析发现了一致性和幸福指数（如满意度和稳定性）之间有密切的关系。

同样，关于组织承诺的大量文献列出了可能会影响承诺的各种潜在因素（详见 Cohen, 2003）。在组织层面，包括但不限于公正、信任以及角色冲突和模糊的负面影响。在个人层面，职场的各个方面，如自我效能、满意度、投入程度和各种情绪都会影响承诺，我们还可以发现心理和身体健康也会影响承诺。这些建构中的大多数（如果不是全部的话）会直接影响绩效和与工作相关的行为，其影响或是直接体现出来的，或是通过建立和维持承诺体现出来的。

第七节　影响和管理启示

在很大程度上，身份和承诺都对人们的工作行为负有责任。虽然身份会影响承诺，但两者所产生的影响，无论是有形的还是无形的，对组织来说都至关重要。最实际的一种影响是绩效，但也存在着其他影响，如离职意愿、旷工（代表了可能的消极的影响）或组织公民行为、生活满意度和幸福感（代表了积极的影响）。组织身份影响着管理者角色和关系的构建与实施（Golden-Biddle and Hayagreeva, 1997）。

虽然构建、发展和维护强大的身份和承诺不是"困难的"问题，但其结果对任何组织来说都是十分向往的。人事管理、劳资关系、工作心理学和工作社会学的各个方面都指向一个简单的结论：软性因素，有时是无形的，却有可能为组织产生非常强大的、有形的、实质性的利益。

参考文献

Allen, N.J. and J.P. Meyer (1990). The measurement and antecedents of affective, continuance and normative commitment to the organization. *Journal of Occupational Psychology*, 63, 1–18.

Alutto, J.A., L.G. Hrebiniak and R.C. Alonso (1973). On operationalizing the concept of commitment. *Social Forces*, 51, 448–454.

Angle, H.L. and J.L. Perry (1981). Organizational commitment and organizational effectiveness: An empirical assessment. *Administrative Science Quarterly*, 26, 1–14.

Aranya, N., J. Pollock and J. Amernic (1981). An examination of professional commitment in public accounting. *Accounting, Organizations and Society*, 6, 271–280.

Arnold, J. (2005). *Work Psychology* (5th ed.). Harlow: FT/Prentice-Hall/Pearson.

Ashforth, B.E. and F.A. Mael (1989). Social identity theory and the organization. *Academy of Management Review*, 14, 20–39.

Ashkenas, R., D. Ulrich, T. Jick and S. Kerr (1995). *The boundaryless organization*. San Francisco: Jossey-Bass.

Assouline, M. and E.I. Meir (1987). Meta-analysis of the relationships between congruence and well-being measures. *Journal of Vocational Behavior*, 31, 333–336.

Bandura, A. (1977). *Social learning theory*. Englewood Cliffs, NJ: Prentice-Hall.

Bandura, A. (1997). *Self efficacy*. New York: WH Freeman.

Bartel, C.A. (2001). Social comparisons in boundary-spanning work: Effects of community outreach on members' organizational identity and identification. *Administrative Science Quarterly*, 46, 379–413.

Bartel, C.A. and J.E. Dutton (2001). Ambiguous organizational memberships: Constructing organizational identities in interactions with others. In M.A. Hogg and D. Terry (Eds.), *Social identity processes in organizational contexts* (pp. 115–130). Philadelphia, PA: Psychology Press.

Baruch, Y. (1998). The rise and fall of organizational commitment. *Human System Management*, 17, 135–143.

Baruch, Y. (2004). *Managing careers: Theory and practice.* Harlow: FT-Prentice Hall/ Pearson Education.

Baruch, Y. and A. Winkelmann-Gleed (2002). Multiple commitments: A conceptual framework and empirical investigation in a community health service trust. *British Journal of Management*, 13, 337–357.

Bateman, S.T. and S. Strasser (1984). A longitudinal analysis of the antecedents of organizational commitment. *Academy of Management Journal*, 27, 95–112.

Beck, K. and C. Wilson (2001). Have we studied, should we study, and can we study the development of commitment? Methodological issues and the developmental study of work-related commitment. *Human Resource Management Review*, 11, 257–278.

Becker, H.S. (1960). Notes on the concept of commitment. *American Journal of Sociology*, 66, 32–40.

Blau, G.J. (1985). The measurement and prediction of career commitment. *Journal of Occupational Psychology*, 58, 277–288.

Blau, G.J. (1987). Using a person environment fit model to predict job involvement and organizational commitment. *Journal of Vocational Behavior*, 30, 240–257.

Bozeman, D.P. and P.L. Perrewe (2001). The effect of item content overlap on organizational commitment questionnaire—turnover cognitions relationships. *Journal of Applied Psychology*, 86, 161–173.

Brown, M. (1969). Identification and some conditions of organizational involvement. *Administrative Science Quarterly*, 14, 346–355.

Carson, K.D. and A.G. Bedeian (1994). Career commitment: Construction of a measure and examination of its psychometric properties. *Journal of Vocational Behavior*, 44, 237–262.

Clugston, M. (2000). The mediating effects of multidimensional commitment on job satisfaction and intent to leave. *Journal of Organizational Behavior*, 21, 477–486.

Cohen, A. (1991). Career stage as a moderator of the relationships between organizational commitment and its outcomes: A meta-analysis. *Journal of Occupational Psychology*, 64, 253–268.

Cohen, A. (1993). Organizational commitment and turnover: A meta-analysis. *Academy of Management Journal*, 36, 1140–1157.

Cohen, A. (1999). Relationship among five forms of commitment: An empirical assessment. *Journal of Organizational Behavior*, 30, 285–308.

Cohen, A. (2003). Multiple commitments in the workplace: *An integrative approach. Mahwah*, NJ: Lawrence Erlbaum Associates.

Cohen, A. and E.U. Gattiker (1992). An empirical assessment of organizational commitment using the side-bet theory approach. *Relations Industrielles/Industrial Relations*, 47, 439–461.

Cohen, A. and G. Lowenberg (1990). A re-examination of the side-bet theory as applied to organizational commitment: A meta-analysis. *Human Relations*, 43, 1015–1050.

Commeiras, N. and C. Fournier (2001). Critical evaluation of Porter *et al.*'s organizational commitment questionnaire: Implications for researchers. *Journal of Personal Selling & Sale Management*, 21, 239–245.

Cooper-Hakim, A. and C. Viswesvaran (2005). The construct of work commitment: Testing an integrative framework. *Psychological Bulletin*, 131, 241–259.

Cooper, T.L. (2004). Big questions in administrative ethics: A need for focused, collaborative effort. *Public Administration Review*, 64, 395–407.

DeFillippi, R.J. and M.B. Arthur (1994). The boundaryless career: A competency-based career perspective. *Journal of Organizational Behavior*, 15, 307–324.

Dutton J.E., J.M. Dukerich and C.V. Harquail (1994). Organizational images and member identification. *Administrative Science Quarterly*, 39, 239–263.

Elsbach, K. and R.M. Kramer (1996). Members' responses to organizational identity threats: Encountering and countering the Business Week rankings. *Administrative Science Quarterly*, 41, 442–476.

Ferris, K.R. and N. Aranya (1983). A comparison of two organizational commitment scales. *Personnel Psychology*, 36, 87–98.

Foreman, P. and D.A. Whetten (2002). Members' identification with multiple-identity organizations. *Organization Science*, 13, 618–635.

Fukami, V.C. and W.E. Larson (1984). Commitment to company and union: Parallel models. *Journal of Applied Psychology*, 69, 367–371.

Gaertner, S. (1999). Structural determinants of job satisfaction and organizational commitment in turnover models. *Human Resource Management Review*, 9, 479–493.

Golden-Biddle, K. and R. Hayagreeva (1997). Breaches in the boardroom: Organizational identity and conflicts of commitment in a nonprofit organization. *Organization Science*, 8, 593–412.

Gouldner, A.W. (1957). Cosmopolitans and locals: Toward an analysis of latent social roles. *Administrative Science Quarterly*, 2, 281–306.

Gouldner, A.W. (1958). Cosmopolitans and locals: Toward an analysis of latent social identity. *Administrative Science Quarterly*, 3, 444–480.

Gregersen, H.B. (1993). Multiple commitment at work and extra-role behavior during three stages of organizational tenure. *Journal of business Research*, 26, 31–47.

Griffin, R.W. and T.S. Bateman (1986). Job satisfaction and organizational commitment. In C.L. Cooper and I. Robertson (Eds.), *International review of industrial and organizational psychology* (pp. 157–188). New York: John Wiley & Sons Ltd.

Hackett, D.R., P. Bycio and P. Hausdorf (1994). Further assessment of Meyer's and Allen's (1991) three-component model of organizational commitment. *Journal of Applied Psychology*, 79, 15–23.

Hall, D.T. (1996). *The career is dead-long live the career*. A relational approach to careers. San Francisco, CA: Jossey-Bass.

Hall, D.T., B. Schneider and H.T. Nygran (1970). Personal factors in organizational identification. *Administrative Science Quarterly*, 15, 176–189.

Hogg, M.A. and D.T. Terry (2000). Social identity and self-categorization processes in organizational contexts. *Academy of Management Review*, 25, 121–140.

Hrebiniak, L.G. and J.A. Alutto (1972). Personal and role related factors in the development of organizational commitment. *Administrative Science Quarterly*, 17, 555–573.

Hunt, S.D., L.B. Chonko and V.R. Wood (1985). Organizational commitment and marketing. *Journal of Marketing*, 46, 112–126.

Ibarra, H. (1999). Provisional selves: Experimenting with image and identity in professional adaptation. *Administrative Science Quarterly*, 44, 764–791.

Ibarra, H. (2003). *Working identity*. Boston, MA: Harvard Business School Press.

Iverson, S. (1999). An event history analysis of employee turnover: The case of hospital employees in Australia. *Human Resource Management Review*, 9, 397–418.

Iyer, V.M., E.M. Bamber and R.M. Barefield (1997). Identification of accounting firm alumni with their former firm: Antecedents and outcomes.

Accounting Organizations and Society, 22, 315–336.

Jaros, S.J. (1997). An assessment of Meyer and Allen's (1991) three-component model of organizational commitment and turnover intentions. *Journal of Vocational Behavior*, 51, 319–337.

Jenkins, R. (1996). *Social identity*. London: Routledge.

Kalbers, L.P. and T.J. Fogarty (1995). Professionalism and its consequences — a study of internal auditors. *Auditingm — A Journal of Practice & Theory*, 14, 64–86.

Kelly, C. and J. Kelly (1994). Who gets involved in collective action? Social psychological determinants of individual participation in trade unions. *Human Relations*, 47, 63–87.

Ko, J.W., J.L. Price and C.W. Mueller (1997). Assessment of Meyer and Allen's three-component model of organizational commitment in South Korea. *Journal of Applied Psychology*, 82, 961–973.

Kunda, G. (1992). *Engineering culture: Control and commitment in a high-tech corporation*. Philadelphia, PA: Temple University Press.

Mael, F.A. and B.E. Ashforth (1995). Loyal from day one—biodata, organizational identification, and turnover among newcomers. *Personnel Psychology,* 48(2), 309–334.

Mael, F.A. and L.E. Tetrick (1992). Identifying organizational identification. *Educational and Psychological Measurement*, 52, 813–824.

Mannheim, B., Y. Baruch and J. Tal (1997). Testing alternative models for antecedents and outcomes of work centrality and job satisfaction. *Human Relations*, 50, 1537–1562.

Mathieu, J.E. and D.M. Zajac (1990). A review and meta-analysis of the antecedents, correlates and consequences of organizational commitment. *Psychological Bulletin*, 108, 171–194.

McGee, G.W. and R.C. Ford (1987). Two (or more) dimensions of organizational commitment: Reexamination of the affective and continuance commitment scales. *Journal of Applied Psychology*, 72, 638–642.

Meixner, W. and D. Bline (1989). Professional and job-related attitudes and the behaviors they influence among governmental accountants. *Accounting, Auditing and Accountability*, 2, 8–20.

Meyer, P.J. and J.N. Allen (1984). Testing the side bet theory of organizational commitment: Some methodological considerations. *Journal of Applied Psychology*, 69, 372–378.

Meyer, P.J. and J.N. Allen (1997). *Commitment in the workplace: Theory, research, and application*. Thousand Oaks, CA: Sage.

Meyer, J.P., N.J. Allen and I.R. Gellatly (1990). Affective and continuance commitment to the organization: Evaluation of measures and analysis of concurrent and time-lagged relations. *Journal of Applied Psychology*, 75, 710–720.

Mitchell, A.M., G.B. Jones and J.D. Krumboltz (Eds.) (1979). *Social learning theory and career decision making*. Cranston, RI: Carroll.

Morris, J.H. and D.J. Sherman (1981). Generalizability of organizational commitment model. *Academy of Management Journal*, 24, 512–526.

Morrow, P.C. (1983). Concept redundancy in organizational research: The case of work commitment. *Academy of Management Review*, 8, 486–500.

Mowday, R.T., R.M. Steers and L.M. Porter (1979). The measurement of organizational commitment. *Journal of Vocational Behavior*, 14, 224–247.

Mowday, R.T., L.M. Porter and R.M. Steers (1982). *Employee-organizational linkage*. New York: Academic Press.

Near, J.P. (1989). Organizational commitment among Japanese and U.S. workers. *Organization Studies*, 10, 281–300.

Norris, D.R. and R.H. Niebuhr (1984). Professionalism, organizational commitment and job satisfaction in an accounting organization. *Accounting, Organization and Society*, 9, 49–59.

O'Reilly, C.A. and J. Chatman (1986). Organizational commitment and psychological attachment: The effects of compliance, identification and internalization on prosocial behavior. *Journal of Applied Psychology*, 71, 492–499.

Osipow, S.H. (1987). Applying person-environment theory to vocational behavior. *Journal of Vocational Behavior*, 31, 333–336.

Ostroff, C. (1993). Relationship between Person-Environment congruence and organizational effectiveness. *Group and Organization Management*, 18, 103–122.

Oxford Dictionary (2000). Oxford: Oxford University Press.

Parasuraman, S. and S.A. Nachman (1987). Correlates of organizational and professional commitment: The case of musicians in symphony orchestras. *Group and Organization Studies*, 12, 287–303.

Peiperl, M.A. and Y. Baruch (1997). Back to square zero: The post-corporate career. *Organization Dynamics*, 25(4), 7–22.

Porter, L.W. and F.J. Smith (1970). The Etiology of Organizational Commitment. Unpublished paper, University of California, Irvine.

Porter, L.W., R.M. Steers, R.T. Mowday and P.V. Boulian (1974). Organizational commitment, job satisfaction and turnover among psychiatric technicians. *Journal of Applied Psychology*, 59, 603–609.

Rafaeli, A. (1997). What is an organization? Who are the members? In C.L. Cooper and S.E. Jackson (Eds.), *Creating tomorrow's organizations. A handbook for future research in organizational behavior* (pp. 121–138). Chichester: John Wiley & Sons.

Rafaeli, A. and M.G. Pratt (1993). Tailored meanings: On the meaning and impact of organizational dress. *Academy of Management Review*, 18, 32–55.

Randall, D.M. (1990). The consequences of organizational commitment: Methodological investigation. *Journal of Organizational Behavior*, 11,

361–378.

Reichers, A.E. (1985). A review and reconceptualization of organizational commitment. *Academy of Management Review*, 10, 465–476.

Ritzer, G. and H.M. Trice (1969). An empirical study of Howard Becker's side-bet theory. *Social Forces*, 47, 475–479.

Rokeach, M. (1973). *The nature of human values*. New York: Free Press.

Rotondi, T. (1975). Organizational identification and group involvement. *Academy of Management Journal*, 18, 892–896.

Russo, T.C. (1998). Organizational and professional identification: A case of newspaper journalists. *Management Communication Quarterly*, 12, 77–111.

Sheldon, M.E. (1971). Investment and involvement as mechanisms producing commitment to the organization. *Administrative Science Quarterly*, 16, 143–150.

Staw, B.M. (1977). *Two sides of commitment*. Paper presented at the meeting of Academy of Management, Orlando, FL.

Sullivan, S.E. (1999). The changing nature of careers: A review and research Agenda. *Journal of Management*, 25, 457–484.

Tajfel, H. (1981). *Human groups and social categories*. Cambridge: Cambridge University Press.

Tajfel, H. and J. Turner (1985). The social identity theory of intergroup behavior. In T. Worchel and W. Austin (Eds.), *Psychology of intergroup relations* (pp. 7–24). Chicago: Nelson-Hall.

Turner J.C. (1975). Social comparisons and social identity: Some prospects for intergroup behavior. *European Journal of Social Psychology*, 5, 5–34.

Van Dick, R., O. Christ, J. Stellmacher, U. Wagner, O. Ahlswede, C. Grubba, M. Hauptmeier, C. Hohfeld, K. Moltzen and P.A. Tissington (2004a). Should I stay or should I go? Explaining turnover intentions with organizational identification and job satisfaction. *British Journal of*

Management, 15, 351–360.

Van Dick, R., U. Wagner, J. Stellmacher and O. Christ (2004b). The utility of a broader conceptualization of organizational identification: Which aspects really matter? *Journal of Occupational and Organizational Psychology*, 77, 171–191.

Van Maanen, J. and E.H. Schein (1979). Toward a Theory of Organizational Socialization. *Research in Organizational Behavior*, 1, 209–264.

Wallace, J.E. (1997). Becker's side-bet theory of commitment revisited: Is it time for moratorium or a resurrection? *Human Relations*, 50, 727–749.

Wan-Huggins, V.N., C.M. Riordan and R.W. Griffeth (1998). The development and longitudinal test of a model of organizational identification. *Journal of Applied Social Psychology*, 28, 724–749.

Williams, L.J. and J.T. Hazer (1986). Antecedents and consequences of satisfaction and commitment in turnover models: A re-analysis using latent variables equation methods. *Journal of Applied Psychology*, 71, 219–231.

Wittig-Berman, U. and D. Lang (1990). Organizational commitment and its outcomes: Differing effects of value commitment and continuance commitment on stress reactions, alienation and organization-serving behaviors. *Work & Stress*, 4, 167–177.

第十章　职业承诺与组织承诺的学徒经验：在德国一家汽车公司进行的实证调查

德国不来梅大学

伯恩德·哈斯勒（Bernd Haasler）

第一节　简介

因为事关职业发展和未来职业前景，德国年轻人的特点是不会按部就班地在普通学校完成学业，他们会选择双元职业教育培训，为长期的工作生涯做好准备。即便迈过了放弃学业这道门槛，转而接受职业教育培训，选择一条特定的职业培训路线并选择特定的公司也至关重要，因为这决定了要选择的课程，课程服务于之后身份形成的过程，而身份的形成是通过就业收入实现的。进入职场遇到的第一重阻碍就是身份形成过程，无论相关研究从何种角度出发，其研究对象都是身份形成过程（参见 Broeder, 1995; Heinz, 1999; Müller and Gangl, 2003; Ryan, 2000; Schober and Gaworek, 1996; Stern and Wagner, 1999）。德国初期职业培训体系的一个突出特点是完成了学徒期的工人会形成强有力的职业联系，并形成与之相关的身份，这一点得到了全世界的尊重。这些关系通常涵盖了公司特有的对雇主的忠诚（参见本书中由劳耐尔撰写的第五章）。熟练工人的职业自我意识被视为关系着人力资源的重要因素，在全球竞争过程中，这些人力资源能够使德国公司的员工脱颖而出。

　　本章内容是一项研究项目的结果，该项目调查了年轻人的职业技能和能力发展，作为研究对象的这些年轻人参加工作的时候都进入了德国的汽车行业，在大众汽车公司工作[①]。研究在他们学徒第一年所收集的实验数据会用来分析那些对学习和工作表现有着显著影响的决定性因素，这些因素还影响着学徒们对待职业分工和所在公司（这里是指他们从学校进入职场初期所在的公司）的态度。相关背景是这家汽车公司的生产流程自动化程度高，汽车产业在德国属于大规模工业。

　　评估任务的各种手段主要是为了评估职业能力的诸多方面，这种职业能力可以促进工作实践和工作绩效（Haasler and Beelmann, 2005），在此背景下对结果的解释采用了不同的方向，目的是更好地理解身份形成过程，身份的形成是在认识特定行业或职业分工的过程中完成的。学徒们在公司工作一年后提出的任务解决方案被看作一个指标，用以说明研究对象是否了解以及在多大程度上了解他们要学习的职业分工。这取决于他们解决、处理日常工作任务的方式以及因何未能完成日常工作任务。虽然书面调查的结果主要用于记录年轻人选择职业的动机和不同维度的认同感（如，对公司和职业的认同感、与时俱进的职业选择），但将两个子项目调查（书面调查和职业评估任务）相结合，仍旧有助于得出青年学徒职业自我意识形成的相关结论。

　　方法结构的呈现以及通过每一种手段所获得的调查结果，按照它们在研究项目设计中所处的位置，其顺序安排如下。在这个项目的框架内，研究的开展需要学徒学习五种不同的职业分工。这一章以工业工具制造者所受的培训为例，只介绍有关一个职业群体的研究结果。在工业化国家，工具制造者是产品（如汽车、家用电器、玩具、家具、包装材料）大规模生产过程中的关键岗位。德国目前约有 18000 名从事贸易和工业的年轻人正在接受职业培训，想要成为工具制造者（参见

---

　　① 该研究项目于1999—2003年间在德国进行并获得了联邦教育与研究部（Federal Ministry of Education and Research, BMBF）还有联邦及各州政府教育规划和研究促进委员会（Bund-Länder Commission for Educational Planning and Research Promotion, BLK）的资助。

Bundesinstitut für Berufsbildung ［BIBB］, 2000）。

第二节　书面调查结果

　　研究项目最初调查了学徒作为初学者的状态，也就是他们进入公司时的状态，调研主要涉及以下几项内容：职业选择的动机——为何选择学习该职业分工；这些年轻人以前是否有任何与其职业培训相关的经验；他们对职业培训的期望；他们对所学职业分工的整体认知；以及他们对公司的印象。学徒对这几方面问题的态度可以为其动机、学习策略和方向提供重要信息，在此基础上，学徒们能够满足未来的工作要求，而这些要求在其职业领域内都是很典型的。为了纵观技能发展和身份形成的过程，在这些年轻人三年半的实习期内，对他们的态度和期望值进行了四次评估。在培训计划的初始阶段，即进入公司几周后，完成了与本研究项目有关的第一次评估。

　　为了生成定量数据，学徒们被要求在进入公司三个月后完成第一次书面调查。该公司在德国五个分公司中，所有刚开始工作一年的学徒都是调查对象。书面调查包括约 70 个问题以及文字陈述，需要参与者给出答案和意见。答案范围表现为统一的概念，被调查者可以从多个选项中进行选择。调查是在职业培训学校进行的，时长不超过一小时，自愿参加。

　　调查时，194 名学员的平均年龄为 17.7 岁，参与调查的年轻男性比例为 77%。绝大多数受训人员（78%）进入公司时都拥有普通学校毕业证书，其教育背景高于平均水平。这意味着该公司雇用的作为工具制造学徒的年轻人接受过的普通学校教育水平明显高于德国工业领域其他工具制造学徒的平均水平，后者进入该行业时获得的认证证书水平相对较低（Bundesinstitut für Berufsbildung ［BIBB］, 2000）。这在一定程度上是由于每年都会有很多人申请大众汽车公司的学徒机会，公司可以从中挑选学员（尽管其中主要都是商业／行政职位申请）。大众汽车公司的受访者中有 74% 的人证实他们有亲戚也在这家公司工作（在沃尔夫斯堡的大众公司总部，这一比例甚至达到 86%），这种情况虽然在大公司中很常见，但大众汽车公司的情况仍然十分突出。

1. 职业选择背后的动机

调查的第一个问题是关于动机的，为什么接受培训成为工具制造者。只有15%的参与者选择了"我一直想成为一名工具制造者"作为他们的首要动机（见图10.1）。这意味着只有很小比例的年轻人认为他们选择的职业分工也是他们梦寐以求的工作。42%的人承认，他们实际上只是想学一门不同的手艺，但大众公司只提供工具制造领域的培训。对于职业分工的选择，与工业／技术工作相比较，对业务／管理工作的偏好也是大势所趋，这里也能体现出来：17%的人实际上只是想学习不同的职业领域，在大众公司接受商业领域的培训是他们的首选。该公司提供了30多种不同的职业培训课程，总的来说，大量的申请都是以"白领工作"为目标的。初选过程对所有求职者和职业领域都是一样的，初选结束之后，对于那些不适合商业领域的求职者，建议他们"降低眼光"，不要执着于最初的选择，公司提出让他们走工业／技术培训的路线。

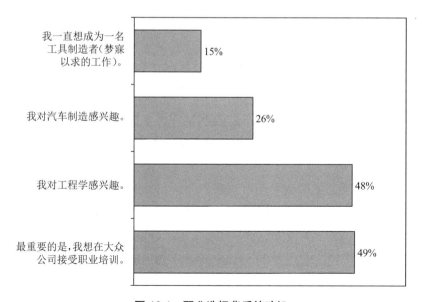

图 10.1　职业选择背后的动机

考虑到公司的战略是引导求职者接受技术培训而不是商业培训，新学徒们明显远离了工程学这一现象可能也不足为奇了。约一半的年轻人承认，他们的首要动机是对工程学感兴趣，而只有 26% 的人对生产汽车感兴趣。然而，为了成为一名工具制造者而选择双元培训计划背后的首要动机不是该职业领域本身，而是能为大众公司工作：对 49%参与培训的学徒而言，成为公司的一员是他们选择该职业的主要原因。值得注意的是，这家汽车制造商在德国某些特定地区的很多地方都是大型用人单位，比如在沃尔夫斯堡的总部，该公司约有 5.5 万名员工。然而，研究对象中有些培训生原籍地区的劳动力市场并不是由大众公司占主导地位（如在布伦瑞克和汉诺威），大众公司不过是众多雇主中的一个，只不过学徒可以在大众公司学习和实践工具制造业相关知识。

2. 过去的经验

有关过往经历的一些问题可能是揭示职业选择背后动机的另一种途径。年轻人之前接受普通教育时获取的经验，或是从闲暇时的爱好中获取的经验以及他们认为对自己的职业培训有益的经验都可能与此有关。44% 的学徒表示，他们接受职业培训之前，在完成普通教育时就对与工程学相关的课程感兴趣（如物理课）。近一半的受访者以前接触过技术设备，对设备进行过拆除和修理（如洗衣机、摩托车、电脑）。在完成普通教育期间获得的实践工作经验框架中，34% 的被调查者以前实地到过生产工厂，并在那里形成了对工业 / 技术工作的第一印象（见图10.2）。

约有一半的年轻人之前有过实践经验，他们曾经接触过技术设备（家电、车辆以及电脑的维修），这恰恰说明了对工程学的兴趣是他们职业选择背后的主要原因。他们是主动选择接受培训的，而且是在高科技部门中要求相当高的职业领域参加历时三年半的学徒培训项目，但却只有不到一半的学徒表示，对工程学的兴趣或是之前的技术经验才是他们职业选择的动机，这一点不免让人意外。

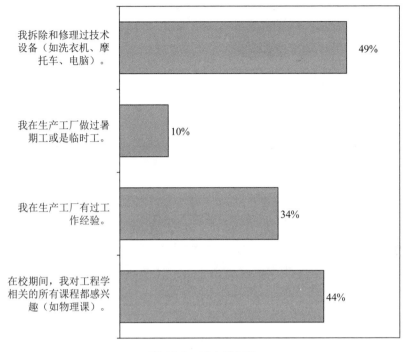

图 10.2　过去的经验

3. 对职业培训的想法与期望

　　为了得出关于学员学习动机和工作动机的结论，他们还被问及对所接受的职业培训的想法和期望（见图 10.3）。8% 的年轻人对 42 个月的职业培训没有预期想法，对他们来说，更重要的是日后在公司的职业发展能取得更快的进步。13% 的被调查者表现出相当被动的态度且明显兴味索然：他们说自己从未仔细琢磨过职业培训，因为他们认为职业培训都是安排好了的。

　　37% 的受访者希望通过培训了解科技的最新发展，这个数字令人十分意外，因为这些受访者都是年轻学徒，在这家欧洲最大的汽车制造厂也不过是刚参加工作的新人。在技术方面，汽车行业内技术领先的公司，其工具和模具设计都被视作工具制造领域的前沿。对于所接受的培训和未来的职业分工，年轻学徒们的期望却似乎与此无关。

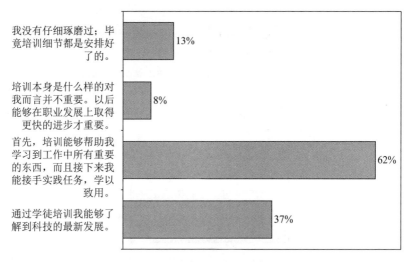

我没有仔细琢磨过；毕竟培训细节都是安排好了的。　13%

培训本身是什么样的对我而言并不重要。以后能够在职业发展上取得更快的进步才重要。　8%

首先，培训能够帮助我学习到工作中所有重要的东西，而且接下来我能接手实践任务，学以致用。　62%

通过学徒培训我能够了解到科技的最新发展。　37%

图 10.3　对职业培训的认识与期望

4. 公司形象

对于这个问题，调查的答案分类有四个层次等级。量表的范围从完全同意（"完全同意"）、基本同意（"同意多于不同意"）、到完全相反的回答（"不同意多于同意"和"完全不同意"）。为了更清楚地说明情况，下文的插图分别将正面评价和负面评价展示出来。这部分内容带给我们如下启示：大多数年轻人（绝大多数人在调查进行时还没有拿到驾照）同意该汽车制造商的产品线是"全世界最好的"。员工们对自己生产的产品有着非常正面的印象，其中一个重要原因可能是该汽车制造商向公司员工提供了很有吸引力的优惠，让他们购买集团旗下的汽车。不需要昂贵的销售渠道，就可以向自己的员工销售汽车，该集团在德国的营业额中很大一部分来源于此。年轻人对公司的期望主要有两个方面，一是接受良好的培训，二是如果表现良好，在他们的职业生涯中可以迅速进步（见图 10.4）。

学员们认为，雇主为员工的工作支付了优厚的薪酬，另外公司为员工提供了稳定的工作和就业机会，学员们对这两点几乎没有异议（99%的人同意）。面对这样一家大公司的组织结构，年轻人的感觉相当矛盾

（见图 10.5）：超过一半的受访者认为，他们在公司中感受到了相当固定的等级结构。同时，学徒们发现他们难以了解公司的总体情况，他们认为这是极度的官僚主义。

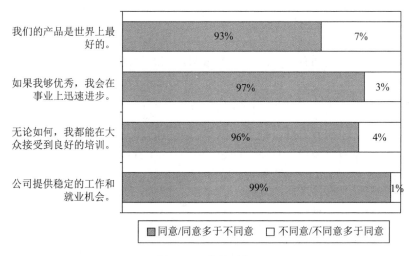

图 10.4 公司形象 I

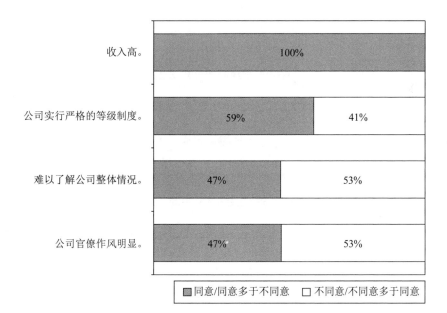

图 10.5 公司形象 II

5. 职业培训的初步经验

　　在公司培训三个月后，参与者被问及此前在公司学习和工作的经历。图 10.6 展示了他们对大众公司汽车职业培训的最初预期是如何得以实现的，或是有哪些失望之处，以及学习和工作实践的实际情况与受训人员最初的预期有何不同。94% 参与培训的学徒工认为普通教育和职业培训存在显著不同，他们承认"你可以在这里认真工作"。与此同时，41% 的年轻人表示，他们在职业培训前三个月的感受是，在接手让他们感兴趣的工作任务之前，他们必须学习大量的理论。因此，许多学员的理解是，在双元培训计划第一年里，每周培训内容的安排（每周两天在职业学校，三天在公司学习和工作）主要就是积累知识的理论学习。也有一些质疑的声音，如"基本上就和在学校一样，不过是多了些实践工作"，有 18% 的学徒工抱有此类想法。尽管如此，另外 82% 参与培训的学徒工在培训开始后不久，就期望可以接手具有挑战性的任务，这样他们就能"小试牛刀"了。

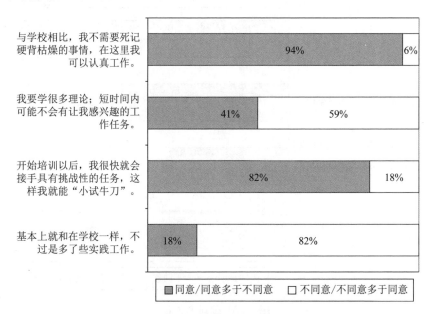

图 10.6　职业培训的初步经验 I

由于第一年主要是在公司的培训车间、培训中心和实验室学习基本知识和技能，27% 的年轻人认为在职业培训的前三个月几乎没有学到与汽车生产有关的知识。年轻的学徒工制作的零件都是为了练手用的，调查结果显示，虽然他们正在接受的培训是为职业分工做准备的，但他们中的许多人还是不知道这些实习任务和职业分工之间的关系。一半的学员不能理解为何要进行金属工程的基本技术技能培训，这让他们觉得在公司的前三个月没有被分配到有用的任务（见图 10.7）。

对于融入公司社交圈子这一点，学员们给出的评价等级是"完全同意"。得益于其积极的社交体验，95% 的新学徒工在进入公司仅仅三个月后就感觉"身处朋友和熟人中间"。

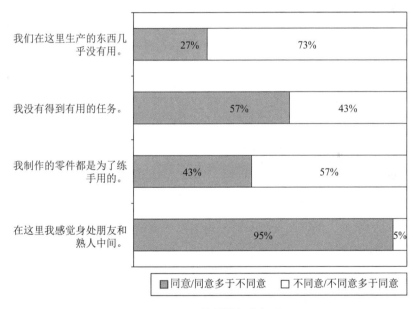

图 10.7　职业培训的初步经验 II

6. 职业规划

调查的最后一部分讨论了学徒们的各种中期职业规划，这些规划是在他们加入公司不久后进行的（见图 10.8）。

只想要得到一份稳定的工作和一份不错的收入，这种想法虽然未免显得胸无大志，但与继续深造的可能性也不发生冲突。值得注意的一点是学徒们愿意长期忠诚地服务于公司，80% 的受访者表示，他们希望继续接受教育，并在公司谋求发展。所有参与者都认为，由于公司规模庞大，在全球拥有约 34 万名员工，所以在公司有很多职业发展机会。27% 的年轻人希望在完成培训后继续攻读学位课程。

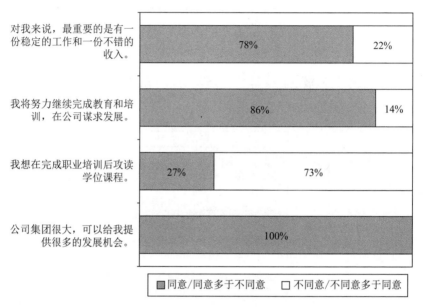

图 10.8　职业规划

总的来说，根据调查结果可以得出以下结论。年轻人选择了参加职业培训从而成为一名工具制造者，其背后的首要动机并不是因为他们对工程学或大规模生产感兴趣，他们只是想加入大众公司，成为那里的一员。工具制造者只是极少数参与培训的学徒梦寐以求的工作。相反，近一半的学员想要在一个不同的行业中学习，其中大多数人想要从事商业／行政工作，而不是技术工种。这些年轻人中有些之前接触过工程学或者明显对工程学感兴趣，这可能有助于他们从事工具制造，但这些相关经验或是兴趣并没有以任何形式发挥重要作用。

大众公司的工作环境、工作保障和产品线给这些年轻的学徒工留下了非常好的印象，因此这些年轻人希望能够接受到高水平的培训。他们在这家公司接受了三个月的培训后，在同事、主管和学员中初步感受到了非常积极的社会氛围。约有四分之一的受访者在完成为期三年半的学徒课程后，学位课程会成为他们期望的职业选择。不过，也有大批的新学徒希望在公司谋求发展，他们十分愿意继续接受公司的内部培训。

第三节　评估任务

在研究设计中，会以第二次调查作为书面调查的补充，二次调查采用的是定性研究方法。结合上述书面调查的情况，在学徒培训过程中进行了职业评估任务，目的是对学员技能和能力发展的各阶段进行评估。评估任务要求学徒接受实际工作的挑战，需要在特定的实际工作条件下掌握具体的工作任务。这些任务经过精心设计，可以被视作具有代表性的、在特定领域内具有挑战性的工作，因此可以在概括其解决方案的特征后，将其应用于同一领域中的类似任务。格鲁施卡（Gruschka,1985）以开发任务的概念（Havighurst, 1948）为基础，提出了特定领域评估任务，这一设想最初应用于职业教育领域，这种评价方式可以评估未来将要成为教师的学员在校期间接受的培训内容（Gruschka, 1985）。由瑞纳·布莱默（Rainer Bremer）领导的一个德国工作小组提出要尝试为工业／技术职业培训领域制定此类任务（Bremer, 2003; Bremer and Haasler, 2004）。

职业评估任务的总体原则是要向实验对象提出一个他们从未处理过的问题（这些任务显然不是以监测学习能力的形式进行的输入—输出评估）。参与者解决（或未能解决）这些问题的方式体现及展示了他们对工作实践中出现的问题做出的相应解决对策。任务的制定应避免任何形式的帮助或指导：从专业的角度来看，简明且实事求是地制定任务必须公布明确的规则，要按照执行要求说明并确定解决途径，不能对某个特定解决方案有所偏好。

确定并拟订特定领域的评估任务（基本上代表了一份职业的核心任务）需要全面了解技术工作的要求和实践技能，这些技能是那些执行特定职业领域典型日常工作任务的人所必备的。为了能够以适当的方式解

释参与者的各种解决方案，还需要充分了解获得职业技能和能力的各种
条件（如课程、工作环境、培训的组织形式）。

　　通过对职业培训的大量实证调查研究，可以得出这样的假设：成功
的技术工人内化了三个独特的策略，这使得他们能够使用新的工作经验
来提升他们的专业素养（Bremer, 2003, p. 112f）。他们通常采取的三个策
略分别是：(1) 职业学习策略；(2) 特定的工作策略；(3) 专业合作策略。
具体的工作成果、方法、程序和技术工作的组织形式中都会体现这些策
略且策略间是"相互关联"的。通过使用和执行评估任务（以各种各样
的问题解决方案的形式呈现给受试者）可以收集到数据，而后在发展解
释学的帮助下对数据进行解释，然后根据三种策略对数据进行结构化和
处理分类。职业评估任务的处理方式以及内在问题的解决方法有助于了
解学员的能力发展及他们接受的职业培训的有效性，还提供了有关职业
理解和自我意识的宝贵信息，这些想法都是学员们在学徒期形成的。

1. 处理提出的评估任务

　　在 194 名工具制造学员中，有 90 人在第一年培训结束时接受了一项
职业培训任务（占总人数的 46%）。这项任务包括以下训练：在现成的
由轻金属制成的空白骰子（边长为 30 毫米）上刻上"点数"（也就是要
正确标记出骰子六个面上的凹陷点数量）。一个客户的订单数量是 1000
个，但是每个骰子要大一些，另一个客户订了 5 万个骰子，需要针对这
两份订单提出一个生产方案。在研究的准备阶段，几位技术工作领域的
专家都认为这项任务是工具制造领域的典型案例；其中一个问题可以由
学员成功解决，而另一个问题即便对高级工或是专家来说都仍然具有挑
战性。在四个小时的时限内，要求学员先从理论上理解问题，然后通过
口头描述和草图的方式演示各种解决方案。任务是在公司的培训室进行
的；年轻人可以使用教科书、表格、计算器和绘画材料等作为辅助。

　　下面将通过解释两种不同类型的解决方案来说明研究的主要结果，
这里都是以学员的小组方案为例。学员们建议使用手工生产过程来刻制
空白骰子上的点数（见图 10.9），这一建议说明在接受了 12 个月的培

训后，他们对工具制造涉及的基本工作流程仍旧还没有概念，但第二个示例呈现了一套切实可行的、有专业性的解决方案。

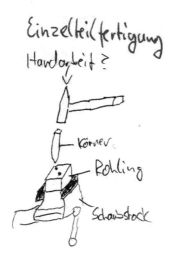

图 10.9　单品手工生产解决方案类型——"工匠"

第一个示例展示的解决方案类型是根据手工工艺流程进行概念化而得出的结论。学员建议"直接"加工物品，而在他们所提供的方案里并不存在使用该行业特有的工具"间接"生产的物品。这里，学员们提出的解决方案反映了他们在培训班获得的经验。这些经验为如何制作出"点数"提供了一套可行方案。但是，他们没有理解的一点是，工具制造者并不生产最终产品，他们的职业框架基本上就是制造工具用来生产零件。因此，学员提出的解决方案并不符合职业框架，因为该解决方案的可行性前提是这份任务是生产一个骰子，而不是大规模生产。

明显可以看出，大量的学员没有意识到工具制造行业本质上是一个"大规模生产的实施者"。第一年职业培训的性质可以解释为何会出现这种严重的误解。第一年进行的与金属工程行业相关的基础培训主要都是在培训车间和实验室进行的，采取了通用的教学方式，而不是针对特定领域的教学，这种基础培训似乎并不能让学员了解达到一定水平的技术工作在特定领域内解决问题的过程。学员们把培训班大部分的学习和工作策略（在这里体现为物品的手工制作）直接转化成了以实践为基础的专业问题和挑战。其表现就是年轻人明显缺乏工具制造行业常识。有关金属工程领域的基础培训没有任何背景介绍，这样获得的知识就拿来应用，为这个评估任务提供各种解决方案，完全没有考虑到实用价值方面的问题。采取这种工作策略，只有很少一部分的解决方案能满足大规模生产的实用价值要求。在没有任何辅助设备的情况下，"手工"打上成千上万个孔洞，不过就是把培训车间里的学习和工作策略照搬到了实际工作问题上，这种方式毫无疑问是完全不能满足任务要求的。

学员们提出的可以被视为"工具制造者"类型的各种解决方案既有简单的辅助工具，也有复杂的工具（如图 10.10 中的压印模具）。

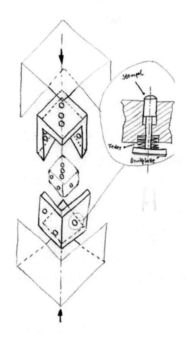

图 10.10　大规模生产的解决方案类型——"工具制造者"

上述方案保证了骰子上的 21 个凹陷点能在一个生产阶段制造出来。虽然这种生产方法是学员在接受了仅仅一年的培训后想到的，却也可以认为具有一定水平的技术工作上的专业解决方案。在解释这种解决方案类型时，技术上对草图细节的忠实程度或在实践中无障碍地执行并不是决定因素。可以看出，学员们应用的工作和学习策略基本上可以充分适应目前的问题情况。学员们提出了一种"工具制造者"式的解决方案，证明了他们既掌握了专业技能，也理解了他们正在接受的培训是为了什么职业领域所准备的。他们提出的解决方案证明了他们能够从专业的角度来处理现实的工作任务。

　　尽管随机选择的 90 名学徒第一年都是在非常相似的条件下接受的培训，但各种解决方案的"类别"还是很值得研究的（见图 10.11）。参与者针对问题提出的各种解决方案，按照材料可以划分为五种解决方案类型。除了上文所述的两种解决方案类型（"工匠"和"工具制造者"）之外，13% 的受试者选择的规避型解决方案还有待讨论。这个小组规避了任务，他们可以将任务移交给了其他人（"以订单的形式把任务交给铣工车间"）或者选择画一个"黑盒子"草图，在这个草图中，要执行的生产步骤被故意忽略了。这些测试样本表明，相当多的参与者规避了任务，这要么是因为他们完全不能胜任，要么是因为他们认为任务不在自己的职责范围内。如果将调研问题用来评估年轻学徒对未来工具制造者行业的职业理解和自我意识，我们可以得出以下结论，规避评估任务意味着学员在解决问题的方法中没有形成工具制造者的职业身份。首要任务是要尝试形成一个解决方案，并认识到能够为这类问题提供答案的人才能算得上专业人士。

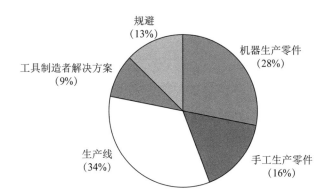

图 10.11　提出的解决方案的总体分类和任务分配

训练结束时，评估任务还补充了一份简短的问卷，要求参与者在完成任务后直接填写该问卷。目的是评估参与者对四个预设观点的看法。第一段话是关于技术性工作要求的，向受试者提供的答案是完全相反的（见图 10.12）。66% 的人认为评估任务这样的工作没有或者不可能成为技术工人职责的一部分。大多数学员理解的熟练工人是按照明确指示在监督下完成工作的，几乎不需要什么个性化设计。第二个问题是对于集体的需求，询问学员是否愿意与更有经验的同事一起解决这个问题。绝大多数人（78%）同意这一说法，另外 22% 的人表示他们不愿与其他熟练工人合作解决这一问题。这些回答可以让学员初步了解职业合作的概念，他们需要形成这种概念，以便在未来的实践工作中清楚自己的定位。愿意单独工作的这部分学员，体现出德国大规模工业职业培训第一年的实际情况，在此期间，年轻学徒和有经验的工人之间是不会碰面或合作的。在学徒培训的第一年，他们通常会把大部分时间花在培训教室、培训车间和实验室这些远离实际工作环境的地方。公司内部操作需要学徒在实际的工作条件下学习应对以及处理实际的工作订单，这部分内容通常要到培训的第二年才开始。

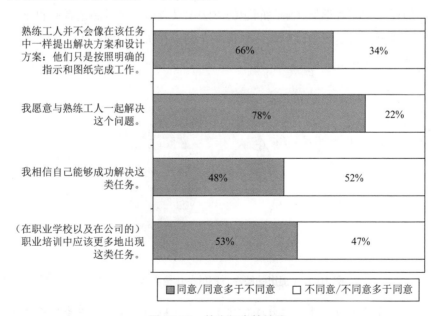

图 10.12　补充问卷的结果

　　第三个问题是关于自信心的，学员是否有信心能够成功解决这类任务。尽管在任务解决方案中有大量不合适且不专业的建议（只有9%可以视作"工具制造者"类型的解决方案），但近一半的年轻人对自己的职业能力和技能还是很有信心的，而另外52%的人坦陈他们目前还无法成功完成这类任务。最后一项是评估学徒们是否认为这种评估任务应该在职业培训中更多地出现。与上一个问题的回答情况类似，差不多一半的学员给出了否定回答，而另一半则给出了肯定回答。执行评估任务期间，年轻学员们遇到的问题显而易见，这些问题都出现在掌握和处理任务的过程中，而这些任务似乎都非比寻常且有待说明。带着大量的问题，参与者的目标是获取更为具体的指导，通过仔细甄别获得正确的结果，排除任何不正确的可能性。通过大量的研究、查阅及认真翻看教科书，学徒们希望可以发现一个实用的样本解决方案，这明显体现了学员们的无能为力，在很大程度上也说明了他们到当时为止所采取的学习策略是不合适的。

2. 结果说明

　　"机器零件生产"和"手工零件生产"两种解决方案类型的比例相当高，这显然与培训实践有关。金属工程中以工艺为主导的基础训练仍旧是成功案例。但问题是这种培训方法让学员形成了一种固有印象，即他们可以将第一年培训所获取的那些基础金属加工技术应用于与工作相关的所有种类的任务和挑战中。那些以前几乎没有接触过工具制造行业的人，以及那些虽接触过相关领域培训，却只是手工完成过一些零件或是小规模生产过一些零件的人，都无法理解工业大规模生产的概念。当然，在这一点上，学徒们接触过的用于实际生产的工具仅仅局限在最初几周在公司内"探索公司和职业领域"的阶段。这种考察更多的是要关注公司的组织，而不是职业，即使是对大规模生产最感兴趣的学员也对其涉及的内容缺乏了解。德国电力和金属工程一轮又一轮的学员培训，其第一阶段的内容特点就是基本上与工作环境无关的金属工程基础培训，这种情况也不仅局限于大规模工业领域。时至今日，尽管这些培训课程的形式不同了，而且职业教育的专有术语听起来十分高深，但与 20 世纪 30 年代的课程相比，这些培训课程仍然万变不离其宗（恪守着"铁的形式"这一座右铭）。

根据调查结果显示，需要强调一点，大多数学员认为熟练的工具制造者是按照他人的指示和要求进行操作的"执行者"，不需要独立寻找问题的解决方法。对于技术工作任务，学员们之所以会有这样的想法与其接受培训的职业领域有关，经过一年的培训，工作和学习环境逐步成形，但在这一年里，学员们远离实际工作环境，并没有亲身体会到今后要融入的实践环境究竟是什么样子的。这些年轻人对于职业的看法大大低估了熟练的工具制造者需要解决的任务烦琐程度，也低估了中级工程技能水平在大规模生产和设计二者之间所发挥的重要作用。

正如文中介绍的那样，这种通过评估任务的方式来评价职业学习的方法需要最终的评估和批判性的检验。这种记录相关特定领域能力的方法论为受试者提出了与实践相关的任务，而且还不是那种小任务，可以假定这些任务都是该职业的典型需求，因此其解决方案的特点可以体现学员们截至当时已经掌握的职业技能。应该说，这对于解决方案的提出并不会产生根本影响，而且对于一些基本的解决方案并没有影响。总的来说，以上异议无可辩驳，且根据受试者理论上洞察和解决问题的能力，以及在现实工作环境中应对和处理挑战及问题的能力，最终能否得出可靠的结论还有待观察。那些每天在工作实践中展示自己专业技能的熟练工人，并不一定是语言或绘画方面的专家，这是大有可能的。从这个意义上看，我们不能想当然地认为他们就是"沟通方面的专家"，我们有理由怀疑他们展示自己学习和工作策略的能力可能弱于他们将这些策略应用于实际工作环境中的行动力（参见 Hacker, 1996, p. 9）。从某种意义上说，在解释所提出的评估任务的解决方案时，这一可能性还是很有必要考虑在内的。适度敏感的调查设计以及同时进行的书面调查巧妙设计的选项都能够减少误读的风险。

第四节　反思

综上所述，对于这两个次级调查，可以得出以下结论，在第一阶段的职业培训中，大众公司的德国学徒对公司的认同程度要比他们对所选择的职业分工的认同程度高得多。他们对产品、工作条件和雇主提供的服务知之甚多。相比之下，在公司培训一年后，大多数学员仍然不清楚培训内容、培训针对的职业框架，最重要的是，对于成为熟练工人后要达到的工作要求，他们也不清楚。他们选择职业分工的动机与职业框架并没有真正的联系。成为公司的一员以及工作保障这样的因素起了重要作用。年轻人对工程和大规模生产鲜少涉足，这让高科技驱动的汽车行业内的工业／技术学徒感到非常意外。无论是在选择职业的动机方面，还是在之前的实际经验方面，年轻的学徒们没有对工程学表现出任何明显的兴趣，而这种兴趣对他们所选择的职业领域或许是很有用的。

从公司的角度来看，学员在公司第一阶段的培训还是非常成功的。对于大众汽车来说，职业培训计划是其更广泛的员工发展战略的一部分，该战略旨在培养年轻人对公司的忠诚度，在初始阶段就让年轻人参与集体学习，让他们成为忠诚的员工。仅仅几个月后，这些年轻人就摆脱了学生身份，完全认可自己作为大众公司员工的身份。从企业战略的意义上说，可以将企业和个人的价值观统一起来，这是非常可取的。德国职业教育和培训体系的总体目标是，学徒培训应是年轻人未来职业生涯自主权的基础，保证个人能够积极利用职业流动的机会，从而丰富所获得的知识和技能，遗憾的是，这一点没有从这次调查中体现出来。

参与调查的大多数年轻人在公司里感觉"就像在朋友和熟人中间一样"。这一发现一方面反映了在该公司工作的员工之间存在代际关系的比例很高（近80%的参与者证实有亲戚在该工厂工作），另一方面，也反映出学员在接受职业培训时所感受到的积极的社交氛围。从学校到劳动力市场的"软过渡"是德国双元制教育的一个显著特征，有助于学员万分顺利地融入公司（参见 Rauner, 2000）。此外，在年轻人逐渐适应学习和工作安排的过程中，参与这项研究的大公司以一种非常"学校式"的方式塑造了这一适应过程。在职业培训的第一阶段，并没有出现实际的工作环境，也没有强调特定领域的工作挑战，在很大程度上甚至可以忽略这些挑战。公司第一年培训的特点就是其保护性，主要按照学校的模式来组织，与工厂技术工人的日常工作无关，而是和缓地延续了普通学校教育中使用的学习策略。

根据调查结果可以看出，学员的职业技能发展水平明显逊色于作为公司员工融入公司的程度。在公司培训一年后，年轻学徒们几乎没有形成对职业的认同感，也不具备适应工具制造者实际工作环境的能力。根据在大规模工业领域进行的这项调查情况显示，从学生到员工的第一阶段转变似乎主要是由年轻人对公司的认同感所塑造的，职业分工明显没有同样重要的影响。但是对培训后期的调查显示，随着学徒面对的公司日常工作实践和需求越来越多，他们势必会关注其职业领域。德国员工对其职业分工具有强烈的认同感，这一传统是否真的显示出瓦解的迹象，取而代之的是何种赤胆忠心（Haasler and Kirpal, 2004），这些都需要进行更大范围的研究。研究结果有助于详细说明和评价技术工人对有酬就业的认同感。

参考文献

Bremer, R. (2003). Zur Konzeption von Untersuchungen beruflicher Identität und fachlicher Kompetenz—ein empirisch-methodologischer Beitrag zu einer berufspädagogischen Entwicklungstheorie. In K. Jenewein, P. Knauth, P. Röben and G. Zülch (Eds.), *Kompetenzentwicklung in Arbeitsprozessen—Beiträge zur Konferenz der Arbeitsgemeinschaft gewerblich technische Wissenschaften und ihre Didaktiken in der Gesellschaft für Arbeitswissenschaft am 23/24, September 2002 in*

Karlsruhe (pp. 107–121). Baden-Baden: Nomos.

Bremer, R. and B. Haasler (2004). Analyse der Entwicklung fachlicher Kompetenz und beruflicher Identität in der beruflichen Erstausbildung. *Zeitschrift für Pädagogik*, 2, 162–181.

Bundesinstitut für Berufsbildung (BIBB) (2000). *Statistische Datenblätter 'Werkzeugmechaniker'*. Retrieved 20 May 2002 from the World Wide Web: http:// www.bibb.de/indexber.htm

den Broeder, C. (1995). *The match between education and work: what can we learn from the German apprenticeship system?* The Hague: Central Planning Bureau.

Gruschka, A. (1985). *Wie Schüler Erzieher werden*. Wetzlar: Verlag Büchse der Pandora.

Haasler, B. and G. Beelmann (2005). Kompetenzen erfassen— Berufliche Entwicklungsaufgaben. In F. Rauner (Ed.), *Handbuch Berufsbildungsforschung* (pp. 622–628). Bielefeld: Bertelsmann.

Haasler, B. and S. Kirpal (2004). Berufs- und Arbeitsidentitäten von Experten in Praxisgemeinschaften—Ergebnisse aus europäischen Forschungsvorhaben. In J. Pangalos, S. Knutzen and F. Howe (Eds.), *Informatisierung von Arbeit, Technik und Bildung—Kurzfassung der Konferenzbeiträge* (pp. 48–51). Hamburg: Technische Universität Hamburg-Harburg.

Hacker, W. (1996). Diagnose von Expertenwissen: von Abzapf-(broaching-) zu Aufbau-([re-] construction-) Konzepten. Berlin: Akademie-Verlag.

Havighurst, R.J. (1948). *Development tasks and education*. New York: Longmans Green and Co.

Heinz, W.R. (Ed.) (1999). *From education to work: Cross-national perspectives*. Cambridge: Cambridge University Press.

Müller, W. and M. Gangl (2003). *Transitions from education to work in Europe: The integration of youth into EU labour markets*. Oxford: Oxford

University Press.

Rauner, F. (2000). Offene dynamische Beruflichkeit. Zur Überwindung einer fragmentierten industriellen Berufstradition. In G. Kutscha (Ed.), *Deregulierung der Arbeit—Pluralisierung der Bildung?* (pp. 183–203). Opladen: LeskeBudrich.

Ryan, P. (2000). *The school-to-work transition: A cross-national perspective.* Cambridge: University of Cambridge/Department of Applied Economics.

Schober, K. and M. Gaworek (Eds.) (1996). *Berufswahl: Sozialisations- und Selektionsprozesse an der ersten Schwelle.* Nürnberg: Institut für Arbeitsmarkt-und Berufsforschung der Bundesanstalt für Arbeit (IAB).

Stern, D. and D.A. Wagner (1999). *International perspectives on the school-to-work transition.* Cresskill, NJ: Hampton Press.

第十一章　欧洲视角下工作认同感的个性化

德国不来梅大学

西蒙娜·基帕尔（Simone Kirpal）

英国华威大学

艾伦·布朗（Alan Brown）

法国路易·巴斯德大学

穆罕默德·迪夫（M'Hamed Dif）

个人是社会中的演员，他们塑造自己的职业轨迹和职业生涯。通过个性化的过程（Beck, 1992），个人承担了其工作传记协调员这个新角色：他们成为演员，积极塑造他们个性化的工作定位和承诺模式，而在几十年前，这些都是以集体为基础进行塑造的。在全球经济中，各公司都通过加强工作与就业的外部灵活性和内部灵活性，来应对市场竞争（Müller and Scherer, 2003; Reilly, 1998），新的技能要求和更灵活的就业模式对员工学习和技能形成以及员工的工作和职业定位都有重大影响。

由于公司间流动性增加了（DeFillippi and Arthur, 1994; Kanter, 1989），还出现了灵活的工作安排新形式（Gottlieb et al., 1998），很多情况下，工作保障和长期的公司隶属关系不再像从前那样常见。对于许多人来说，这意味着形成职业定位以及规划一份可持续发展的职业成为更加复杂和困难的过程（Beck and Beck-Gernsheim, 1994; Keupp et al., 1999）。

时至今日，在更高的职业流动和转型可能性的前提下，员工在计划和安排个性化的职业生涯时面临着挑战，长期的公司隶属关系和预先结构化的职业模式已经离他们而去。"无边界"职业的概念（DeFillippi and Arthur, 1994; Hall, 1996; Mirvis and Hall, 1994; Sullivan, 1999）不仅意味着未来的组织承诺和社会交往可能失去对于员工的重要意义，而且职业也会变得更加个性化。尽管在多数情况下，这些想法还远未实现，而且相反的趋势也很明显，但对于一些以前可以期待相对稳定的组织职业生涯的人来说，这种盼望显然正在破灭。对于这些人来说，这意味着他们需要把他们不断变化的工作日程和不同的工作经验整理成条理清晰的自我概念。森尼特（Sennett,1988）认为，如果被意外解雇，这一过程对个人来说可能是一个相当大的挑战，因为这同时造成了内部及外部冲突，个人需要解决这些冲突从而确保能够成功地融入工作以及整个社会中。

本章呈现了一项定性研究的结果，该研究着眼于制造业和服务业中级技能水平的员工如何应对工作中的变化，特别是如何应对很高的工作灵活性和不断变化的技能要求。研究目标是说明并更好地理解员工如何应对工作环境和职场中的变化，研究方法是分析个人在处理这些变化时形成的策略，并对个人的反应、调整和适应模式进行描述。

第一节　方法

我们展示的结果依据的是 2001 年和 2002 年对法国、德国和英国的工程行业、护理行业和电信行业的员工进行的采访。这些数据的产生背景是"欧洲劳动力市场中的职业身份、灵活性和流动性"项目，该项目由欧盟第五框架计划资助完成（详情见 FAME Consortium,2003;Kirpal, 2004a）。

之所以选定这三个行业，一方面是因为它们代表了不同的职业传统和工作环境，另一方面是因为它们在灵活性和流动性方面的活力和挑战有所不同。金属加工行业代表着传统制造业，在过去 20 年里，在行业合理化的重压下，该行业逐渐衰落。许多地区强大的工业传统都是因为国家和文化都生根于工业，而金属加工和工程领域的研究结果在三个参与调查的国家之间有很大不同。强大的集体身份传统可以归因于专业协会和工会的历史角色，但结构性背景的变化导致员工对工作的认同感发生了变化，这一点在他们应对日益激烈的竞争和工作组织模式的变化时体现得尤为明显。卫生保健是一个传统的服务行业，研究重点放在护理行业上。护理是一个高度规范化的职业，在对三个国家的调查中发现护士对工作的认同感有许多相似之处。各国间十分类似的职业框架除了与强烈的职业道德和道德承诺有关外，或多或少都可以用一套标准化的工作任务来解释，这些任务都围绕着对于病人的直接护理。最后，电信行业的特点是充满活力，其灵活性和员工流动性压力都很高，工作性质、技能要求和组织结构快速变化。这里，我们可以看到灵活性、国际化和全球化对技能和工作身份的形成所产生的重大影响。高素质的年轻雇员尤其善于利用灵活性、流动性和学习能力作为横向发展的手段，塑造其职业生涯并改善其工作条件。在电信行业的现代化部门中，自主创业模式和个性化工作身份的趋势最为明显。

　　该项目分成三个研究阶段，每个阶段在研究方法和背景信息两方面都对上一阶段的研究内容进行了支持和补充。文献综述研究了与主题相关的关键概念（见本书中由"欧洲劳动力市场中的职业身份、灵活性和流动性"项目联盟编写的第一章），之后的实证调查旨在评估组织和个人的观点。与人力资源部门的经理和代表的访谈有助于从管理或组织的角度评估研究问题。这里的重点是探索结构性条件，其中包括在工作组织、工作框架和技能需求方面出现的变化，还要就员工对于工作或者公司的认同水平这一点，来确定雇主的期望。访谈问题涉及管理者如何发现和评价员工应对工作变化的能力（包括灵活性、流动性、工作组织、工作条件和学习需求），以及这将如何影响员工的工作和学习态度（详见 FAME Consortium, 2003）。访谈结果涉及公司数据和产品、熟练工人的工作框架、技能要求和招聘原则、学习、初级教育和培训及进一步的深造、职业选择、工作组织、对员工灵活性和流动性的要求。

　　由于项目的重点放在个人定位以及随着时间的推移在工作中做出调

整的策略，主要的定性研究都侧重于对员工的访谈（见表 11.1）。实证研究的第二部分旨在解读员工如何感知和应对工作中的变化，以及这些变化会如何影响他们的工作身份、承诺模式、工作和学习态度以及职业定位。访谈问题包括：员工在工作中有什么认同感；他们如何应对新的技能要求；他们如何看待正式和非正式学习；如何应对不断变化的工作环境以及他们认为这一切会如何影响他们的动机和工作表现。该研究项目主要针对中级技术水平的员工，他们基本上是熟练工人，代表着广泛的群体，有着不同的工作经验和工作框架。此研究并没有固定统一的选人标准（不同水平的初级教育和培训；不同的工作框架和职业背景；就工作经验而言，可能是刚刚获得职业资格的新人，也可能是有着二十多年工作经验的熟手；男女比例均衡），项目合作伙伴尝试选取多样化的员工背景和工作经验。这里是基于对 345 人的访谈得出的结论。

表 11.1　样本构成

（单位：人）

国家	研究行业						总计
	工程		卫生保健 / 护理		通信		
	经理	员工	经理	员工	经理	员工	
法国	8	30	7	25	6	30	106
德国	10	33	8	35	7	31	124
英国	10	38	10	24	8	25	115
总计	28	101	25	84	21	86	345

　　本项目采用定性研究的方法，应用了半结构化的、以问题为中心的访谈方式（Witzel, 1996），在适当的情境下，进行个人的深度访谈或是对 2~6 名员工进行小组访谈，小组访谈时间一般不超过 90 分钟。访谈基本都有录音和文字记录。项目合作伙伴就访谈指导方针达成了共识，可以根据各国家的具体情况就这些指导方针稍加修改。所有合作伙伴针对每个实证研究阶段都进行了访谈，这些访谈具有测试的性质，对访谈指导方针进行了前测，说明了访谈后可以有效地对结果进行比较。

　　数据分析遵循归纳的、以理论为基础的研究方法（Glaser, 1978;

Strauss and Corbin, 1990），还补充了集体案例研究（Stake, 2000）。材料的整合是根据评估分类完成的，评估分类得到了合作伙伴们一致认可，在分类和解释经验数据的过程中进行了调整和细化。评估分类包括学习（初步培训和继续培训的作用）；组织机构的特征（如工作组织、工作概况、等级结构、对灵活性和流动性的要求）以及个人（如技能概况，员工的自主权、员工的责任类型、对工作和承诺的认同形式）。根据实证调查的两个阶段，又从公司和个人这两个角度对这些分类做了进一步的提炼和解释。最后，将分类与灵活性和机动性关联起来（详情参见 Kirpal, 2004a）。

在经济紧缩时期，灵活性和流动性最初被认为是对公司和员工施加压力的需求。但是就工作中的学习环境、工作概况、职业发展、员工的职业选择以及员工自主权和自我实现这几方面而言，灵活性和流动性也创造了机会。公司的组织战略可能会为员工提供新的机会，也可能会产生压力，例如工作强度就能产生这样的影响，这是在所有三个调查领域都提到的一个普遍特征。研究表明，不同的职业群体对灵活性和流动性的体验和评价有很大的不同。

第二节　工作组织中的变化及其对技能、工作认同感和员工承诺的影响

1. 工程行业

结构背景中的诸多变化意味着工程领域的工作认同感模式正在发生着重大变化，特别是在应对日益激烈的竞争和工作组织模式的变化时尤其如此。在多功能团队中工作的员工、公司变革参与者、团队领导及管理人员对这种变化的感受尤其明显，他们的影响力已经被削弱了，公司里的熟练工人也会有同样的感受，因为公司正在转型，从直接生产转向提供工程服务。对所有人来说，他们所从事的工作的类型和所需技能的组合方式正在发生变化，甚至可以称得上是巨大变化（Brown, 2004a）。

　　之所以会在工作中引入更大的灵活性，有时是由于转向了团队合作，有时是由于试图优化生产实践，其途径是对持续改进（优化质量、成本及交付）的关注。英国曾尝试学习日本的"最佳实践"模式，强调机器运转次数，"第一次就做对"（right first time）等（Brown et al.,2004）。所有这些变化的驱动力都是希望提高竞争力，大厂商自己也一直在对供应商施加压力，有时手段非常激进，就是年复一年地削减成本。对于员工来说，这意味着雇主一直在改变角色和责任，并且在尝试团队合作、加工单元和不同的技能组合这些不同的工作组织模式。特别是在英国，往往是组织承诺而不是职业分工推动着工作的组织，而且尤为强调灵活性和更为全面的能力，而不是从事单一职业的能力（Davis et al., 2000; Mason and Wagner, 2002）。

　　但是，在这三个国家，不同的工作场所和公司对工人技能水平的要求也存在巨大差异。虽然许多公司想要采取类似航空航天工业的知识密集型高附加值战略（高水平技能和高标准绩效），但其他公司可能仍然依赖于低标准技术规范和低水平的专业知识密集型工作（Doyle et al., 1992）。例如，英国过去对技能水平低的劳动力的利用率高于法国或德国，尤其在中小型企业更是如此。这里，我们可以对不同类型的公司做出区分，有些公司的技术工人只占很小一部分，大多数时候进行的都是常规生产；有些公司拥有更多高水平的技术工人，这些工人在生产过程、技术支持和相关活动中承担着更重要的角色。后一种公司能够对相应的技术组合做出不同的选择，对于是否雇用某些毕业生或是那些有手艺、有其他中等水平技能的工人，这类公司也能有更多不同的选择（Mason, 1996; Drexel et al., 2003）。

　　一种情况是大多数工人具有更多自主权和责任，另一种情况是以降低成本为重点，严格控制生产过程，这两种情况有着明显的区别（Wood, 2005）。工作方式日趋灵活，从事人力资源的员工努力将承诺的焦点转移到团队承诺上，而不再是对特定职业分工的个人承诺，他们对公司的认同感可能会得到鼓励，但不会如从前那样受到重视，之前的情况是员工极有可能一辈子都为一个老板工作。各国情况都是如此，但英国的表现可能最为明显，英国的雇主希望能在自主权、控制和对公司的认同感（不是过度认同或是依赖）之间实现平衡（Brown, 2004a）。此外，无论是否算是向团队合作的一种转变，员工之间的相互支持也受到更多重视。在德国，员工表现出对公司更多的承诺，也是为了不让同事失望。这意味着虽然组织归属感（期望与特定雇主建立长期关系）可能比过去小，但在任务完成和角色实现方面的实际承诺可能更高。

在学习和提高技能方面，公司之间差异很大，有的公司推动大范围学习环境，有的公司学习环境受到约束（Fuller and Unwin, 2004），何种学习环境取决于工作组织方式、生产性质和公司规模（Bull et al., 1995; Scott and Cockrill, 1997）。但是，供应链上普遍存在的竞争压力和竞争活动似乎促使员工要在职场进行学习，更多地关注与工作相关的学习，其中包括团队合作、持续改进方案和管理培训（Brown, 2004a）。在法国，雇主的雇用决定是潜在雇员的强大动力，激励着他们想要获得相关领域的初步技术资格，而德国的"双元制"规定了雇主需要支持初级工艺和技术人员的教育及培训。工艺资格证书在英国也受到雇主的重视，但成为熟练工人有很多方式，因此初级技能培训系统相对不是很完善（Brown, 2004a）。

雇主越来越需要具备"现代"技能的熟练工人，他们要有团队合作能力并能进行有效沟通（Davis et al., 2000）。这意味着目前单纯依赖于技术技能的员工如果丢了工作，可能很难再找到类似的工作。是否拥有"现代"技能以及能否接受进一步的培训决定着技术工人是否能晋升到监管或专家岗位。总的来说，由于组织结构改革，升职的机会并不多，特别是监管和初级管理岗位更是不多，而且毕业生对于这些职位的竞争越来越激烈（Drexel et al., 2003）。

工程和金属加工领域对于毕业生的用人需求增加，这是一个普遍趋势（Drexel et al., 2003）。在法国，一些大公司的主要驱动力是希望获得更年轻、更有资历的工人，这些人的工作方式更灵活，更容易根据需要进行再培训，并愿意承担更加多样的工作。他们的态度通常被认为更符合"现代职场"的要求（Holman et al., 2005）。有些公司已经不仅仅是销售零部件，而是正在进行更复杂的分部装配或者出售技术，寻求设计和制造方面的合作，这样的公司更强调上面提到的各种趋势。尽管不是所有的公司都有这些变化，但这些变化在整个欧洲都很明显，因此需要更广泛的知识储备，这不仅对员工的初始资格是一个重大挑战，而且对学习和发展的持续性投入也是一个重大挑战。这些变化有利于毕业生的就业。然而，这些毕业生并不一定要高中毕业就直接接受高等教育。在这三个国家，雇主也鼓励建立在工作经验和工作资历基础上的晋升途径，而且人们也可以通过这种方式获得学位证书（Brown, 2004a）。

相对而言，在法国和英国，毕业生的就业似乎不成问题，这样的发展在德国可能更具有颠覆性，因为这极大影响了工作活动和学习，也对熟练工人的个人发展有很大影响，他们希望成为"师傅"，从而在公司内部成就一番事业。公司里渐进式工作路线的整体结构可能遭到破坏，原本由经验丰富的"师傅"完成的工作，现在由毕业设计和工艺工程师来完成（Drexel et al., 2003）。总的来说，德国工程行业给人的印象是一个不断变化的系统。虽然从传统意义上看，该行业的基础是强有力的制度支持、雇主的相互依赖和（高附加值）产品的复杂性（Rubery and Grimshaw, 2003），但双元体系和"师傅"培训目前都经受着考验（Kutscha, 1996; Culpepper and Finegold, 1999）。各公司还发现，对特定职业领域产生的强烈归属感也面临着压力，与客户和工作团队的沟通需要新的形式，这对沟通技能和跨学科合作方面的学习和发展产生了影响。

法国的雇主们尝试着雇用更多的高素质员工，也包括大学毕业生，这种尝试符合国家培训制度的导向，其中包括发展职业教育学位、加强技术教育和培训、更多地关注雇主指导下的持续性职业培训以及员工自主进行的持续性学习和发展（包括通过能力审查）。英国的情况略有不同。和其他国家相比，英国的学徒和其他中级技工的发展路线未免有些落后。在产品市场和工作组织两方面，英国的雇主们需要形成不同于德国和法国雇主的策略。即使他们试图遵循"高附加值战略"或试图提升他们的技能基础，他们还是一直在利用着日渐增多的大学毕业生，并采用以工作为基础的发展战略，有时还照搬从日本制造业实践中学到的持续改进策略（Brown, 2004a）。

在工程行业中进行的研究引起了更广泛的兴趣，也有着更为重要的意义，研究问题针对的是雇员与雇主之间不同期望的一致或分歧。针对员工的认同感和承诺水平，雇主是有期望值的，问题在于这种期望是否以可持续发展的方式顺应了社会"供应"及个人观点。例如，德国的员工对于工作的认同感是不是不应该建立在"渐进式"创新的传统优势之上，而是应该以更全面发展的（毕业生）知识储备为基础，应该建立在工作流程和实践的专业知识之上，建立在先进的工艺技术和"师傅"手艺之上？渐进式创新模式本身与强大的社会和制度支持（包括雇主协作网）有关，在已发展完善的行业内，中等水平技术的使用和高质量产品的生产也与渐进式创新模式有关。然而，旧的技能形成系统是高度性别化的，对劳动力文化的多样性反应缓慢（Krüger, 1999）。在这个意义上，认同感和承诺的模式必须与更广泛的社会中的相关系统和制度化机制相联系。不过，一些员工在访谈中也提到他们日常工作实践中遇到过阻力，这种阻力来自那些挑战刻板职业角色的人，其实他们的雇主已经跳出了德国年轻男性这个限制，能够广揽人才，但这些员工还是要对刻板职业角色做出挑战。

综上所述，雇主通过不同的策略积极塑造员工的认同感模式和承诺模式。第一条策略涉及工作活动的参与度，特别是对工作挑战的应对，以及员工执行工作任务的自主程度和承担结果的责任心。第二条策略涉及与主管的互动，并与雇主建立一种重要关系，从而获得高度的信任和承诺。第三条策略是，在工作中学习是发展的主要形式，这是建立在培训和公司对于关键角色（如项目领导和系统工程师）的支持之上的。这些都被认定为高水平熟练工人"专业约定"的典型模式（至少本研究是这样认定的）。但这些策略也不是毫无问题的。对于质量、个人表现和对特定工作类型的认同感的关注，在某些情况下都可能导致问题的出现，特别是当雇主更注重考虑平衡质量与成本和时间时，可能会出现更多问题。如果引入了跨学科团队合作，并且期望工人愿意承担各种职责，那么员工对特定职业前景的强烈归属感可能会引发他们的不安。

2. 护理行业

过去十年间，围绕医疗保健服务展开的辩论，其主要议题是不断变化的工作要求、新技能特征和提供高质量医疗保健的专业化趋势。时至今日，由于人口结构的转变，对于卫生保健服务的需求日益增长。这些变化及老龄化的欧洲社会都要求护士比过去有更大的工作灵活性和流动性。此外，今天的保健需求和供给不仅需要以更广阔的视角审视着各国的从业者和技能需求，还需要将关注点从单纯提供保健转移到预防、咨询并对以病人为导向的自助方法提供支持（Kirpal, 2004b）。

在面对重大的结构调整时，作为研究对象的三个国家，其国家医疗体系都面临着挑战。这对医疗专业人才产生了影响，尤其体现在工作组织和人力资源政策的调整上。在德国，医疗保健费用的财政负担是推动变化的因素，这不仅带来了经济框架的改革，还影响了 20 世纪 90 年代中期以来医疗保健系统的财政状况。这些举措影响了医院和其他医疗保健从业者的组织结构、工作框架、医疗保健服务的种类以及医患关系。法国高度规范的医疗保健体系似乎得益于学习和开放的强劲潜力，在医疗领域贯彻技术创新，同时为员工提供丰富多样的学习环境并大力宣传强有力的职业道德行为准则。按照"服务补偿和替代"计划，通过私人服务、制度化的业界交流以及更加灵活的护士分配制度，可以保证更大的灵活性。在英国，由于护士招聘和留用方面一直存在问题，对于从业者的高度灵活性，其要求已经降低了。改善工作条件、工作人员互相支持、团队合作、进一步培训和晋升是解决护士短缺问题的主要手段，护士人手短缺则是英国医疗保健行业的普遍问题。

工作岗位、病房和工作任务不断变化，对护士的灵活性和流动性要求越来越高。无论是私人还是公共卫生保健机构，一般都是根据用人需求来安排护士的。法国和英国的护士似乎更能适应这些要求，而在德国，护士不太愿意接受工作组织的变化，也不愿意承担新的工作职责。德国护士在职业生涯的初期就专注于自己感兴趣的特定领域，而且有可能已经决定了整个职业生涯都在同一岗位上为同一位雇主工作，这种情况并不罕见。即使在目前的压力下，德国的工作结构仍然允许这种情况的存在，而且护士们认为满足用人需求的灵活性和流动性只是个人的一种选择，而非出于必要。法国的"服务补偿和替代"计划（补充劳动力人才库）提供了一个良好的运作模式，可以应对对于灵活性日益增长的需求，之所以会有这样的需求，正是因为从业者的短缺。这个人才库是自愿组成的，招募全科护士、助理和一部分专科护士，他们都可以签订长期工作合同，可以根据需要在公立医院的不同科室之间流动。根据不同部门对临时工作或替班护士的需求，人才库根据成员的情况和预先计划的轮班时间在成员之间分配工作。

在学习和技能提升方面，欧洲的护理专业依赖于高度正规化的教育和培训体系，在大多数欧洲国家，初级培训需要三到四年（León，1995）。为了让护理成为一个独立的职业、提高其地位、拓宽护士的职业前景，这三个国家都为护理专业的学生提供了接受高等教育的可能性。即使这样，也还是存在问题，因为这意味着在初级培训阶段，虽然理论知识增加了，但工作实践却减少了。特别是在英国，这导致了年轻的从业人员缺乏足够的实践经验，年轻的护士开始工作后会面临很大的挑战（Eraut，2005）。此外，将护理设置为一个学位课程导致大量的毕业生没有进入这个行业，因为有了理科学位，他们也可能被招聘到其他工作领域。

对护士工作和护士角色形成认同感的过程中，继续半工半读和继续深造起着决定性作用。职业框架与强大的工作精神和道德承诺有关，在护理病人的过程中，高度的责任感和一定程度的自主权也与职业框架有关，护士们通常都会形成对职业道德的承诺（Benner，1994；Seidl，1991）。这些承诺形式和对于职业道德的认同感凌驾于任何组织承诺和归属感之上，不会附加在某个雇主身上。此外，通过团队合作以及同事之间的相互鼓励和认可，护士对于他们这个群体有着很强的承诺。除了专业领域，如临时工作小组（团队）和更广泛的专业团体（护士协会），与病人的直接接触也是护士在工作中形成认同感的一个关键因素。

　　在法国、德国和英国，大多数医院和其他卫生保健服务领域都提供丰富的学习环境和各种培训课程，包括短期课程和一年或一年以上的资格考试课程，以提高护士职业技能，让他们获得资格证书。由于隐性知识与能力可以与工作经验一并增长，持续发展对员工和雇主都是重要且有益的。对护士来说，通过正规培训继续提升自我主要起着激励作用。这样的培训帮助他们拓展专业知识，让他们更加自信，促进了与同事的专业交流，而且能够平衡日常工作与学习和专业发展的新选择。此外，继续培训有助于同级调动，甚至可以升职（虽然这种可能性相对较小，且取决于接受培训的具体内容）。由于大多数培训没有系统地与职业发展联系在一起，因此被视为一种个人选择，而不是良好工作表现的硬性要求。尤其是在德国和法国，护理行业中主要是内部同级调动，而非升职。一些医院的护士可能会选择每隔几年在同一家医院调换科室，因为这是获得更多专业知识和专业发展的一种方式。这种选择有时可能被视作一种退而求其次的策略，这些护士不想担任团队领导，只是不愿意失去直接照顾病人的工作罢了。

　　在这三个国家中，都期望护士具有十分完善的人际交往和沟通技能，特别是要有能直接与病人打交道的沟通交往能力。但护士们表示在完成大量护理任务的时候，经常觉得应接不暇，而从专业的角度来看，这些任务并不是他们职责的一部分。这一现实情况导致了他们的职业地位低下，特别是与医生等其他医务人员相比时更是如此，因为医生们不需要承担那么多角色。提供以病人为中心的服务与工作组织的新形式之间还出现了其他冲突，这些工作组织的新形式越来越多地将护士的时间和精力分配到技术性更强、对仪器要求更高、管理更严、更加需要协作的任务上。选择护理行业的主要原因是帮助和关心他人的内在动机，但成本控制、工作效率、以质量保证为目的的文件整理，这些压力导致护士发现自己在照顾病人和遵守效率要求之间处在两难的境地（Kirpal，2004b）。如果不能以一种令人满意的方式解决这些冲突，又感觉没有达到预期标准，就会造成护士"精疲力尽"的困境，他们可能会失去本心，甚至导致有些人放弃了该行业，即使在这个行业已经工作了相当长一段时间也于事无补。

总之，结构改革、工作组织和任务分工的变化以及对灵活性和流动性的更高要求和医疗创新，都极大地影响了护士的日常工作、技能提升、不同任务的时间分配以及对于患者的护理。护士面临越来越大的压力和时间限制，这导致以病人为中心的护理服务和时间的合理利用产生了冲突。专业化程度越来越高的趋势对理想化的护理模式的一些核心价值（包括全身心的个人奉献）提出了疑问。在某些情况下，这对一些护士来说可能是一种宽慰，要求过高的护理工作让这些护士不免感到筋疲力尽。无论个人看法如何，在护理和效率需求之间找到平衡可能完全取决于每个护士个人。这一过程的个性化特征似乎给护士带来了相当大的负担，因为他们通常缺乏来自其用人机构的任何支持。对于如何面对心理压力，护士们表示他们在工作环境中也没有得到足够的支持。虽然新入职的护士愿意形成更加"专业"的工作态度，而且他们对平衡理想化的护理模式和更实用的护理方法有更充分的准备，且接受过更全面的培训，但越来越多的年轻护士还是离开了这个行业，其中一个原因就是他们在工作实践中觉得难以应对，尤其是工作负荷与履行任务的巨大责任让他们倍感压力。与此同时，管理人员抱怨他们缺乏敬业的态度和承诺，而这些都曾是老一代护士的特点，也是病人和雇主非常重视的品质（Brown and Kirpal, 2004）。

3. 电信行业

电信行业在技术发展、产品市场、工作框架和技能要求方面一直都经历着快速的变化。变革的主要驱动力是技术创新、私有化、新兴市场和管制解除，这带来了高度的不确定性，影响了从业者和整个行业。自20世纪90年代初，与传统的电信技术有关的工作框架和技能逐渐变得无关轻重，而新的计算机技术则逐步纳入所有工作领域。这一发展很大程度上改变了职业结构和传统，也改变了员工与工作的关系。从前，电信技术人员往往依赖于非常正式的初级培训计划，原本国有的电信公司也能够提供非常稳定的就业保障。虽然这种结构在相当长的一段时间内有利于认同感模式和承诺模式的稳定性和连贯性，但电信技术人员在应对重大的组织结构调整和新技能要求时，不得不重新确定他们的工作和学习态度。

如今，对于技术性技能和混合性技能都有很大的需求，与沟通和团队合作相关的"软技能"需求也很大，公司需要非常灵活地开发并有效利用员工的技能。技能发展战略强调在工作中学习、在职培训以及"即时"知识的获取，尤其强调对快速变化的产品周期做出反应（Brown，2004b）。可以根据两种基本差异来区分电信行业的各公司：一种是地位稳固的大型电信公司，另一种是小型电信公司（包括跨国公司的中小型子公司）。员工的工作认同感性质、灵活性及流动性的隐含模式特征及其对变化、学习和职业发展的影响可以用来区分这两种公司（Dif，2004）。

法国的大型电信公司仍然固守传统的组织结构和人力资源管理发展模式。然而，在过去的十年间，由于私有化和技术发展的影响，他们一直经历着重大的结构变化。工作框架和资格要求之间的联系日益松散，他们借此将更大的灵活性持续引入其工作组织模式中，有更多的工作需要将员工的职能灵活性和流动性结合起来，还要结合横向能力的应用。非正式学习和实验性学习越来越重要。小公司表现出更灵活和更简单的组织结构，在这些公司里，个人高度自主，承担更多责任。员工也表现出更高的职业流动性，他们认为自己是"电信专业人士"。与工作和产品相关的学习和培训旨在以迅速和有效的方式应对工作需求，而持续的培训则带来了升职或者提升职业地位的可能。总的来说，自从欧洲电信市场自由化以来，电信公司的平均规模一直在下降，这导致了公司的拆分和新公司的出现。随着公司规模变小，工会组织规模和谈判覆盖规模也在减小，处理矛盾和冲突局势时，个人协商逐步取代了传统的集体谈判形式。

德国电信行业经历了与法国类似的过程，从国家垄断向自由市场转型带来了漫长的转型过程，经历了组织重组和私有化，并给予股东利益特权。然而，考虑到"德国电信"（Telekom）庞大的规模和该公司在业内历史上的统治地位，客户仍然坚持使用该公司现有的产品和服务，而作为竞争对手的小公司和供应商只是在逐步增加市场份额。快速变化的结构环境和技术环境引发了对新技能的巨大需求，而合格的技术人员出乎意料的匮乏也使电信行业面临着挑战。"德国电信"推出了大型的再培训计划作为应对措施，借此带动员工进行职业转换，成为电信销售人员，或者获取与信息通信技术相关的技术知识。鉴于公司严格的合理化战略，迫于裁员的压力，员工必须调整他们的技能并掌握先进的沟通能力和计算机技术相关能力，否则他们将面临失业的威胁（Kirpal,2006）。作为德国双元学徒计划的一部分，建立新的职业路线提供了另一种战略，可以满足不断变化的技能需求和人才短缺。1996年，德国新增了四个信息技术职业，其中两个职业侧重于技术，另外两个职业更侧重于商业领域，在1997—2002年间，为德国创造了超过5万个新的信息技术工作岗位。今天，这些培训方案为电信和更广义的信息和通信技术部门的技术工人提供了依据。

虽然早在20世纪80年代初，"英国电信"（British Telecom）就早于法国和德国的电信公司，开始了私有化和重组过程，但整个行业仍在经历着快速的变化，特别是其产品市场变化尤为迅速。与其他两个国家一样，技术发展、迅速变化的产品市场以及放松管制是变革的主要驱动力。客户对综合技术解决方案的需求，要求电信公司招聘兼具技术和软技能的人才。由于员工的灵活性越来越大，因此需要沟通（"软"）技能和团队合作能力。一项重要的技能发展战略是要更多地招募大学生，提倡边工作边学习并进行在职培训。高水平工作人员的流动促进了技能和知识的迁移，这其中也包括隐性知识的迁移。另一个新出现的特点是越来越多地利用和管理分包合同，包括使用临时职业介绍所推荐的工作人员。在电信行业中，与工作相关的交互性很高，这不仅是因为放松管制和对标准的需求，还因为员工在流动。在某些情况下，大公司甚至鼓励由供应商接管技术人员，从而更好地促进信息交流、技术交流和沟通交流。这种高度的灵活性和员工流动性产生了一个影响，即员工对组织和特定职业分工的归属感正在下降（Brown, 2004b）。

在这三个国家中，大多数员工的学习和培训主要是以产品为导向的，在很大程度上是为了获取"即时"知识，而这些知识很快就会过时。这种学习通常需要员工根据自己的主动性和时间进行自主学习来补充。获得进一步的继续培训通常有利于初级资格相对较高的员工。这一趋势产生的作用是使内部劳动力市场细分出一个"核心"部门，这部分员工更有能力应对变化、灵活性和流动性的要求，有更好的职业前景；与之相对的是"外围"部门的发展，这些在社会职业上处于不利地位的员工无法应对不断变化的工作要求，虽非他们所愿，但他们的价值往往被低估，结果不是转岗就是被裁员（Dif, 2004）。

在工作组织方面，公司组织结构趋于更为简单、灵活、扁平化的级别，更为强调团队合作。中型和大型公司越来越多地专注于一些"核心"工作，其他工作大部分都外包出去，这也强化了上文提到的趋势。同时，他们采用收购和合并战略，以获得新的技能、技术和市场。中小型企业倾向于提高灵活性，这不仅体现在工作机构方面，也体现在员工对工作的认同感方面。在构建员工的工作身份时，雇主希望他们加强与客户在工作方面的交互性（具有高度的自主性和责任感），员工还要对他们提供的产品和服务有高度的认同感。这就催生出更具个性化的承诺模式和对工作的认同感模式。尤其是新入职的员工，他们会发现很容易形成灵活的、个性化的承诺形式，以及积极主动的工作态度和多种技能。

总的来说，在电信领域，我们可以发现传统的职业身份已经瓦解，这些身份过去基于工作中的职业社会化模式，而现在出现了更灵活、更个性化的工作认同感形式。在这截然不同的两个形式之间，我们找到了跨界重新定义策略，这套策略的认同感水平和承诺水平都有所不同。

处于垄断地位的大型国有电信公司中的社会化过程使得职业身份的传统形式得以构建和重现。进入电信行业和为该行业接受培训给员工带来了对于公司、职业领域和相关技术的高度认同感，同时他们坚守自己在组织内获得的稳定的工作状态。虽然电信行业不再由国家垄断，但很多电信技术人员仍继续为公司工作，他们的工作地位（一般是公务员）得以保留，甚至在某种范围内还保留了他们以前的工作。然而，新的结构要求正在瓦解这些认同感形式和承诺形式，而且让这群员工更多地面临着就业的不稳定性和不连续性。面对不确定的工作转换、不高的工作评价或裁员及边缘化，虽说资历较低和年龄较大的员工通常面临着威胁，但资历较高的员工和管理人员不仅面临更大的不稳定性，而且内部升职和职业发展的机会也更少了。

从前的电信技术人员在高速的转型过程中感到自身处于不利地位，他们以前的技能和能力大幅度贬值，虽然上述两个群体都面临着重新定义认同感模式和承诺模式的挑战，但从前的电信技术人员或许能够应付新的工作要求，他们采取的是一种"撤退"战略，主要是对学习和调整带来的新挑战进行抵制。资历相对较高的那些人就是以前聘请的管理者，他们的特种技术知识水平相对较高，或许会采取新的工作态度，反应更加具有攻击性，在重新定义职业角色和责任时起到先发制人的作用。在这种大环境下，继续培训、灵活性和流动性以及发展横向能力被视为实现这些目标的重要手段。

较为灵活和更有个性化的员工类型，主要是合格的年轻电信技术人员或销售工程师，他们具有高度完善的技术技能（越来越多地结合信息与通信技术知识）和横向能力。他们认为自己是"电信专业人士"或"专家"，主要致力于当前的活动领域。他们利用知名的电信公司或正在发展的小型信息技术公司作为实现其职业规划的"过渡"阶段，就其工作性质而言，其职业规划可能涉及频繁的变化。他们对当前职业岗位或雇主的归属感是过渡性的。与工作相关的学习、关系交互、灵活性和流动性都用来作为促进职业发展的手段。这些员工专注于不断适应和"前进"，积极提升他们的技能和职业前景。他们对自己的技能有信心，不认为自己有失业的风险。鉴于扁平的等级制度正在逐步减少向上流动的机会，他们通过基于项目的个人战略谋求事业发展，其个人战略的基础是高水平的与工作相关的交互性、高度的灵活性和流动性。通常情况下，他们更关注自己的职业项目，而不是其雇主组织。

第三节　员工对不断变化的工作和技能需求的适应模式

　　个人如何应对结构变化和调整其认同感形式及承诺形式在很大程度上取决于个体差异和性格，诸如社会经济背景、性别和年龄、技能、学习能力和如何应对不断变化的工作要求，甚至个人兴趣等因素都可能产生影响。总的来说，本研究项目确定了认同感的不同形式，各种可能的反应都可以归为"传统的"和"灵活的"这两个对立概念。此外，无论认同感水平高低，随着时间的推移，所有员工都会以各种方式适应其工作环境和不断变化的要求（见表11.2）。

表 11.2　员工对不断变化的工作和技能需求的适应模式

个人反应	适应模式					
	认同感的经典模式		长期调整	短期调整	灵活性／个性化	重新定义／协商
	撤退	经典渐进				
风险关系	低	低	低	高	有差异	有差异
灵活性／流动性	低	低	低	高	高	有差异
学习动机	低	逐渐变化	低	高	高	高
职业／组织承诺	强	强	视情况而定	过渡性	视情况而定	强

　　在参与调查的所有行业的职业群体中，我们发现员工与"经典"的工作认同感形式都有所关联，个人或是高度认同他们受到培训的职业分工、日常工作任务以及公司，或是高度认同公司的产品。这些员工甚至试着去坚守那些相当传统的认同感要素，我们认为，他们是在追求一种"撤退战略"，大力抵制着改变的压力。对他们来说，工作环境的变化带来了冲突，这通常是因为他们没有办法或是没有个人资源来适应新的要求，他们可能缺乏动力、资历或自信。他们在工作中经历的变化通常不透明、不可预测且不受他们的控制，特别在以迅速和彻底变化为特征

的领域尤其如此，过去十年的电信领域就是这样的情况。为了建立某种连续性，这些员工往往尽量维持他们目前的工作状态和工作任务，对于学习、职业发展或改变工作环境，包括更换雇主，他们的意愿很小或是完全没有。

另一方面，具有"经典"认同感类型的员工可能或多或少也会接受改变。这一类型的员工中，有一些人会有更积极主动的回应，他们认为自己对自身的职业发展方式和/或雇主的变化能应对自如。如果员工能够顺应变化和新要求，或者能够走在变革和新要求的前列，他们就会形成对工作认同感的"经典渐进"形式。这样的员工会遵循传统的职业发展方式，很可能继续获得更高级别的资格（如德国的"师傅"资格），从而晋升为主管或专家岗位。他们仍然会强烈认同自己职业中的经典要素，但同时也能够利用工作环境变化过程中的机会来拓展自己的职业生涯。晋升为主管或专家岗位可能被视作惯例，但他们也会对最初的技术职业保持初心。但是，通过承担额外的责任和任务，他们很可能会面临挑战，需要调整甚至重新定义他们的专业角色和认同感形式。

与之相对的是那些对工作有着高度"灵活"认同感的员工。这种认同感比任何职业承诺和组织承诺都具有更个性化的基础。这些员工的一个典型特征是他们愿意并能够积极地利用灵活性、流动性和学识作为手段来实现他们更宽泛的目标，在此过程中，如果有必要的话，他们随时准备改变组织和职业。灵活的员工预见了变化的要求并将其内化。对于不是十分称职的员工而言，在职场进行持续的调整，可能会使得他们对工作的归属感只是暂时的，而对于更为称职的员工而言，他们的承诺和认同感形式呈现高度的个性化。这里的关键特征是个人积极追求她/他自己的目标、基于个人技能的职业发展和自我实现、持续学习的能力以及以项目为导向的工作态度。这种灵活的工作认同感的一种变体是"战略野心家"，他们把自己当前的职位和/或组织机构归属感视为职业生涯的一个阶段，在其工作性质上，这一阶段涉及相对频繁的变化。他们专注于"继续前进"，把自己的职业生涯看作他们积极构建的事物。他们对当前角色的归属感在一定程度上受到他们只是"过客"的这一认识的影响。

　　然而，最大的受访者群体形成了不同的适应形式，带来了这一连续过程中各种非常复杂的反应形式。他们对工作的归属感性质不断变化，这种不断变化的性质是具有一定张力和过渡性的，通常取决于重新定义的过程。例如，对工作的适应和调整可能是长期的也可能是短期的；可能是被动的（接受）也可能是个人积极地寻找解决问题或冲突的方法。个人的外部适应压力可能高也可能低，可能是普遍的（与所有参加某个组织或从事某种职业的人有关），也可能是特定的（与个人或小团体有关）。

　　在任何情况下，这种"重新定义策略"基本代表了一种视情况而定的适应形式——个人可能仍然从事某一职业和／或受雇于某一特定的雇主，但他／她认识到这是一种妥协，而不是一种理想的情况。通常情况下，来自工作以外的因素（家庭承诺、个人关系网、对特定地点的归属感）可能会把一个人"留下来"。个人可能仍然会设法满足对工作表现的期望（雇主、同事、客户或委托人的期望），但她／他通常会对其的工作或雇主有所保留。员工可能会在相当长的一段时间内做同一份工作，但如果"留下来"的环境或外部条件发生变化，员工也可能换工作（公司内或者公司外）。这意味着对工作的认同感模式和承诺模式是可以进行调整或重新定义的，也可能是稳定不变的。根据所涉及的灵活性程度以及员工在适应过程中是被动的还是主动的角色，本项目将长期调整和短期调整区分开来。前者涉及被动的方法，带来了一定的连续性和稳定性，而后者则表现出一种更积极主动的态度，员工试图改变他们的现状，接受更高程度的灵活性和流动性，这种方法也可能涉及风险和不稳定性。

　　"长期调整"代表了一种有条件的适应形式，即作为一种妥协，员工在某种程度上接受自己目前的工作状况。为了追求工作的稳定性和保持一定的稳定性，在相当长的一段时间内，员工就算在工作中遇到了一些不如意，他们也不会换工作。他们中的许多人认为自己的职业和工作没有生活的其他方面重要，至少在一段时间内，他们通常会降低工作的整体意义。受访者之所以觉得自己"被束缚在"当前的工作中，原因包括对搭档的工作模式的适应、对某个地方的归属感（"我们一辈子都住在这里"）以及对当前工作团队的归属感。相比之下，"短期调整"代表了一种完全有条件的适应形式：个人意识到他／她只是打算在相对较短的一段时间内从事某个职业和／或受雇于某个特定的雇主。要么是因为个人情况、个人选择或长期职业计划，要么是因为对工作不满意，个人正在积极寻找或打算寻找其他就业机会。尤其是英国的研究对象，有一些受访者正在寻找新的雇主或职业。

但是，虽然有人呈现出这些不同形式的"调整"，但相当多的员工还是认同了他们的工作，同时，也更积极地重新定义与工作相关的角色，而不再是被动地接受。事实上，在所有群体中，无论是"经典"的还是"灵活"的工作认同感形式，我们发现员工都在积极地重新定义和挑战传统的职业角色和工作身份。例如，有的员工使用的重新定义策略处在规范和期望的前沿，从而突破了雇主、同事和他人期望的桎梏。在某些方面，他们可以被视为变革的推动者，他们通常会进行协商、挑战并领导他们的同僚。例如在工程领域担任领导角色的女性，或在德国一家镀锌工厂工作的充满活力的年轻土耳其主管，这种情况虽然少见，但我们确实也发现了这种行为模式的一些例子。此外，德国男护士对护士的传统形象也是一种挑战，他们突破了性别的局限，满足了能够提供"无条件照顾"的期望。

随着时间的推移，个人形成的对工作的认同感形式取决于各种各样的因素，这些因素导致了复杂的协商过程，一方面是个人资源与（内部和外部）限制之间的，另一方面是结构条件之间的。在这种情况下，起决定性的因素是个人的反应或是"策略"：他／她承担的是被动的还是主动的角色；风险关系的水平；运用灵活性、机动性和学识的坦率态度和能力，将其作为工具来追求自身利益；以及对于工作的一般性归属感。此外，不同的适应形式或反应形式不能被理解为"排他性类别"。在特定的时间点，它们可能是相互排斥的，但在个人一生的就业轨迹中可能发生变化和调整，在一系列可能的反应中会向任意一个方向转变。

个体在人生轨迹中所采用的某种方法（或某些方法）结合了一组不同的个体变量。承担被动的还是主动的角色，或者与就业和工作有关的风险关系水平，可能在很大程度上取决于每个人的个性，而工作归属感可能结合了与工作相关的社交活动、工作经验和个人兴趣这三方面因素。另一方面，员工在何种程度上愿意和有能力利用灵活性和流动性，以及是否已经形成了积极的学习态度，都与学习过程密切相关。在这一点上，本项目可以明确区分出那些经过社会化和培训的员工，他们在形成自己的职业定位和职业身份方面更加灵活和积极，本项目也能够明确区分出那些没有通过这种方式进行社会化的员工。在某些情况下，这与年龄也有关系，在过去的十年中，接受过培训的技术工人通常能更好地应对工作中的变化和不稳定性，与之相对的是在 20 世纪 70 年代接受培训的一代人，当时的行业特征是稳定且具有良好的就业前景，而他们现在面临着严重的问题。然而，年龄并不总是关键因素，因为我们还采访了在所有职业群体中高度活跃的"年长"员工和不太灵活的"年轻"员工。在学习方面，国家的嵌入和职场的具体条件也起了决定性作用。例如，英国和法国员工似乎比德国员工准备得更加充分，能够更好地预测和应对工作需求的变化。将工程项目动态部门的员工和大型机构或大公司的员工进行比较，情况也是一样的。

第四节　结论

本项目发现，人们对工作的认同感的总体趋势是朝着"个性化"发展的，逐步脱离了传统的集体形式。对个体的要求和期待是逐步形成以多种技能和灵活性为基础的、积极主动的"创业型"工作态度。这也意味着需要形成复杂的、灵活的、多维度的认同感和承诺，要不断地进行调整以适应变化的需要。以前，稳定性和连续性通过长期的雇佣合同和长期的公司归属感获得，现在逐步变成必须由员工自己来积极构建。此外，就业不稳定性的风险管理和获得相关技能的责任也从公司转移到个人身上。

这些发展对员工的工作定位、归属感形式和职业规划有着重要的影响。而"创业"模型假定了动态的及灵活的工作认同感，具有中级技能水平的大量员工可能更愿意坚守"传统"工作认同感模式，他们十分抗拒灵活性、机动性和继续学习所带来的高要求。这些员工通常没有个人资源来应对快速变化的工作环境的要求，从而可能导致压力、缺乏对工作绩效的控制、很高的员工流动率、缺乏承诺，在某些情况下，甚至会出现糟糕的工作绩效。变化迅速的工作组织需要高度的灵活性和流动性，在这样的职业和组织中，上述情况尤为明显，电信业就是典型案例。

灵活的"创业"模式越来越受到管理者和人力资源部门的青睐（FAME Consortium, 2003），没有能力或是没有办法形成高度灵活的工作归属感的人极有可能会被这种模式淘汰。这可能是因为他们的缺乏合适的资格或技能，也可能是因为他们社会经济背景处于劣势，因此这些人一般可能不具备灵活性，或是更愿意坚守比较传统的工作归属感模式。欧洲员工大多经历过与工作相关的社会化过程，但这一过程没有对越来越强的灵活性、流动性和终身学习要求有足够的预判，非"创业"型工人在欧洲是处于劣势的，这部分工人的数量可能很大。[1] 融入工作环境的社会化过程是职业教育培训和继续教育培训的主要功能之一，它发挥着重要作用。

个人面对的挑战越来越大，需要积极构建自己具有个性化的认同感模式和职业定位模式，对于如何最有效地做到这一点，他们需要指导，以便能够满足不断变化的需求。这可能并不是简单地对之前的学习做正式认证的问题，而是如何让每个人对自己的能力有信心，让他们有能力成为自己职业发展的代理人。这意味着员工需要得到支持和指导，以应对不断变化的工作环境，满足对灵活性和流动性的新要求。从调查来看，对于大多数员工而言，这种支持要么力度不够，要么根本没有。然

---

[1] 需要注意的是，参与这项调查的员工样本代表了劳动力的特定组成部分，只包括目前有工作的员工群体，而且是有一定职业培训基础的员工。大量的失业工人及其他群体并没有包括在内，这些群体在这项研究中没有体现。

而，无论是在机构、雇主还是在更个性化的层面，这种指导似乎都是必不可少的，可以避免雇员陷入被动的"撤退"或"长期调整"战略，这样的战略可能最终会导致他们被劳动力市场淘汰。

比如可以把这种形式的指导纳入正式和非正式的、初级和继续职业培训计划。强调继续培训和非正式学习而不是（正式的）职业教育，会让人们意识到自我指导和以工作为基础的学习的重要性。人们通过这些过程获得的能力受到资格认证，如果这些学习形式也与此能力认证关联起来的话，那么这种趋势可能会为员工创造新的机会。但是，从某种程度上来说，这种方法将技能获取的责任从公司转移到了个人身上，这也可能导致高强度的压力。员工在工作和自学过程中不断感受到学习的压力，他们觉得没有得到雇主足够的支持，没有这样的支持，他们觉得在更长的时间内，继续学习的压力是无法承受的。缺乏对培训的支持却对灵活性有着高要求，这对于许多员工来说，也导致了工作与私人生活或家庭生活之间的不平衡和冲突。

有的员工拥有合适的技能和足够的自信，他们通常也愿意并能够处理职场中的新要求。有些人甚至在工作中能够积极地使用灵活性和流动性的新概念作为手段，对他们的工作进行调整，以适应他们的个人需要。如果给予足够的支持，他们也会觉得很轻松，因为在不断变化的环境中，早期的认同感形式和承诺形式正在失去它们以前的作用和意义，它们也在被重新定义。在这种情况下，人们尤其需要混合技能，包括商业技能和技术技能的结合，以及沟通和团队合作的"软"技能。在这样的环境中，员工可以扮演各种各样的角色，有些公司能够非常灵活且有效地利用这些人的技能。事实上，雇主们认为这些员工能够胜任各种角色，这正是他们的价值所在。

参考文献

Beck, U. (1992). *Risk society: towards a new modernity*. London: Sage.

Beck, U. and E. Beck-Gernsheim (1994). *Riskante Freiheiten: Individualisierung in modernen Gesellschaften*. Frankfurt/M.: Suhrkamp.

Benner, P. (1994). *Stufen zur Pflegekompetenz: From novice to expert*. Bern: Huber. Brown, A. (2004a). Engineering identities. *Career Development International*, 9(3), 245–273.

Brown, A. (2004b). *Learning, commitment and identities at work: Responses to change in the IT and telecommunications industries in the United Kingdom*. Learning Processes for Professional Development Symposium, European Conference on Educational Research (ECER 2004), Crete, Greece.

Brown, A. and S. Kirpal (2004). 'Old nurses with new qualifications are best': man agers' attitudes towards the recruitment of health care professionals in Estonia, France, Germany, Spain and the United Kingdom. In C. Warhurst, E. Keep and I. Grugulis (Eds.), *The skills that matter* (pp. 225–241). New York: Palgrave.

Brown, A., E. Rhodes and R. Carter (2004). Supporting learning in advanced supply systems in the automotive and aerospace industries. In H. Rainbird, A. Fuller and A. Munro (Eds.), *Workplace learning in context* (pp. 166–182). London: Routledge.

Bull, A., M. Pitt and J. Szarka (1995). Commonalities and divergences in small-firm competitive strategies: textiles and clothing manufacture in Britain, France and Italy. In P. Cressey and B. Jones (Eds.), *Work and employment in Europe: A new convergence* (pp. 121–142). London: Routledge.

Culpepper, P.D. and D. Finegold (1999). *The German skills machine: Sustaining comparative advantage in a global economy*. New York/Oxford: Berghahn Books.

Davis, C., T. Buckley, T. Hogarth and R. Shackleton (2000). *Employers skills survey case study — engineering*. London: DfEE.

DeFillippi, R.J. and M.B. Arthur (1994). The boundaryless career: A competency-based career perspective. *Journal of Organizational Behavior*, 15(4), 307–324.

Dif, M. (2004). Vocational identities in change in the telecommunications sector. *Career Development International*, 9(3), 305–322.

Doyle, P., J. Saunders and V. Wong (1992). Competition in global markets — a case study of American and Japanese competition in the British market. *Journal of International Business*, 23(3), 419–442.

Drexel, I., M. Möbus, F. Gérardin, B. Grasser, H. Lhotel, A. Brown, M. Maguire and B. Baldauf (2003). *Cross-national Comparisons of New Career Pathways for Industrial Supervisors in France, Germany and the United Kingdom*. SKOPE Monograph No 6., ESRC funded Centre on Skills, Knowledge and Organisational Performance, Oxford and Warwick Universities.

Eraut, M. (2005). *Developing responsibility*. Symposium on Early Career Professional Learning, American Educational Research Association Conference, Montreal, Canada.

FAME Consortium (2003). *Work-related identities in Europe: How personnel management and HR policies shape workers' identities*. ITB Working Paper Series No 46. Bremen: Institute Technology and Education/ University of Bremen.

FAME Consortium (2006). Decomposing and Recomposing Occupational Identities. A Survey of Theoretical Concepts. In A. Brown, S. Kirpal and F. Rauner (Eds.), *Identities at Work* (pp. 13–44). Dordrecht: Springer.

Fuller, A. and L. Unwin (2004). Expansive learning environments: integrating organizational and personal development. In H. Rainbird, A. Fuller and A. Munro (Eds.), *Workplace learning in context* (pp. 126–144). London: Routledge.

Glaser, B.G. (1978). *Theoretical sensitivity: Advances in the methodology of grounded theory*. Mill Valley, CA: Sociology Press.

Gottlieb, B.H., E.K. Kelloway and E. Barham (1998). *Flexible work arrangements*. Chichester: Wiley.

Hall, D.T. (1996). *The career is dead-long live the career. A relational approach to careers*. San Francisco: Jossey-Bass.

Holman, D., S. Wood and T. Wall (2005). Introduction to the Essentials of the New Workplace. In D. Holman, T. Wall, C. Clegg, P. Sparrow and A. Howard (Eds.), *The essentials of the new workplace* (pp. 1–14). Chichester: Wiley.

Kanter, R.M. (1989). Careers and the wealth of nations: A macro-perspective on the structure and implications of career forms. In M.B. Arthur, D.T. Hall and B.S. Lawrence (Eds.), *Handbook of career theory* (pp. 506–522). Cambridge: Cambridge University Press.

Keupp, H., T. Ahbe, W. Gmür, R. Höfer, B. Mitzscherlich, W. Kraus and F. Straus (1999). *Identitätskonstruktionen. Das Patchwork der Identitäten in der Spätmoderne*. Reinbek: Rowohlt.

Kirpal, S. (2004a). Researching work identities in a European context. *Career Development International*, 9(3), 199–221.

Kirpal, S. (2004b). Work identities of nurses: between caring and efficiency demands. *Career Development International*, 9(3), 274–304.

Kirpal, S. (2006, in press). *Old and New Economies. Employees' Responses to Change in the German Telecommunications and IT Industries*. ITB Research Paper Series No 20/2006. Bremen: Institute Technology and Education/University of Bremen.

Krüger, H. (1999). Gender and Skills. Distributive ramifications of the German skill system. In P.D. Culpepper and D. Finegold (Eds.), *The German skills machine: Sustaining comparative advantage in a global economy* (pp. 189–227). New York/ Oxford: Berghan Books.

Kutscha, G. (1996). The dual system of education in the Federal Republic of Germany. An obsolescent model? *European Education*, 28(2), 49–62.

León, M.W. (1995). *Krankenpflegeausbildung in Europa*. Stuttgart/Berlin/ Köln: Kohlhammer.

Mason, G. (1996). Graduate utilisation in British industry: The initial impact of mass higher education. *National Institute Economic Review*, 156, 93–103.

Mason, G. and K. Wagner (2002). *Skills, performance and new technologies in the British and German automotive components industries*. Research Report SPN1, London: Department for Education and Skills.

Mirvis, P.H. and D.T. Hall (1994). Psychological success and the boundaryless career. *Journal of Organizational Behavior*, 15(4), 365–380.

Müller, W. and S. Scherer (2003). Marktexpansion, Wohlfahrtsstaatsumbau und soziale Ungleichheit. In W. Müller and S. Scherer (Eds.), *Mehr Risiken — Mehr Ungleichheit? Abbau von Wohlfahrtsstaat, Flexibilisierung von Arbeit und die Folgen* (pp. 9–27). Frankfurt/M.: Suhrkamp.

Reilly, P.A. (1998). Balancing flexibility — meeting the interests of employer and employee. *European Journal of Work and Organizational Psychology*, 1(7), 7–22.

Rubery, J. and D. Grimshaw (2003). *The organization of employment: an international perspective*. Basingstoke, Hampshire: Palgrave Macmillan.

Scott, P. and A. Cockrill (1997). Multi-skilling in small- and medium-sized engineering firms: Evidence from Wales and Germany. *International Journal of Human Resource Management*, 8(6), 807–824.

Seidl, E. (1991). *Pflege im Wandel. Das soziale Umfeld der Pflege und seine historischen Wurzeln dargestellt anhand einer empirischen Untersuchung*. Wien/München/Bern: Maudrich.

Sennett, R. (1998). *The corrosion of character: the personal consequences of work in the new capitalism*. New York: Norton.

Stake, R.E. (2000). Case Studies. In N.K. Denzin and Y.S. Lincoln (Eds.), *Handbook of Qualitative Research* (pp. 453–454, 2nd Edition). Thousand

Oaks/London/ New Delhi: Sage Publications.

Strauss, A. and J. Corbin (1990). *Basics of qualitative research: Grounded theory procedures and techniques.* Newbury Park: Sage Publications.

Sullivan, S.E. (1999). The changing nature of careers: A review and research agenda. *Journal of Management*, 25(3), 457–484.

Witzel, A. (1996). Auswertung problemzentrierter Interviews. Grundlagen und Erfahrungen. In R. Strobl and A. Böttger (Eds.), *Wahre Geschichten? Zu Theorie und Praxis qualitativer Interviews.* Beiträge zum Workshop 'Paraphrasieren, Kodieren, Interpretieren...' im Kriminologischen Forschungsinstitut Niedersachsen am 29. und 30. Juni 1995 in Hannover (pp. 49–75). Baden-Baden: Nomos.

Wood, S. (2005). Organisational performance and manufacturing practices. In D. Holman, T. Wall, C. Clegg, P. Sparrow and A. Howard (Eds.), *The Essentials of the New Workplace.* Chichester: Wiley.

第十二章　日本背景下的工作身份：
刻板印象与现实

日本东京中央大学

石川晃弘（Akihiro Ishikawa）

第一节　前言

1. 背景

　　日本的公司不仅是经济运行的载体，它们还发挥着重要的社会功能。对日本人力资源管理的研究显示，日本公司非常重视以终身雇佣制的形式为员工提供工作保障（Matsushima, 1962; Hazama, 1979）。其本源是一种人力资源开发实践，这种实践的建立基础是利用内部劳动力市场谋求发展和进步的一种承诺。

　　日本大型公司的常规操作是招聘那些刚刚毕业、没有任何职业技能的员工，一些中型企业也遵循这种模式。进入公司后，公司进行内部培训，让他们成为"公司人"。这种培训使员工具备社交和相关的职业技能。通过培训的潜移默化，使员工形成高度的组织责任感。事实上，大多数员工会在同一家公司工作很长一段时间，在组织内部经历平调和升职，而欧洲很多工人的职位基本上没什么变化（Ishikawa, 2004）。因此，进入日本劳动力市场的新人必须做出的重要决定是到底应该加入哪家公司，而不是应该选择哪个职业。此外，日本工人承担的工作范围通常比由欧洲工人承担的工作范围更广，而且日本工人往往比欧洲工人能更灵活地进行自我调整，以适应工作中的重组。这是因为他们相信，无论环境如何变化，他们都将与公司同呼吸共命运。

当一个员工被问及所从事的职业时，答案通常不是具体的职业分工或是工作框架，不会出现车工、出纳或是设计师这样的答案，而是会以公司的名字作为回应，例如："我是某公司的员工"，如果他们所在的公司知名度不高，他们可能会说："我们公司与某公司有合作（或贸易往来）"。

日本员工不仅在公司接受职业培训，而且还在社会上接受培训。他们学习应该遵守的社会规则和规范，使其举止像成熟的国民一样。此外，员工把他们的公司作为参考群体，他们的社会生活就以此作为参考对象（Ishikawa, 1992）。员工离经叛道的行为会让他们所在的公司"蒙羞"。员工担心自己会让公司蒙羞的想法成为他们日常生活中的一种社会控制形式。"在社会上让公司名誉受损"对员工的前途会造成致命的后果。

基于上述原因，我们认为日本员工的工作身份是围绕着"公司身份"而不是"职业身份"形成的。因此，对日本员工的刻板印象是，他们都是"以群体为导向"的，具有"集体主义"态度，并准备以自我牺牲的精神为公司的成功做出贡献。所以，日本工人被归类为"工作狂"，他们的思维模式决定了他们对工作的过度投入。

2. 目标和方法

对日本工人的这种传统形象进行的概述为本章其余部分提供了研究背景；本章旨在呈现日本员工工作身份的一些具体特征（有相关的实证数据作为支撑），并将这些结果与上面概述的刻板印象进行对比。本研究考虑到了工作身份的三个方面：规范性、情绪性和组织性。在本章中，"工作中心性"是工作身份规范性方面的指标，"工作满意度"是情绪性方面的指标，"公司承诺"是组织性方面的指标。

"工作中心性"描述了人们认为工作在生活中的重要程度。日本有一种研究方法，以七分制来衡量工作中心性。尽管以下的分析使用了该研究方法，但受访者只分成了三组：一组认为工作"非常重要"（6分和7分），一组认为"有点重要"（3分、4分和5分），还有一组认为"不重要"（1分和2分）。"工作满意度"是指人们对目前工作生活的满意程度。在以下分析中，虽然数据是按照五分制收集的，但会进行重新分类，将受访者的回答分为三组："满意"（4分和5分）、"大致满意"（3分）及"不满意"（1分和2分）。"公司承诺"是研究日本人工作身份时需要考量的一个重要指标。它代表着个人愿意为公司的成功奉献自我。下面的分析将把所有的回答分为三类公司承诺："自我奉献型"、"计算型"和"漠不关心型"。类似于"我想为公司的成功付出最大的努力"这样的回答被归为"自我奉献型"。而"计算型"的答案有点类似于"我想尽力为公司工作，因为公司是给我奖励的"，而"我对公司没有太多感觉"以及"我不关心与公司有关的任何事情"都归类为"漠不关心型"。

通过使用这些指标，可以在一个国际框架内，对日本员工的工作身份进行说明，而后可以分析日本就业结构中不同阶层之间存在的身份差异。

第二节　国际比较

1. 工作中心性

两项研究采用了相同的工作中心性量表，得出的数据可用于此分析。关于工作中心性的一些最重要的研究是由一项国际性研究提供的，这项研究的内容是"工作的意义"（1981—1983年进行的"工作的意义"研究，其数据样本可以体现各国的情况［Misumi, 1987］）。因此，这项研究很好地说明了各国之间工作中心性的差异，如表 12.1 所示。

表 12.1　根据 1981—1983 年"工作的意义"研究得出的工作中心性百分比
（Misumi, 1987, p.18）

	非常重要 /%	比较重要 /%	不重要 /%
日本	61	38	1
以色列	55	43	2
美国	54	44	2
荷兰	40	57	3
比利时	39	59	2
德国（西德）	38	56	6
英国	36	59	5

　　从表中给出的结果可以清楚地看出，在工作中心性方面，表格提到的国家中，日本得分最高。超过 60% 的日本受访者认为工作在他们的生活中"非常重要"。这一数字明显高于其他国家，尤其高于西欧国家，西欧国家的这一比例是 40%，甚至更低。但是，这项研究是在 20 世纪 80 年代初进行的。因此，数据未免有些陈旧，而且当时终身雇佣制的想法在日本没有引起争论。此外，研究对象只有美国、以色列、日本和一些西欧国家。但是，日本工人对工作全身心投入的这种刻板印象与这些数据是一致的。

　　表 12.2 所示数据较新，是 20 世纪 90 年代后期采集的，其中不仅包括西欧和东欧国家，也包括东亚国家。这是一项国际研究（Denki Rengo International Research:[①] Denki Rengo, 1996, 2000; Ishikawa et al., 2000; Shikawa and Shiraishi［ed.］，2005），研究对象是从事电气设备工业和电子机械工业的员工的职业生涯。显然，这项研究比"工作的意义"研究项目进行得更晚，涵盖的国家范围更广，但其样本的组成也不同。"工作的意义"研究项目基础是特定国家具有代表性的全国性样本，而"日本电机工人联合会"的研究样本仅包括各国电气或电子机械大厂

---

　　① Denki Rengo 是"日本电气、电子和信息联盟"（Japanese Electrical, Electronic and Information Union）的日语缩略名。它的曾用名为 Denki Roren，英文名为"Japanese Federation of Electric Machine Workers' Unions"（日本电机工人联合会）。它是日本最大的工会联盟分支机构。

的员工。具体来说，从每一个参与研究的国家中选出了 2 家工厂（日本
例外，选取了 4 家工厂），其中一家生产电子通信设备，另一家生产家
用电器，两家工厂员工都超过 500 人。这些参与者都是从这些工厂的非
管理层普通员工中随机挑选出来的。

表 12.2　根据 1994/1996 年及 1999—2001 年 "日本电机工人联合会" 研究项目
得出的工作中心性百分比（Denki Rengo, 1996，2000）

	非常重要 /%		比较重要 /%		不重要 /%	
	1994/ 1996	1999/ 2001	1994/ 1996	1999/ 2001	1994/ 1996	1999/ 2001
日本（N=981；870）①	24	30	72	64	2	4
法国（N=105；116）	21	1	72	93	3	3
意大利（N=764；246）	64	—	30	—	—	4
芬兰（N=363；340）	47	78	47	20	1	4
瑞典（N=570；—）	50	—	42	—	—	7
波兰（N=640；631）	54	55	34	37	5	7
捷克（N=386；308）	35	42	56	54	3	7
斯洛伐克（N=411；214）	56	48	40	43	7	4
匈牙利（N=411；517）	50	54	42	44	1	1
斯洛文尼亚（N=635；339）	52	47	37	46	3	4
中国（N=549；453）	45	57	45	40	2	3

①两个数字分别是 1994/1996 年和 1999/2001 年的样本数据。

1981—1983 年进行的 "工作的意义" 研究结束之后，20 世纪 90
年代的研究表明工作中心性在日本的地位有所下降。这种下降的出现
有两个诱因。首先，在这两个时期之间，日本工人的工作价值观可能
发生了根本的变化。这一解释得到了日本广播公司（NHK, 2000）进
行的纵向研究的支持。其次，两项研究使用的抽样策略不同，可能产
生了差异性结果。例如，在大型企业工作的员工，他们的工作中心性
程度可能低于日本员工的总体水平。这两种解释将在后文进行进一步
检验。

分析表 12.1 的数据时，我们注意到这些数据表明日本员工的工作中心性比其他国家都要高。而表 12.2 的数据只体现出电气或电子机械生产大公司的员工的工作中心性，虽然在比较日本和一些西欧国家（法国）时，仍旧可以得出相同的结论，但是如果比较日本和中欧（前东欧）和北欧国家时，结论则不同了，与意大利和中国相比时，结论也不同；这些国家的工作中心性评分比日本高。因此，如果将可供比较的国家数目扩大，并纳入更近期的数据，那么日本似乎打破了其刻板印象，呈现出一个不是特别高的工作中心性水平。

2. 工作满意度

"日本电机工人联合会"国际研究（Denki Rengo, 1996, 2000; Ishikawa et al., 2000）也从工作满意度的角度考量了电气和电子机械行业员工的职业生涯。数据见表 12.3。

表 12.3　根据 1994/1996 年及 1999—2001 年"日本电机工人联合会"研究项目得出的工作满意度百分比（Denki Rengo, 1996，2000）

国家	满意 /%		比较满意 /%		不满意 /%	
	1994/1996	1999/2001	1994/1996	1999/2001	1994/1996	1999/2001
日本	44	47	30	28	26	22
法国	62	53	17	27	11	17
意大利	65	72	11	12	25	13
芬兰	67	78	27	16	6	6
瑞典	57	—	28	—	15	—
波兰	17	41	53	49	29	8
捷克	45	64	30	21	25	14
斯洛伐克	47	65	35	31	18	4
匈牙利	41	58	47	36	11	6
斯洛文尼亚	35	65	38	30	24	4
中国	63	36	20	35	16	27

　　根据数据显示，在全球背景下，日本的工作满意度水平并没有高出其他国家很多。在日本，认为自己对工作"满意"的员工比例不到 50%，低于大多数参与调查的国家。1994/1996 年和 1999/2001 年的数据表明，日本员工的工作满意度低于大多数欧洲国家的员工。波兰和斯洛文尼亚是仅有的两个其员工工作满意度明显低于日本的国家（1994/1996 年数据），但到 20 世纪 90 年代末，这两个国家的工作满意度提高到了几乎相当于或高于日本的水平。1994/1996 年，中欧其他前社会主义国家的员工工作满意度水平与日本类似，但到了 2000 年，这些国家的社会经济转型大部分已经完成，其工作满意度水平明显高于日本。1994/1996 年，中国员工的工作满意度明显高于日本企业员工；但到了 2000 年，却下降到了一个明显低于日本的水平；这是由于中国的国有企业在过渡期陷入了私有化和重组的风暴中。

3. 公司承诺

　　对于日本员工的刻板印象如下：他们完全融入了公司生活，对组织有着强烈的承诺。然而，1994/1996 年和 1999/2001 年的研究数据呈现出另一种情况。

　　从表 12.4 可以看出，在参与调查的国家中，秉持"自我奉献"态度的员工比例在日本是最低的，而秉持"漠不关心"态度的员工比例在日本和法国是最高的。根据粗略统计，约有 20% 的日本员工非常乐观，另有 20% 持消极态度，60% 介于两者之间。从这一情况来看，日本员工似乎不再是刻板印象中的"公司人"。对这一现象的成因有两种猜测。一种假设是日本人的心态偏向于一种温和的反应，比如"介于两者之间"，因此人们的反应保持中立，而不是两个极端。林知己夫（Hayashi）及其研究小组在国际比较学方法研究中揭示了日本受访者的这一特点（Hayashi et al., 1991: Part III）。另一种解释认为表格中的数字代表了一种真实情况，指的是管理经验，对一个公司来说，有 20% 的"自我奉献"型员工就足够了。这 20% 的员工能够促进商业和生产活动，而其他人会以他们为榜样。从这个角度来看，应该强调的不是积极型员工的比例，而是管理和组织技能如何能有机地与他们的自我奉献精神联系在一起，又如何与其他不积极追求公司承诺的人有机地结合起来。[①]

表 12.4 根据 1994/1996 年及 1999—2001 年"日本电机工人联合会"研究项目得出的公司承诺百分比（Denki Rengo, 1996, 2000）

国家	自我奉献型[①]/%		计算型[②]/%		漠不关心型[③]/%	
	1994/1996	1999/2001	1994/1996	1999/2001	1994/1996	1999/2001
日本	19	26	54	49	24	20
法国	24	34	49	42	26	20
意大利	33	39	44	42	19	15
芬兰	62	69	32	22	4	2
瑞典	41	—	49	—	8	—
波兰	40	30	42	48	16	9
捷克	36	44	55	51	8	4
斯洛伐克	44	49	46	47	11	4
匈牙利	28	35	57	51	14	13
斯洛文尼亚	44	51	50	44	4	2
中国	49	70	24	17	9	7

① "自我奉献型"："我想为公司的成功付出最大的努力"。
② "计算型"："我想尽力为公司工作，因为公司是给我奖励的"。
③ "漠不关心型"："我对公司没有太多感觉"以及"我不关心与公司有关的任何事情"。

在实践中，客观上日本公司的长期全职员工的稳定性是相当高的，在大型公司尤其如此，但相当多的员工有潜在意愿，想要从他们现在的雇主那里辞职。根据"日本电机工人联合会"（Denki Rengo）在1999/2001 年的研究，从未换过公司的员工比例在日本为89%，在芬兰为12%，在法国、波兰、捷克、斯洛伐克和匈牙利为25%~40%，在斯洛文尼亚、法国和中国为45%~64%。另一方面，那些"非常频繁"或

① 这一观点是在为日本的管理者举办的一次会议上由听众提出的，当时作者在会上发表了关于员工企业身份的演讲。

"频繁"考虑（以五分制衡量）离开现在公司的法国员工占了 20% 的比例，而其他参与调查的国家都没有这么高的比例。

在日本的大背景下，这些发现意味着公司员工的高度稳定性并不一定等同于员工对公司生活的强烈承诺。日本的传统是以年资为基础涨工资或者得到公司内职位晋升的机会，因此，对员工而言，从一家公司跳槽到另一家公司是没有好处的。如果一个员工跳槽到另一家公司，他／她在新公司的工作年限肯定会比他／她的同事短。这意味着他／她在退休时领取的津贴会较少，晋升之路也不会顺畅，还会被当作"局外人"。因此，即使在工作中遭受了不愉快的待遇，员工也宁愿耐心待在目前的公司，不过是时不时幻想着跳槽到其他公司或是希望有更好的工作。

通过最初的招聘以后，如果有希望得到内部晋升，以上情况在一定程度上会有所改变，最初是因为 1990 年前后"泡沫经济"导致的劳动力市场工人短缺，后来是因为国内经济崩溃以后，面对全球竞争时，有减少劳动力成本的压力。这使得人们开始热衷于人力资源管理，而不愿意雇用"现成的技术工人"，尤其是在 IT 业这样的新兴行业更是如此。但是，在已形成规模的行业中，大型公司有长期合同的全职员工仍保留着传统的价值观，想要长时间待在同一家公司。

第三节　日本员工的工作身份模式

在研究工作身份模式时，重点将放在日本大型企业中有长期就业合同的员工身上。这些数据是 1999 年对电气和电子机械行业四家工厂进行研究的结果。可供参考的是，工作中心性、工作满意度和公司承诺之间存在着统计学意义上的相关性，这意味着在衡量工作身份的各个方面时，可能存在一种指标可以替代其他指标。

1. 不同的员工群体间工作中心性的差异

首先，我们将从两个角度来分析工作中心性。一方面按照职业框架、性别、年龄和教育背景进行分类，研究日本不同的员工群体间工作中心性水平的差异。另一方面，通过分析工作中心性的含义，厘清工作身份的本质。表 12.5 显示了不同员工群体之间的工作中心性指标，按七分制计算，表格呈现了平均分和标准差。

表 12.5　不同员工群体的工作中心性

		平均分	标准差
（1）职业阶层	体力劳动者（N=155）	5.03	1.231
	行政人员（N=240）	5.01	1.032
	技术人员（N=403）	4.86	1.077
	管理人员（N=38）	5.20	0.994
（2）性别	男性（N=625）	4.94	1.111
	女性（N=194）	5.03	0.978
（3）年龄组	30 岁以下（N=231）	4.79	1.120
	30~39 岁（N=400）	4.92	1.021
	40~49 岁（N=139）	5.21	1.054
	50~59 岁（N=54）	5.53	1.182
（4）教育水平	低[①]（N=40）	5.33	1.137
	中（N=397）	5.09	1.086
	中上（N=89）	4.86	0.930
	高（N=300）	4.78	1.095

①教育水平低的一组大部分是老员工。

这一分析指出了以下特点：

- 管理人员工作中心性水平最高，而工程师、技术员等技术人员工作中心性水平最低。体力劳动者和行政人员介于两者之间。值得注意的是技术人员的工作中心性水平并不高于体力劳动者。
- 男女在工作中心性水平上没有太大差别。这意味着有长期就业合同的女性大多和男性一样以工作为重，但事实上，一般来讲，分配给女性的通常都是一些不太重要的工作。
- 工作中心性水平随着年龄增长而升高，这一点很好理解，因为年

齡较大的员工对工作和公司更加投入，长期雇佣关系和与年龄挂
钩的工资等级制度也使他们从中受益。这也在一定程度上反映了
一代人的转变，他们从比较传统的态度转向了工作承诺。

- 有趣的是，受教育程度与工作中心性呈负相关，受教育程度越
高，工作中心性水平越低。

日本和其他发达经济体一样，由于工业和技术的变化，对受教育程
度较低的体力劳动者需求减少，而教育水平较高的技术人员数量则增加
了，而且这一趋势还在继续。上述发现意味着日本员工工作中心性水平
在逐步下降，部分原因可能是劳动力整体结构的变化。

2. 工作中心性的含义

现在，让我们把关注的焦点从工作中心性的水平转移到工作中心性
的含义上。在 1999/2001 年的研究中，有 6 个项目可以用来分析工作中
心性的含义，分别是："工作给予你地位和声望"、"工作为你提供了一
份必要收入"、"工作让你有事可做"、"工作让你与他人产生了有趣的
联系"、"工作是你服务社会的有效方式"以及"工作本身基本上是有
趣和令人满意的"。每个问题的答案都是在五分制当中做出选择。将工
作中心性作为相关值进行回归分析，得出表 12.6 中的数据。

表 12.6 "工作中心性"与"工作的意义"之间的相互关系（回归分析）

	标准化 B	T	显著性概率
地位和声望	0.121	3.656	0.000[1]
收入	0.001	0.023	0.981
有事可做	0.129	3.034	0.002[1]
与他人的联系	0.075	1.984	0.048
服务社会	0.088	2.327	0.020
工作本身	0.115	2.563	0.011[1]

[1]显著相关。

表 12.6 中的数据表明，与工作中心性相关的最有意义的因素是"地

位和声望"和"有事可做"，然后是"工作本身"，而"收入"与工作
中心性无关。也就是说，那些重视工作（工作中心性）的员工认为"工
作"是社会认同感和归属感的来源，可以让你有事可做，同时工作本身
是有趣且令人满意的，而且是实现自我的途径，工作的中心地位并非取
决于收入。一般来说，人们对工作中心性的态度似乎更多地与工作的道
德价值和自我实现价值有关，而不是与其物质价值有关联。但是，"工
作"的含义在不同的工作阶层之间有显著的差异，见表 12.7。

表 12.7 "工作"对于不同工作阶层的意义（相关系数）

	体力工作者	行政人员	技术人员	管理人员
地位和声望	0.083	0.373	0.026	0.088[①]
收入	0.071[①]	0.415	0.187	0.712
有事可做	0.079	0.024[①]	0.066	0.814
与他人的联系	0.366	0.276	0.635	0.471
服务社会	0.281	0.137	0.195	0.549
工作本身	0.937	0.514	0.002[①]	0.917

①对每个群体而言最重要的因素。

对体力劳动者而言，与工作中心性关系最密切的因素就是"收入"。
这意味着大多数以工作为中心的体力劳动者往往把"工作"视为产生
"收入"的一种手段。他们的工作定位很大程度上似乎是取决于物质价
值的，并不认为"工作本身"是有趣且令人满意的，因此对这一群体而
言，"工作本身"这一因素和工作中心性并无关联。对于体力劳动者来
说，工作中心性与实现自我价值关系也不大。

相比之下，技术人员的工作中心性与"工作本身"的联系最为紧
密，而与"收入"并无关联，"工作本身"被认为是有趣且令人满意的。
他们的工作中心性大概与实现自我价值有关，而与工作的物质价值无
关。对于技术人员来说，仅次于"工作本身"的第二个重要因素是"地
位和声望"。对于技术人员来说，工作中的社会认可和声誉似乎也很重
要。行政人员的工作中心性主要与"有事可做"有关，"工作本身"和

"收入"都没有显著影响。他们的工作中心性既不像体力劳动者那样追求物质满足，也不像技术人员那样追求实现自我，似乎更多地受到了归属感需求的影响。对于管理人员来说，工作中心性明显与"地位和声望"有关，"工作本身""收入""有事可做"对这一群体的影响都不明显。他们的工作中心性似乎植根于对社会认可和职场声誉的强烈关注。

这些发现符合马斯洛在 1954 年提出的需求的五个层次假说：生理需求、安全需求、归属感需求、社会认可需求和自我实现需求。如果该体系适用于上述发现，那么体力劳动者的工作中心性主要与谋生需求有关，即侧重于基础阶段；对于行政人员来说，侧重点是归属感需求；管理人员的首要需求是社会认可；而技术人员的目标是实现自我，这也是需求层次的最高阶段。在后工业化社会的就业结构中，如果体力劳动者的比例进一步减少，技术人员的比例增加，在日本员工中间，实现自我这一意义就会得到加强。

3. 中小企业员工的特点

以上概括和分析的数据只涉及大型企业中有长期合同的全职员工。现在，让我们来比较一下中小型企业与大型企业员工的特点。但是，直接比较不同规模企业员工的特点缺乏足够的数据。因此，我们首先以间接的方式来描述一下中小型企业员工的特点。

"日本电机工人联合会"在 1984 年的研究（Denki Roren, 1986）与上文提到的"工作的意义"研究项目时间接近，没有使用七分制研究工具来衡量工作中心性（20 世纪 90 年代"日本电机工人联合会"的研究是使用了这一工具），但另一项指标的应用使得与"工作的意义"指数之间的比较数据更有研究价值。这一指标考虑到了生活的五个方面，即"工作"、"休闲"、"社区"、"宗教"和"家庭"。"工作的意义"研究项目的受访者被要求给每个类别分别打分，总分为 100 分，而"日本电机工人联合会"（Denki Roren）研究项目的受访者需要列出两个最重要的领域。结合两组答案，可以计算每个方面相对重要性的平均值（以百分比计算）。五个方面的两组数据的平均值（总分是 100 分）参见表 12.8。

表 12.8　生活不同领域的重要性

（单位：%）

	工作	休闲	社区	宗教	家庭	总计
"工作的意义"研究数据（1981/1983）	36	20	5	4	35	100
"日本电机工人联合会"研究数据（1984）	28	33	3	1	34	100[①]

注："日本电机工人联合会"研究数据的样本数是3077。
①数据相加不为100%，原著如此。——译者

　　如表 12.8 所示，"工作的意义"研究数据（包括中小企业工作人员在内）显示，认为"工作"更加重要的员工百分比高于"日本电机工人联合会"的研究数据（只包括大型企业员工）。由此我们可以假设，中小企业员工的工作中心性水平要比大企业员工略高一些，不过这两组数据之间的差异并不大。相比之下，大企业员工比中小企业员工具有更强的"休闲"意愿。中小企员工的收入和生活条件不如大型企业员工，大企业员工的平均工资较高，就业更有保障，因此更有理由来享受闲暇时间。

　　本章前文指出，在 20 世纪 90 年代的"日本电机工人联合会"研究中，日本员工的工作中心性水平低于 1981—1983 年进行的"工作的意义"研究中的数据。有两个原因可以解释这一点。第一，工作价值结构可能发生了变化，工作中心性水平也随之下降；第二，两项研究的样本结构不同，这可能会导致差异，因为大型企业的长期雇佣制员工的工作中心性水平通常比其他合同类型的员工和中小型企业员工更低。第一个假设将在后文进行验证，但第二个假设基本是成立的。

　　大企业员工和中小企业员工之间的另一项比较也是可行的，可以查看下面两项研究获得的数据，这两项研究都采用了通用变量，即工作满意度和公司承诺。一项是 1999 年东京都劳动研究所对中小企业的研究（Okunishi et al., 2000），另一项是同年进行的"日本电机工人联合会"研究（Denki Rengo, 2000）。根据前文所述，工作中心性、工作满意度

和公司承诺之间恰巧存在正相关关系。因此，根据对工作满意度和公司承诺情况或条件的研究结果，可以推断出工作中心性的特征。两项研究的结果见表 12.9。

表 12.9　规模不同的企业的员工工作满意度

	满意	比较满意	不满意
中小企业（东京）	42	8	32
大企业（日本电机工人联合会）	47	28	22

表 12.9 中的数据表明，大型企业员工的工作满意度高于中小企业员工。对从事化学工业的员工进行研究时也发现了这一特征（Ishikawa, 2002, p. 147）。这项研究显示，大企业员工不仅对自己的工作更满意，而且对他们的公司也更满意。但是，值得注意的是，不仅在大企业中"满意"的员工数量超过了"不满意"的员工数量，在中小企业中也是如此。综上所述，我们可以得出结论，中小企业的员工更加重视工作，但工作满意度低于大企业员工，但是两者之间在这些方面的差异并不大。

还有附加数据可以用来比较全职长期员工和兼职临时员工的工作满意度。根据这一数据，长期雇佣制员工中"满意"的人数分别为 61%（男性）和 66%（女性），而临时雇员中"满意"的人数分别为 51%（男性）和 59%（女性）（Iwai and Sato, 2002, p. 85）。这说明正式员工的工作满意度高于临时员工，但两者之间的差距并不大。在这两组受访者中，"满意"的人都占了一半以上。在公司承诺方面，如表 12.10 所示，中小企业员工与大企业员工之间的差异相对较小。这意味着中小企业员工的公司承诺不一定弱。

表 12.10　规模不同的企业的员工公司承诺

	自我奉献型	计算型	漠不关心型
中小企业（东京）	29	42	18
大企业（日本电机工人联合会）	26	49	20

　　但是，两组研究对象在公司承诺的一项要素上所体现的数据确实有所不同。根据对化学工业的研究（Ishikawa, 2002），在中小企业，能够稳定就业至退休年龄的这种愿望更高，而在大型企业，对实现自己的职业潜力的愿望更高。这在一定程度上反映了大公司普遍比小公司就业更加稳定，因此小企业的雇员可能更渴望稳定的就业。值得注意的是，中小企业里体力劳动者更多，而从事不同工作的专家则主要在大企业工作。

第四节　趋势和前景

　　前文提到的 20 世纪 80 年代上半叶进行的两项研究（见表 12.8）表明大企业员工更加重视休闲而不是注重工作，而中小企业员工则更为注重工作。根据日本人对生活感知的纵向研究，从 20 世纪 80 年代下半叶开始的趋势转变是重视休闲的人数超过了注重工作的人数，参见表 12.11。据推测，20 世纪 80 年代中期是一个转折点，日本人的思想从注重工作转向主要以休闲为侧重点。

表 12.11　生活侧重点的趋势

	1978	1983	1988	1993	1996
侧重工作	43	39	31	26	26
并重型	25	28	32	35	35
侧重休闲	29	31	34	36	37

　　但是，这些数字并不一定意味着工作承诺呈现衰退的普遍态势，参见"日本电机工人联合会"研究数据（表 12.2 及表 12.3），从 1994/1996 年到 1999/2001 年，工作中心性水平上升了，工作满意度水平基本保持不变（Denki Rengo, 1996, 2000）。根据数据，我们可以得出如下结论：生活侧重点明显多样化，对休闲的关注不断增加，但对工作重要性的归属感没有崩塌，纵然有些波动，但仍稳定在一定水平。

　　日本员工仍然将大量时间投入到工作中。据政府统计，日本员工每月的工作时间总计为 140.5 小时（2005 年 1 月），其中加班时间为 10.1 小时（Ministry of Welfare and Labor, 2005）。这是一个平均数字，其中也包括占整个劳动力份额 25% 的兼职工人（但不包括临时工）。对于技术或行政工作专家而言，长时间的加班是很正常的，从事销售和市场营销的员工也会长时间加班。专家的平均加班时间为 39.2 小时，而营销和销售人员每月加班时间为 36.4 小时（Fujimoto, 2005）。尽管加班时间很长，他们的工作满意度却非常高（Ishikawa, 2002）。这可能是因为他们主要关注的是"工作本身"，这与在工作中实现自我的愿望是有关联的，而对"工作本身"的这种关注通常是可以实现的。另一方面，在"日本电机工人联合会"的研究（Denki Rengo, 2000）中可以发现，技术人员对工作时间和工作量有很大的不满。但是对工作时间的不满应该基本不损害他们对工作的整体满意度。

研究表明，体力劳动者和受教育程度较低的员工对工作中心性的评分较高，他们主要关心的是"收入"和"就业保障"。但是，这部分工人群体的比例和数量都在减少。相反，具有较高教育水平的技术人员和销售人员的比例增加了，而且这一趋势还在继续。尽管他们的关注点和价值观在今天已经大不相同，但他们必然要把大量的时间投入到工作中，几乎没有空闲时间用于生活中的其他活动。他们大多不满意自己的工作时间和工作量，这也在意料之中，但他们仍然保持了一定水平的工作中心性，因为"工作本身"的有趣性和令人满意的特质往往是他们在工作中关心的主要问题。只要他们对分配的工作感兴趣，并且认为可以让他们在工作中实现自我，他们就可以保持并提升对公司的归属感，与此同时，他们也寻求工作和其他生活领域（如家庭和休闲）之间的平衡。

除了上述的员工群体外，由于就业结构的多样化，我们还可以看到兼职、临时工或远程工作者等非正式员工数量的增加。1990 年，一周工作时间不到 35 小时的工人占劳动力总数的 13%，2003 年，这个数字增加到了 23%（Ministry of Welfare and Labor, 2003），如果非法外国劳工也包括在内的话，实际数字可能会更高。

非正式员工的工资比正式员工低得多。人们从事非正式工作的原因各不相同（Ishima, 2003）。一方面原因是有些工人没有其他选择，因为他们很难在劳动力市场上找到正式工作。但这并不一定是主要原因。另一方面原因是许多工人自愿选择非正式工作，因为他们要把工作和家庭责任（主要是女性）或是学校任务（主要是学生）结合起来，也或许是因为他们不愿意作为正式工作人员受到组织的约束。他们优先考虑家庭、学校或其他生活领域，但这并不意味着他们不重视工作。如前文所述，50% 或更多的非正式员工对他们的工作感到满意，而不满意的工人所占比例则相当小。

很明显，正式和非正式员工都被纳入职场框架。现在的一个问题是，游离在这一框架之外的工人人数在增加。他们从一个地方漂泊到另一个地方，并不打算找一份稳定的工作，也不关心职业技能的形成和积累，因此也没有形成任何特定的工作身份。这些人（大部分是年轻人）被称为"飞特族"①。据估计，在 2003 年，这一群体的人数达到了 209 万人，比 10 年前增长了 10 倍（Ministry of Welfare and Labor, 2003）。另一种类型的"流动"人员近年也在增加，他们大多是年轻人，也就是所谓的"尼特族"，他们既不上学，也没有工作，又没有接受过任何培训。据估计，2004 年这一人群数量为 52 万（Ministry of Welfare and Labor, 2004）。他们被孤立于社会之外，完全拒绝融入主流社会。

在过去的 10 年里，这种处于半失业或完全失业状态的人数在增加，一方面可能是由于 20 世纪 90 年代"泡沫经济"崩溃后劳动力市场变得紧张。另一方面，我们可以看到在一个"富裕的社会"中，伴随着社会联系的弱化，出现了文化转变。日本似乎出现了一场新的工作身份危机，涉于其中的年轻人对工作的态度迥异于那些典型的老一辈人。

本章的实证数据描绘了日本工人的另一幅图景，迥异于认定工作在生活里的中心地位并对供职的公司有着强烈认同感的这种刻板形象。对

①　"飞特族"源于英语单词"fleet"，"fleet"意为"迅速的"。日本政府将"飞特族"定义为年龄在 15~34 岁之间（学生和家庭主妇除外）的人，他们从事兼职或临时工作，或不顾工作意愿而没有工作（Cabinet Office, 2003）。

日本经济的核心产业中拥有长期全职工作的工人的态度进行分析，他们的工作中心性水平、工作满意度和对公司的依赖程度这些指标数据低于其他许多国家的工人。这些特征在工程师等受过高等教育的群体中更为常见。在日本工业的所有员工群体中，技术工人的比例一直在增加，他们的价值观和态度影响着日本工人工作身份的体现方式。然而，正如本章所讨论的那样，劳动力市场中的其他群体，无论是属于劳动力市场的边缘劳动力，如"飞特族"，还是大型企业中构成非技术就业结构的那部分人，都确实逐渐削弱了"公司员工"全身心投入工作的这种传统刻板印象。日本员工的工作身份已变得越来越多面，甚至在那些属于主流就业结构的人群中，不同群体之间的工作态度差异也越发明显。

参考文献

Cabinet Office (2003). *White paper on the national life-style*. Tokyo: Gyosei (in Japanese).

Denki Rengo (1996). *Research report of electrical machine workers' consciousness in 14 countries* (Chosa Jiho No. 287). Tokyo: Denki Rengo (in Japanese).

Denki Rengo (2000). *Research report of electrical machine workers' consciousness in 14 countries* (Chosa Jiho No. 315). Tokyo: Denki Rengo (in Japanese).

Denki Roren (1986). *Research report of electrical machine workers' consciousness in 10 countries* (Chosa Jiho No. 212). Tokyo: Denki Roren (in Japanese).

Fujimoto, T. (2005). Overtime work by white-collar employees. *Business Labor Trend*, 6, 2–6 (in Japanese).

Hayashi, Ch. et al. (1991). *Cultural link analysis for comparative social research*. Tokyo: Institute of Statistical Mathematics (in Japanese).

Hazama, H. (1979). *Toward managerial welfarism*. Toyokeizaishinpo-sha (in

Japanese).

Ishikawa, A. (1992). Labour relations and Japan's social structure: Focusing on the social function of the company. *International Revue of Sociology*, 2, 105–118.

Ishikawa, A. (Ed.) (2002). *Work and union in chemical industry*. Tokyo: Nihon-hyoron-sha (in Japanese).

Ishikawa, A. (2004). Human resource management of Japanese firms in the Czech industry. In A. Ishikawa (Ed.), *Employment and work in the transitory period of the Czech Republic* (pp. 129–149). Tokyo: Chuo University Press (in Japanese).

Ishikawa, A. and T. Shiraishi (Eds.) (2005). *Japanese workplace and working life: An international comparative perspective*. Tokyo: Gakub un-sha (in Japanese).

Ishikawa, A., R. Martin, W. Morawski and V. Rus (Eds.) (2000). *Workers, firms and unions Part 2: The Development of dual commitment*. Frankfurt: Peter Lang.

Ishima, T. (2003). The view of irregular worker on employment. *Business Labor Trend*, 12, 19–21 (in Japanese).

Iwai, N. and H. Sato (Eds.) (2002). *Japanese values and behavioral patterns seen in the Japanese general social survey*. Tokyo: Yuhikaku (in Japanese).

Maslow, A.H. (1954). *Motivation and personality*. New York: Harper and Row.

Matsushima, S. (1962). *Japanese characteristics of personnel management and their change*. Tokyo: Diamond-sha (in Japanese).

Ministry of Welfare and Labor (2003). *White paper of labor economy*. Tokyo: Gyosei (in Japanese).

Ministry of Welfare and Labor (2004). *White paper of labor economy*. Tokyo: Gyosei (in Japanese).

Ministry of Welfare and Labor (2003; 2005). *Monthly employment statistical survey report*. Tokyo: Japan Ministry of Welfare and Labor (in Japanese).

Misumi, J. (Ed.) (1987). *Meaning of working life*. Tokyo: Yuhikaku (in Japanese).

NHK Hoso Bunka Kenkyujo (Ed.) (2000). *Consciousness structure of Japanese people today* (5th ed.). Tokyo: Nippon Hoso Shuppan Kyokai (in Japanese).

Okunishi, Y., N. Tsuchiya, A. Ishikawa and H. Hatai (2000). *Human resource management and employees' consciousness in transition*. Tokyo Metropolitan Labor Research Institute (in Japanese).

第四部分
现代工作与新职业身份的创设

第十三章 新职业自我的建构：挪威护士与计算机工程师课程体系的批判性解读

挪威奥斯陆大学
莫妮卡·尼兰德（Monika Nerland）
凯伦·詹森（Karen Jensen）

第一节 前言

在过去的几十年里，对于"专业人士"的定义发生了深刻的变化。在历史上，"专业人士"曾被设想为这样一个群体，他们面对的主要挑战是要具备通用知识及通用职业价值观，并要以此作为行动依据，而在我们这个时代，专业人士的"自我"形象应具有创新性和自主性；他们是"超越自我"的人，在不断变化和日益复杂的社会中，他们有望成为产生新知识的中坚力量，还要能创造新的承诺和信任关系。这种转变包含了社会学家所描述的"内包"（Lash, 2003），也就是将功能、活动和责任重新分配到个人身上，而在传统意义上，这曾被认为属于集体责任。在本章中[①]，我们的目标是让人们注意到一个鲜少讨论到的话题，即在正规教育的框架内，自我的新概念是如何设想及如何实现的。如何

---

① 本章是作为"变化社会中的专业学习"项目的一部分而撰写的，该项目由奥斯陆大学教育研究所开展。更多有关信息，请参阅詹森和拉恩的著作（Jensen and Lahn, 2003）。

才能促进新型职业自我的形成？在当前的职业人才教育培训政策改革中，这些努力是如何发挥作用的？

挪威的初级职业教育课程体系[①]关注的是如何在课程体系中找寻并铭记自我的品质，我们通过几个步骤来回答这些问题。首先，我们提供了理论基础和方法基础，来探索政策文件在职业自我构建中的作用。根据福柯及其研究伙伴介绍的概念和想法，我们认为课程文献是一种管理技术，旨在"转变"学生，并根据当代社会中占主导地位的言论来塑造学生的主体观念。然后我们使用这些信息来分析近年政策文件中的自我概念，先是在挪威高等教育领域内进行一般性研究，然后深入研究两个职业团体的特殊情况，并说明这些团体在新课程体系中构建自我的方式。我们关注的群体是护士和计算机工程师。

第二节　由真实的课程体系游戏构成的职业自我

按照福柯的观点，课程代表了知识和理性的系统，规范了学生（以及教师）的思维方式、学习方式和认知方式。通过知识的组织，课程向学生表达了理性认识世界及世界中的自我这样的期望。因此，课程可以理解为

> 话语领域的一部分，通过这个领域，教育的主体被构建为（能够）自我规范、自我约束的个体，并作为社区/社会的成员进行自我反思（Popkewitz and Brennan, 1998, p. 13）。

按照这种方式，在学习型职业自我的建构过程中，课程成为建构力量。通过获取知识和参与教育实践，试图"转变"学生个体，从而使学生具备（社会认可的）机构需要的新潜力。

组织知识的具体手段是协商的产物，也是当前时代主流思维方式的产物。课程文献的一个重要特点是它们采取了具有决定性的当代话语来讨论社会和个人。例如，按照当今课程体系的描述，在一个兼具理性和

---

① 在本章中，我们将职业教育的概念局限于有资格获得学士学位的三年制初级职业教育。

法治的世界中，一种世界性的意识形态趋势与建立在公民身份基础上的一种社会概念有关，也与一种个人概念有关，这些个人有着多种选择及各种能力（McEneaney and Meyer, 2000）。虽然那些参与教育实践的人对这些概念都习以为常，但在建构目标和学习活动的过程中，这些概念是很有影响力的。挪威职业教育课程体系的另一个特点是，这些概念是职业协会和教育部门之间协商的产物。护理课程体系的发展尤其如此，其中挪威护士协会发挥了至关重要的作用。因此，职业教育的总体规划包含了不同需求和利益之间的角力，如行业中主流思维方式和教育体系中主流思维方式之间的对立。正如波普科维茨（Popkewitz, 2001）所指出的那样，课程是一种管理手段，它是在公认的思想体系中、在历史上逐步形成的，通过对知识的选择和对理性体系的整合，对个人也有巨大影响。因此，建构和部署课程体系文献的过程可以被概念化为参与"真实的课程游戏"。[①]

福柯（Foucault, 2001）使用"政府管理"（governmentality）一词来描述现代社会的治理模式。以此为依据，目前的课程体系包含三个维度的政府管理，这三个维度在自我的建构中相互关联（Rose, 1996）。第一个维度是政府管理中的政治层面，涉及政府当局如何设法对机构和个人产生影响，从而获取社会财富及福利等。当局力求管理和控制那些对教育有导向性的基本规范和价值观，从而在课程体系中实现上述目标。第二个维度是课程体系涉及政府管理的制度层面，其运作是通过知识的组织、制定学习目标以及建议采用的教学和评估方法来实现的。第三个是自我技术的维度，体现课程体系如何提供标准和规则，以规范学生理解自我和管理自我的方式。这种自我技术是个人定义和规范自我的方式，其途径是控制和对抗嵌入知识体系中的合法标准、规范和价值观（Infinito, 2003）。另外，如福柯所说，自我技术"允许个人或是通过自己的方式，或是在他人的帮助下，对其肉体和灵魂、思想、行为和存在

---

① 波普科维茨（Popkewitz）借用了福柯的"真实的游戏"概念（Foucault, 1994a, 1994b），福柯利用这一概念探索了科学和学科作为社交游戏的运作方式，在这些社交游戏中，知识的产生受到特定规则、标准和技术的控制，而人类使用这些规则、标准和技术来理解自我。

方式产生一定的影响，从而改变自我，以获取某种状态的幸福、纯洁、智慧、圆满或是不朽"（Foucault, 1994a, p. 225）。

按照福柯的理论（Foucault, 1994a, p. 225），各种技术的各种类型几乎从来没有单独发挥过作用。相反，正是在政治/制度技术与自我技术的碰撞中，"政府管理"才得以运作。因此，课程体系提供了一个场所，强有力的话语在此融合并规范着身份和自我的形成。其构成力量来自语言的力量和类别的规定，人们借此既理解了自我，也理解了世界。在挪威，教育部提供的国家课程体系作为一种强势的传统，对职业教育起着规范作用。这种先于实际教学实践的规定方式正逐渐被教育成果输出控制的各种形式所取代，但课程体系在构建职业教育中仍占有重要地位。从整体上看，借助书面材料、目标、指定的学习活动等，课程可以提供一个有趣的舞台，去探索新职业自我的建构。

第三节　两个核心群体的课程分析

我们的分析对挪威课程体系文献近年的构建进行探索，并以此作为起点，研究了护士和计算机工程师两个职业群体。护理是挪威最古老的职业之一，第一个护理教育课程设立于 1868 年。在最初的 80 年里，没有任何有关护士教育的国家级规定。在教育标准和国家规定（从 20 世纪 50 年代开始，国家规定以政府指令的形式逐渐完善）的形成过程中，挪威护士协会曾经起到了十分重要的作用，而且其地位现在仍然非常稳固（Karseth, 2002）。1977 年，护理教育提升到了高等教育范畴；1981年，护士教育被纳入地方院校提供的课程体系，并归属教育部管理；从1987 年开始，护理教育课程规范遵循的是教育部提供的课程指导方针（Karseth, 2002）。

1987 年，计算机工程专业第一次获得了三年制专业学位。时至今日，它与其他工程类课程一样，已经纳入国家课程体系管理。该专业课程受到国际标准和趋势的巨大影响，因此不太接受地方和国家利益集团的协商（Hatlevik, 2000）。国家课程体系所规定的目标与 FEANI 指数 [1]所列标准之间的密切联系充分体现了这一点。

在最近几十年里，挪威的护士和计算机工程师培训计划一直是大规模改革和修订的对象。地方性学院获得了大学学院的地位，这两种职业培训计划现在都已经纳入挪威的高等教育体系。此外，这两个群体在实际工作中都有很深的根基，并努力获得认可，使其职业地位日渐提高。时至今日，这两种职业都享有越来越高的声望以及公众高度的信任和尊重，这说明他们有能力适应我们时代的需要。[2] 这两个职业群体的不同之处也很有趣。就性别而言，接受计算机工程教育的主要（而且越来越多）是男性。而就护士职业而言，挪威的一项研究表明，2003年申请高等教育学习的女性中，每五人就有一人将护理专业列为首选（Abrahamsen and Smeby, 2004; Christiansen et al., 2005）。此外，这两种职业有着不同的知识传统。传统意义上，护士表现出对道德义务和护理概念的强烈承诺，但工程领域的传统是以解决问题的技术知识和技术程序为基础。尽管这种知识的划分目前尚不十分清晰，但正如我们稍后将展示的那样，在各自领域的教育计划中，知识文化的差异可能会产生不同的政策趋势。

在对课程体系文献的分析中，受福柯观点的启发，我们采用了一种解构方法（Popkewitz and Brennan, 1998; Burr, 1995）。这种方法需要反复阅读核心文件，关注特定的语句及其上下文关系。分析目的是要探索知识和学习活动是如何组织的，以及课程目标是如何促进新的职业自我产生的，隐性和显性途径都是我们要分析的。根据上述政府管理的三个维度，我们查验的文件代表了教育管理的不同"层次"。在政治技术层

---

[1]　FEANI 是 "Fédération Européenne d'Associations Nationales d'Ingénieurs" 的缩写，即欧洲国家工程师协会联合会。

[2]　在挪威公共社会团体部门的领导中间进行的一项调查显示，75%~90% 的领导认为近些年培养出来的护士和工程师的能力令人满意，对培养学生成为护士或工程师的教育规划，他们也表示了信任（Folkenborg and Jordfald, 2003）。但在调研进行过程中（2002 年），他们也指出需要进行课程改革。他们认为需要加强护士实践能力的培养以及工程师对所需法规和社区组织的了解。

面，我们研究的是在 2003 年和 2004 年实施的国家政策文件，它们与高等教育改革有关，这与旨在为欧洲高等教育建立共同框架的博洛尼亚进程息息相关。在制度技术层面，我们查验了护士和工程师的全国课程体系以及一所大学设置的校内课程。选择进行分析的主要文件如下：

- 引发了挪威高等教育最新一轮改革的政府白皮书（提交挪威议会的第 27 号报告 [2000—2001]）；
- 指导改革的挪威教育部核心文件；
- 工程学学士学位国家课程体系（2003）；
- 护理学学士学位国家课程体系（2004）；
- 奥斯陆大学学院护士和计算机工程师的校内课程。

下文中，我们首先将探索文献中所列的自我概念，这些文献对高等教育改革起着指导作用，这些概念为学科特有课程的出现提供了重要的基础。

第四节　近年挪威高等教育改革中"自我"的建构

1994 年，职业教育项目与其他非大学教育项目一起，被纳入统一的高等教育体系。合并的目的是提高管理质量和治理质量，从而使项目更具成本效益。虽然在一定程度上已经实现了这些目标，但合并也产生了巨大的副作用，导致了官僚主义的加重，更重要的是，导致了研究人员所描述的学术偏离及课程独特性的减弱（Kyvik, 2002）。

2001 年，题为《履行你的义务，要求你的权利》[①] 的政府白皮书（Report No. 27 [2000-2001] to the Storting）呼吁在高等教育领域进行大规模改革。挪威有意愿加入《博洛尼亚宣言》（Bologna Declaration, 1999）所描绘的"高等教育欧洲区域"（p. 1），出于这种愿望，挪威同意修改其学位和学分体系，以便能够符合欧洲的共同框架。这意味着要实施更灵活的课业结构，最终也造成了学生学习环境的碎片化。为了推

---

① 2002 年，教育部提供了白皮书的英文摘要。我们所收录的引文摘自此英文摘要。

动一种能够确保"流动性、灵活性和就业能力"的教育体系，开发了一个模块化的体系，并引入了一种新的教育学理论，其教学方法旨在确保高水平的学生活动及更有规律的反馈形式。

为了强调学生对自己学习过程的责任，教育部还规定，应起草合同，不仅规定参与欧洲学习网络的权利，而且规定参与欧洲学习网络的义务：

> 为了加强学习……及进步，重点应放在教学方法上，包括高水平的学生活动，以及通过定期反馈促进学习的评估。教育机构应与学生签订协议，明确列出各机构和学生之间相互的权利和义务（Norwegian Ministry of Education and Research, 2002, p.2）。

因此，在挪威的政策文件中，"自我驱动型学生"这一概念似乎可以与强调机构在确保教育质量方面的作用这种教育话语相辅相成。相对于以前的历史阶段，近年来用于管理这些机构的机制已经发生了变化。在科目、课程和学科范围上，各个学院都有更大的自由。与此同时，学院也被赋予了更大的责任，要实现国家的教育理念。正如教育部长在一次演讲（Norwegian Ministry of Education and Research, 2004）中所说的："挪威的高等教育机构面临着一个要求更高的环境，但同时也给予了他们促进自身发展的工具和机会。"（p.3）按照教育部长本人的描述，发展的标准由"新的质量保证制度"来定义，注重成果、结果和产出（Norwegian Ministry of Education and Research, 2004）。从更广泛的层面来看，这些政策文件代表了应对"知识社会"提出的新挑战的策略，根据挪威教育和研究部（Norwegian Ministry of Education and Research, 2002）的文件内容，在"知识社会"中，大学和学院将发挥其"能力先锋"的作用（p.1）。

综合来看，这些政策文件代表了"政治"层面上的管理技术，有助于将责任从机构和集体转移到个体学习者身上。接受专业教育的学生对其学习过程有自主权、权利和责任，核心概念是持续的学习愿望和能力将成为激励学生的一种力量，前提是教育目标明确且学习可能性良好。这种个性化技术是在挪威和欧洲其他国家发挥作用的当代话语的产物。

正如爱德华兹和尼科尔（Edwards and Nicoll, 2001）所指明的那样，终身学习的理念代表了人们在后工业社会普遍接受的概念，这与知识经济的发展密切相关。可以说，它是"人力资本开发"的一种强大技术，其目的是利用人们的愿望和价值观，规定了作为积极公民的个人理念应渴望学习并愿意适应变化（Edwards and Nicoll, 2001）。

　　然而，对于职业自我来说，当前的政治技术也将主题定位在一个反话语空间内。如上所述，"自我驱动型学生"这一概念与强调机构在确保教育质量方面的作用这种话语相辅相成，其途径是建立与学生课业的紧密联系，如定期反馈或学生与机构之间的书面协议。这种"亲密化"的趋势也意味着通过监管技术对学生进行管理（Foucault, 1984; Sennett, 1992; Krejsler, 2004）。"履行你的义务，要求你的权利"这个口号指出了一种学习型自我的双重定位；提供给学生的是一定程度的自由，而同时也期待他 / 她适应某些价值观、兴趣和集体代理形式，这些都是由教育机构定义和管理的。其方向就是贝克等人所描述的"准主观性"，即"可以这样理解和体验的社会建构的自主的情况"（Beck et al., 2003, p. 26）。

第五节　护理与计算机工程课程体系中"自我"的建构

　　在这一节中，我们将说明在护士和计算机工程师课程体系中，这些总体趋势是如何发挥作用的。面向护士（2004）与工程师（2003）的国家课程体系结构相似，包括目的、目标、内容、课程和学习活动的组织以及评估程序。此外，这两项课程体系最后都引用了有关项目的规定，强调了文件的正式性。虽然护士课程只适用于护士的培养，但工程类项目包括若干专业。但是在地方级别，这两类课程体系都是以特定职业为培养目标的。[①]

---

　　① 本文作者翻译了从国家课程体系和地方课程体系中引用的内容。

为了进行比较，我们选择不把这两个群体分开呈现，而是对"自我"的四个共同属性进行描述，在我们对这两类课程体系的分析中，这四个共同属性是作为隐性规定特质出现的。这些属性与上述的高等教育变化之间的联系各不相同，能够体现出在新的"质量保证制度"下，成为一名"自我驱动型学生"需要完成的各种任务之间的细微差别。例如，组织知识的新方法和学习责任的个体化给学习型自我带来了新的维度。两个职业群体合并起来进行讨论，使我们能够阐明在当前为护士和计算机工程师而设的课程体系中，这些趋势是如何表现出来的：当代的职业自我概念是如何在这些文件中发挥作用的？对学生提出了哪些相应的要求，以规范自我成为"优秀的专业人士"？

1. 约束型自我

我们首先要指出的是，当前组织知识和学习的方式是如何对学习型自我提出新要求的。如前所述，高等教育的特点是学习领域越来越分散。专业课程也是如此，有迹象表明，学生需要参加的学习团体分散到了不同的主题、课程和地点。对于计算机工程专业的学生来说，课程一般是以模块为基础，包括若干个 5~10 学分的模块，涵盖理论和实践问题两部分（奥斯陆大学学院计算机工程课程体系，2004 年）。护士课程每个板块的内容更多（30~72 学分），并且还包含大量的实践训练，[①]按照伯恩斯坦（Bernstein, 1990）的描述，该课程体系的特点是强调知识分类且学习地点分散。

在这种背景下，值得关注的是这两个课程体系都强调一种能力，即能够将课程各部分学到的知识融会贯通，目标是鼓励学生反思他们的经验并形成学习策略，不拘泥于学科边界和知识形式之间的划分。例如，护理学国家课程体系规定，如果要进行高效的学习，就需要"理论学习和实践知识学习之间的转换和整合"（p.10）。相应地，工程学国家课程体系强调让学生参与跨学科活动的重要性，这种活动体现了"不同学科

---

① 护理学学士学位的180学分中，90学分是通过实践获得，另外90学分是在学校获得的（2004 年护理学学士课程大纲）。

和知识领域间的联系"（p.7）。此外，将知识融会贯通的能力也得到了强调，可以在与反思品质相关的课程目标中找到实例：工程专业学生必须能够"从节约的、有组织的和环境的角度思考技术解决方案"（p.4）。对于三年级的学生而言，结课要求是在期末考试中进行一个"主要项目"。他们要从不同的学科中汲取见解和知识，并在"方法论及以问题为导向的项目"中将其结合起来。这个 20 学分的项目通常以小组形式进行，最好是与一家工程公司或其他工作—生活类企业合作。

另一个形成了知识和身份碎片化的课程特征是向更加个性化的学习轨迹转变。社区提供了可见的学习轨迹及职业身份，但社区的这一角色正逐渐弱化，创建有意义的职业传记的任务交给了学生。以护理教育为例，组织学习活动时，职业传记评估已经成为一种广泛应用的手段。正如维泰克（Wittek, 2004）所说，职业传记是护理教育中的一种人为产物，行为和知识借此得以调和，学习文化得以转化，职业轨迹得以构建。由职业传记组织起来的学习，其特点是学习者自己负责构建一份传记，从而满足相应的教育要求，通过这种方式，还可以建立起职业轨迹，其途径就是在不同的学习经验之间建立联系。传记评估也应用于工程学科教育。这个项目的前两年课程主要由必修模块组成。到了第三年，学生除了必修科目外，还要学习选修课程，以便使他们的能力专业化，从而在社会中脱颖而出。因此，学习型自我有责任完成传记，证明他／她的职业选择是正确的，证明他／她的与众不同，使其自身在劳动力市场上具有吸引力。

在这两种情况下，学生都需要进行自我约束。学习活动和知识的划分以及基于模块的课程可能会导致自我约束的"内化"，也就是说，整合在不同学习领域获得的知识和经验的过程要由每个学生自己完成。让学生自己去理解和划分不同学科之间的界限、理论和实践之间的界限，以及构成职业身份的无数经验。因此，学生被理解成一个"约束型自我"，通过体验多样化和分散的学习领域，来形成对职业工作的理解。

2. 设定边界型自我

　　这两种课程体系的第二个特点给自我带来了新维度，这第二个特点与知识领域的扩展有关，学生借此可以提升能力。教育应该让学生具备洞察力和技能，与此相关的话题在增加，相关领域也在拓展，这挑战了传统的专业知识领域及知识社群的划分。例如，计算机工程师不仅要具备解决技术问题的能力，而且还要能够处理道德和美学的问题。还要求他们"对环境承担责任，从广义上讲，既要承担国内的责任，也要承担全球的责任"（p.4），还要获得一系列人际交往和自我反思的能力与技能。护理专业学生的目标定为能够处理并尊重病人影响医疗决定的权利，还要负责"帮助健康人群及体弱人群强身健体、预防疾病"（p.5）。在扩展这些知识领域的同时，学生还需要通过学习和分析选修科目来实现专业化。奥斯陆大学学院计算机工程课程体系（2004—2005）甚至鼓励学生参加更多的考试、修完更多的学分，而不是仅仅满足于学士学位 180 学分的要求。

　　因此，课程体系引入了浩如烟海的复杂关系和主题供学生学习，使学生形成了这样一种认知——知识的获取是一个永无止境的过程。全世界范围内课程体系的普遍趋势都是进行类似的知识拓展，这可能与研究者所描述的知识社会的出现有关（如 Chisholm, 2000）。麦克尼尼和梅耶（McEneaney and Meyer, 2000）就讨论过这一现象，他们确定了课程体系目前正在扩展的三个领域：社会理性、个人理性和自然环境理性。因此，我们在专业课程体系中发现知识领域正在扩展也就不足为奇了。但是，本章讨论的主要问题是，不断扩大的需求对职业身份的形成有何促进作用。对任何一个人来说，这些未免好高骛远的目的和目标都不可能实现，面对这样的情况，必须设定边界和限制。这项任务似乎也留给了每个学生。因此，学习者要成为"设定边界型自我"，负责开发适当的自我技术来处理无限的目标和需求。

3. 自我监督型自我

　　课程体系的第三个特点是将职业道德概念化为个人责任。这与早期的职业素养理念不同，当时强调的是专业团体内部的集体管理。卡尔塞斯（Karseth, 2004）在关于护理教育的一次讨论中指出，在过去的几十年里，将道德和伦理问题概念化的过程中似乎已经出现了变化。1987年的挪威护理课程体系强调学科伦理概念和论证模式的学习，而2000年的课程体系则将道德义务与单个执业医师及其操作能力联系起来。

　　在当前的护士和计算机工程师课程体系中，这一趋势仍旧是质量保证和自我监督的重点。工程学国家课程体系将这一趋势作为目标，明确提出，行业候选人"在任何情况下，都需要设法兼顾到质量的概念"，还需要"理解并承担道德责任代理人的角色"（p.4）。护理学国家课程体系也有类似要求，只是内容更加具体而已，这可能是因为这个职业群体在专业协会内部已经根据目标的制定进行了更广泛的协商。学生们需要"记录、确保护理工作的质量，并对自己的护理实践进行评估"（p.7）。此外，他们还需要有能力去定义优质工作的标准，并能够按照标准对自己的实践进行评估。另外，除了在与病人的关系中保持崇高的道德标准，护士候选人还需要"以独特的道德方式在工作中行事"，"留意自己在社会上的专业和道德责任"，并"在同事遇到专业或个人困难时给予支持"（p.7）。

　　着重强调伦理加之对良好的表现没有明确的标准或清晰的描述，这意味着对于个人的道德表现，建构的是一个作为发明者、监管者也是评估者的"自我"。道德责任的组织从集体层面转向了个人层面，这带来了"内化"机制，当今社会越来越关注风险管理可能也与此有关。正如埃里克森和道尔（Ericson and Doyle, 2003）所说的，在社会上的各个层面，由于风险话语和风险管理的出现，责任和义务都出现了新的道德准则，在当代社会的自由体制下，强调的是个人的层面。但是，对于职业自我而言，满足这些要求需要训练有素的道德反思技能以及自我监督和自我创造的技能。

4. 知识生产型自我

在前言中，我们就提出了如下观点，对创新和变革的思考是职业自我在现阶段的一般性概念的重要内容。这些思想体现在这两门课程体系中，其形式就是当前的"创新精神"，强调让学生准备好参与研究类活动。本科阶段，它体现在课程目的和课程目标中，鼓励学生培养兴趣并理解这些活动的重要性，将其作为继续教育和终身学习的基础。

护理学国家课程体系将其描述为一个目标："随着学科和质量保证的发展，使其得以系统化，从而有助于护士角色的形成，有助于参与临床研究和传播此类研究的成果"（p.7）。对科学思考的强调也体现在任务描述上，要求学生讨论在医院观察到的情况，并根据研究文献提出改进建议。

工程学国家课程体系（2003）提出了类似的观点，其构想如下：

> 教育计划应让学生了解如何在工程中进行研究，并认识到创新性研究的重要性。（p.3）

> 工程学教育培养的学生应该对创新持积极态度，这样，工程师们才会承认在他们的工作、接受的继续教育中，参与这些活动是有用的。（p.4）

> 教育应为学生提供最新的技术知识，这对于创新是必要保证。学生应该为发展其创新技能打下基础，并为创业团队做好准备。（p.4）

这些构想包含了一种思维方式，我们将其概念化为一种"创新精神"。质疑现有事实和形成新见解的重要性得到强调。其内在含义是持续学习的概念。由于认识到初等教育的局限性，学士课程不会以任何方式试图为学生提供未来创新性工作所需的全部知识和技能。因此，要将继续学习的任务分配给专业人才自己，并使其试图通过这种方式来解决问题。那么，当我们发现这种话语也体现在对职业生涯的描述中时，也就不足为奇了。挪威的一项研究描述了工程师的能力开发和文档编制任务是如何分配给每个从业者的，以及个人主动性是如何发挥作用的（Eldring and Skule, 1999）。在完成正规教育后，护士也需要承担继续学习和知识拓展的个人责任（Christiansen et al., 2005），为护士制定的国家道德规范明确规定了这种责任（Norwegian Nurses' Association, 2001）。

对于学习型职业自我来说，创新的重要性意味着需要为继续教育和研究活动培养正确的愿望和动机。学生被建构成知识生产型自我，是未来的创新者和变革的推动者，可是矛盾之处在于，一方面要求学生采用创新的思维方式，但与此同时又将这种实践推迟到他／她职业生涯开始以后。

第六节　讨论

显然，历史从来都不是界限分明的。在当今职业教育的各种趋势和潮流中，我们强调如下说法，其关注点是，通过新要求和规定性素质，职业自我是如何进行改变的。这种说法的局限性是我们的分析仅限于书面课程体系。因此，不应被解读为学生和教师在日常教学实践中对于目标和要求的实际完成情况。另外，我们在课程体系中还发现了与上述描述相反的情况。其中一个例子就是计算机工程专业前两年课程体系相对结构化的内容，其知识领域和学习活动的时间和地点相对比较固定，这显然是认为学生需要先学习基本知识和技能，而后才能创新性地利用这些知识和技能，继而在第三年的学习中，能够对专业分科做出选择。因此这些课程体系可以解读出多重意义，使学习者处于争议之中，难免也会出现受到抵制的情况。在改革政策以及国家和地方课程体系中，过度强调了超越自我和自我规范型职业自我的概念。在国家层面和地方层面的课程构建过程中，形成了这样一种观点——个人要自我激励、自我规范、自我驱动，在碎片化的复杂学习生态中，个人能够承担设置边界和建构意义的重任。

通过分析以上几个方面，挪威的护理和计算机工程专业课程体系反映了世界范围内课程体系文件的总体趋势，课程体系的组织更多的是围绕目标的选择和组成内容的拓展而进行的（McEneaney and Meyer,

2000）。虽然课程体系没有为学生提供固定的职业身份，但是，课程体系目标的组成内容及组织知识的方式，其内涵要求的是形成"某种心理状态"，即"好学生"一定要表现出"在环境中对自我的特定观点的承诺"（McEneaney and Meyer, 2000, p. 200）。最重要的是，课程体系有助于塑造自我，可以按照要求将自己定义为专业社区里一名积极的成员，负责利用知识做出正确的选择，并始终参与持续学习和自我完善的过程。这种专业人士的概念是更宽泛的趋势的一部分，这种趋势正是政府追求的，这样人们就能够对他们自己的人生道路承担更多责任（Edwards and Usher, 2001）。可以将其描述为"进取型自我"的另一种体现，进取型自我负责实施最佳实践，超越现有结构并产生新的见解。此外，成为进取型自我意味着对自主、自由和实现自我的追求，通过有选择的行为来塑造自己的生活，从而找到自我存在的意义（Rose, 1996, p. 151）。

总体来看，当前的运动意味着"管理机制的转变"，"自我"成为管理和变化的核心对象。监管已经"转移"了，微观层面的实践已成为越来越重要的监管场所（参见 Martínez Lucio and MacKenzie, 2004）。自我形成模式下的政府管理似乎起到了积极作用，明显取代了以前的强大制度。在这一点上，对政府管理和教育的研究结论与我们对这两门课程体系的分析相吻合，描述了内在"自我"如何成为管理的核心对象以及个人如何被定位为中心"地位"，从而去应对社会矛盾和复杂关系（Fendler, 1998; Krüger and Trippestad, 2003; Miller, 1993; Rose, 1989）。正如芬德勒（Fendler, 1998, p.55）所说："接受教育，就目前的意义而言，在于教导灵魂——包括恐惧、态度、意志和欲望。"不过，这种转变并不一定意味着政府管理的政治形态和制度形态会削弱。这些变化意味着放松管制，还是意味着纪律机制的改变，抑或是纪律机制的加强，社会理论家对此仍存在争议。这种强化可以通过"远程管理"来实现，其方式是明确清晰地定义个人应该实现的标准。（Amoore, 2004; Evetts, 2003; Fournier, 1999）。

但对于"行业"而言，这不仅仅是管理削弱还是加强的问题。更重要的是，这种转变涉及监管机制实际情况和体制层面的变化。从传统意义上讲，行业具有高度的自治权和统治权，且可以通过职业能力行使对工作的职业控制（Freidson, 2001）。某一领域所特有的专门技能、有能力定义该领域出现的问题的本质、对可能的解决方案的控制力、从"内部"激励和控制工作的能力，这些都与专业化有关，通过社团组织、共同的价值和身份将其联系起来——所有这些原则都被福莱森（Freidson, 2001）定义为组织工作的"第三逻辑"，区别于市场逻辑和官僚主义逻辑。今天，社会的特点和管理机制的转变意味着以前属于职业的一些职能、活动和责任已被重新定位——这些变化也出现在职业教育中。一方面，我们发现了拉什（Lash, 2003）所描述的"内包"现象，即功能、活动和责任重新分配给了个人，而传统意义上，这些原本都是集体问题。当前课程体系中"自我"的建构体现了从业者个体对职业道德、创新和职业身份建构的内包机制。另一方面，在各行业都存在一个普遍的趋势，就是通过管理和官僚控制制度把职能"外包"出去。在我们的讨论中，在高等教育中出现的国家"质量保证制度"可以被理解为一个外包的过程，通过这种方式，定义教育标准和质量指标的权力从职业团体转移到了国家权力机构。

　　这些转变对职业的潜在影响尚无定论。在今天的社会中，去传统化的和个人化的过程据说挑战了个人在"实践社区"中的嵌入性，还破坏了从"内部"激励和控制工作的能力。在这方面，内包机制是富有成效的一步，回应了当今社会的偶然性、矛盾性和快速转变。自我管理的概念提供了一种"掌控的视野"，超越了现代主义者试图克服矛盾和不确定性的尝试，为职业概念的重新配置铺平了道路，使其发展方向更加因时制宜，也更加具体化，而不是对其完全放任不管。职业自我的新定位符合鲍曼（Bauman, 1995）对后现代需求的描述，期望"自我"能够"对现场固有的危险和机会进行评估"（p. 9）。在所谓的"知识的后现代状态"中，知识创造实践处于一种长久的不稳定和变化状态中，将学习的责任分配给个人可能是一种建构方式，可以应对怀疑与质疑的挑战。正如爱德华兹和厄舍（Edwards and Usher, 2001）所说的："学习是灵活的状况，而灵活性也被视为学习的条件"（p.279）。因此，当前的自我建构会产生的影响是重塑信心和归属感的潜在可能。只要学生接受提供给他们的定位，课程体系中传达的标准和理想可能会转化为意愿、需求和富有成效的自我技术。这可能有助于创造一种新的集体身份，其基础是一种更为"后现代的态度"，这种态度超越了稳定的社区和知识阶层。此外，对自我的新看法为从事更广泛的专业学习提供了空间，没有因为某些预设定义模型和知识体系内在的价值而赋予其特权。认识论空间和可能轨迹的开放或许能为行业带来新的实践模式，也可能有助于重塑和加强社区。

但是，并不能保证这些承诺都会实现。积极的结果需要个人真的有能力应对多种需求。这同样需要一个学习环境，为学生提供必要的工具来实现这一目标。自我管理能力可以从技能方面去理解，在技能发展方面，对学习进行的广泛研究强调了有必要在明确界定的范围内进行指导培训。但是，与约束和边界设定有关的功能内包可能会破坏对这种能力的"支架式"培训。在挪威，有研究表明，许多接受了高等教育的学生没有得到必要的监督，无法保证他们形成灵活和通用的技能（例如，Bråten et al., 2003）。因此，在应对新的需求时，教育机构务必要避免矫枉过正。如果教育机构没有摆正自己的位置，不把自己作为知识的代理人，比如，没有制定道德责任的标准，这可能会成为一个切入点，让社会力量和新自由主义力量直接对个人采取行动。在接下来的关键时期，这可能会对各行业的自主权和自我管理产生巨大的破坏力。

因此，当前的管理形式代表了具有矛盾性及多重意义的力量，就像后现代世界的建筑一样，可以呈现出无数种形式。在我们看来，就行业而言，管理形式至少可以选择两个预想的方向。它们可以对个人产生解放作用，为焕发新生的强大社区的成长奠定基础。然而，与此同时，它们也有可能对超负荷的自我产生沉重打击，从而导致行业内集体结构的破坏。这样的设想需要进行实证研究，这超出了本章的研究范围。

参考文献

Abrahamsen, B. and J.-C. Smeby (2004). *Sykepleierstudenten — rekruttering, studietilfredshet og studieutbytte*. [The nursing student — recruitment, perception of learning environment and educational outcome]. (HIO Publication No. 7). Oslo: Oslo University College.

Amoore, L. (2004). Risk, reward and discipline at work. *Economy and Society*, 33(2), 174–196.

Baumann, Z. (1995). *Life in fragments. Essays in postmodern morality*. Oxford: Blackwell.

Beck, U., W. Bonss and C. Lau (2003). The theory of reflexive modernization. Problematic, hypotheses and research programme. *Theory, Culture and Society*, 20(2), 1–33.

Bernstein, B. (1990). *Class, codes and control: Vol. 4. The structuring of pedagogic discourse*. London: Routledge.

Bologna Declaration, 1999. (Joint declaration of the European Ministers of Education). Retrieved August 20, 2005, from http://www.bologna-bergen2005.no/Docs/00Main_doc/990719BOLOGNA_DECLARATION. PDF.

Bråten, I., H.I. Strømsø and B.S. Olaussen (2003). Self-regulated learning and the use of information and communications technology in Norwegian teacher education. In *Research on sociocultural influences on motivation and learning: Vol. 3. Sociocultural influences and teacher education programs* (pp. 199–221). Greenwich, CT: Information Age Publishing.

Burr, V. (1995). *An introduction to social constructionism*. London: Routledge.

Chisholm, L. (2000). The educational and social implications of the transition to knowledge societies. In O. von der Gablenz, D. Mahnke, P.-C. Padoan and R. Picht (Eds.), *Europe 2020: Adapting to a changing world* (pp. 75–90). Baden-Baden/ Brussels: Nomos Verlag.

Christiansen, B., B. Abrahamsen, B. Karseth and K. Jensen (2005). *Utredning om motivasjon, yrkesutøvelse og kompetanse i plei*e-*og omsorgssektoren.* [Report on motivation, professional practice and competence in the nursing professions]. Oslo: University of Oslo, Institute for Educational Research.

Edwards, R. and K. Nicoll (2001). Researching the rhetoric of lifelong learning. *Journal of Educational Policy*, 16(2), 103–112.

Edwards, R. and R. Usher (2001). Lifelong learning: A postmodern condition of education? *Adult Education Quarterly*, 51(4), 273–287.

Eldring, L. and S. Skule (1999). *Kompetansedokumentasjon for ingeniører. Praksis, behov og utfordringer.* [Documentation of competence among engineers]. (Issue Brief No. 6). Oslo: Fafo Institute for Labour and Social Research.

Ericson, R.V. and A. Doyle (2003). *Risk and morality*. Toronto: University of Toronto Press.

Evetts, J. (2003). The sociological analysis of professionalism. Occupational change in the modern world. *International Sociology*, 18(2), 395–415.

Fagplan for bachelorstudium i ingeniørfag — datalinjen, 2004–2005. [Curriculum for the bachelor degree in computer engineering 2004–2005]. Oslo: Oslo University College.

Fagplan for bachelorstudium i sykepleie, 2004–2005. [Curriculum for the bachelor degree in nursing 2004–2005]. Oslo: Oslo University College.

Fendler, L. (1998). What is impossible to think? A genealogy of the educated subject. In T. Popkewitz and M. Brennan (Eds.), *Foucault's challenge. Discourse, knowledge, and power in education* (pp. 39–63). New York: Teachers College Press.

Folkenborg, K. and B. Jordfald (2003). *Kommunale lederes vurdering av sykepleier-og ingeniørutdanningen* [Community leaders' assessment of the educational programmes for nurses and engineers] (Issue Brief No. 11). Oslo: Fafo Institute for Labour and Social Research.

Foucault, M. (1984). The means of correct training. In P. Rabinow (Ed.), *The Foucault reader*. New York: Pantheon Books.

Foucault, M. (1994a). Technologies of the self. In P. Rabinow (Ed.), *Essential works of Foucault 1954–1984: Vol. 1. Ethics. Subjectivity and truth* (pp. 223–251). New York: The New Press.

Foucault, M. (1994b). The ethics of the concern of the self as a practice of freedom. In P. Rabinow (Ed.), *Essential works of Foucault 1954–1984: Vol. 1. Ethics. Subjectivity and truth* (pp. 281–301). New York: The New Press.

Foucault, M. (2001). Governmentality. In J.D. Faubion (Ed.), *Essential works of Foucault 1954–1984: Vol. 3. Power* (pp. 201–222). London: Penguin Books.

Fournier, V. (1999). The appeal to 'professionalism' as a disciplinary mechanism. *Social Review*, 47(2), 280–307.

Freidson, E. (2001). *Professionalism: The third logic*. London: Polity Press.

Hatlevik, I.K.R. (2000). Styring og regulering av sykepleier–, lærer-og ingeniørutdanningen i fire land. En sammenliknende studie av Norge, England, Finland og Nederland [Steering and regulation of the educational programmes in nursing, teaching and engineering in four countries. A comparative study of Norway, England, Finland and the Netherlands]. (Report No. 4). Oslo: Norwegian Institute for Studies in Research and Higher Education.

Infinito, J. (2003). Ethical self-formation: A look at the later Foucault. *Educational Theory*, 53(2), 155–171.

Jensen, K. and L. Lahn (2003). *Professional learning in a changing society*. Project proposal for the national research programme Competence, Education and Learning (KUL). Retrieved March 30, 2005, from http://

www.pfi.uio.no/prolearn/ index.html.

Karseth, B. (2002). The construction of curricula in a new educational context. Roles and responsibilities in nursing education in Norway. In A. Amaral, G.A. Jones and B. Karseth (Eds.), *Governing higher education: National perspectives on institutional governance* (pp. 121–140). Dordrecht: Springer.

Karseth, B. (2004). Curriculum changes and moral issues in nursing education. *Nurse Education Today*, 24, 638–643.

Krejsler, J. (Ed.). (2004). *Pædagogikken og kampen om individet.* [Pedagogy and the struggle for the individual]. Copenhagen: Hans Reizels Forlag.

Krüger, T. and T.A. Trippestad (2003). Regjering av utdanning: Kulturkapitalismen og det veltempererte selvet. [Governmentality in education: Cultural capitalism and the well tempered self]. In I.B. Neumann and O.J. Sending (Eds.), *Regjering i Norge* (pp. 176–193). Oslo: Pax forlag.

Kyvik, S. (2002). The merger of non-university colleges in Norway. *Higher Education*, 44, 53–72.

Lash, S. (2003). Reflexivity as non-linearity. *Theory, Culture & Society*, 20(2), 49–57.

Martínez Lucio, M. and R. MacKenzie (2004). 'Unstable boundaries?' Evaluating the 'new regulation' within employment relations. *Economy and Society*, 33(1), 77–97.

McEneaney, E.H. and J.W. Meyer (2000). The content of the curriculum. An institutionalist perspective. In M.T. Hallinan (Ed.), *Handbook of the Sociology of Education* (pp. 189–211). New York: Springer.

Miller, T. (1993). *The well-tempered self: Citizenship, culture, and the postmodern subject.* Baltimore/London: The John Hopkins University Press.

Norwegian Ministry of Education and Research (2002). *Do your duty—Demand your rights*. (Fact sheet, English version). Retrieved March 30, 2005, from http://www.odin.dep.no/ufd/engelsk/publ/stmeld/014071–120002/dok-bn.html.

Norwegian Ministry of Education and Research (2004, February). *The quality reform*. (Speech at the University of the Western Cape, by Minister Kristin Clemet). Retrieved March 30, 2005, from http://www.odin.dep.no/ufd/norsk/aktuelt/taler/ statsraad_a/045021–990039/dok-bn.html.

Norwegian Nurses' Association (2001). *Yrkesetiske retningslinjer for sykepleiere*. [Code of ethics for nurses]. Oslo: Norwegian Nurses' Association.

Popkewitz, T. and M. Brennan (1998). Restructuring of social and political theory in education: Foucault and a social epistemology of school practices. In T. Popkewitz and M. Brennan (Eds.), *Foucault's challenge: Discourse, knowledge, and power in education* (pp. 3–35). New York: Teachers College Press.

Popkewitz, T. (2001). The production of reason and power. Curriculum history and intellectual traditions. In T. Popkewitz, B.M. Franklin and M.A. Pereyra (Eds.), *Cultural history and education. Critical essays on knowledge and schooling* (pp. 151–183). New York: RoutledgeFalmer.

Rammeplan for ingeniørutdanning, 2003. [General plan: The bachelor's degree in engineering, 2003]. Oslo: Norwegian Ministry of Education and Research.

Rammeplan for sykepleieutdanning, 2004. [General plan: The bachelor's degree in nursing, 2004]. Oslo: Norwegian Ministry of Education and Research.

Report to the Storting No. 27 (2000–2001). *Gjør din plikt — Krev din rett. Kvalitetsreform av høyere utdanning*. [Do your duty — demand your rights. The quality reform of higher education]. (Government white paper). Oslo: Norwegian Ministry of Education and Research.

Rose, N. (1989). *Governing the soul: The shaping of the private self.* London: Routledge.

Rose, N. (1996). *Inventing our selves: Psychology, power, and personhood.* New York: Cambridge University Press.

Sennett, R. (1992). *The fall of public man.* New York: W.W. Norton & Company.

Wittek, L. (2004, June). *Portfolio as an artefact for learning and assessment.* Unpublished paper presented at the biennal conference of the European Association for Research on Learning and Instruction in Bergen, Norway.

第十四章 美国努力为生物科学行业创设新的职业身份

美国新泽西州罗格斯大学新不伦瑞克校区管理与劳资关系学院

大卫·芬戈尔德 (David Finegold)

罗伯特·马托塞克 (Robert Matousek)

第一节 前言

计算机和相关的信息技术是 20 世纪下半叶技术革命的主要驱动力，影响着发达工业国家的大部分产业以及个人的日常生活。21 世纪上半叶被称为"生物时代"，生物技术领域的各项突破已经孕育出一个全新的行业，并对现有的经济大门类产生了重大影响。沙希（Shahi, 2004）估计，在未来的几十年，生物科学的新发展将对全球高达 50% 的 GDP 产生重大影响，其中卫生和农业部门受到的影响最大。

计算机革命和生物学革命紧密地联系在一起。计算能力的持续改进和快速下降的成本已经成为关键技术，使生物学发生了历史性转变，从描述性科学发展为定量科学。如图 14.1 所示，破译不同生物体 DNA 的进展与摩尔定律所描述的计算技术的进步关系密切，芯片所能处理的信息量每 18 个月将翻一番。与此同时，如人类基因组计划（Human Genome Project, HGP）这样的大规模定量生物学不断增长的计算需求已经取代国防和娱乐的需求，成为尖端计算技术的关键驱动力，IBM 创纪录的超级计算机"蓝色基因"就是因此而来。

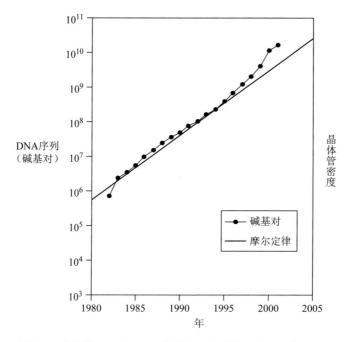

图 14.1　比较不同生物体 DNA 解码速度的提高与计算机技术进步之间的关系，我们可以发现摩尔定律，即芯片所能处理的信息量每 18 个月就会翻一番

　　解码人类基因组的 30 亿个碱基对以及多种主要农作物和动物物种遗传密码的破译，都是重大的科学成果，但是最近的一系列科研突破又催生了一个新的经济门类：生物技术产业。20 世纪 70 年代中期，旧金山的斯坦利·科恩（Stanley Cohen）和赫伯特·博耶（Herbert Boyer）在基因工程方面取得了突破，剑桥的塞萨尔·米尔斯坦（Cesar Milstein）和乔治·科勒（Georges Kohler）在单克隆抗体技术上也取得了突破，这两项科研成果的诞生使第一批生物技术公司的创立成为可能，其中就包括美国基因泰克公司（Genentech）和塞塔斯公司（Cetus）。在 20 年的时间里，美国生物技术产业已经发展到拥有约 1500 家公司。今天，欧盟也有大约 1500 家生物技术公司，亚洲有 1900 家，而且亚洲公司发展迅速（这些新成立的公司往往比美国公司规模小得多，迄今为止投放到市场的产品也不多）（Shahi, 2004）。几乎所有的发达国家和许多发展中国家都在大力投资发展本国的生物技术产业

（Cooke, 2003）。

为了填补生物技术行业不断增加的岗位，也为了将丰富的遗传学新知识和生物技术研究的其他进展转化为有用的产品和工艺流程，就需要具有新技能的新型专业人才。长期以来，不同学科（如生物学、化学、计算机科学、商业）的专家展现的是各学科所需的多样化知识和技能，他们使用着不同的技术语言，思维方式和解决问题的方法截然不同。随着技术和生物技术行业的不断发展，显然需要新型专业人才来整合这些不同的学科（Riggs, 1999）。本章将重点介绍美国在培养生物科学专业的两类新职业方面所做的努力，他们是生物信息学家或计算生物学家，能够整合编程技术和生物知识，提出新的科学发现或工具，使其自身和生物科学商业专业人士能够对科学和商业进行整合，从而将这些创新商业化。

这些出现在生物科学领域的新型职业身份的演变以及这些新身份在美国发展演变所需的更广泛的制度环境是我们关注的重点，但对这一领域的了解也可以应用于其他形式的复杂知识工作中新职业身份的形成。气候变化、内陆城市教育发展滞后以及可持续发展，这些当代社会面临的最具挑战性的问题与生物科学一样，在本质上都是系统性的，因此超出了单一学科的范围。同样，从"曼哈顿计划"和 DNA 结构的发现到IBM 个人电脑的研发，诸如此类的最重要的发现和创新都是通过跨职能工作产生的。

新知识创造的爆炸所带来的学科间的劳动分工差异日益扩大，同时为了形成和保持某一领域的专长，个人需要实现专业化，但这与跨学科工作的需求是矛盾的。组成复杂系统的不同部分需要高度专业化的输入，这反过来导致了职业之间的社会界限和认知界限，使人们更难有效地合作。当专业人才有了明确定义的角色、身份和传统的工作实践时，这些障碍就成了尤其突出的问题（Ferlie et al., 2005）。通过创造新的专业人士或跨边界者，从而克服生物科学领域的这些困难，为此所做出的努力是我们关注的重点，可能因此也会对其他知识工作领域产生重要的见解，而这些知识工作领域涉及不同的职能专家，而且不同的任务在执行时相互依赖程度很高。

本章其余部分内容如下。首先，简要概述职业身份的核心要素和生物科学领域中职业身份的历史演变。而后研究美国高等教育体系近年在计算生物学和专业科学硕士项目中为创设新身份所做出的努力，其初衷是为科学家在生物科学行业的职业生涯做准备。然后，对高等教育领域新启动的一个项目——凯克应用生命科学研究生院（Keck Graduate Institute of Applied Life Science, KGI）——做案例研究，并讨论该项目提供跨学科学位这种尝试的大环境和该项目的成果。有关劳动力市场，本章讨论组织层面和个人层面影响成功的关键因素。最后，对美国教育体系在这两个领域建立新的职业身份的能力进行一些总结和比较。

第二节　创设新型职业身份

职业身份的定义是对属性、信仰、价值观、动机及经验相对稳定和持久的一系列想法，人们以此为基础，定义他们的职业和工作角色（Ibarra, 1999）。职业身份根植于实践社区中，在这个社区里，个人会与其他同行互动。对该社区价值观的承诺是长期培训和社会化过程的产物，在此期间，个人有效地避免了职业兴趣和知识兴趣方面的竞争，与同行相互依存，这些同行深深地影响着个人的命运和自我概念（Hagstrom, 1965）。基于某些人对行业态度和价值观的承诺，选定他们进入该行业，这种承诺也因此得以加强，而后通过日常工作（随着时间流逝，在实践社区中逐步完善的工作方式）使这些人逐步适应，并通过分配奖励来换取他们对社区目标做出的贡献（Hagstrom, 1965）。

当一种新的职业身份开始形成时，专业人士必须从相关领域进入新的职业领域，因为没有现成的教育途径或职业途径来进入新的行业。但是，要最终确立职业身份，就需要形成新的教育选择和职业道路，根据个人的技能和经验为入行提供不同的起点。因此，建立一个新的职业身份需要某种形式的制度变革和创新，行业内的协调可以提供后续的稳定性、连续性和方向性（Ibarra, 1999）。因此，在思考职业身份是如何形成或改变的时候，我们需要考虑到发生这种改变的不同层次（个体环境和人际环境、组织环境和更广泛的制度及劳动力市场环境）。

本章的重点是职业身份，通过研究职业身份可以发现行业内的变化和此行业运行所需的组织环境的变化。这样的职业可以由该行业中个人的特征来定义，例如特定的知识库、所需的培训时间以及需要完成的任务等。此行业运行所需的组织环境构成了分析的第二个层次。这种组织环境在一定程度上决定了在工作过程（内容）中所产生的决策和采取的程序、雇佣合同或劳动合同（条款）的特征，以及完成工作的环境（背景）（Leicht and Fennell, 2001）。最后一个层次的分析需要理解一个行业或一个逐步成型的新兴行业所发生的变化正是该行业在社会中作为一个机构的地位。行业代表着"知识、专门技能、工作和劳动力市场的可识别结构，具有独特的规范、实践、意识形态和组织形式"（Leicht and Fennell, 2001, p. 90）。分析行业劳动力市场不仅需要考虑招聘组织对新技能的需求，还要考虑机构行为人如何通过资格考试及对资金和出版物的同行评议，控制进入这个行业的新人数量。

第三节　生物科学行业内对新职业身份的需要

计算机与生物学的整合从根本上改变了科学的运作方式。随着技术的进步及对隐含性生物过程的了解更加深入，关注生物体单个元素的小规模实验已经不再是重点，复杂系统的分析成为新的关注点。与此同时，大规模基因组计划以及用来筛选潜在药物候选分子的高通量技术产生了大量数据，这些数据使计算机算法的发展和数据分析技能成为生命科学研发的重要组成部分。但这项研究所需的技能历来在生物学领域都不是强项。幸运的是，有迹象表明在生物学领域中越来越多的人接受了定量方法。计算生物学或系统生物学的新兴领域正在努力培养专业人才，让他们能够对这些数据进行组织和分析，并能够建立起模型，为疾病基本原理提供真知灼见（Gatenby and Maini, 2003）。尽管能描述相对简单的病例的综合模型尚处于研发的早期阶段，但人们希望这些模型最终能够有助于转变药物的研发过程，在目前使用的方法基础之上，可以降低成本、缩短时间并降低以往非常高的失败率（IBM, 2004）。

除了需要计算生物学家，社会要从新的生物技术中获得的另一个潜在利益是培养能够在科学和商业之间架起桥梁的专业人才。虽然高质量的科研为生物技术创新提供了基础，但这只是一个起点。将研发转化为新的药物或新型设备需要有能力筹集资金，并且能够管理产品开发、制造、监管审批流程及新产品的营销。使生物技术产品商业化所需的辅助性资产主要在私营企业内，而生物技术研究需要的很大一部分力量是属于公共研究机构的。从历史上看，美国和欧洲的科学和医疗行业中有很多人与生物科学行业从业者之间存在着明显的敌意。美国医学会（American Medical Association）的第一个道德规范于 1847 年成文，此规范认为给药物申请专利或做广告是不道德的，而成立于 1908 年的美国药理学和实验治疗学会（American Society for Pharmacology and Experimental Therapeutics）在其章程中规定，"长期受雇于工业界的人都不能被接纳为会员"（Hilts, 2003, p. 97）。一直到 1941 年，这些限制都仍然有效。约翰·霍普金斯大学（Johns Hopkins University）的约翰·雅各布·阿贝尔（John Jacob Abel）教授在"二战"前是美国药理学界的领头人，他总结了学术界对工业界的态度："对于由公司向我提出的问题，无论是哪家公司提出的，无论是在何地提出的，我个人都不会考虑对其进行研究"（Hilts, 2003, p. 97）。

20 世纪 70 年代，随着现代生物技术革命的出现，这种情况发生了改变。大学的研究产生了关键性的突破，使得第一批生物技术公司的创立成为可能。大学实验室孵化出这些新成立的公司，所以这些公司大多位于实验室附近，而知名科学家与这些公司通常也保持着密切的联系（Zucker and Darby, 1996），他们担任科学顾问委员会（Scientific Advisory Boards）成员，并把他们的毕业生送到这些公司工作。1980 年通过的《拜杜法案》（Bayh-Dole Act）进一步加强了美国高等教育机构和工业界之间日益紧密的联系，该法案赋予大学权利和义务，可以将由联邦政府资助的、在校教师完成的研究商业化（Mowery et al., 2004）。但是，正如人类基因组计划一些关键技术的发明者莱诺·胡德（Leroy

Hood）所说，即使大学有可能赚到很多钱，学术界对工业界的质疑仍然很强烈。他回忆起自己在加州理工学院的经历，第一台自动化 DNA 测序仪和蛋白质测序仪的想法就是他在那里形成的：

> 20 世纪 70 年代末，我找到加州理工学院的校长墨菲·戈德伯格（Murph Goldberger），想要成立一家公司将这项技术商业化，他说学校不想从中获得任何回报。我曾向加州理工学院提出要给他们 25% 的股份，但他拒绝了，后来这部分股份归美国应用生物系统公司（Applied Biosystems）所有。这些股份最终价值约 10 亿美元（Hood, 2003，与作者进行的电话采访和面谈，5—6 月）。

胡德后来既是系统生物学领域的先驱，又是应用生物系统公司和安进公司（Amgen）的联合创始人，他自己的职业道路表明，学术界和工业界之间需要能够架起桥梁的人才。人们认为，将技术从研究转化为产品的工程中，起到关键作用的是那些将科学与商业相结合的人才，他们的角色是新技术的传播者，也是将能力转让给用户部门的人。（Fontes, 2001）。

开发新的职业身份来弥合计算和生物学、生物学和商业之间的鸿沟，这一任务似乎颇为艰巨，但最近生物科学领域内的一个实例表明，这项任务是可以实现的，这就是生物工程。生物工程应用系统的、定量的和集成化的方法来思考和寻求生物学和医学领域的重要解决方案（NIH, 1997）。从工程学的角度来理解生物学和医学需要物理学基础，在过去的两个世纪里，已经奠定了这种基础。许多早期的工程学概念和仪器在生物医学研究中得到了应用，如 X 射线成像。这促使越来越多的研究人员开始将物理学和工程学的概念应用于生物学和医学研究中，但这是医学上的一些根本性突破（如心脏起搏器和心肺机）使得工程学能够在医学领域确立突出的地位。

> 20 世纪 50 年代见证了生物工程成为一门学科所做出的最初尝试，包括专业协会、定期会议、发行出版物，以及正式的培训计划（Nebeker, 2002, p. 10）。

在获得明确的身份之前，生物工程已经与生物物理学和医学物理学联系在一起，但从那时起，生物工程已经从跨学科和多学科研究转变为一门独立的学科（Nebeker, 2002）。这需要对工程专业以及在大学里学习工程专业的学生所使用的专业教育课程体系进行重大的调整。在这个过程中，改变了工程学的定义和应用环境——生物工程师的任务是什么，他/她与他人的关系如何，这些都是需要回答的问题。这种变化的动因是需要创新方法来解决生物学和医学问题，另一个动因是需要大量的机会来将工程学应用于生物科学和商业发展（Nerem, 1997）。

第四节　为生物科学产业培养新型专业人才

对于培养新型专业人才的教育需求，不同国家的回应方式在很大程度上取决于高等教育体系及其周边机构的结构（Finegold, 2006）。在大多数国家，所有高等教育机构或者说大多数高等教育机构都是公立的，由国家资助和管理。通常由政府来监管这些公共机构提供的课程内容和质量，并由政府来批准新资格的确立。相比之下，美国有各种各样的公立和私立大学及学院，其中还包括一些营利性高等教育机构，他们都是在市场环境中运作的。竞争激烈又没有监管壁垒，使得他们对学生和公司的需求有着极为敏感的反应，对经济和技术变化的反应也高度敏感。但是，高等教育的自由化也导致了各院校的教育质量参差不齐，在许多情况下，学生们很难知道完成学位意味着什么。

为了取得教育上的创新，美国高等教育体系的资金来源渠道广泛，比如他们会为新型专业人才开发课程。虽然是由个人和政府支付基本学费和学生生活费，但研究型大学在很大程度上依赖于捐赠基金来投资新项目，这些捐赠的数目通常都是相当可观的，主要通过校友捐款筹集。此外，还有一些规模非常大且还在不断增长的私人基金会可以提供主要的资金来源，且资金来源方式灵活，每一个基金会都有一个独特的使命，为新的项目研发提供资金，这种模式在其他发达工业国家是基本不存在的。以盖茨基金会为例，该基金会成立不到十年，但其捐赠金额已超过300亿美元，为全球卫生领域的创新项目提供的资金超过了大多数的国家政府。此外，美国的大学还可以利用自己的捐赠基金，投资那些具有前瞻性的新课程。

美国为生物科学专业人才设立新的专业资格的经验体现了这种非常灵活的高等教育体系的优点和一些不利因素。直到近些年，有兴趣进入美国这一领域的学生，他们的教育选择还是非常有限的。他们可以攻读理学博士学位（该学位旨在为人们进行狭义科学学科的研究做准备），或者成为一名医生或药理学家。这些教育途径都非常昂贵且十分耗时，生物学博士平均需要超过七年的时间才能读完，医科学生在获得医学博士之后，如果想要有执业资格，通常需要完成一次实习以及三年或四年的住院实习。与工程学不同，生物学和化学没有成熟的且受人尊敬的职业道路，学生不能在获得硕士学位之后就将其所学的专业技能应用于工作中。一名学生决定退出博士项目时，通常只能得到生物学硕士学位。

尽管《拜杜法案》明显改变了学术界和工业界之间的关系，使大学和公司更加紧密地联系在一起，但传统的博士项目仍然很少或根本没有准备让研究人员从事工业界的工作。但是，如表 14.1 所示，20 世纪 70 年代末生物技术产业的创立不仅为博士生开辟了新的私营企业内的职业选择，而且也刺激了新的技术硕士项目的发展。根据美国劳工部的职业统计数据，计算机科学家并不被认为是与生物学相关的职业，尽管如此，人们还是越来越赞同这些技能是生物学家必须掌握的，因为雇主更希望求职者能够将计算机技能应用于建模和模拟任务，还能够操作计算机化实验室设备。此外，对于那些渴望获得管理或行政职位的人来说，他们还需要具备很强的商业和沟通技巧，熟悉监管问题以及营销和管理技巧。

为了满足这些技能需求，在 20 世纪 90 年代末，各高校开始试验一种新的学位课程：专业科学硕士（Professional Science Master's, PSM）。在斯隆基金会和凯克基金会的启动支持下，各学院开设了新的、更实用的课程，将科学与一些商业技能结合起来，旨在帮助毕业生为实现生物技术商业化的职业生涯做好准备。斯隆基金会的项目经理杰西·奥苏贝尔（Jesse Ausubel）说："理学院的教师们逐渐认清了事实，并乐在其中，他们教出的学生虽然不是研究人员和教师，却在社会中扮演着重要的角色。"

表 14.1　生物学家：工作地点及工作性质 1980—2005 年（Leicht and Fennell, 2001；Bureau of Labour Statistics, 2005）

		1980 年	1985 年	1990 年	1996—1997 年	2004—2005 年
工作地点		60%在高校工作 40%在联邦/州/地方政府、私营企业及非营利性研究机构工作	同1980、1985年		33%在高校工作 33%在联邦/州/地方政府工作 33%在医药行业工作，如制药和生物技术企业；医院、研究及测试实验室	（同1996—1997年）在联邦/州/地方政府工作的人数不到50% 在科学研究及测试实验室、制药生产行业或医院工作的人数不到50% 其余在高校工作
要求具备的资历		大学教师具备博士学位，能独立进行研究，有机会晋升到管理岗位		博士学位——同1980、1985年	同1990年	博士学位——同1980、1985、1990、1996—1997年
		应用研究要求具备硕士学位	同1980年	应用研究及管理工作、检查工作、销售、服务工作的一些岗位要求具备硕士学位		基础研究、应用研究或产品开发，管理或检查的一些岗位需要具备硕士学位
		一些非研究性岗位要求具备学士学位		学士学位——同1980、1985年		学士学位——同1980、1985、1990、1996—1997年

续表

	1980 年	1985 年	1990 年	1996—1997 年	2004—2005 年
工作前景	学位高的人发展前景良好，学位相对较低的人竞争比较激烈。由于自然环境保护的日益重视及工业和政府医疗研究的进展，就业前景好于 20 世纪 80 年代所有行业的平均水平	由于遗传学研究生物技术的发展以及为了清洁和保护环境所做的努力，预期发展速度可以高于 20 世纪 90 年代中期所有行业的平均水平，更适合具有高学位的人	预期发展速度可以高于 2000 年全年各行业的平均水平（主要是私营企业的发展），得益于为了清洁和保护环境所做的努力，遗传学和保护技术研究继续发展，有望拓展与健康同题相关的研究，如艾滋病、癌症及人类基因组计划方面的研究。但联邦政府内的就业机会增长缓慢	预期发展速度可以与 2012 年年各行业的平均水平持平，继续生物技术的研究和发展，拥有博士学位的人想要从事独立研究工作，可能会面对很大的竞争压力，尤其是大学里新培训的科学家数量增多。如果越来越多的科学家想要在私营企业里找工作，私营企业的应用研究岗位可能竞争激烈。有生物科学硕士学位的人会有更多机会从事非研究性岗位，与科学相关的工作岗位，销售、营销及研究管理工作岗位都有增加
相关职业	自然保护工作、农业科学家、生物化学家、土壤科学家、海洋学家、生命科学技术人员	同 1980 年	自然保护工作、动物育种学家、园艺学家、其他农业科学家、医学家、医生、牙医、兽医	同 1990 年	医学家、农业和食品科学家、自然保护人员、林务员、卫生工作者、内科医生、外科医生、牙医、兽医

十年前几乎没有专业科学硕士项目，而今全美大约有 100 个专业科学硕士项目，其中大多数是由成熟的研究型大学提供的。尽管项目的数量一直在快速增长，但大多项目规模仍然很小，并且正在设法确立自己的地位。这些项目涵盖了各种各样的科学科目，但大多数还是集中在生物科学领域，在生物信息学和计算生物学领域尤为集中。随着更多的生物创新过程从"生物活体内"转移到"生物信息学中"，高等教育机构试图通过创建新的专业科学硕士项目来填补生物学家在计算技能方面的不足，同时要在传统学位中（从本科阶段到博士阶段）增加计算生物学课程。布莱克和斯蒂芬（Black and Stephan, 2004）进行的一项调查表明，美国高等教育系统对行业需求的变化具有极强的响应能力。在1999—2003 年的短短四年时间里，生物信息学项目的数量从 21 个增加到 74 个，其中增长最多的是硕士阶段的培养项目（见图 14.2）。

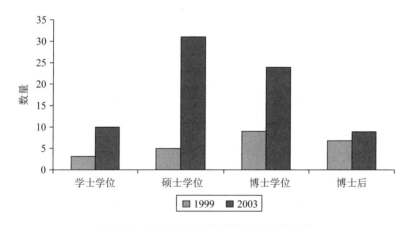

图 14.2　美国生物信息学学位项目的数量

第五节　案例研究：凯克研究生院

凯克应用生命科学研究生院（KGI）是为提供专业科学硕士而专门创建的第一家高等教育机构。1997 年由凯克基金会（W. M. Keck Foundation）出资 5000 万美元成立，是克莱蒙特学院联盟（Claremont Colleges）的新成员，克莱蒙特学院联盟下设若干机构，运作模式与英国牛津大学和剑桥大学类似。克莱蒙特有七所独立的学院，每一所学院都拥有独立的师资、捐赠和独特的身份定位，如哈维·穆德学院（Harvey Mudd College）的本科阶段，科学和工程专业是其特色，再比如斯克利普斯学院（Scripps College）是一所女子学院。两所学院都地处克莱蒙特市，允许学生免费修读彼此的课程，两所学院还共享一些公共资源（如中央图书馆、在编员工、福利管理等）。凯克应用生命科学研究生院是克莱蒙特的第二所研究生院，并加入了克莱蒙特研究生大学，在此之前，德鲁克管理学院就已经加入了克莱蒙特研究生大学。

凯克应用生命科学研究生院创建时没有依靠传统的学术系部来促进教师在研究和教学方面的跨学科合作。凯克应用生命科学研究生院提供两年制生物科学硕士（Masters of Bioscience, MBS）学位。生物科学硕士结合了计算生物学、系统生物学和生物工程学，以项目为基础进行学习，项目针对的都是生物科学公司面临的关键性任务，如药物开发、诊断、医疗设备、生物加工和工业生物技术等领域，还有小型MBA课程，如药物开发、监管培训和道德培训，都是为生命科学行业量身打造的。生物科学硕士设计成了一个专业学位，旨在为毕业生提供管理和科学技能的广泛基础，可以帮助他们最终晋升到生命科学行业的领导角色。对于那些选择从事研究的学生，凯克应用生命科学研究生院已经与克莱蒙特研究生大学合作启动了一个小规模的计算生物学博士项目。凯克应用生命科学研究生院将努力培养生物科学商业化所需的两类专业人才：一类是同时掌握计算机和生物学的应用研究人员，另一类是能够弥合生物技术科学和商业之间鸿沟的专业人才。

凯克应用生命科学研究生院试图为生物科学培育新的职业身份，主要方式之一是与工业界建立密切的伙伴关系，另外，还可以利用其地理位置的优势，凯克应用生命科学研究生院邻近南加州众多生物企业，从圣地亚哥密集的生物产业集群（Casper, 2005）到奥兰治和洛杉矶的医疗设备和生物技术公司，这些公司虽然相对分散，但是数量越来越多。这些行业伙伴关系的一些要素甚至可以算是高等教育的标准，例如创建一个强大的行业顾问委员会来制定初级课程，邀请行业专家担任客座讲师和兼职教师，吸引公司赞助应用研究，并要求所有学生在第一年和第二年之间在行业内进行带薪实习。其他一些情况则更为不同寻常：如美国国家科学基金会（National Science Foundation）资助的"创新伙伴"（Partners for Innovation）项目，凯克应用生命科学研究生院的学生团队与一流的研究机构（如斯克利普斯学院、索尔克生物研究所、伯纳姆医学研究所、巴克衰老研究所、卡罗林斯卡学院）或处于创业阶段的生物企业家合作，为有前景的技术撰写市场分析或完整的商业计划。凯克应用生命科学研究生院的所有学生可以进行一项为期一整年的团队硕士项目，用来替代硕士论文，这一般是公司赞助的咨询项目，由 3~5 名学生组成的小组可以执行各种各样的任务，例如，可以设计完成一个新设备或诊断分析的原型，以及该产品的营销策略和商业计划。自 2000 年招收第一批学生以来，凯克应用生命科学研究生院已经成立了几家公司。从技术开发到撰写商业计划再到谈成第一个供应商的合作，创业的大事小情都有学生们的参与。第一家公司是位于加州阿普兰市的爱奥尼亚科技公司（Ionian Technologies），公司成立的基础是基因扩增技术取得的巨大进展，这是几乎所有药物的开发和诊断过程中最关键的一步，市场潜力高达每年 70 亿美元。[①] 从本质上讲，凯克应用生命科学研究生院试图为生物技术的商业化创建一个学习实验室，以实际问题和新技术为出发点，与科学家和企业家进行合作，这样学生可以通过学习和社会化过程而形成新的职业身份。

作为一个全新的机构，凯克应用生命科学研究生院的毕业生在生物科学行业的就业率很高。凯克应用生命科学研究生院前三年的毕业生在完成学位后的 6 个月内，约有 90% 的人或是找到了工作，或是继续在生物科学领域深造，其中很多毕业生留在了南加州的大型生物产业集群工作。全球最大的生物技术公司安进公司一直是凯克应用生命科学研究生院的最大雇主，这也证明了该学位的广度。在首批 115 名毕业生

---

① 　爱奥尼亚科技公司最近得到了美国国土安全部签署的首批十二份合同中的两份，还得到了美国国防部高级研究计划局（DARPA）签署的一份重要合同，可以使用其技术开发探测设备，以打击生物恐怖主义。

中，安进公司聘用了 20 多名毕业生，他们在 11 个不同的部门工作，工作职责包括收集竞争情报、负责业务发展以及项目管理、工艺工程和质量控制。这些工作的共同点是个人需要能够分析某一时机的科学和商业因素，能够在团队中工作，能够与组织内的不同职能部门进行有效的沟通。

第六节　创设新型职业身份的挑战

要在生物科学领域建立新的职业身份，还必须克服一些障碍，我们对凯克应用生命科学研究生院和专业科学硕士项目的研究充分说明了这一点。这些挑战体现在三个层面：劳动力市场和技术趋势层面，组织层面，个人和人际层面。

1. 生物科学专业人才的劳动力市场

有才能的人通过竞争进入这个行业后，如果他们具备了资格，就能够得到稳定的工作，这标志着一种新的职业身份已经确立。尽管仍处于发展初期，但开局还是令人欣欣鼓舞的，但计算生物学和专业科学硕士项目仍旧面临着如下问题：如何吸引顶尖学生加入项目，如何为毕业生确立明确的职业道路。在生源问题上，新的专业科学硕士项目要从有限的理科本科生人才库中竞争最优秀的申请者，这些优秀人才有机会接受免费的教育，去攻读博士学位。他们必须说服那些想要从事生物科学行业但并不是要做基础研究工作的个人，让他们相信两年专业学位所需的前期投入可以提供很大的回报，而完成博士学位以及博士后学习需要很多年，会消耗大量的机会成本。

实现这一目标的关键是要证明毕业生中有很大一部分可以在这一新领域找到高薪工作。比较 1996—2002 年间出现在《科学》杂志上招聘生物信息学毕业生的广告（Black and Stephan, 2004, pp. 21–24），可以发现，在那段时间，计算生物学硕士和博士都开设了新课程，而且对毕业生的需求也在迅速增长，从 1996 年的 209 人增加到 2000 年的 443 人。

但是，当这些新项目的毕业生开始大量涌入就业市场时，需求却已经大幅下降了，到 2002 年，用人岗位数量下降到了 254 个。此外，雇主的行业类型也发生了转变，在 1996—1997 年间，大部分工作岗位是工业领域，但是到了 2002 年，近 80% 的岗位空缺都在学术领域。硕士毕业生的就业形势更糟糕，岗位空缺从 42 个降至只有 6 个。

就业市场对生物信息学毕业生需求的急剧下降反映了该行业的一次重大调整。因赛特公司（Incyte）、塞雷拉公司（Celera）、人类基因组科学公司（Human Genome Sciences）创建之时都利用了人类基因组解码技术，2000—2001 年间，这些走在前列的公司都陷入困境。围绕人类基因组计划的研究开展得轰轰烈烈，可是一旦这些基因组信息被置于公共领域，这些公司明显并不具备可持续发展的商业模式，无法去匹配其出众的技术能力。再加上互联网泡沫破灭和"9·11"事件后高科技股票普遍下跌，许多生物信息学公司倒闭，这些都给新项目带来了双重打击：那些能够拉动就业市场的公司不仅停止招聘，而且还解雇了一些有经验的员工，迫使这些员工与应届毕业生一起竞争。对于仍处在发展阶段、变化迅速的新兴职业领域而言，让个人为之做好准备存在着很大的困难，因为在创设新的职业资格时，不可避免地存在时间上的滞后，这就会带来风险，在专业人才供应链形成之前，人才需求可能已经出现了变化。

如果就业市场不景气，对于那些拥有新型专业资格证书的应届毕业生来说，要找到工作更加困难。正如凯克应用生命科学研究生院的教授鲍勃·沃森（Bob Watson）[1] 所说：

受过跨学科培训的年轻人很难找到工作。一个计算机科学专业的毕业生通常很难在生物系找到教学类的学术性工作岗位。生物学毕业生永远不会在计算机科学系找到工作。因此，毕业生会被贴上标签，他们必须证明自己精通计算机科学和生物学。所以有这样的问题：你要么是一个很好的程序员，要么是一个很好的实验生物学家，或者你

---

[1]　为了保护个人隐私，凯克应用生命科学研究生院的教授、研究人员和学生的真实姓名有改动。

可以去生物信息学软件开发公司，这样的公司需要你兼具以上两种能力，但现在这些公司都不是很稳定，因为纯生物信息学公司几乎没有资金支持，公司大批倒闭。目前，对于纯跨学科的年轻科学家来说，在公司里找到工作有点困难。我只希望学术界和各公司会提供更多的机会，但这必定困难重重。

对于那些想要在生物工程、计算机和系统生物学等新兴领域从事学术研究的人来说，前景相对乐观。在学术界确立新的职业身份有两个基本要素，一是确保研究有资金支持，二是在知名期刊上发表研究成果。这些从事跨学科研究的新人受益于联邦政府和基金会在这些新兴领域的重大资助计划，大学里科系的发展以及教学岗位的增加也刺激了相关领域新期刊的面世，同时，那些最知名的期刊对这项研究的价值也越来越认可。尽管取得了这些进展，但对于从事这些新领域研究的学者们而言，规避传统学科方法的影响仍然可能成为一种障碍，正如凯克应用生命科学研究生院计算生物学博士后哈里·布里纳（Harry Brenner）所说：

> 在规模较小的大学，人们追随某一领域的带头人时，可能并不会质疑他们所使用的方法。如果你认为他们的方法是不正确的，他们就会提到《自然》杂志里的人，他们会说："《自然》杂志的文章作者说没问题"，这些人的权威不容置疑。

同样，在今天竞争激烈的环境中，这些传统的观念可能会破坏获得研究资金的一些机会，以致无法获得更大且更广泛的资金来源，这些资金来源可能并不是专门针对跨学科研究的。凯克应用生命科学研究生院的教授汤姆·吉尔伯特（Tom Gilbert）讲述了他的个人经历，他要在计算机中创建人工生命，这样在研究进化过程时，可以提高效率，这是一项创新研究，他需要寻求支持：

> 我们在筹集资金时遇到了很多困难……跨学科研究的特性没有什么帮助。问题在于如果你写的提案包含理论和实验两部分，那就难免出现以下情况，审稿人并不能够同时了解这两方面的内容，所以他们也不会真的产生什么兴趣。对于一份提案而言，这可能就是能不能拿

到钱的巨大差别。如果是一篇论文，情况可能好一些，比如，一个审稿人可能会说："实验是可以的。理论部分我不明白"，而另一个审稿人会说："理论没有问题，实验部分我不懂"，这就好解决了，论文还是会通过。可如果是一份提案，可能就被扼杀了，因为评审可能只给一个"非常好"，而不是"杰出"的评价，因为他们不是理论和实验两方面都懂的专家。

大多数专业科学硕士毕业生对学术工作并不感兴趣，他们想要在生物科学行业找到管理类工作。为了获得这些职位，他们通常必须与商学院的毕业生竞争，而商学院的毕业生则拥有认可程度更高的 MBA 证书和博士学位。专业科学硕士这个新项目的毕业生很清楚他们在劳动力市场的相对优势和劣势。凯克应用生命科学研究生院的第一届学生汉克·罗伯茨（Hank Roberts）提到：

> 我认为这取决于我要应聘的职位。如果我要申请一个职位，比如临床研究类的职位，一方面需要管理能力，另一方面需要和生物学家、医生打交道，那么这个（学位）就非常符合这类工作的需求。无论在哪里供职，你都必须从事多学科工作，与一群有着不同背景的人一起合作，凯克应用生命科学研究生院的教育很好地教会了我如何做到这一点。我可以跟工程师沟通，因为我能理解他们所说的内容，然后我再跟生物学家沟通，我也明白他们在说什么，而后我要找到一个方法，让刚获得 MBA 学位的上司能够听懂这些想法，因为我的上司可能不太了解工程或生物知识。我觉得我可以很容易地学会这些东西，这让我有了一个好的开始。如果从事实验室工作，我认为最好去读个硕士学位，比如一个人可以考个生物学硕士，然后认真读两年书。

凯克应用生命科学研究生院 2005 届学生琼·居里（Joan Curie）补充说：

> 我觉得我的学位比传统学科的硕士学位更有竞争力，因为我有更广泛的背景。我的学位自然不如博士有竞争力，这是因为我没有那么多的经验。但是，就我熟悉的内容进行讨论并提出建议，这让我如鱼

得水，如果碰到不熟悉的领域我就需要深入研究。计算生物学需要专项技能，比如要熟悉一种特定的编程语言，而生物学则似乎需要生物学领域内的通用技能和能力。

为了在劳动力市场中更好地定位，凯克应用生命科学研究生院的一些毕业生也选择攻读 MBA 学位，但是生物科学硕士的课程内容更加丰富而且对生物科学的具体商业领域更具针对性。完成学业的方式一般是两种：业余时间攻读 MBA 学位，由雇主支付学费，或者参加生物科学硕士/MBA 双学位试点项目，该项目是凯克应用生命科学研究生院与德鲁克管理学院联办的。[①] 这个 "2 + 1" 项目保证学生在凯克应用生命科学研究生院学习期间，可以按照 MBA 课程要求，积累差不多一半的学分，在之后的 6~12 个月进行全日制学习，从而完成他们的 MBA 课程。让人意外的是，那些有着最多的工作经验和最佳就业前景的凯克应用生命科学研究生院毕业生反而选择攻读 MBA。例如，在科学内容线上供应这方面，汉娜·麦克林托克（Hannah McClintock）（KGI, 2004）有着广泛的项目管理和营销经验，她从凯克应用生命科学研究生院毕业时，拒绝了一个很好的工作机会，就是为了完成她的 MBA 学位。她解释了自己继续参加 "2 + 1" 项目的理由：

> 我这么做的原因很大程度上是为了信任。我的老板介绍我时，他提到了我的 MBA 学位，这一点并没有被忽视。这个头衔可能更夺人眼球吧。我希望 10 年后凯克应用生命科学研究生院的毕业生不再需要 MBA 学位。但我的决定是在当前竞争激烈的市场环境下做出的。我想要找到最好的工作。你会发现 MBA 毕业生的薪水更高。

麦克林托克说她能得到产品经理的职位和目前的薪水在很大程度上都是因为 MBA 证书，这一点未免令人唏嘘。

> "我在科学领域所做的贡献以及我在凯克应用生命科学研究生院学到的东西所带来的成果要比我在德鲁克管理学院的学习经历更有价

---

① 虽然 "2 + 1" 项目在学生中很受欢迎，但凯克应用生命科学研究生院和德鲁克管理学院决定今后不再继续这个项目。凯克应用生命科学研究生院担心这与设立生物科学硕士的目标存在冲突，设立生物科学硕士的初衷是让其替代单一的生物科学专业学位。

值。"索耶学院（Sawyer）的同学中有一些人选择放弃攻读 MBA，戴维·克里克（David Crick）就是其中之一，他的观点与麦克林托克所说不谋而合，他说："问题是没有知名度。我觉得我们能胜任很多工作，但用人单位不知道我们是谁。他们可能会选择那些他们了解的学校，比如哈佛（商学院）。"

他在安进公司谋得了一份项目系统分析师的工作，他的这个解决方案和许多凯克应用生命科学研究生院的毕业生如出一辙，都是为了设法让自己的技能脱颖而出，避免与 MBA 毕业生正面竞争。克里克说：

> 你努力把自己打造成专业人士，对科学和商业都有所了解。如果你不想和 MBA 毕业生竞争金融类工作，那就去找整合类的工作，以此作为晋升阶梯。

汤姆·索尔克（Tom Salk）博士是凯克应用生命科学研究生院收入最高的毕业生之一，他曾经在印度接受医学培训，因此才得以加入安进医疗事务部（Amgen's Medical Affairs Department），就连他都选择利用闲暇时间在加州大学洛杉矶分校安德森管理学院（Anderson School of Management）学习，以获得 MBA 学位。他是这样解释自己的选择的：

> 我希望最终能从我目前所在的部门晋升到一个更全面的领导岗位，我看了一下公司的情况，发现被选中担任这些职位的人都有 MBA 学位。

2. 组织层面

许多组织的工作方式和相对应的招聘方式都有着固定的模式，这是创设这些新型跨职能职业身份的第二重障碍。多数大学遵循的是传统的学科培养方案，不同系部教职员工之间的交流十分有限。胡德（Hood）是计算生物学和系统生物学领域的先行者之一，他回忆起自己在加州理工学院任终身教授时的经历，为了追求自己选择的研究策略，也经历过艰苦的奋斗，他把时间分别用在做最前沿的生物实验和开发能够实现定量生物学研究的工具上：

> 其中一段有趣的经历发生在任教三年后，当时（生物系）系主任

来找我，措辞十分强硬，让我放弃技术方面的工作。所有的资深教师都觉得我做技术开发是不适宜的。他们觉得如果我想从事这类工作，应该去工程系。时至今日，加州理工的生物学家们基本上还是秉持着这样的观点。很多人还是不愿接受生物学的跨学科研究方法。

胡德接着解释了这种排斥心理的一些潜在个人原因（见下一小节）：

> 生物学家想法十分简单：大多数人没有使用过繁复的技术。他们认为可以通过在试管中研究噬菌体来了解生命的整个序列（这是加州理工倡导的一项具有影响力的研究）。这是令他们引以为傲的。开发出推动生物学发展的新型工具似乎是工程师应该做的，而真正的生物学家不用做这样的事情。我对这种观点完全不赞同。

沃森（Watson）曾设法与计算生物学领域的一位同事建立初步合作关系，通过讲述自己的经历，沃森证实了开展跨学科研究仍旧困难重重：

> 我在生物系，他在计算机科学系。这两座大楼毗邻而居，但此前，两个系部之间完全没有任何交流：大家互相都不认识。

项目伊始，加州大学圣地亚哥分校做出了一系列设计选择，旨在促进跨学科合作，完全展现出凯克应用生命科学研究生院的跨学科特点，不让其成为传统的教学系部，调整了生物学家和化学家的办公室，以最大限度地实现非正式的交流，创建共享核心实验室，实现核心课程的团队教学。

> 罗素·杜利特尔（Russell Doolittle）教授曾是加州大学圣地亚哥分校生物系的教师，他回忆说："起初效果非常好。但预算出现了问题，然后为了离心机的归属问题，大家开始争论不休。"

加州大学圣地亚哥分校发展速度飞快，将传统的课程和学科部门安置在不同的教学楼，会降低成本，也更加便利。

取得终身教职的过程，成为专家后随之而来的压力，以及在某一特定学科领域内针对某个具体问题发表论文的压力，都可能会使年轻科学家对跨学科工作望而却步。沃森提到：

　　大学内部的奖励机制十分重要。事实上，这是最重要的因素之一。我就曾面对这样的问题……生物学领域中那些十分了解计算机技术的进步生物学家，他们过来告诉我，我正在做的事情很了不起，但其中的生物学意义在哪里？面对终身教职问题时，对于要做些什么，资深教师的想法还是存在着巨大冲突的。

　　绕过传统院系界限的一种方法是设立新的跨学科组织，但正如沃森所说，这在传统的大学体系中是很难实现的：

　　　　旧的模式让进行跨学科研究的教师还留在传统的院系中，这种方法是行不通的，因为有些十分守旧的大学不愿意让旁人来玷污他们的院系。因此，高校的管理者不得不避其锋芒，在校内建立跨学科研究所或研究中心。项目资金是个大问题，因为如果看不到自己有何直接收益，没有哪个部门愿意拿出自己来之不易的资金。所以这些研究机构的建立必须依靠外部资金投入，而外部资金投入是有限的。基金会提供的资金可能是这些机构发展的唯一途径。

　　加州大学旧金山分校、哈佛大学和普渡大学这些走在前列的学校近年来正是采取了这种策略，绕过生物科学领域的传统壁垒，在常规的院系结构之外设立了新的跨学科研究机构。以普渡大学为例，该校已筹集了10亿美元，为200位新聘任的教授提供资金支持，这些教授都供职于新设立的跨学科中心。

　　美国的各基金会或财力雄厚的个人也为设立全新的研究机构提供了支持，像圣地亚哥的索尔克生物研究所、斯克利普斯学院、伯纳姆医学研究所或是凯克应用生命科学研究生院都是受益者，尽管如此，在推动跨学科工作和身份形成方面也仍旧存在障碍。规模就是其中的一个问题，一个新成立的研究所很难聘请到足够多的各领域专家，个人专业领域的研究深度不够，其广度又不足以进行跨学科研究。正如凯克应用生命科学研究生院的罗伯茨所言：

　　　　我现在的合作项目大多是对外的。以我们目前的计算（生物学）教职员工数量看，要取得良好的平衡，从而真正实现内部合作，我们可能需要将实验端的研究活动增加一倍或两倍……归根究底是没有达到必要的数量。

一些教职员工还提到了需要科学系统的管理，好的领导可以帮助发现令人感兴趣的问题，这些问题需要来自不同学科的研究人员进行密切合作，还要能够提供众人合作时所需的各种资源。

在新的跨学科工作和职业身份形成受到阻碍的问题上，生物科学公司内部的组织环境似乎与高等教育的情况十分类似。大型制药公司内部传统的职能部门可能会阻碍这些新的方法。正如凯克应用生命科学研究生院的教授南希·富兰克林（Nancy Franklin）针对这种新的工作方式所谈到的那样：

> 尤其是在大公司里，员工必须走出舒适区。（生物学家可能会想）有问题也是化学系的问题，不是我的问题。

为了解决这一问题并解决研发生产力下降这一更普遍的问题，许多大型制药公司近些年已从职能部门向跨学科团队或专注于特定治疗领域的小型业务部门转型。随着现有公司的内部重组，出现了一批全新的生物技术新公司，这些企业率先将这些新技术商业化，并对新身份和跨学科的工作方式持更开放的态度（Oliver and Montgomery, 2000）。富兰克林说："小公司确实没有那些阻碍跨学科工作的看法或是界限。"

许多初创的生物科技企业与孵化它们的大学实验室或研究机构之间有着密切的交流，这有助于将这些新的组织模式转移回学界。

> 富兰克林说："生物技术公司将源自研究机构的重要发现实现商业化。科研人员或是科学家会受邀成为公司创始人，有时也会担任咨询师或科学顾问，他们接触到了一种新的工作方式。"

但是远离生物技术集群的研究型大学，缺乏这种双向交流，这可能会阻碍它们向新模式的转化。富兰克林说：

> 它们没有接触到跨学科的工作。甚至连它们的系主任或院长也不知道什么是跨学科研究；他们从未亲眼看见。生物技术公司所在之处有各种交流、实例或是模型，就摆在人们面前；对于科学的看法以及如何对其进行操作，这里的人们与美国中西部的人们想法完全不同，因为对于科学是如何进行实操的，中西部的人们完全没有接触过，没

有这方面的经验或相关知识。你可以阅读相关书籍，但如果你从未亲手实践过，实际情况是完全不同的。

虽然小公司的非正式组织和团队环境可能更有利于跨学科工作，但即使在这样的环境中，缺少对计算生物学和湿实验室生物学两个领域都有足够了解的专家，也可能成为有效整合这两个领域的主要障碍。一家初创的公司采用了伙伴制，让生物学家和程序员搭档，为药物研究开发新的计算工具，该公司的一位高层领导说：

> 研发这些工具的员工所面临的困难是他们并不真正理解自己在做什么。他们想要开发一个非常复杂的数据库，包含许多功能。这是一个复杂的产品，因此项目需要很好地进行协调，但实际情况并非如此。对产品需要什么或产品由什么组成，没有多少人有一个全面的看法。我多次试图说服公司腾出时间来对员工进行培训，使他们能够更好地沟通。即使没有一个整体的认识，他们至少可以和同事讨论其他人正在研发的另一个组件。但是所有人都各忙各的，这一想法并没有实现。

这种方法的另一个潜在缺陷是很难激励那些本身对生物学不感兴趣或不擅长的程序员，正如这位领导所说的：

> 尽管他们有编程能力，但他们不知道正在研发的组件要满足什么样的目标。只是告诉他们要做某个东西。这怎么可能取得成功呢？即使你做对了，你也不知道完成了什么。只是完成工作而已，编写代码，仅此而已。很难让他们对自己的工作充满动力或者有什么满足感。

3. 个人与人际层面

从事不同学科的人们进入了生物科学这一崭新的领域，在理顺和解决各学科相关问题的过程中，每个人都各持己见，而在生物科学领域形成新的跨学科职业身份所面临的第三个挑战正是要找到合适的途径来整合每个人截然不同的方法。应用数学、计算机科学、物理学这些学科的特点是定量研究和理论驱动，而生物学研究的理念与之有所差异，这些观念的差异体现在研究过程的每个步骤上。凯克应用生命科学研究生院的教授吉姆·巴尔的摩（Jim Baltimore）认为，这些差异始于对问题的定义方式。他的研究方向正从物理学转向计算生物学：

> 我们处理问题的方式不同，因为他们（生物学家）是从另一个方向出发的。他们是从结果入手的。举例来说，我正在研究蛋白质折叠识别。对我来说，这个问题非常有趣，因为它涉及很多非常复杂的建模。我感兴趣的是模型，是学习如何建模，从而提高准确性等诸如此类的问题。从生物学家的角度来看，这些却没什么意思。他们感兴趣的是，如果你找到了准确的算法，可以用它做什么？在阐明细胞功能时，改进后的模型有何帮助？这是生物学家感兴趣的。

第二个不同之处在于确定解决问题的最佳方法，布里纳（Brenner）说：

> 为了构建模型，每一步都需要明确地定义。但是，生物学家面对这个问题时，似乎并不关心也不理解为什么要使用这样一个模型。他们只考虑如何做实验。他们使用"图片或图示"来表现他们研究的自然世界。

巴尔的摩教授也持这种看法：

> 在生物学中，控制性实验的概念很常见，但在物理学中这种概念却不太常见。因为物理实验往往非常精确，并不需要控制。但是生物学家希望得到定性的结果。他们不相信实验得出的数据，所以这些数据极容易出错。对物理学家来说，这样做实验则是十分愚蠢的。但是对生物学而言，这却是个好的实验。在物理学中有详细的理论模型，模型是由微分方程和数学方程来描述的，物理学家想要做的是检验数据是否完全符合这些模型。所以他们需要非常精确的测定。生物学家不需要精确的测定，他们只想知道他们是在控制的一端还是另一端，这就够了。

第三个不同之处在于如何解释这些发现。巴尔的摩教授说：

> 例如，如果我发现我的模型和一些数据出现不一致，如果我是物理学家，我会很失望，而生物学家则对此非常感兴趣，因为这是一个

异常值，而异常值在生物学中是非常有用的。任何违背常规的基因都是值得关注的基因。对于物理学家来说，这意味着他们的模型失败了。对生物学家来说，这却不是模型的失败。它告诉我们，大多数基因与模型相符，但也有一些非常值得关注的基因。生物学家们因此就可以进入实验室，对这些基因进行若干年的研究。

最后一个不同之处在于如何撰写研究结果以及在哪里发表，正如沃森所说的：

计算机科学家想要写一篇关于工具本身的论文，他们可以做到有理有据，因为他们的专业地位就依赖于制造这些工具，而这些工具是完全可以进行归纳概括的。他们制作的工具也可以用在其他地方。这些工具是可以通用的，当然也是要针对特定情况的，如生物数据等。所以他们乐于在计算机科学杂志上发表关于这个工具本身的文章。这对我来说没什么吸引力。我想用这个工具对生物数据集进行一些运算，让我对生物学有新的见解。所以这是一种认知上的冲突，满足他们需求的同时满足我们自己的需求是非常重要的，而且十分有必要在有限的资源下达成某种共识。

在问题定义、方法和解释方面存在着差异，想要克服这些问题可以通过几种途径来实现。第一种方法是要尝试在来自不同学科的个体间形成共通的理念，这项任务是艰巨的（Mohrman et al., 1997）。另一种方法是让接受过一门学科培训的个人完全转向另一门学科领域，这种情况多出现于接受过定量培训的物理学家或计算机科学家转而从事生物学，而生物学家改行成物理学家或计算机科学家的情况却不多见。布里纳对转行过程中成功和失败的人进行了对比，也讲述了他个人的经历：

我观察过很多物理学家所做的工作，优秀的物理学家往往都从事交叉学科研究——他们几乎无一例外地都会阅读生物学期刊，引用生物学期刊内容，并在生物学期刊上发表文章。那些表现不好的物理学家通常是那些没有广泛涉猎的人。我真的很想成为一名计算生物学家。很多物理学家在没有掌握所有知识的情况下试图进入这个领域，你无法去测试他们制作的模型，因为你无法去测定他们使用的参数。

他们对科学没有贡献，因为他们虽然可能成功地解决了问题，但人们没有办法去验证他们的解决方式。这可能是问题所在，我希望自己不会重蹈覆辙。当然，这只是我早期研究中曾出现的一个问题。

第七节　结论

近年来，美国生物科学领域推出了各种举措，培养个人的新型技能，个人还可以考取资格证书，这些经验对我们都有所启示，在当今快速变化的全球经济中，创设新型职业身份的努力存在着潜力的同时也有不足之处。美国高等教育体系在制度上具有灵活性，培养具有新型学历资格证书的专业人才基本不成问题。然而，对于确立新的职业身份而言，形成这样的劳动力供应只满足了一半要求，对具有新型能力和资格证书的个人，还必须有稳定的用人需求。

美国的这两个项目都是崭新的，仍处在发展阶段，其目标都是为21世纪的生物技术革命培养领军人才，一个项目是培养计算生物学或系统生物学的跨学科博士，以便能够开发下一代生物技术工具并取得突破，另一个项目是新型专业硕士的培养，他们能够整合商业技能和技术技能，旨在将科研上的突破转化为商业产品。比较研究的初步结论是：在已经成型的博士培养体系内，培训新的计算生物学研究骨干可能会更快捷，而不需要设立一个缺乏认可且在业内没有明确职业道路的全新的学位类型。其中一个原因是，在博士这个层次上，高等教育机构不仅有着源源不断的毕业生，而且也需要他们去填补科研和教学岗位。大多数尖端生物技术都是先在大学开发完成，而后才能逐步达到商业化应用的阶段，所以对这些研究人员最初的需求都集中在学界。此后私营企业才会开始聘用他们，如果私营企业对生物信息学毕业生的需求下降，用人需求主要还是在高等教育领域。

这项研究还表明，美国的大学有能力迅速地为学者创设一种新型职业身份，将生物学与计算机技能和工程学技能相结合，这得益于许多制度因素，这些因素有助于克服院系之间和专业团体之间的传统壁垒。其中包括：

- 校友和基金会（斯隆基金会、凯克基金会、惠蒂尔基金会）出资支持建立新的研究机构或跨学科系部。
- 联邦机构（美国国立卫生研究院、美国国家科学基金会、美国国防部）出资鼓励支持跨学科研究和转化研究。
- 在当今全球化、互联网经济的环境下，新的科学期刊创刊、专业会议召开都比较容易，因此，一个新兴行业的内部成员之间也可以共享信息。

这一新兴学术领域的内部成员能否像生物化学和生物工程领域的前辈那样，稳步确立一种新的、独特的职业身份，这一点还有待验证，亦有可能计算机技能不过是 21 世纪所有生物学家所需的一种工具而已。如果（貌似有可能性）一个独立的、更专业的学科能够成功地拓展独特的商机或就业机会，还能培养出懂计算机的生物学家这样的通才，那么眼下的争议也就消失了，诸如生物信息学、计算生物学和 / 或系统生物学这样的交叉学科将会获得承认。

对于那些完成了专业学科硕士教育的学生来说，更大的挑战是要去证明在博士和 MBA 这两个并驾齐驱的顶尖学位之间，是否存在第三条合理的出路（即整合科学和商业）。最终的成功将取决于企业是否愿意聘用这些毕业生，以及毕业生能够以多快的速度晋升到生物科学行业的领导角色。安进公司运营执行副总裁丹尼斯·芬顿（Dennis Fenton）毫不怀疑跨学科教育的价值：

> 生物技术企业的成功既依赖于对科学的理解，也依赖于实用的企业管理技能。凯克应用生命科学研究生院的生物科学硕士学位提供了绝佳的准备，让其毕业生可以将对科学的憧憬转化为产品。

参考文献

Black, G.C. and P.E. Stephan (2004). *Bioinformatics: Recent trends in programs, placements and job opportunities*. Report to the Alfred P. Sloan Foundation Department of Economics, Andrew Young School of Policy Studies, Georgia State University.

Bureau of Labor Statistics, U.S. Department of Labor (2005). *Occupational Outlook Handbook, 2004–05 Edition, Biological Scientists*. Retrieved April 20, 2005 from http://www.bls.gov/oco/ocos047.htm

Casper, S. (2005). *How do technology clusters emerge and become sustainable? Social network formation and inter-firm mobility within the San Diego biotechnology cluster*. Paper presented for EGOS Annual Conference, Free University, Berlin, June 30–July 2.

Cooke, P. (2003). The evolution of biotechnology in three continents: Schumpeterian or Penrosian? *European Planning Studies*, 11, 757–763 (Special Issue on Biotechnology Clusters and Beyond).

Ferlie, E., L. Fitzgerald, C. Hawkins and M. Wood (2005). The nonspread of innovations: The mediating role of professionals. *The Academy of Management Journal*, 48(1), 117–134.

Finegold, D. (2006). The role of education and training systems and innovation. In G. Hage and M. Meeus (Eds.), *Institutions and innovation*. Oxford: OUP.

Fontes, M. (2001). Biotechnology entrepreneurs and technology transfer in an intermediate economy. *Technological Forecasting and Social Change*, 66(2), 59–74.

Gatenby, R.A. and P.K. Maini (2003). Mathematical oncology: Cancer summed up. *Nature*, 421, 321.

Hagstrom, W.O. (1965). Social control in science. In L. Beckman and B.T.

Eiduson (Eds.), *Science as a career choice: Theoretical and empirical studies* (pp. 593–601). New York: Russell Sage Foundation.

Hilts, P. (2003). *Protecting America's health*. New York: Alfred A. Knopf.

Ibarra, H. (1999). Provisional selves: Experimenting with image and identity in professional adaptation. *Administrative Science Quarterly*, 44(4), 764–791.

IBM (2004). *Pharma 2010: Silicon reality*. Somers, NY: IBM Business Consulting Services.

Leicht, K.T. and M.L. Fennell (2001). *Professional work: A sociological approach*. Malden, MA: Blackwell Publishers, Inc. (Oxford: Blackwell Publishers Ltd).

Mohrman, S., S. Cohen and A. Mohrman (1997). *Designing knowledge work teams*. San Francisco: Jossey-Bass.

Mowery, D.C., R.R. Nelson, B.N. Sampat and A.A. Ziedonis (2004). *Ivory tower and industrial innovation: University-industry technology transfer before and after the Bayh-Dole Act*. Stanford: Stanford University Press.

National Institute of Health (1997). *Working definition of bioengineering*. Washington, DC: NIH Bioengineering definition committee. Retrieved from http://www. becon.nih.gov/bioengineering_definition.htm

Nebeker, F. (2002). Golden accomplishments in biomedical engineering. *IEEE Engineering in Medicine and Biology Magazine (IEEE Eng Med Biol Mag)*, 21(3), 17–47.

Nerem, R. (1997). The emergence of bioengineering. *The Bridge*, 27(4). Retrieved April 12, 2005 from http://www.nae.edu/nae/bridgecom.nsf/weblinks/NAEW4NHMP9?OpenDocument.

Riggs, H. (1999). *Venturing*. Claremont: Keck Graduate Institute.

Oliver, A. and K. Montgomery (2000). Creating a Hybrid Organizational Form from Parental Bluprints: The Emergence and Evolution of Knowledge Firms. *Human Relations*, January, 53,1, 33–56.

Shahi, G. (2004). *Biobusiness in Asia*. Singapore: Pearson/Prentice Hall.

Zucker, L. and M. Darby (1996). Star scientists and institutional transformation: Pattern of invention and innovation in the formation of the biotechnology industry. *Proceedings of the National Academy of Sciences*, 93, 12709–12716.

结　语

英国华威大学

艾伦·布朗（Alan Brown）

德国不来梅大学

西蒙娜·基帕尔（Simone Kirpal）

这本编辑后的《工作与职业身份认同》一书汇集了一系列的观点。在很多情况下，协调安排工作的方式、劳动力市场和工作所处的更广泛的环境以及雇主的期望都发生了相当大的变化，而应该如何处理与工作有关的身份在形成过程中的连续性和变化正是本书关注的内容。工作环境、就业条件和工作的组织模式发生了改变，影响着个人的职业方向，很多时候，承诺方式和工作身份的模式本身也正在经历着重大变化。然而，这些变化对不同工人群体的影响程度有很大差异，同时，对许多工人来说，过去的工作方式也有很大的连续性。

与工作有关的身份在形成过程中，起关键作用的因素仍然是职业和组织，工作身份本身也是个人的广义社会身份的重要因素。虽然职业仍然是身份形成的一种重要组织原则，但很多人"自我"意识更强，因此职业身份的地位有所下降，"制造"身份这个内部维度与"接纳"身份这个外部指向之间原有的平衡正逐步倾向于"制造"身份。本书选取的诸多文章都有助于理解这些问题。

第一部分探讨了不同职业群体职业身份的意义。"欧洲劳动力市场中的职业身份、灵活性和流动性"项目联盟（FAME Consortium）的文章引起了人们对个人身份构成的关注，即"在不同社交场合恰当出现的各种自我"（Cohen, 1994, p. 11）。因此，在不同的环境下，一个人工作身份的自我定义可能会有所不同，因为这些身份是灵活的、有条件的且可以主观进行调整的。在此过程中，个人扮演着至关重要的角色，积极地塑造着她/他的工作身份，这是一种动态的互动，工作塑造着个人，同时个人也在塑造工作过程和结构。自我不是一个自主的主体，是由社会和文化构建的，个人身份的某些要素总是由集体强加的。但是，个人能够有意识地、有目标地去行动，即便是在有制约的条件下，也能够选择角色以及表现方式（Cohen, 1994）。

虽然工作仍然是个人整体身份的组成要素，但在影响身份形成的诸多因素中，工作只是其中的一个组成部分。尽管如此，在形成社会身份的过程中，能够掌握某一特定的职业专长往往发挥着重要作用。熟练的工作可以是一种媒介，可以诠释自我存在的意义，成就一生的诉求和利益。一个职业可能限定了一个人一生所能接触到社会范畴，也代表着有意义的社会关系中的关键点之一。在"社会结构"和"私人领域"内的行为之间有一个特殊的位置，能够从事自己选择的职业就占据着这个特殊的位置。在社会生活中，能够从事自己选择的职业也十分重要，它是参与社会和经济的固定通道，可将其视为对于个人价值的感受或对于自身看法的重要来源，也是向外部世界展现自我的重要途径（Goffman, 1959）。

在关于丹麦银行从业者的一章中，作者莫滕·斯米斯特鲁普（Morten Smistrup）提到，在形成最初的职业身份和成为实践社区成员的过程中，培训都是至关重要的，尽管如此，个人职业身份的再现和转变体现在其一生的工作和学习过程中。这种连续性和形成过程之间的二元性是职业身份的一个重要因素，在转变时期更是如此。此外，银行职员的工作特点是利益和需求的冲突。这意味着银行职员个人必须不断地去平衡这些相互关联的需求，并根据银行职员身份的自我理解来处理这些需求。这说明职业身份并不一定是内在一致的，它可能只是一个框架，在这个框架内，个人必须在以利益冲突为特征的工作环境中创造某种一致性或意义。职业身份可以建立起共通的方法，这些方法之间或许存在着矛盾，但有经验的从业者通常可以共享这些方法，而那些刚刚完成了初级培训的员工可能会觉得需要付出很大努力才能解决这个问题（Eraut, 2004）。

个人的职业身份固定在一个特定的环境中，但也有时间连续性的因素，因为任何学习过程都是建立在以前的知识、见解和价值观基础之上的。但是，时间连续性不仅包括你现在和过去的形象，还包括你未来可能出现的形象。从这个意义上说，职业身份不仅是在重建过往的基础上来构建现在，更多的是对未来的预测。关于德国的少女母亲的一章是由格温多林·保罗（Gwendolyn Paul）和尤塔·齐贝尔（Uta Zybell）完成的，充分论述了参加工作所带来的社会和心理方面的巨大益处，年轻母亲可以因此避免出现脱离社会的情况，避免出现让她们感觉自己能力有限的情况。融入工作环境以及参加工作对这些年轻母亲的身份产生了整体影响，在身份形成的过程中，工作和家庭生活之间相互依存的关系得到了强调，并让人们意识到，对很多人而言，而今加入一个社群的基础是工作，而不是住所。

尼基塔斯·帕蒂尼奥蒂斯（Nikitas Patiniotis）和格拉西莫斯·普罗德里米蒂斯（Gerasimos Prodromitis）所撰写的一章还指出了在身份形成过程中工作和家庭生活之间相互依存的关系，他们调查的是希腊旅游业中通常由家庭经营的小型企业中工作人员的工作身份。这些人必须要应对多重身份所带来的挑战，这些身份对他们如何完成工作有着重要的影响。家庭身份往往与工作产生交叉，个人也可能从事一些季节性工作或是做一些兼职；这些工作都可能会受到各种不稳定的就业条件的影响。在这种情况下，在劳动力市场上保持灵活性和适应性可能是所有家庭成员都需要应对的挑战，而不仅仅是某个人的问题，家族企业中的工作可以按需调整，以适应家庭成员工作需求的变化。

菲利克斯·劳耐尔（Felix Rauner）所撰写的一章包含如下内容，像德国这样具有"强大的"初级职业教育培训体系的国家，如何为特定类型的工作以及与工作有关的身份提供社会认可的路径方法，而在员工绩效导向和质量意识方面，这些方法可以有哪些明确的组织利益。在职业劳动力市场定义明确的体系中，初级职业教育培训体系可以造就熟练工人以及"牢固的"职业身份，该路径的价值清晰可见。芬戈尔德和瓦格纳（Finegold and Wagner, 1999）强调这种情况在制造业领域尤为明显，制造业多是以多样化质量生产体系为基础的，需要有能力的熟练工人和工程师。芬戈尔德和瓦格纳还提出这一生产体系是基于个人绩效的，而在精益求精的生产过程中，工作绩效的基本组织单位是多功能团队，这种转变在美国体现得尤为明显，这对德国的组织方式的确是一种挑战。梅森和瓦格纳（Mason and Wagner, 2000）将这一论点进一步深化，他们强调，"牢固的"职业身份、正式的结构和制度支持都成功地为德国的传统制造业提供了保证，但这些因素似乎并不适用于高科技产业，而英国的情况则恰恰相反，虽然英国的化学工业和工程工业这样的传统制造业表现得并不突出，但在发展迅速的行业中（如电子产业），英国的贸易量和创新能力都可圈可点。梅森和瓦格纳认为，高素质的科学家和工程师流动性很高，这有助于知识和经验的隐性传播，可以在企业间产生合作研究的关系。总体而言，与工作有关的身份在系统层面上的个体性或集体性、职业性或组织性，其水平不同，在不同的部门和工作环境中，对组织绩效所产生的影响也有所区别。

第二部分中的各篇章研究的是个人身份、工作和就业之间的动态关系，还特别阐述了个人如何应对现代工作环境对灵活性的要求，以及个人如何将不同的工作经验整合到清晰连贯的自我形象中，从而在他们的个人身份和职业叙事中产生连续性。萨宾·雷德尔（Sabine Raeder）和古德拉·格罗特（Gudela Grote）研究了灵活工作背景下的个人身份，他们对有过转行经历的瑞士工人进行了一项调查。他们得出的结论是，通过强调时间连续性以及高度的整体生态一致性，这些工人中的大多数成功地将转行与其身份进行了整合。个人如果能够构建连贯的职业叙事，这是具有心理价值的，尽管雷德尔和格罗特认为，如果环境发生变化，个人可能需要外界帮助来理解自己的个人履历，也可能需要外界帮助来构建与工作相关的新身份，但这些身份可以与过去发生的事情联系起来，也可以由此展望未来。

斯蒂芬·比利特（Stephen Billett）还研究了个人在经历职业和就业

中的重大方向调整这样的变化之时，是如何建构其生活连续性的。与雷德尔和格罗特的观点一样，要创造连贯的自我形象这个追求十分明显，这一过程受到个人自我意识的影响，个人是其中的活性剂。要创造一个连贯的自我形象，需要协商一个与工作相关的新身份，这反过来又影响了他们参与新工作的方式。这一点很重要，因为这些人不是被动地接受新的角色，而是参与到了学习和重塑工作实践的过程中。也就是说，工作本身变得不同了——他们适应"新"工作的过程不是单向的，他们也在积极地改变工作过程。所以他们也在积极地塑造新的工作身份，其塑造方式对于有关人员而言是很重要的，这反过来又让个人能够构建连贯的职业叙事，即使其职业生涯中最初的偏离不是出自本心，他们在一定程度上仍可以控制其职业生涯的方向。与终身学习相关的政策和实践以及"自我"的个体意识二者相结合是有其重要性的，而这种重要性需要得到承认，不仅仅要给那些还没有明确职业方向的人提供支持，其他人也应得到支持。这些人渴望参与学习，让工作朝着他们想要的方向发展，从而能够符合他们的自我意识以及与工作有关的身份类型，他们认为这种身份与其自我意识是一致的。

西蒙娜·基帕尔（Simone Kirpal）和艾伦·布朗（Alan Brown）研究的是英国和德国的三个案例，这些案例研究的对象是工作态度"灵活"的个体，他们积极地利用了灵活性、流动性和学习来满足他们更广泛的职业目标并拓展了自己的职业范畴，他们准备好在必要时改变组织和／或职业的某些方面。他们是员工的典范，在其就业轨迹中，以其个人主义基础形成了高度"灵活"的身份，这对他们来说比任何职业或组织承诺都更有力量。他们的工作身份是高度个性化的，主要基于个人技能、持续学习的能力和以项目为导向的工作态度。这种灵活的工作认同感的演变在"战略野心家"群体中很常见，他们认为他们目前的工作岗位和／或组织依恋是职业生涯的一个阶段，由于工作性质，他们从事的工作涉及的变化相对频繁。他们努力"前进"，并将职业生涯视为自己积极构建起来的东西。他们知道自己当前的角色不过是"暂时的"，这种想法一定程度上影响了他们对于当前角色的依恋。

灵活性既可以被视为一种战略工具，也可以被视为个人自身的一种特质，这种特质与其自我实现的追求密切相关。基帕尔和布朗着重介绍的案例涉及范围广泛，是从 7 个欧洲国家的 500 多名员工中选取的，在各种各样的环境中，员工们并没有被动地接受工作角色，而是积极地对其进行重新定义。他们积极地重新定义并挑战传统的工作角色及工作认同感的概念。工作身份也会随着个人终身就业轨迹的调整而变化。这可能意味着身份在形成归属形式和高度灵活的工作认同感形式之间来回转换。在这种情况下，起决定作用的是个人的反应或是"策略"：他 / 她是否承担被动或主动的角色；风险关系水平，利用灵活性、流动性和学习作为工具追求自身利益的开明态度和能力；以及对工作的依恋。在形成其职业定位和职业身份的过程中，适应社会生活并接受过培训的员工，其灵活性和主动性更高，而没有适应社会生活的员工在灵活性和主动性方面与前者存在明显差异。

第三部分研究了职业身份形成与组织承诺之间的关系。耶胡达·巴鲁克（Yehuda Baruch）和亚伦·科恩（Aaron Cohen）讨论了承诺与个人工作身份的相关性，并建议可以将进一步研究的重点放在承诺和身份的综合影响上。个人身份代表了在同一社会群体中，我们如何看待自己与他人的不同，而社会身份体现了在同一社会群体中，我们与他人类似的"自我"概念（Arnold, 2005, p. 333）。各组织面对的一个挑战是让员工产生联系，将其职业身份和组织身份结合起来或是联系起来。伊巴拉（Ibarra, 2003, p. 18）指出，当一种工作身份被他 / 她生活中的形成性事件所定义时，个人的反应往往是试图找到意义——创造或识别变化的催化剂和触发器。这些可以用在职业叙事当中，围绕着修改我们的"故事"而展开。关于身份和承诺这两个重要的构想，巴鲁克和科恩认为，虽然两者之间有一种互惠的关系，但主要是身份影响着承诺甚至是限定了承诺。一旦某人开始认同一个组织，他 / 她就开始形成承诺。当然，承诺会以一种周期性的方式加强身份。在职场中，组织身份和职业身份对组织承诺和职业承诺都有重要的影响。

伯恩德·哈斯勒（Bernd Haasler）的研究对象是德国大众公司的一

家大型汽车厂里的工具制造学徒，他发现这些工作第一年的新学徒对公司的认同感要比他们对于自己选择的职业分工归属感强烈得多。事实上，公司里的大多数工程学徒更愿意接受商业学徒制，无论是在他们职业选择的动机方面，还是在他们以前的实践经验方面，他们对工程学没有表现出任何明显的兴趣。他们认为最重要的是成为公司的员工。即使在他们后来的培训或工作中建立了对其职业分工的认同感，但职业兴趣不再是常见的驱动因素，这与以往的情况是不同的（Haasler and Kirpal, 2004）。海因茨（Heinz, 1995）关注的是学徒制的社交功能是如何在如下两方面起作用的：从学习者的个人角度来看，是为了在特定的职业中取得成功做好准备；从职业社区的角度来看，要"塑造"一个人，使其符合特定社区内的既定规范和标准。

哈斯勒所撰文章得出的结论如下：需要关注组织承诺的形成，如果在组织内承担的角色可能随着时间的推移而变化，则需要对其更为关注。在分析赫立格尔和赛贝尔（Herrigel and Sabel, 1999）的说法时，以上观点需要特别注意，他们认为"德国那些按订单装配和专门从事定制的工厂很少使用多功能团队，部分原因是德国技术工人的个人身份似乎与模糊的个人角色及细化的技术技能要求相冲突，而这些细化的技术要求出现的同时，向团队型组织的转变也可能会出现"（pp. 152–153）。如果哈斯勒的发现是更广泛趋势的一部分，对新近取得资质的技术工人来说，这可能就不是一个问题了，这里所说的趋势是将员工的组织归属感和个人工作导向的影响与员工的职业身份相比较时，他们的职业身份并不是那么强有力的。

西蒙娜·基帕尔、艾伦·布朗和穆罕默德·迪夫（M'Hamed Dif）的定性研究对象是法国、德国和英国的 300 多名员工，其研究结果表明，个人对传统模式的组织承诺和对工作的认同感与工作中日益增加的对灵活性的需求和学习需求可能会产生冲突。他们发现了员工承诺和工作身份的普遍趋势呈现"个性化"，而当个人想要形成以多技能和灵活性为基础的、积极的且具有"创业精神"的工作态度时，这种普遍趋势却是一种挑战。正如比利特、雷德尔和格罗特所述的案例，一些员工很好地适应了新的挑战，积极参与学习，并将这些变化融入了新的职业叙事中。另一方面，有些工人因为缺乏必要的资源、技能和能力，变革带来的挑战使他们感到畏惧，他们在工作中没有得到充分的外部支持，无法适应不断的变化，这可能导致他们被劳动力市场拒之门外。

石川晃弘（Akihiro Ishikawa）所撰写的一章让读者了解到对日本工人的一些刻板印象是完全错误的。即使是终身雇佣制的全职工人，他们也不像其他国家的工人那样，会把工作摆在生活的中心，工作满意度和对公司的依赖程度也不如其他国家工人那么高。不同的工作阶层（如体力劳动者、行政人员、主管和技术人员），他们对就业和谋生的意义有着完全不同的理解。这并不是说工人中就不存在加班和额外的与工作有关的承诺，问题在于工人对工作到底有多积极，而这种积极的态度本应作为特别组织承诺的一部分而普遍存在。那些没有稳定工作的人，尤其是日本的一些年轻人，对于坚定的工作承诺持消极态度，很多日本人原本都是全身心地投入工作，但他们所秉持的以工作为导向的传统生活方式逐渐被抛弃了。

与工作有关的身份在适应不断变化的环境时，个人力量发挥着重要作用，但当不断变化的工作总体情况或工作要求促使新的工作身份出现时，工作身份也受到组织和制度机制的影响，第四部分的文章阐述了相关内容。莫妮卡·尼兰德（Monika Nerland）和凯伦·詹森（Karen Jensen）所撰文章的内容是关于在构建新的职业身份时，初级教育的变化所发挥的作用。几年前，职业角色的集体意识还很强，而近些年形成的新的职业身份则更加个性化。挪威的护士专业或计算机工程师专业相关课程体系和政策文件，要么间接地要么明确地提出了希望学生成为知识的创造者、跨界者和自我与道德的创新者。这些研究表明，将身份形成置于一定的背景之下非常重要——身份受到时间和地点的巨大影响——但工作身份之间的相互差异也越来越大。这不仅是因为个性化的普遍趋势，还因为在身份形成过程中构建意义的任务越来越呈现个性化。拉什（Lash, 2003）将这个过程描述为"内包"，也就是将功能、活动和责任重新分配到个人，而在传统意义上，这些曾经被认为是集体需要考虑的问题。

大卫·芬戈尔德（David Finegold）和罗伯特·马托塞克（Robert Matousek）所撰章节体现了美国生物科学行业的技能要求变化所带来的对新课程体系的需求，由此可能形成生物科学专业人才的两个新兴行业。这些新型专业人才掌握了新的技能组合：他们是能够整合编程技能和生物知识的计算生物学家，是能够整合科学和商业，从而帮助新产品实现商业化的生物科学商务人才。但是即便这些学生通过这些新设计的课程获得了新的典型职业身份，在将这些新的职业形象和身份转化为工作中的新角色之前，他们仍需要克服劳动力市场和组织的重大挑战。

总的来说，本书整理的各篇文章突出了个体作为行动者是如何塑造个人职业轨迹和职业生涯的。多位作者都认为个人作为其工作传记的协调者发挥着愈加积极的作用。他们成为积极塑造其个人工作导向和承诺模式的行动者，而在几十年前，这些往往都是由集体塑造的。但是，雇主也会塑造与工作有关的身份，例如，他们需要具有团队合作和有效沟通能力的这些"现代"技能的熟练工人（Davis et al., 2000）。更广泛的社会影响也起了作用，例如，在法国，技术教育和培训得以加强，雇主导向的继续职业培训受到了更多重视，同时辅以强调自我导向的继续学习和发展（包括"能力评估"框架内进行的技能审核过程）。

撰稿者们发现，虽然一些与工作有关的身份与过去的身份保持着很强的连续性，但在有些情况下，在相对强大的、与工作相关的集体社会化过程基础之上建立起来的传统职业身份已经瓦解。因此，一些传统的认同感形成过程已经被更灵活、更加个性化的工作认同感形式所取代。但是，仍有必要承认身份形成过程中的连续性和变化：工作认同感的"经典"形式，即个人认同其职业分工，他们为此进行培训，他们的日常工作任务和/或公司、公司的产品保持一定程度的延续性，而其他员工正在形成一种更"灵活的"的工作认同感形式。后者具有更多的个性化基础，比任何职业承诺和组织承诺都更加完善。这些"灵活的"员工具有一个典型特征，他们有意愿也有能力积极地将灵活性、流动性和学习作为工具来实现更宽泛的目标，在此过程中，如有必要，他们已经做好准备，要变更组织和 / 或职业。

虽然在某些情况下，职业和组织仍然是塑造与工作相关的个人身份的关键因素，但有几位作者认为，对许多人来说，"制造"身份的内在维度已经变得十分重要。由此，自我定义过程和积极塑造个人工作身份的个体媒介得到强调。当个人意识到他们在这一过程中所起的积极作用时，该过程往往受到其自我意识的影响。创造连贯的自我形象这一追求包括协商一个与工作有关的新身份，这反过来又影响了他们参与工作的方式。这些人不是被动地接受新的角色，而是积极地参与学习过程，重新定义工作实践并朝着目标方向塑造工作，从而使他们的自我意识与工作身份维度相一致。

有几位作者强调了初级培训是如何特别关注工作身份形成的，但在随后的工作和学习过程中，工作身份也可能会得到重塑和转变。事实上，很多文章都探讨了同一个问题——即使职场的特点是存在利益冲突、方向变化或者具有各种不连贯性，个人仍旧十分努力地工作，从而可以创造某种连贯性或意义。过去的观点通常认为，这些自我定义传记的连续性往往涉及成长、学习、恢复或发展的要素，因为个人徘徊在过去的形象、过去早已形成的形象和他们认为自己可能会出现的形象之间，借此强调传记连续性和生态一致性。虽然个人职业生涯中的重大错位显然会造成创伤，但个人能够构建连贯的职业叙事，并"继续前进"，其心理价值也得到了证明。

能够适应变化并塑造职业轨迹和职业生涯的个人，积极地协调着其个人工作传记，并努力塑造其工作导向模式和工作承诺模式。尽管职业、组织和更广泛的社会影响仍然影响着个人可获得的工作的性质和类型，但与几十年前相比，工作身份的集体性还是削弱了。因此，我们可以看到更灵活的、更有个性的工作认同感形式的出现。有证据表明，连续性和变化持续存在，但是战略性地使用灵活的方法来对待工作身份和职业发展的人数似乎已经有了显著增长。

这种更灵活的方法的驱动因素有两个方面。其一，有些人有强烈的战略意识，认为需要积极塑造自己的职业发展。其二，许多人渴望理解其工作历史的演变并构建起职业叙事，从而可以强调传记连续性和生态一致性，这种渴求意味着要对外部因素导致的变化做出共同应对，从而获得一定程度的控制力。第二点似乎特别重要，形成心理强大的工作身份具有十分重要的意义。对于那些因工作变化而迷失了方向的个体而言，这一点有着真正的价值，可以帮助他们理解不断演变的职业生涯，从而产生一种前瞻性的职业叙事，还可以为形成积极的工作身份产生必要的驱动力。

在工作身份如何适应不断变化的条件这个方面，个人力量虽然发挥着重要作用，但工作身份也受到组织和制度机制的影响，这些机制可能用于实现雇主的期望或政策目标。在帮助个人应对不断变化的工作状况和工作需求时，这些机构机制也可以发挥作用。因此，机构和组织面临的一个主要挑战是如何让员工将其职业身份、组织身份或个性化身份相互联系、结合或联结起来，从而使其更加投入工作。相当一部分人确实需要支持，以便根据变化的环境来理解其个人传记，并构建与工作有关的身份，使之与过去的事件产生联系，并展望未来。这意味着一些员工需要得到支持，以应对不断变化的工作环境，能在某些环境中满足灵活性和流动性的更高要求，并在不断变化的、有时明显是背道而驰的情况下，理解其不断演变的职业生涯。因此，一项重要挑战是给予他们信心，让他们信任自己的能力，从而成为自身职业发展的力量源泉。

参考文献

Arnold, J. (2005). *Work psychology* (5th edition). Harlow: FT/Prentice-Hall/Pearson. Cohen, A.P. (1994). *Self consciousness*: An alternative anthropology of identity. London: Routledge.

Davis, C., T. Buckley, T. Hogarth and R. Shackleton (2000). *Employers skills survey case study — engineering*. London: DfEE.

Eraut, M. (2004). Informal learning in the Workplace. *Studies in Continuing Education*, 26(2), 247–274.

Finegold, D. and K. Wagner (1999). The German skill-creation system and team-based production: Competitive asset or liability? In P. Culpepper and D. Finegold (Eds.), *The German skills machine: Sustaining comparative advantage in a global economy* (pp. 115–155). New York and Oxford: Berghahn Books.

Goffman, E. (1959). *The Presentation of Self in Everyday Life.* New York: Doubleday. Haasler, B. and S. Kirpal (2004). Berufs- und Arbeitsidentitäten von Experten in Praxisgemeinschaften — Ergebnisse aus europäischen Forschungsvorhaben. In J. Pangalos, S. Knutzen and F. Howe (Eds.), *Informatisierung von Arbeit, Technik und Bildung — Kurzfassung der Konferenzbeiträge* (pp. 48–51). Hamburg: Technische Universität Hamburg-Harburg.

Heinz, W.R. (1995). *Arbeit, Beruf und Lebenslauf: Eine Einführung in die berufliche Sozialisation.* Weinheim: Juventa.

Herrigel G. and Sabel, Ch. (1999). Craft production in crisis: Industrial restructuring in Germany during the 1990s. In P. Culpepper and D. Finegold (Eds.), *The German skills machine: Sustaining comparative advantage in a global economy* (pp. 77–114). New York and Oxford: Berghahn Books.

Ibarra, H. (2003). *Working identity.* Boston, MA: Harvard Business School Press. Lash, S. (2003). Reflexivity as non-linearity. *Theory, Culture & Society,* 20(2), 49–57. Mason, G. and Wagner, K. (2000). *High-level skills, knowledge transfer and industrial performance: Electronics in Britain and Germany.* York: Anglo-German Foundation.

附录1　原著所属丛书简介[*]

　　本系列丛书是为了满足那些有志于此的人们深入分析当前关于工作领域的教育，特别是与发展职业技术教育与培训相关方面的需要。本系列丛书研究了处于前沿且具有创新性质的领域，介绍了优秀且创新的实践，探讨了有争议的话题，并通过案例研究进行分析。

　　本系列丛书的目标读者包括发达国家、发展中国家、转型期的国家和处于冲突后局势的国家中有兴趣了解职业技术教育与培训的决策者、从业人员、管理者、规划者、研究人员、教师、教师教育工作者、学生和其他领域的同行。

　　本系列丛书是对"国际职业技术教育与培训手册"的补充，以比"手册"更大的广度和深度详细阐述了具体的话题、主题和案例研究。本丛书也是对"国际职业技术教育与培训手册"中其他出版物的补充。

　　本系列丛书涵盖以下主题：发展中国家非正式经济培训；青少年和青年的学术和职业教育；为工作教育提供资金；工作场所的终身学习；妇女和年轻女性的职业技术教育与培训；有效利用信息通信技术支持职业技术教育；规划教育体系以促进职场教育；资格认证、评价和评估；冲突后局势中复员军人的教育和培训；职业技术教育研究；从学校到职场的过渡。

　　"职业技术教育与培训：问题、关注与展望"丛书以及"国际职业

---

　　[*]　《工作与职业身份认同》外文原版图书属于"职业技术教育与培训：问题、关注与展望"（Technical and Vocational Education and Training: Issues, Concerns and Prospects）丛书。
——译者

技术教育与培训文库"的其他出版物由设在德国波恩的联合国教科文组织国际职业技术教育与培训中心出版。

本系列丛书已出版书籍:

1. Vocationalisation of Secondary Education Revisited

Edited by Jon Lauglo and Rupert Maclean

（乔恩·劳格洛、鲁珀特·麦克莱恩主编:《再论中等教育职业化》）

2. Meeting Basic Learning Needs in the Informal Sector: Integrating Education and Training for Decent Work, Empowerment and Citizenship

Edited by Madhu Singh

（马杜·辛格主编:《满足非正式部门的基本学习需求：为体面工作、赋权和公民身份整合教育和培训》）

3. Training for Work in the Informal Micro-Enterprise Sector: Fresh Evidence from Sub-Sahara Africa

Hans Christiaan Haan

（汉斯·克里斯蒂安·哈恩:《非正式微型企业部门工作培训：来自非洲撒哈拉以南地区的新证明》）

4. The Transformation of Vocational Education and Training (VET) in the Baltic States — Survey of Reforms and Developments

Edited by Frank Bünning

（弗兰克·邦宁主编:《波罗的海国家职业教育与培训的变革——改革与发展概览》）

5. Identities at Work

Edited by Alan Brown, Simone Kirpal and Felix Rauner

（艾伦·布朗、西蒙娜·基帕尔、菲利克斯·劳耐尔主编:《工作与职业身份认同》）

附录 2　本书作者简介

耶胡达·巴鲁克（Yehuda Baruch）是英国诺里奇东安格利亚大学管理学教授，曾任伦敦商学院访问学者和美国得克萨斯大学阿灵顿分校客座教授。他的研究方向是职业生涯、战略和全球人力资源管理以及技术对管理的影响。他在权威期刊上发表了大量论文，最近出版了一本关于"职业管理：理论与实践"的书。他也是学术期刊《国际职业发展》的编辑，曾任管理学会职业学分部主席。

斯蒂芬·比利特（Stephen Billett）曾在澳大利亚职业教育系统中担任职业教育家、教育管理者、教师教育家、专业发展实践者和政策制定者，最近在澳大利亚格里菲斯大学内森校区担任教师和研究员。他的研究方向包括职业知识的社会和文化建构以及在工作中学习。此外，他对成人和职业教育的政策和实践有着广泛的兴趣。

艾伦·布朗（Alan Brown）是英国华威大学就业研究所的教授研究员，也是英国教学研究项目（TLRP）副主任，负责工作场所学习、专业学习以及与其他国际和国家项目的联系，重点是知识和学习。他主要参与了一些英国和欧洲的研究开发项目，涉及利用信息通信技术促进学习、基于工作的学习、职业发展及技能形成。

亚伦·科恩（Aaron Cohen）是以色列海法大学政治学系副教授。获得以色列理工学院管理博士学位，并在加拿大艾伯塔省的莱斯布里奇大学任教三年。他目前的研究方向包括工作场所承诺、员工的组织公民行为（organisational citizenship behaviour, OCB）和跨文化研究。他的最新作品发表在有关管理、职业和组织行为、人力资源管理和人际关系的杂志上。

穆罕默德·迪夫（M'Hamed Dif）是法国阿尔萨斯的经济理论与应用办公室 / 职业资格研究中心（隶属斯特拉斯堡路易·巴斯德大学）的副高级研究员，作为职业教育和培训以及人力资源管理方面的专家，从事各种多学科（区域、国家和欧洲）研究项目。他是职业教育与研究委员会成员和欧洲教育研究会议（ECER/EERA）的审稿人，并参与了关于学习、技能形成和职业发展的多个欧洲研究项目。他还在法国和欧洲以外的地方工作了 12 年，担任副教授、顾问和项目经理。

大卫·芬戈尔德（David Finegold）是美国加利福尼亚州克莱尔蒙特市的凯克应用生命科学研究生院的战略组织研究教授，领导凯克应用生命科学研究生院战略、管理和伦理课程的开发。他是许多期刊文章和书籍章节的作者，最近写了一本关于"生物产业伦理"的书（Academic Press, 2005）。他还就有关设计有效组织的问题向公共和私营行业组织提供咨询和行政教育指导。他目前的研究包括：生物科学公司的伦理决策模式、亚洲生物科学公司的商业模式、成功的生命科学企业的国际比较和有效的公司治理要素。

古德拉·格罗特（Gudela Grote）是瑞士苏黎世联邦理工学院的工作与组织心理学教授。她的研究专注于在不断变化的技术、经济和社会需求和机会的条件下，基于心理学的综合工作和组织设计的概念和方法，特别关注日益提高的工作灵活性和虚拟性，以及不确定性对个人和组织管理的影响。她的研究应用领域包括高风险工作系统的设计、组织内和组织间的规划、对个人就业能力与学习以及分布式团队合作的支持。

伯恩德·哈斯勒（Bernd Haasler）是德国不来梅大学技术和教育学院工作过程和职业培训系的助理教授。他的教学和研究领域围绕职业教育与培训研究，重点是职业能力发展、资格研究和技术工作领域的特定专业知识，主要是金属加工和工程。

石川晃弘（Akihiro Ishikawa）是日本东京中央大学社会学教授。他从国际比较的角度对社会变革、劳工关系和职场生活进行了广泛的研究。他最近的研究主要集中在前社会主义国家社会中间层面的变革过程。

凯伦·詹森（Karen Jensen）是挪威奥斯陆大学教育学院教授。她就专业学习和道德动机问题，特别是与医疗保健专业有关的问题发表了大量文章。她目前是挪威研究委员会资助的"变化社会中的专业学习"研究项目的科研带头人，该项目是对四个专业群体的比较研究，旨在发展专业学习和身份形成理论，其研究对当今社会知识和文化特征的变化非常敏感。

西蒙娜·基帕尔（Simone Kirpal）是德国不来梅大学实证与应用社会学学院初级研究员，技术教育学院的研究员和讲师。她参与了多个欧洲研究项目，从国际比较视角研究技能形成和评估、职业、工作方向及员工承诺。在进入不来梅大学之前，她曾担任华盛顿特区世界银行人力开发网络的教育专家。

罗伯特·马托塞克（Robert Matousek）在荷兰乌得勒支大学从事科学与创新管理以及计算机科学方面的研究。他的主要兴趣是生物科学和信息学方面的创新。他是加州克莱尔蒙特的凯克应用生命科学研究生院的访问学者，在大卫·芬戈尔德（David Finegold）的指导下，利用跨部门团队研究计算机和生物学的整合。

莫妮卡·尼兰德（Monika Nerland）是挪威奥斯陆大学教育学院博士后研究员。她的研究方向涉及专业教育与工作以及音乐教育机构实践。她的博士论文（2003）是研究专业音乐家教育中的文化实践。目前正在挪威研究委员会资助的"变化社会中的专业学习"研究项目中工作，该项目旨在发展专业学习和身份形成理论。

尼基塔斯·帕蒂尼奥蒂斯（Nikitas Patiniotis）是希腊雅典派迪昂大学社会学教授。他的研究领域包括教育及其与就业的关系、技能形成和资格认证、教育政策、教育质量评估以及终身学习。他已出版了多种著作，并在希腊和国外学术期刊上发表了一些文章。他还正式代表希腊参加欧盟委员会和其他国际机构的许多工作组，并担任多个希腊研究机构的董事会主席或成员。

格温多林·保罗（Gwendolyn Paul）是德国达姆施塔特工业大学通识和职业教育研究中心研究员，参与帮助"年轻单身母亲参加职业培训"（JAMBA）的试点项目。目前，她是某州政府办公室的研究人员，负责从欧洲视角研究职业社会化和妇女进一步参与职业培训。

格拉西莫斯·普罗德里米蒂斯（Gerasimos Prodromitis）是希腊雅典派迪昂大学心理学系实验社会心理学助理教授。他目前的研究方向主要是社会影响过程以及社会表征的形成、扩散和转化机制。

萨宾·雷德尔（Sabine Raeder）是瑞士苏黎世联邦理工学院组织、工作和技术小组的高级研究员。她目前的研究侧重于提高工作灵活性对个人及其雇佣关系的影响，特别是与心理契约和职业身份的关系，她在组织科学方面具有更广泛的研究兴趣，包括对组织和组织文化的替代性和批判性研究。

菲利克斯·劳耐尔（Felix Rauner）是不来梅大学职业技术教育与培训教授，也是德国职业教育领域最大的独立研究机构"技术教育学院"的创始人。他的专业领域包括职业资格研究、职业培训体系的分析和开发、人力资源开发和工业文化的比较研究。他是德国政府和欧洲多个专家委员会的成员，是上海同济大学、伦敦大学教育学院和加利福尼亚大学的客座教授。

莫滕·斯米斯特鲁普（Morten Smistrup）是丹麦罗斯基勒大学教育研究系的助理教授。虽然他早期重点研究丹麦银行职员的职业身份和职业资格要求之间的相互依赖关系，但他目前的研究方向是工作—生活学习和职业教育与培训领域。他目前正在进行一个研究项目，研究如何从职业培训过渡到有酬就业。

尤塔·齐贝尔（Uta Zybell）是德国达姆施塔特工业大学通识和职业教育研究中心研究员，专注于职业教育和性别研究。基于对"年经单身母亲参加职业培训"试点项目（1998—2003）的科学监测，她的博士论文（2003）研究了年轻母亲接受职业培训与需要养育孩子之间的冲突。目前，她正在为一个"支持职业道路"的项目提供科学帮助，该项目旨在帮助难以进入就业市场的年轻人融入社会。

图书在版编目(CIP)数据

工作与职业身份认同 /（英）艾伦·布朗,（德）西蒙娜·基帕尔,（德）菲利克斯·劳耐尔主编；曲艳娜,陈玥译. — 北京：商务印书馆, 2024
ISBN 978-7-100-21845-0

Ⅰ. ①工… Ⅱ. ①艾… ②西… ③菲… ④曲… ⑤陈… Ⅲ. ①职业—研究 Ⅳ. ① C913.2

中国版本图书馆 CIP 数据核字 (2022) 第 216422 号

工作与职业身份认同
〔英〕艾伦·布朗
〔德〕西蒙娜·基帕尔 主编
〔德〕菲利克斯·劳耐尔
曲艳娜 陈玥 译

商 务 印 书 馆 出 版
（北京王府井大街36号 邮政编码100710）
商 务 印 书 馆 发 行
艺堂印刷（天津）有限公司印刷
ISBN 978-7-100-21845-0

2024 年 6 月第 1 版　　　　开本 710×1000　1/16
2024 年 6 月第 1 次印刷　　　印张 25 ½
定价：120.00 元